EDITION DER
CALWER VERLAG-STIFTUNG

MICHAEL HEYMEL · CHRISTIAN MÖLLER
Sternstunden der Predigt

Michael Heymel · Christian Möller

Sternstunden der Predigt

*Von Johannes Chrysostomus
bis Dorothee Sölle*

Calwer Verlag Stuttgart

Gedruckt mit freundlicher
Unterstützung der Calwer Verlag-Stiftung

Bibliografische Information der Deutschen Bibliothek
Die Deutsche Bibliothek verzeichnet diese Publikation
in der Deutschen Nationalbibliografie;detaillierte Daten
sind im Internet über http://dnd.ddb.de abrufbar.

ISBN 978-3-7668-4126-1
© 2010 by Calwer Verlag Stuttgart
Alle Rechte vorbehalten. Wiedergabe, auch auszugsweise,
nur mit Genehmigung des Verlags.
Satz und Herstellung: ES Typo-Graphic Ellen Steglich, Stuttgart
Umschlaggestaltung: ES Typo-Graphic Ellen Steglich, Stuttgart
Umschlagabbildungen:
Teresa von Avila © Archiv für Kunst und Geschichte, Berlin;
Sören Kierkegaard, Martin Luther King, Dorothee Sölle.
© epd-Bild Frankfurt; Rudolf Bohren: Privatbesitz.
Druck und Verarbeitung: Beltz Druckpartner, Hemsbach
E-Mail: info@calwer.com; Internet: www.calwer.com

Inhalt

Vorwort 7

Johannes Chrysostomus
    Klagepredigt gegen das Verstummen in Angst 11

Augustinus
    Das Leben an seinen Tiefpunkten 27

Meister Eckhart
    Von der Geburt Gottes in der Seele 43

Martin Luther
    Die überwältigende Macht der Gewaltlosigkeit 63

Teresa von Avila
    Predigt einer leidenschaftlichen Gottesfreundin 79

Johann Matthäus Meyfart
    An der Grenze des Unsagbaren 99

Nikolaus Ludwig Graf von Zinzendorf
    Der Siegeston des Evangeliums 119

Friedrich Daniel Ernst Schleiermacher
    Das vereinende Band der Liebe 139

Sören Kierkegaard
    Eine Predigt für den König 157

Joseph Wittig
    Die Menschen von der Angst erlösen 175

Dietrich Bonhoeffer
    Prophetische Rede in Widerstand und Ergebung 193

Martin Niemöller
    Weihnachten im KZ Dachau 209
Rudolf Bohren
    Eine Bußpredigt, die ins Licht der Wahrheit führt 231
Karl Barth
    Den Gefangenen Befreiung 247
Martin Luther King
    Die verändernde Kraft des Wortes 267
Dorothee Sölle
    Eine moderne Mystikerin ermutigt zum Ringen mit Gott 293
Quellen 311

Vorwort

„Immer müssen Millionen müßige Weltstunden verrinnen, ehe eine wahrhaft historische, eine Sternstunde der Menschheit, in Erscheinung tritt", schreibt Stefan Zweig im Vorwort zu seinem berühmten Klassiker (Sternstunden der Menschheit, S. 7). Müssen vielleicht auch „Millionen müßige" Predigtstunden verrinnen, ehe eine „wahrhaft historische", eine „Sternstunde der Predigt" in Erscheinung tritt? Es sind meist die bedrängenden Situationen in der Geschichte, die solche Sternstunden hervorrufen wie z. B. die drohende Vernichtung der Stadt Antiochia durch den erzürnten Kaiser Theodosius, dessen Standbilder 387 durch den Mob geschleift wurden, oder die Eroberung und Plünderung Roms durch die Ostgoten im Jahr 410, oder die Turbulenzen in Wittenberg während Luthers Abwesenheit auf der Wartburg (1522). Freilich, die Situation allein, mag sie noch so bedrängend sein, ist es nicht, die eine „Sternstunde der Predigt" schafft. Dazu gehören Prediger wie Johannes Chrysostomus in Antiochia, Augustinus in Nordafrika oder der nach Wittenberg herbeigeeilte Martin Luther, die solchen Situationen nicht nur standzuhalten, sondern sie auch als Gelegenheiten beim Schopf zu ergreifen und durch die Kraft des gepredigten Wortes neu auszurichten wissen.

Es gibt auch stille, unscheinbare Predigten, die sich später als „Sternstunden der Predigt" erwiesen haben, weil ein Meister Eckhart in Köln, eine Teresa von Avila in Spanien, ein Johann Matthäus Meyfart in Coburg, ein Sören Kierkegaard in Kopenhagen oder eine Dorothee Sölle in Hamburg die ganze „Innerlichkeit" des Evangeliums in ihre Predigten hineingelegt haben.

Sechzehn solcher Sternstunden aus sechzehnhundert Jahren der Predigtgeschichte kommen in diesem Buch zur Darstellung. Die Auswahl ist exemplarisch und in keiner Weise auf Vollständigkeit bedacht. Wohl dem Leser, wohl der Leserin, denen bei der Lektüre dieses Buches noch andere Sternstunden der Predigt einfallen als die hier geschilderten! Manchmal schlägt der Blitz des Geistes durch eine Predigt ein, die vielen Hörern langweilig erscheint, einem einzigen Hörer aber zur „Sternstunde" seines Lebens wird. Wer will das von außen her erfassen?

Die Predigten, die in diesem Buch als „Sternstunden" zur Darstellung kommen, werden jeweils in fünf Schritten entfaltet:
1. wird die Situation geschildert, in der die Predigt entstanden ist;
2. kommt die Predigt selbst zum Abdruck meist mit Zwischenüberschriften versehen, die das Lesen erleichtern sollen;
3. wird die Predigt noch einmal nach-gezeichnet;
4. kommen der Prediger oder die Predigerin in den Blick;
5. wird die Predigt als eine „Sternstunde" charakterisiert.

Eine, höchstens zwei Literaturangaben sollen Gelegenheit zur Weiterarbeit des Gelesenen geben. Behutsam wurden einige Predigten der neuen deutschen Rechtschreibung angeglichen.

Die Erinnerung an wichtige Stationen der Predigtgeschichte soll zugleich Kirchengeschichte anschaulich und lebendig werden lassen. Vor allem soll einer gegenwärtig weit verbreiteten Predigtverdrossenheit sowohl auf Seiten der Prediger als auch auf Seiten der Hörer dadurch gewehrt werden, dass an „Sternstunden der Predigt" erinnert wird. Vielleicht ist die tiefste Ursache *dieser* Verdrossenheit, dass von der Predigt heute nichts mehr erwartet wird. Deshalb geht es diesem Buch um eine „Erinnerung nach vorn" (L. Steiger), die bei Predigern und Hörern neue Erwartung auf die befreiende Wirkung der Predigt freisetzt. Von großen Predigerinnen und Predigern der Geschichte lässt sich gerade dann lernen, wenn sie nicht kopiert werden, sondern aus der Ferne nahekommen und aufmerksam wahrgenommen werden. So kann dieses Buch auf seine Weise zu einem Lehrbuch der Predigt werden.

Gewidmet ist es Rudolf Bohren zum 90. Geburtstag am 22. März 2010. Das Erscheinen seiner „Predigtlehre" wurde 1971 zu einer „Sternstunde" der Homiletik. Nicht umsonst sind bisher weitere fünf Auflagen gefolgt. Die Leidenschaft für die Predigt, die diese „Predigtlehre" durchzieht, hat ihre tiefste Ursache darin, dass Bohren die Predigt in das Kraftfeld des Geistes stellt und alles von dem Geist erwartet, der nicht nur unserer Gebets-, sondern auch unserer Predigtschwachheit aufhilft (Röm 8,26).

Einem Hinweis von Mechthild Raff-Eming ist es zu verdanken, dass sich im Archiv der Predigtforschungsstelle Heidelberg eine Predigt des 25-jährigen Rudolf Bohren fand, die deutlich macht, mit welcher Leidenschaft dieser Prediger von Anfang an sein Amt als *Verbi Divini Minister* wahrnahm, so dass es am eidgenössischen Dank-, Buß- und Bettag 1945 in der Nydeggkirche zu Bern zu einer „Sternstunde der Predigt" kam (vgl. das 13. Kapitel).

Nun ist aber Rudolf Bohren am 1. Februar 2010 nach kurzer, schwerer Krankheit gestorben. Es wird ganz und gar in seinem Sinne sein, wenn wir unser Buch seiner Frau Ursula Bohren zu ihrem 80. Geburtstag am 15. März 2010 überreichen, und mit ihr zusammen allen, die das homiletische Erbe Rudolf Bohrens durch ihr Predigen, Hören und Lesen von Predigten weitertragen. Dazu gehören auch die, die sich am 22. März 2010 gemeinsam mit Ursula Bohren im Gedenken an Rudolf Bohren in Heidelberg zu einem homiletischen Symposion versammeln und seine Anstöße weiterzudenken versuchen.

Heidelberg, 11. 2. 2010 (am Tage nach Rudolf Bohrens Beisetzung in Dossenheim)

Michael Heymel   Christian Möller

Johannes Chrysostomus Klagepredigt gegen das Verstummen in Angst

Die Situation

Am 26. Februar 387 wurde dem versammelten Volk von Antiochia durch den Statthalter Syriens der kaiserliche Erlass einer drastischen Steuererhöhung bekannt gemacht. Theodosius, der byzantinische Kaiser, brauchte für die Kriege am Ostrand seines riesigen Reiches dringend Geld. Die Volksmenge aber, die den kaiserlichen Erlass vom Statthalter zu hören bekam, begann noch während der Verlesung zu murren und geriet mehr und mehr außer Fassung vor Zorn, denn niemand sah sich in der Lage, derart hohe Abgaben zu zahlen. Die Menschen begannen, in wachsender Zahl durch die Stadt zu rasen, brachen in immer schlimmere Schmähungen gegen den Kaiser und seine Beamten vor Ort aus. Bald wurden öffentliche Gebäude zerstört. Schließlich versuchte die Menge, den Palast des Statthalters zu stürmen, scheiterte aber an den mächtigen Türen. Deshalb zog die Meute weiter zum Marktplatz, begann dort die Standbilder des Kaisers und der kaiserlichen Familie zu stürzen und schleifte sie unter Hohn und Spott durch die Straßen.

So sehr wir heute nach demokratischem Verständnis diese aufgebrachte Volksmenge in ihrem spontanen Zorn über die maßlosen Steuererhöhungen des Kaisers verstehen können, ja sogar mit ihr Sympathie empfinden, müssen wir uns historisch vor Augen halten, dass wir uns im Jahr 387 in absolutistischen Herrschaftszeiten befinden. Nach damaligem Recht galt das Schleifen von Standbildern und Säulen des Kaisers als eine ungeheuerliche Majestätsbeleidigung. Die Menge vergriff sich in ihrem Zorn am Kaiser selbst und hatte nun furchtbare Strafen des jähzornigen Kaisers Theodosius zu befürchten, bis hin zur Zerstörung und Schleifung der ganzen Stadt durch kaiserliche Truppen. Schon griff die Stadtmiliz ein und schoss mit Pfeilen in die Menge, die in panischem Schrecken auseinanderlief, sich in alle Winde zerstreute und versteckte. Schnell sprach sich herum, dass bereits mit einzelnen Hinrichtungen begonnen worden sei. Über der Stadt lag brütendes Schweigen. Furcht vor Bestrafung durch den Kaiser ging um, der von seinem Statthalter über den Aufruhr der Stadt informiert worden war. Bischof Flavian brach nach Konstantinopel auf, um den Kaiser zu besänftigen. Zuvor beauftragte er noch seinen Priester Johannes, seine üblichen Fastenreden in diesem Jahr ganz und gar auf Buße und Umkehr des Kirchenvolkes angesichts des Aufruhrs auszurichten.

Johannes hatte bereits mit seinen Fastenreden begonnen. In seiner ersten Predigt hatte er, nach üblicher Manier, das Volk mit 1. Tim 5,23 zur Mäßigung des Weingenusses aufgerufen: „Nimm ein wenig Wein um deines Magens und deiner häufigen Krankheiten willen", ein typischer Topos in den Fastenreden jedes Jahres. Nun aber setzte Chrysostomus mit der zweiten Fastenpredigt[1] im Jahr 387 völlig neu ein, indem er seine Zuhörer mit dem konfrontierte, was in Antiochia geschehen war. Seine Fastenpredigten gingen in die Geschichte der Predigt als „Die Säulenhomilien an das Volk von Antiochien"[2] ein.

DIE PREDIGT

Was soll ich sagen und was predigen? Tränen fordert die Gegenwart, nicht Worte, Klagen, nicht Reden; Gebet, nicht Erörterungen vor allem Volke! So ungeheuer ist die Freveltat, so heillos das Geschwür, die Wunde so groß und über alle Heilkunst hinaus und der Hilfe von oben bedürftig!

VERGLEICH MIT HIOB   So saß Hiob[3], nachdem er alles verloren, auf dem Miste, und als seine Freunde[4] es hörten, kamen sie herbei, und da sie ihn von Ferne sahen, zerrissen sie die Kleider, bestreuten sich mit Asche und wehklagten laut.

Jetzt sollten Dies alle Städte in der Runde tun und zu unserer Stadt kommen und das Geschehene voll tiefen Mitleids beweinen. DER dort saß auf dem Miste, DIESE hier sitzt in großem Stricke gefangen. Denn wie dort der Teufel einstürmte auf die Schaf- und Rinderherden und alle Habe des Gerechten; so hat er hier seine Wut an der ganzen Stadt ausgelassen. Allein dort wie hier gestattete es Gott: dort, um den Gerechten durch die Größe der Versuchungen zu verherrlichen; hier, um uns durch diese übergroße Trübsal nüchtern zu machen.

KLAGE ÜBER DEN ZUSTAND DER STADT ANTIOCHIA Lasst mich klagen ob der Gegenwart! Sieben Tage haben wir geschwiegen, wie die Freunde des Hiob.
Lasst mich heute den Mund auftun und das gemeinsame Unglück bejammern. Wer hat es uns angetan, Geliebte? Wer hat uns beneidet? Woher dieser gewaltige Wechsel? Nichts Ehrwürdigeres gab es, als unsere Stadt; nichts ist jetzt bedauernswerter, als sie! Ein Volk, sonst so gehorsam und sanft und den Händen seiner Fürsten immer untertan, wie ein zügelrechtes und gebändigtes Ross, ist uns jetzt plötzlich so unbändig geworden und hat so viel Böses angerichtet, dass es nicht einmal auszusprechen erlaubt ist. Ich klage und weine jetzt, nicht wegen der Größe des zu befürchtenden Unglücks, sondern ob des Übermasses des zum Ausbruch gekommenen Wahnsinns.

Denn wenn auch der Kaiser nicht in Zorn entbrennt, straft und sich rächt; sage mir, wie werden wir die Schmach des Geschehenen zu ertragen vermögen? Das Wort der Belehrung wird mir von Tränen erstickt. Kaum vermag ich den Mund aufzutun und die Lippen zu öffnen und die Zunge zu bewegen und Worte hervorzubringen. So bindet, gleich einer Fessel, die Last der Betrübnis meine Zunge und raubt mir die Sprache. Nichts war vordem glückseliger als unsere Stadt; nichts Unerfreulicheres gibt es jetzt, als sie. Wie die Bienen ihren Stock umsummen, so umschwärmten täglich die Einwohner den Markt, und Alle priesen ehemals uns glücklich ob dieser Fülle.

Aber siehe, dieser Bienenstock ist nun leer geworden; denn wie jene Bienen der Rauch, so hat diese Bienen die Furcht verjagt. Ja, was der Prophet in seiner Klage über Jerusalem sagte, das können auch wir bei dieser Gelegenheit sprechen: „Die Stadt ist uns einer Terebinthe gleich geworden, von der die Blätter abgefallen sind, und einem Garten, der kein Wasser hat."[5]

Denn wie ein Garten, dem es an Bewässerung fehlt, blattlose und fruchtleere Bäume zeigt, so ist es jetzt auch unserer Stadt ergangen. Denn da sie die Hilfe von oben verlassen, steht sie verödet und ist fast von allen Bewohnern entblößt. Nichts ist süßer als die Heimat, aber jetzt ist sie das Allerbitterste geworden: Alle fliehen den Geburtsort wie eine Schlinge; Wie einen Abgrund verlassen sie ihn; Wie von einem Brande eilen sie von ihm hinweg. Und gleichwie, wenn ein Haus (vom Feuer) ergriffen wird, nicht bloß des Hauses Bewohner, sondern auch alle Nachbarn mit großer Hast sich entfernen, um nur den nackten Leib zu retten: so drängt, da jeden Augenblick des Kaisers Zorn wie ein Brand von oben herabkommen kann, auch jetzt Jeder, bevor die Flamme auf ihrem Weg ihn erreicht, hinauszukommen und das nackte Leben zu retten. Wie ein Rätsel ist dieses Unglück hereingebrochen: Eine Flucht ohne Feinde, eine Auswanderung ohne Schlacht, eine Gefangenschaft ohne Eroberung! Wir haben kein Feuer der Barbaren gesehen; wir haben nicht der Feinde Antlitz geschaut und doch erleiden wir das Schicksal von Gefangenen. Alle erfahren jetzt unsere Unfälle; Von unseren Flüchtigen, die sie aufnehmen, lernen sie den Schlag kennen, der die Stadt getroffen hat.

Aber nicht darüber erröte ich und schäme ich mich. Möge Allen das Missgeschick unsrer Stadt kund werden, auf dass sie mittrauernd und ihrer Mutter im ganzen Lande Alle insgemein die Stimme zu Gott erheben und einmütig die gemeinschaftliche Mutter und Ernährerin Aller vom Könige des Himmels erflehen. Neulich erbebte die Stadt, aber jetzt zittern selbst die Seelen ihrer Bewohner; damals erbebten die Grundfesten der Gebäude; jetzt wankt der Grund eines jeglichen Herzens und Alle sehen wir jedweden Tag den Tod vor Augen und beben beständig vor Furcht und leiden die Strafe des Kain; wir sind in einer beklagenswertern Lage als Alle, die je den Kerker bewohnten und erleiden eine Belagerung besonderer und neuer Art, die viel schrecklicher ist als eine gewöhnliche; denn die, welche dies von den Feinden erleiden, sind doch nur innerhalb der Mauern verschlossen; uns aber ist auch der Markt unzugänglich geworden und Jeder ist in die Wände seines Hauses gebannt [...].

ZUFLUCHT BEI GOTT   Eure Augen sollten Tränen vergießen und eure Wimpern Wasser träufeln. Ihr Hügel erhebet Geheul, und Wehegeschrei, ihr Berge! Lasst uns die ganze Schöpfung aufrufen zur Mittrauer über unser Missgeschick! Eine Stadt von solcher Größe und das Haupt derer, die gen Morgen[6] liegen, läuft Gefahr, mitten vom Erdboden ausgerottet zu werden. Nun ist die Kinderreiche plötzlich kinderlos geworden, und es kann keiner ihr helfen; denn der Beleidigte[7] hat auf Erden nicht Seinesgleichen.

Der König (Kaiser) ist es, Gipfel und Haupt aller Menschen auf Erden. Eben deshalb lasst uns zu dem Könige droben unsere Zuflucht nehmen; ihn lasst uns zu Hilfe rufen! Wird uns nicht Gnade von oben zuteil, so bleibt uns über das Geschehene weiter kein Trost.

Ich wollte meine Rede an dieser Stelle beschließen; denn die Seelen der Traurigen sind nicht geneigt, lange Reden auszuführen; sondern wie ein verdichteter Nebel, der das Sonnenlicht unterläuft, allen Glanz hinter sich zurückwirft: so gönnt auch die Wolke des Trübsinns, weil sie vor unserer Seele steht, dem Worte nicht freien Durchgang, sondern erstickt es und hält es mit mächtigem Zwang innen zurück. Und Dies widerfährt nicht bloß denen, welche reden, sondern auch denen, welche hören; denn wie sie, (die Wolke des Trübsinns) dasselbe (das Wort) verhindert, mit Leichtigkeit aus der Seele des Redenden herauszutreten, so gestattet sie ihm auch nicht, mit ganzer Gewalt in das Verständnis der Hörer einzufallen... So wollte ich denn auch selber meine Rede hier abbrechen; allein ich bedachte, dass die Wolke ihrer Natur nach nicht bloß dem Strahl den Flug nach vorwärts absperrt, sondern dass ihr oft gerade das Umgekehrte begegnet. Denn wenn die Sonne sehr warm herabfällt und lange an der Wolke zehrt, so reißt sie dieselbe oft mitten entzwei und fällt den Zuschauern blendend mit vollem Glanz in die Augen. Dies hoffe auch ich heute zu tun. Ich erwarte, dass das Wort in anhaltendem Verkehr mit euren Seelen und bei längerem Verweilen darin die Wolke des Trübsinns durchbrechen und euren Verstand wie sonst unterweisen und erleuchten werde.

UMKEHR ZU GOTT   Aber übergebt mir eure Seele und schenkt mir ein kurzes Gehör. Schüttelt die Traurigkeit ab; laßt uns zur früheren Sitte zurückkehren, und wie wir sonst immer mit frohem Sinn hierher zu kommen pflegten, so lasst uns auch jetzt tun und Alles auf Gott werfen! Dies wird selbst die Lösung unseres Missgeschicks fördern. Denn sobald der Herr sieht, dass wir sein Wort mit Sorgfalt anhören, und dass unsere Weisheit an der Ungunst der Zeiten nicht zuschanden wird, so wird er sich gleich unser annehmen und eine Windstille machen statt des jetzigen Sturmes und die guten Tage wiederkehren lassen. Denn der Christ muss sich auch darin von den Ungläubigen unterscheiden, dass er Alles edelmütig erträgt und von der Hoffnung auf die zukünftigen Dinge beflügelt höher ist, als die Brandung der menschlichen Übel.

Auf dem Felsen steht der Gläubige; deshalb ist er den Brandungen der Wellen unbezwinglich; denn wenn sich die Wogen der Versuchungen heben, gelangen sie nicht zu seinen Füßen: Er steht über alle solche Anfechtungen erhaben. Lasst uns also nicht verzagen, Geliebte! Wir selbst sind lange nicht so um unsere Rettung besorgt als Gott, der uns gemacht hat; wir selbst kümmern uns nicht so sehr, das Schmerzliche von uns abzuwenden, als der, welche uns das Leben geschenkt, und uns dazu so große Güter verlichen hat! Von solchen Hoffnungen beflügelt lasst uns die folgende Betrachtung mit dem gewohnten Eifer anhören.

BESSERT DIE GOTTESLÄSTERER DER STADT   Ich stellte neulich vor Eurer Liebe eine längere Erörterung an und sah, dass Alle mir folgten und Keiner im Laufe derselben sich abwandte. Für diesen Eifer weiß ich euch Dank und habe darin den Lohn für meine Bemühung empfangen. Aber außerdem begehrte ich damals von euch noch einen anderen Lohn. Vielleicht wisst ihr es und erinnert euch noch. Was war das für ein Lohn? Die Gotteslästerer in der Stadt solltet ihr strafen und zur Vernunft bringen, die Frevler wider Gott und ein Gesetz im Zaume halten. Ich glaube nicht, dass ich dies aus mir selbst gesagt habe, sondern dass Gott, der die Zukunft vorher kennt, die Worte unserem Geiste eingeflößt habe. Denn hätten wir diese Frevler gestraft, so würde jetzt, was jetzt geschehen ist, wohl nicht geschehen sein; wie viel besser wäre es gewesen, diese zu bestrafen und zur Ordnung zu bringen, auch auf die Gefahr hin, darob zu leiden – dies hätte uns überdies die Krone des Martyriums zu Wege gebracht –, als dass wir jetzt zagen und zittern und den Tod gewärtigen müssen! Siehe, das Verbrechen ist die Tat Weniger, die Anklage trifft das Ganze. Siehe, ihretwegen sind wir jetzt alle in Furcht, und für das, was sie gewagt, erleiden wir die Strafe. Wären wir ihnen zuvorgekommen und hätten sie aus der Stadt verbannt, hätten wir sie zur Vernunft gebracht und das erkrankte Glied wieder hergestellt, so würde uns die gegenwärtige Furcht nicht so drücken. Ich weiß, dass edle Sitte von alters her in dieser Stadt herrscht; aber fremde und hergelaufene Menschen, verworfenes Gesindel, das seiner Seelen Seligkeit längst aufgegeben, – sie haben das Mögliche gewagt. Darum habe ich nicht aufgehört, immer zu rufen und euch zu beschwören: „Lasst uns die tollen Lästerer strafen, lasst uns ihre Gesinnung bessern, lasst uns Sorge tragen für das Heil ihrer Seele, und sollten wir auch sterben müssen ob dieser Tat! Großen Gewinn wird diese Sache uns bringen. Lasst uns unseren gemeinsamen Herrn nicht vernachlässigen, wenn er verspottet wird. Großes Unheil muss es der Stadt gebären, wo man auf Dergleichen nicht achtet."

Das habe ich vorausgesagt. Das ist nun geschehen; und wir büssen für jenen unsern Leichtsinn. Gott ward verhöhnt, und du hast es geschehen lassen; siehe, er ließ zu, dass der Kaiser verhöhnt und die äußerste Gefahr über alle verhängt wurde, damit wir in dieser Furcht für jenen Leichtsinn gezüchtigt würden. Habe ich also umsonst und ohne Grund das vorausgesagt und damit unaufhörlich eure Liebe belästigt? Und doch ist von euch hierin Nichts getan worden!

So geschehe es denn jetzt, und durch den gegenwärtigen Unfall gewitzigt, lasst uns der maßlosen Tollheit jener Menschen entgegen arbeiten! Lasst uns ihnen die Mäuler verstopfen! Lasst sie uns wie todbringende Quellen verschließen und sie in das Gegenteil verwandeln; dann wird das Verderben, welches die Stadt ergriffen, gänzlich verschwinden!

Die Kirche ist kein Theater, wo wir des Vergnügens wegen zuhören! Gebessert sollen wir von hinnen gehen Und diesen Ort nicht anders verlassen, als mit reichem und großem Gewinn.

Denn umsonst und vergeblich wären wir hierhergekommen, wenn wir nach dem Genusse einer augenblicklichen Freude im Grunde leer hinweggingen, ohne aus dem Gesagten Nutzen gezogen zu haben. Was nützt mir dieses Beifallsklatschen? Was hilft mir der lobpreisende Lärm? Mein Lob ist, dass ihr Alles, was ich euch sage, in Taten umsetzt. Dann bin ich beneidenswert und glückselig, also nicht, wenn ihr gut aufnehmt, sondern wenn ihr mit allem Fleiß vollführt, was ihr von uns hört. Jeder suche seinen Nächsten zu bessern, „denn", so heißt es[8], „Einer erbaue den anderen" [...].

Nachzeichnung der Predigt

Welche gekonnte Rhetorik diese Predigt bestimmt, ahnt man selbst noch in der altertümlichen deutschen Übersetzung des griechischen Originals einer Mitschrift der Säulenreden.

a) Mit dem Gestus der Klage weiß der Prediger zum Beginn das Volk zu erschüttern: „Was soll ich sagen und was predigen? Tränen fordert die Gegenwart, nicht Worte, Klagen, nicht Reden, Gebet, nicht

Erörterungen vor allem Volke!" Was für ein Predigteinstieg! Der Hörer wird sofort vom Schmerz und von der Klage des Predigers erschüttert. Mit dem Stilmittel der dreifachen Wiederholung erzielt der Prediger bei seinen Hörern eine Steigerung der inneren Bewegung. Der Prediger klagt, dass Worte, Reden, Erörterungen jetzt eigentlich unangebracht sind und reißt seine Hörer dadurch in eine tiefe Gemütsbewegung. Das ist Rhetorik gekonnter Art!

Noch einmal wird die rhetorische Figur der Steigerung wiederholt: „So ungeheuer ist die Freveltat, so heillos das Geschwür, so groß die Wunde..." Dem Volk wird dramatisch eingeprägt, was eigentlich in der Stadt Antiochia an Ungeheuerlichem geschehen ist. An einem biblischen Maßstab bekommen die Hörer den Zustand der Stadt zu sehen: „So saß Hiob, nachdem er alles verloren, auf dem Misthaufen..." Das ist der Zustand Antiochias nach dem Aufruhr und der Verhängung des Ausnahmezustandes über die Stadt. Dieser Vergleich wird präzisiert: „Der dort saß auf der Miste, diese hier sitzt im Elend gefangen. Wie dort der Teufel einstürmte auf die Schaf- und Rinderherden, so hat er hier seine Wut an der ganzen Stadt ausgelassen." Die rhetorische Figur: „Der dort – diese hier", „wie dort – so hier" will die Hörer sehen lassen, wie der wahre Zustand Antiochiens beschaffen ist.

Der Prediger klagt, um das Volk aus seiner dumpfen Angst herauszuholen und ihm eine Sprache der Klage zu geben. Das ist ja schon die Eigenart der Klagepsalmen, von denen Ingo Baldermann schreibt: „Die Angst findet eine Sprache, sie wird ans Licht geholt. Sie wird damit nicht gegenstandslos, aber so kann ich lernen, mit ihr umzugehen. Die Angst bleibt nicht diffus, sondern gewinnt Konturen, und ich kann lernen, davon zu sprechen. Angst dagegen, die sprachlos bleibt, sinkt in die Tiefen meines Unbewussten ab und setzt sich dort fest oder setzt Metastasen, die plötzlich an ganz anderer Stelle aufbrechen."[9] In dieser Weise klagt auch Chrysostomus in seinen Fastenpredigten, bis es schließlich heißt: „Lasst uns die ganze Schöpfung aufrufen zur Mittrauer über unser Missgeschick!" Und weiter: „Lasst uns zu dem König droben unsere Zuflucht nehmen! Ihn lasst uns zu Hilfe rufen!"

b) Nachdem sich die Klage auf ihrem Höhepunkt in einen Hilferuf zu Gott gesteigert hat, folgt nun eine Ermutigung der Hörer, wiederum mit einer beliebten rhetorischen Figur eingeleitet: „Ich wollte meine

Rede an dieser Stelle beschließen, denn die Seelen der Traurigen sind nicht geneigt, lange Reden zu halten." Wer den möglichen Schluss seiner Rede ankündigt, bringt seine Hörer zum Aufhorchen. Wer das gar noch mit Traurigkeit begründet, erregt Mitgefühl und die Bereitschaft seiner Hörer, sich um so mehr dem Redner zu öffnen, auch wenn er dennoch fortfährt.

Natürlich fährt auch der Prediger der Säulenpredigt fort und sucht die Bewegung seiner Hörer nun auf Gott zu richten: „Lasset uns also nicht verzagen, Geliebte! Wir selbst sind lange nicht so um unsere Rettung besorgt wie Gott, der uns gemacht hat." Es ist aufschlussreich mitzuverfolgen, wie die Richtung zu Gott hin eingeschlagen wird: Nachdem der Prediger zu verstehen gab, dass er eigentlich zu traurig sei, um mit der Predigt fortzufahren, gibt er ein Gleichnis aus der Natur, dass ja auch die Wolken den Sonnenschein verhindern. Diesem Naturgleichnis folgt ein biblischer Hinweis, dass auch Mose von dem verzagten Volk in Ägypten nicht gehört worden sei. So sei es wohl auch besser, wenn der Prediger dieser Fastenpredigt abbreche. Wenn er es nicht tue, so deshalb, weil ihm aufgegangen sei, dass die Sonne mit ihren Strahlen manchmal auch die Wolken zerteile. Und dies „hoffe auch ich heute zu tun" mit eurem Trübsinn. Dazu müssten freilich die Hörer dem Prediger ihre Seelen übergeben, ihm ein kurzes Gehör schenken und ihre Traurigkeit abschütteln. „Lasst uns, wie wir es sonst immer getan haben, alles auf Gott werfen!" So wird die Wende in der Predigt im Aufschwung zu Gott angebahnt.

c) Was noch folgt, ist eine Entmahnung an die Entmutigten, den nichtchristlichen Mitbürgern Antiochias, die die eigentlichen Rädelsführer des Aufstands seien, die Mäuler zu stopfen und sie mit Hilfe des christlichen Glaubens zu gewinnen. Dazu seien die Hörer ja früher schon öfter ermahnt worden, doch ohne Erfolg. Deshalb seien auch die Christen am Unglück der Stadt mit schuld. Hätten sie rechtzeitig auf ihre Mitbürger als Friedensstifter eingewirkt, dann hätten sie das Unglück von der Stadt abwenden können. Zu spät aber sei es für Umkehrarbeit an den Mitbürgern nicht. Gern verzichte der Prediger auf alles Beifallklatschen seiner Predigthörer (er tut es natürlich nicht!). Doch jetzt will er auf Taten hinaus: „Mein Lob ist, dass Ihr alles, was ich euch sage, in Taten umsetzt."
Damit wissen die Hörer, was sie nun in Antiochien zu tun haben:

Sie sollen den christlichen Glauben als Friedensstifter in einer Stadt ausbreiten, die nicht zur Hälfte bisher christlich war. Daraus werde dann auch eine neue politische Kultur folgen.

In einem Dreischritt von Klage, Ermutigung und Umkehr wird eine verängstigte Gemeinde wieder aufgerichtet. Sie wird unter Zuspruch und Anspruch des Evangeliums gestellt, um dem Aufruhr zu wehren und die drohende Vernichtung der Stadt durch rechtzeitige Buße zu verhindern.

Als die Nachricht aus Konstantinopel eintraf, dass es dem Bischof Flavian gelungen sei, den Kaiser milde zu stimmen, weil er ihm klarmachen konnte, dass das Volk durch die Fastenpredigten des Johannes viel tiefer zerknirscht worden sei, als eine militärische Vernichtung der Stadt Antiochia dies je erreichen könnte, da schlagen die letzten Säulenpredigten in Dankesreden um, vermischt mit weiteren Ermahnungen an das Volk, sich nie wieder von Aufrührern anstecken zu lassen, die Obrigkeit stets zu achten, den Kaiser zu ehren, die Familie zu einem Hort guter Sitten zu machen und sich nunmehr in der Karwoche auf einen würdigen Empfang der österlichen Eucharistie vorzubereiten.

In einer historischen Darstellung des Johannes Chrysostomus resümiert Claudia Tiersch den Erfolg der Säulenpredigten: Es gelang „durch Verknüpfung verschiedener Ebenen, ein Gesamtkonzept von ungewöhnlicher Dichte und suggestiver Kraft zu schaffen. Kulturelle, moralische, theologische und politische Aspekte waren hierbei untrennbar miteinander verknüpft. Hinzu kam die rhetorische Brillanz des jungen Predigers, die erhebliche Wirkung auf sein Publikum hatte: Durch spontanes Klatschen und Beifallsrufe wurde er wiederholt unterbrochen. Seine Predigten wurden von mehreren Stenografen mitgeschrieben."[10]

Der Prediger[11]

Wer war dieser Prediger Johannes, der nach seinem Tod den schmückenden Beinamen „Chrysostomus" (d. h. Goldmund) erhielt? Geboren wurde er 349 in Antiochia, der Hauptstadt der Provinz Syrien, die 100 000 Einwohner hatte. In dieser Stadt wurden die Jünger nach dem Bericht von Apg 11,26 zum ersten Mal „Christen" genannt, worauf Chrysostomus später in seinen Predigten immer wieder abhebt.

Der Vater, ein hoher Militärbeamter, starb kurz nach der Geburt des Sohnes. Umso stärker wurde nun die Bindung des Sohnes an seine Mutter. Bei Libanius, einem der besten Rhetoriklehrer seiner Zeit, lernte Johannes die antike griechische Tradition der Rhetorik intensiv kennen. Mit 18 Jahren wurde er getauft und kurz darauf von seinem Bischof Meletios zum Anagnosten (d. h. zum Lektor) geweiht. Weitere Ausbildung bekam er in biblischer Wissenschaft durch Diodor. Vom Tod seiner Mutter erschüttert, zog sich Johannes 372 in die Einsamkeit der syrischen Wüste zurück und führte gemeinsam mit einem alten Mönch asketische Übungen durch. Weitere zwei Jahre verbrachte er allein in einer Berghöhle. „Er ist den asketischen Übungen des Fastens, Frierens und Wachens mit einer Hartnäckigkeit nachgekommen, die ihm dauernde gesundheitliche Schädigungen eintrug."[12] In seiner Einsamkeit lernte er die Bibel auswendig, und das schlug sich später in der biblischen Sättigung seiner Predigten nieder. Krank von den asketischen Übungen kehrte er 378 nach Antiochia zurück und wurde hier 381 zum Diakon geweiht. Er war jetzt für die Ordnung im Gottesdienst zuständig, musste für die Aufmerksamkeit der Gemeinde sorgen, hatte die Katechumenen wie die Büßenden vor der Eucharistiefeier wegzuschicken und versah die Armenpflege sowie das Kirchensteuervermögen. 386 wurde er zum Priester geweiht und mit der Aufgabe der Predigt betraut.

Die „Säulenpredigten" im Jahr 387 machten den jungen Prediger im ganzen Reich berühmt. Dieser Ruhm führte elf Jahre später sogar dazu, dass er 398 vom Kaiser in Konstantinopel zum Erzbischof der Hauptstadt berufen wurde. Auch in dieser hohen Stellung hörte Johannes nicht mit dem Predigen auf: „Ich kann keinen Tag vorübergehen lassen, ohne euch aus den Schätzen der Heiligen Schrift zu ernähren." Das Predigen war seine Leidenschaft. Wie in Antiochia so ging er auch in der Hauptstadt mit seinen Bußpredigten gegen die Verschwendungssucht der Reichen vor, wandte sich als Bischof gegen das Zusammenleben von Mönchen und Nonnen, setzte mehrere Bischöfe wegen Korruption ab, schloss Häretiker aus der kirchlichen Gemeinschaft aus und legte sich schließlich sogar mit der mächtigen Kaiserin Eudokia an. Auf der sog. „Eichensynode" (403) scheute er sich nicht vor einem Konflikt mit dem mächtigen Bischof von Alexandria und dessen Anhängern, die aber so geschickt taktierten, dass Johannes von der Synode als Bischof abgesetzt wurde. Über Nacht wurde er mit militärischer Bewachung aus Konstantinopel weggeschafft, doch schon am nächsten Tag wieder zurückgeholt, weil die Kaiserin Eudokia eine Fehlgeburt hatte und das als ungünstiges Zeichen des Himmels ansah. Unbeeindruckt von seinem kurzen Exil setzte Johannes schon bald in einer Predigt am Täufersonntag 403 mit einer Polemik gegen die Kaiserin fort: „Und wieder rast Herodias; wieder verlangt sie das Haupt des Johannes." Die Kaiserin ließ Johannes als Bischof endgültig absetzen und nach Armenien verbannen. Scharen seiner Anhänger pilgerten zu dem 500 Kilometer entfernten Kukussus, um den verbannten Bischof predigen zu hören. Also wurde Johannes noch weiter von Konstantinopel weg ans Schwarze Meer entfernt. Dorthin sollte er zu Fuß marschieren. Unterwegs brach er jedoch erschöpft zusammen und starb am 14. 9. 407 bei Kooma (Anatolien). 31 Jahre später wurden seine Gebeine 438 feierlich nach Konstantinopel überführt und dort in der Apostelkirche beigesetzt. Längst war er rehabilitiert. Sein Nachruhm wurde in der Ostkirche unermesslich: Als Märtyrer, Kirchenlehrer und Heiliger der Orthodoxen Kirche wurde und wird er verehrt. Eine bis heute in der Ostkirche gefeierte Liturgie wird nach seinem Namen genannt. Wegen seiner überragenden Predigten wurde ihm im 6. Jahrhundert der Ehrenname „Chrysostomus" verliehen. In der Darstellung des Lebens und Wirkens von Johannes Chrysostomus durch Hans von Campenhausen heißt es: „Seine Predigten ‚können wohl als einzige aus dem ganzen griechischen Altertum' zum Teil noch heute als christliche Predigten gelesen werden."[13]

Eine Sternstunde

Am Beispiel des Ausschnitts der zweiten Rede von 387 kann deutlich werden, dass es hier um eine Sternstunde der Predigt geht, weil diese „Säulenreden" das Verstummen der Angst, die über einer ganzen Stadt lag, durch gepredigte Klage überwinden. An diesen Predigten lässt sich erkennen, wie ein Prediger von Angst gelähmte Hörer in seinen Bann zieht und ihre verstummten Gemüter zum Mitklagen zu bewegen weiß. Durch Wiederholung prägt er ihnen Sachverhalte ein und führt sie zielsicher an die Pointe seiner Argumentation. Durch vermeintliches Abbrechen seiner Predigt weiß er das Zuhören erneut zu mobilisieren. Durch biblische Zitate bildet er bei seinen Hörern ein biblisches Gehör aus und fordert sie heraus, ein bekanntes biblisches Wort selber zu

Ende zu führen. Durch eine ethisch zupackende Redeweise mutet er seinen Hörern die Veränderung ihres Lebens zu.

Vom antiken Predigthörer weiß Hans Georg Thümmel aus der Analyse antiker Predigten zu berichten: „Der Mensch der Spätantike war hörfreudig. Er ging in der Predigt mit, klatschte Beifall, schwenkte Tücher und bekundete auf andere Weise seine Stimmung. Johannes Chrysostomus sagt seiner Gemeinde einmal, sie solle fortan während der Predigt nicht mehr Beifall klatschen. Die Gemeinde fand seine Ausführungen so begeisternd, dass sie ihn immer wieder mit Beifallklatschen unterbrach. Zwischenrufe waren nicht selten, ein geistesgegenwärtiger Prediger ging auf sie ein. Die Gemeinde kann gespannt zuhören. Doch selbst Johannes Chrysostomus muss gelegentlich um Ruhe bitten, besonders wenn die Kirche zu großen Festen voll ist. Die Zuhörer drängeln sich zur Predigt, treten sich gegenseitig auf die Füße – sie stehen ja im Gottesdienst! –, nörgeln an der Predigt und stellen den Prediger für das, was er gesagt hat, nach dem Gottesdienst zur Rede. Und Chrysostomus muss sich sagen lassen, er bringe immer dasselbe. Und derselbe Chrysostomus kann seinen Hörern sagen, sie sollen ohne Geld zum Gottesdienst kommen, damit sie ungestört zuhören können und nicht auf Taschendiebe aufpassen müssen."[14]

Antike Gottesdienste dauerten bis zu drei Stunden, Predigten mindestens eine Stunde. Sie waren kurzweilig, weil der Prediger Johannes mit dem Volk in einem intensiven Hörkontakt stand. Er wusste alltägliche Lebensvorgänge seiner Hörer genau zu schildern, weil er sie zuvor im Alltag beobachtet hatte. Sprichwörter, in denen sich die Sprache ihr eigenes Leben bewahrt, wusste er aufzugreifen und mit ihnen zu spielen, wie z. B. „Ein voller Bauch weiß nicht, wie dem Hungrigen zumute ist" oder „Viel liegt zwischen dem Becher und dem Rand der Lippen" usw. Die verschiedenen Modi der Rede wusste Chrysostomus geschickt zu wechseln und fesselte dadurch seine Hörer stets aufs Neue: Von der anklagenden oder apologetischen Gerichtsrede wechselte er in die zu- oder abratende Beratungsrede und weiter in die tadelnde oder lobende Staatsrede.[15] Kurzum, es wird deutlich, wie hier ein Prediger die rhetorische Tradition der Antike von Demosthenes über Lysias bis zu Homer und Hesiod in den Dienst der christlichen Predigt zu stellen wusste und dadurch seine Hörer in den Bann zog, weil er nicht über ihre Köpfe hinwegredete, sondern mit ihnen sprach über das, was sie im Tiefsten bewegte[16].

Die antike Predigtkultur unterscheidet sich vor allem durch ihre Mündlichkeit von der distanzierten Predigtweise unserer Zeit. Weithin ist vor allem die protestantische Predigt von einer „Rede" zu einer „Schreibe" geworden. Der Prediger gleicht wegen seiner historischen und gedanklichen Anstrengung oft einem Dozierenden, der ein mehr oder weniger gut vorbereitetes Manuskript vorträgt. Das distanziert ihn von seinen Hörern.

Was die Predigtkultur eines Johannes Chrysostomus nicht nur in den „Säulenpredigten" auszeichnet, ist die intensive Beziehung zu seinen Hörern, die er durch Klagen, Bitten, Rufen, Flehen, Dank und Lobpreis zu Mitschaffenden seiner freien Rede macht. Ich stelle mir vor, wie die Sprichwörter und biblischen Redewendungen von den Hörern aufgegriffen und zu Ende gesprochen werden, etwa nach der Art, wie heute im Fußballstadion die Spieler nur mit Vornamen vom Stadionsprecher genannt und dann vom Publikum kundig und wonnevoll beim Namen gerufen werden. Zwischenrufe und Beifallskundgebungen, Ermutigungen an den Prediger dürften in Antiochia an der Tagesordnung gewesen sein, wie es heute aus afrikanischen und afroamerikanischen Gemeinden bekannt ist.

Das feuert wiederum den Prediger an, noch intensiver in einen Atemrhythmus mit seinen Hörern zu kommen, noch tiefer den Gedankenaustausch zu suchen, noch pointierter die Zumutungen des Evangeliums den Hörern zuzuwerfen, um von ihnen aufgefangen zu werden. Diese Mündlichkeit, die eine Predigt zur „Höre" im biblischen Sinn macht, gilt es heute wieder zu entdecken. Von Johannes Chrysostomus ist dabei zu lernen, dass eine Predigt als Zwiegespräch mit den Hörern mehr ist als eine ordentlich ausgearbeitete Textpredigt. Sie ist so viel mehr, wie die *viva vox evangelii* (die lebendige Stimme des Evangeliums) mehr ist als die *scriptura sacra* (Heilige Schrift).

Christian Möller

Literatur

Rudolf Brändle, Johannes Chrysostomus. Bischof, Reformer, Märtyrer, Stuttgart/ Berlin/ Köln 1999.

Anmerkungen

1 Zitiert wird aus der Ausgabe von Valentin Thalhofer, Ausgewählte Schriften des heiligen Chrysostomus. Bibliothek der Kirchenväter, Kempten 1874, 46-71 in Auswahl. (Die Rechtschreibung der Predigt entspricht dieser Ausgabe.)
2 PG 49, 15-222; vgl. F. van de Paverd, St. John Chrysostomus, The Homilies on the Statues. An Introduction (OCA 239), Rome 1991.
3 Hiob 2,8.
4 Hiob 2,13.
5 Jes 1,30.
6 D. h. im Osten des byzantinischen Reiches.
7 D. h. der Kaiser in Konstantinopel.
8 1. Thess 5,11.
9 Ingo Baldermann, Seelsorge in den Psalmen; in: Chr. Möller (Hg.), Geschichte der Seelsorge in Einzelportraits, Bd. I, Göttingen 1994, 26.
10 Claudia Tiersch, Johannes Chrysostomus in Konstantinopel, STAC 6, Tübingen 2004, 42-110, hier 102.
11 Rudolf Brändle, Johannes Chrysostomus. Bischof, Reformer, Märtyrer, Stuttgart/ Berlin/ Köln 1999.
12 Hans von Campenhausen, Griechische Kirchenväter, Stuttgart 1957, 138.
13 Ebd. 152.
14 Hans Georg Thümmel, Materialien zum liturgischen Ort der Predigt in der Alten Kirche, in: Eckehard Mühlenberg und Johannes van Oort (Hgg.), Die Predigt in der Alten Kirche, Kampen 1994, 115-122, ebd. 121 f.
15 Vgl. Rudolf Brändle, Johannes Chrysostomus, RAC, Stuttgart Bd. XVIII, 426-503.
16 Adolf Martin Ritter, Situationsgerechtes kirchliches Handeln in der Spätantike und heute am Beispiel des Johannes Chrysostomus, KuD 55, 2009, 148-165.

Cui DEVS egregias indulsit ab æthere dotes
Non ego donatum cælitus esse rears?

Augustinus
Das Leben an seinen Tiefpunkten

DIE SITUATION

Am 24. 8. 410 wurde Rom, die Stadt der Städte, nach langer Belagerung durch die Westgoten eingenommen, geplündert und zum Teil zerstört – nicht nur eine physische, sondern auch eine psychische Katastrophe für die stolzen römischen Bürger, deren Stadt über Jahrhunderte Mittelpunkt eines mächtigen Cäsarenreiches war. Viele der noch den alten Göttern anhängenden Römer gaben nun den Christen und ihrem Gott die Schuld an dieser Katastrophe, die ihrer Überzeugung nach niemals passiert wäre, wenn Rom den alten Göttern treu geblieben wäre. Die Christen waren in großer Verlegenheit und suchten nach einer Deutung dieser Katastrophe im Licht des christlichen Glaubens.

Wenn einer sie liefern konnte, dann musste es Augustinus, der Bischof von Hippo (in Nordafrika), sein, denn er hatte mit seinen rhetorisch brillanten Predigten und seinen theologisch streitbaren und mächtigen Schriften bereits um diese Zeit das führende Wort in der lateinischen Kirche. Sein Einfluss reichte von Nordafrika bis zum Kaiser wie auch zum Bischof in Rom. So hielt denn Augustinus wenige Wochen nach dem Fall Roms eine Predigt in Hippo, die von den Stenografen mitgeschrieben und rasch in der lateinischen Kirche verbreitet wurde. Daniels Bußgebet (Dan 9) ist der biblische Text, von dem die Predigt ausging.

DIE PREDIGT[1]

Lasset uns die erste Lesung des heiligen Propheten Daniel betrachten. Wir haben gehört und uns verwundert, dass er nicht allein die Sünden seines Volkes, sondern seine eigenen Sünden bekannt hat. „Als ich bat", sprach er, „und meine und meines Volkes Sünden bekannte dem Herrn meinem Gott". Wer ist also, der bekennen dürfe, er sei ohne Sünde, da ein Daniel die eigenen Sünden bekannt? Denn zu einem Stolzen sagt der Prophet Hesekiel: „Bist du etwa weiser als Daniel?" Wessen Stolz wird also nicht erbeben, wessen Übermut wird nicht hinschwinden, wenn ein Daniel seine Sünden bekennt? Wer könnte sich rühmen, ein reines Herz zu haben oder rein zu sein von aller Sünde? Dennoch wundern sich die Menschen – und möchten sie sich doch nur wundern und nicht zugleich noch lästern – dass Gott das Menschengeschlecht mit Strafe heimsucht und mit heilsamen Geißeln züchtigt, indem er die Züchtigung lässt dem Gerichte vorangehn und, wo er züchtigt, keinen Unterschied zu machen pflegt, weil er niemanden zu verdammen wünscht. Denn er geißelt zugleich die Gerechten und Ungerechten. Wiewohl, wer ist gerecht, wenn ein Daniel seine Sünden bekennt?

SODOMS UNTERGANG UND ROMS EROBERUNG – EIN VERGLEICH
Wir lasen vor einigen Tagen die Lection aus dem ersten Buche Moses, und zwar, wenn ich nicht irre, mit sichtlicher Andacht, wo Abraham zum Herrn sagt, ob er, wenn er fünfzig Gerechte in der Stadt fände, um ihretwillen die Stadt verschonen oder sie mit ihnen verderben wolle. Hierauf fragte er, ob er es tun wolle, wenn es fünfundvierzig, und dann, wenn es zehn wären: und Gott antwortet, er wolle auch um zehn Gerechter willen die Stadt verschonen. Was sagen wir nun, liebe Brüder? Konnten in Rom, unter der so großen Zahl von Gläubigen der Sanctimonialen, der Enthaltsamen, der Knechte und Mägde Gottes, nicht fünfzig Gerechte gefunden werden, auch nicht vierzig, dreißig, zwanzig, ja auch nicht zehn? Ist dies aber unglaublich, warum schonte Gott nicht um der fünfzig oder auch um der zehn Gerechten willen jener Stadt? Die Schrift trügt nicht, wenn der Mensch sich nicht betrügt. Wenn es sich um die Gerechtigkeit handelt und Gott von seiner Gerechtigkeit aus antwortet, so sucht er die Gerechten nicht nach menschlichem, sondern nach göttlichem Maßstab. Schnell antworte ich wohl: Entweder fand er dort so viel Gerechte und verschonte die Stadt, oder, wenn er sie nicht verschonte, fand er keine Gerechten. Aber man entgegnet mir; es ist ja offenbar: Gott verschonte die Stadt nicht; ich antworte: nein, mir ists nicht offenbar. Denn der Untergang der Stadt erfolgte dort nicht wie zu Sodom. Von Sodom sagte Gott auf die Frage Abrahams: Ich will die Stadt nicht verderben. Nicht aber sagte er: „Ich züchtige sie nicht." Sodom verschonte er nicht. Er ließ es völlig in Flammen untergehen,–

niemand entrann aus Sodom; kein Mensch blieb übrig, kein Tier, kein Haus: Alles verzehrte völlig das Feuer. Siehe, so weihte Gott die Stadt dem Untergange.

Aus Rom aber waren viele entwichen, um wieder zurückzukehren; viele waren zurückgeblieben und dennoch der Gefahr entronnen. Viele konnten an den heiligen Zufluchtsstätten nicht davon berührt werden. Aber, sagt man, viele wurden in die Gefangenschaft geführt: das hat auch Daniel erduldet, nicht zu seiner Strafe, sondern zum Trost für andere. Viele, sagt man, sind getötet worden. Dies haben auch so viel gerechte Propheten erlitten, vom Blute Abels bis zum Blut des Zacharias, so viele Apostel und der Herr der Apostel und Propheten selbst. Viele, sagt man, sind mit verschiedenen Qualen gemartert worden: glauben wir, dass einer so viel erlitt wie Hiob?

Furchtbares ist uns verkündigt worden: Niederlage, Brand, Plünderung, Blutvergießen, Marter. Es ist wahr; wir haben vieles gehört, über alles geseufzt, oft geweint und sind kaum getröstet worden. Ich bestreite es nicht, ich leugne nicht, dass wir viel gehört haben von grauenhaften Taten, die in Rom verübt worden sind.

Es waren in Rom fünfzig Gerechte, ja, wenn du menschlichen Maßstab anlegst, tausend Gerechte; nach dem Maße der göttlichen Vollkommenheit aber fand sich kein Gerechter. Jeden, der zu Rom sich gerecht zu nennen wagte, möchte ich fragen: „Bist du etwa weiser als Daniel, der seine Sünde bekannte?"

Wenn aber Gerechte so zu nennen sind, wie wir nach menschlichem Urteil sie als Gerechte bezeichnen, so waren solcher Viele zu Rom: und um ihretwillen verschonte Gott; viele entrannen, aber auch derer, die gestorben sind, schonte Gott; denn, die geschieden sind aus frommem, rechtschaffenem Leben, in rechter Glaubenstreue, sind sie nicht befreit von allem menschlichem Kummer und Elend und zur himmlischen Seligkeit und Erquickung eingegangen? – O, wenn wir sehen könnten die Seelen der Heiligen, die in jenem Kriege gestorben sind, so würdet ihr erkennen, wie Gott die Stadt gnädig verschont hat! Denn Tausende von Heiligen sind in der seligen Ruhe, frohlocken in Gott und sagen: „Wir danken dir, dass du uns von dem Ungemach und den Leiden des Fleisches erlöset hast; wir danken dir, weil wir uns jetzt weder vor den Barbaren noch vor dem Teufel mehr zu fürchten haben, und nicht mehr auf Erden den Hunger oder ein Ungewitter, einen Feind, einen Lictor oder einen Bedränger fürchten; auf Erden sind wir gestorben: bei dir aber, o Gott, werden wir nimmermehr sterben; und deinem Reiche sind wir selig, selig durch deine Gnadengabe, nicht durch unser Verdienst." Welche Stadt ist es, die also redet? Oder meint ihr, dass die Stadt aus den Mauern besteht? Die Stadt besteht aus den Bürgern, nicht aus den Mauern. Endlich wenn Gott zu den Sodomitern sagte: „Fliehet, denn ich werde jenen Ort anzünden", müssen wir nicht sagen, dass sie einen großen Vorzug genossen, wenn sie fliehen durften, während die Flamme vom Himmel die Mauern und Wände zerstörte? Schonte Gott nicht der Stadt, weil die rechte Bürgerschaft davongezogen und dem Verderben jenes Feuers entronnen war?

Konstantinopels Bewahrung und Roms Verschonung

Einige von euch, die dort zugegen waren, erinnern sich vielleicht, dass vor wenigen Jahren unter der Regierung des Arcadius zu Konstantinopel Gott in der Absicht, die Stadt zu schrecken und durch den Schrecken zu bessern, zu reinigen, zu läutern und zu bekehren, seinem treuen Knecht, einem Kriegsmann, wie es hieß, in einer Offenbarung erschien, ihm den nahen Untergang der Stadt durch Feuer vom Himmel verkündete und ihn ermahnte, es dem Bischof zu sagen. Es geschah: Der Bischof verachtete die himmlische Mahnung nicht und hielt eine Anrede an das Volk; Die Stadt wurde, wie einst Ninive, zur Trauer der Buße bewegt. Damit aber die Menschen es nicht für Täuschung jenes Mannes hielten: kam der Tag, den Gott angedrohet hatte. Alle waren in Spannung und erwarteten mit großer Furcht den Ausgang: da erschien bei Hereinbrechen der Nacht eine feurige Wolke vom Morgen, zuerst klein, dann allmählich, wie sie der Stadt sich näherte, größer werdend, bis das Feuer drohend über der ganzen Stadt schwebte. Man sah die feurige Flamme hängen und es fehlte auch der Schwefelgeruch nicht. Alle flohen zur Kirche. Der Raum der Kirche fasste die Menge nicht; jeder verlangte die Taufe, wo er konnte. Nicht nur in der Kirche, auch in den Häusern, auf den Straßen wurde das Heil des Sakraments begehrt, um dem zukünftigen Zorn zu entfliehen. Doch nach dieser großen Bestürzung, da Gott treu war seinem Wort, das er seinem Knechte geoffenbart, begann die Wolke, wie sie gewachsen, wieder kleiner zu werden und allmählich zu verschwinden. Das Volk, allmählich sicher geworden, hörte noch einmal, man müsse ausziehen, weil die Stadt am nächsten Sabbat untergehen würde. Die ganze Bürgerschaft mit dem

Kaiser zog aus. Niemand blieb im Hause, niemand verschloss das Haus; weit sich entfernend von den Mauern der Stadt, auf die lieben Häuser zurückschauend, sagte man den teuersten Heimatstätten Lebewohl. Kaum war die so große Menge einige Meilen fortgezogen, während sie doch wie an einem Ort mit ihren Gebeten um Gott sich scharte, da sah sie plötzlich einen großen Rauch aufsteigen und erhob ein großes Geschrei zu Gott. Endlich aber trat eine Stille ein; man sandte Boten zurück, da die geweissagte Stunde ruhig verlaufen war, und sie meldeten: die ganze Stadt, die Mauern und Häuser ständen unversehrt; da kehrten alle glückwünschend zur Stadt zurück. Niemand verlor das Seine. Jedermann fand sein Haus offen, wie er es verlassen hatte.

Was sollen wir hierzu sagen? War dies Gottes Zorn, oder nicht vielmehr seine Barmherzigkeit? Wer könnte zweifeln, dass der barmherzigste Vater hier bessern wollte, auch durch Schrecken, und nicht mit Verderben strafen, da ein so großes drohendes Unglück weder einen Menschen noch ein Haus noch eine Mauer verletzte. Wie man pflegt, zum Schlagen die Hände zu erheben und aus Erbarmen mit dem Erschrockenen die Hände wieder zurückzuziehen, so geschah jener Stadt. Und doch, wenn damals, als das ganze Volk aus jener verlassenen Stadt wich, die Zerstörung hereingebrochen und die ganze Stadt wie Sodom, ohne einen Trümmer zurückzulassen, verwüstet hätte, wer wollte zweifeln, dass Gott auch dann jene Stadt verschonet, da sie zuvor doch vermahnt und in Schrecken gesetzt und erst nach dem Wegzuge der Bürger vernichtet worden wäre. So ist keineswegs zu zweifeln, dass Gott auch die Stadt Rom verschonet. Sie war vor dem feindlichen Brand zum großen Teil schon ausgewandert. Es waren ausgezogen, die da flohen, aber auch, die aus dem leiblichen Leben schieden. Viele aber, die zugegen waren und sich verbargen, wurden an den heiligen Orten sicher und lebend erhalten. Mithin wurde die Stadt nicht sowohl vertilgt als vielmehr nur heimgesucht durch die züchtigende Hand Gottes; wie ein Knecht, der seines Herrn Willen kennt und tut, was der Streiche wert ist.

So möge es doch nur zu einem Warnungsexempel gereichen, dass man sich fürchte; und möge die böse Begierde, die nach der Welt dürstet und nach dem Genusse verderblicher Lüste verlangt, vielmehr sich zügeln lassen, anstatt unter der verdienten Züchtung gegen den Herrn zu murren, da er zeigt, wie unbeständig und hinfällig alle Eitelkeiten der Welt und lügenhaften Wahngebilde sind. Aber von einer Dreschwalze wird auf der Tenne das Stroh zermalmt und das Korn gereinigt, und von einem Feuer wird in dem Ofen des Goldschmieds die Schlacke zu Asche verzehrt und das Gold geläutert; so auch ist es zu Rom eine und dieselbe Drangsal gewesen, in welcher der Fromme entweder gebessert oder befreit worden, der Gottlose aber verdammt ist, sei es, dass er zur Verbüßung der gerechtesten Strafen dem irdischen Leben entrissen wurde, oder dass er noch ferner hienieden verblieb, um noch verdammlicher zu lästern. Oder auch Gott wollte nach seiner unaussprechlichen Barmherzigkeit solchen, welche noch erlöst werden sollten, noch fernerhin Zeit und Raum zur Buße geben.

„VERGLEICHE ROM MIT CHRISTUS!" Möge uns daher die Drangsal der Frommen nicht beirren! Sie ist Prüfung, nicht Verdammung. Wir müssten denn zurückschaudern, wenn wir einen Frommen auf dieser Erde Unwürdiges und Schweres erdulden sehen, und dabei vergessen, was der Gerechte der Gerechten und der Heilige der Heiligen erduldet hat. Was jene ganze Stadt erlitten, das hat der EINE erduldet. Sehet aber, welcher EINE? Der König der Könige und der Herr der Herren: er ist ergriffen, gebunden, gegeißelt, mit jeder Schmach überhäuft, ans Kreuz geschlagen und getötet worden. Vergleiche mit Christo Rom. Vergleich mit Christo die ganze Erde, vergleiche mit Christo Himmel und Erde! Kein Werk ist vergleichbar seinem Werkmeister. „Alles ist durch ihn geschaffen und nichts ist geworden ohne ihn." Und doch ist er von seinen Verfolgern für nichts erachtet worden. Ertragen wir also, was Gott uns auferlegt, der gleich dem Arzte weiß, was uns heilsam ist und zu unserer Genesung gereicht. Es steht gewiss geschrieben: „Die Geduld soll fest bleiben bis ans Ende, auf dass ihr vollkommen seid." Wie kann dies aber geschehen, wenn wir nichts Widerwärtiges erleiden? Warum weigern wir uns denn der Erduldung zeitlicher Übel? Fürchten wir uns etwa, vollkommen zu werden? Aber lasst uns auch mit Gebet, Seufzen und Tränen den Herrn anrufen, dass auch uns sich erfülle, was der Apostel spricht: „Gott ist getreu, der euch nicht lässet versuchen über euer Vermögen, sondern macht, dass die Versuchung so ein Ende gewinne, dass ihr es könnt ertragen " (1. Kor 10,13).

Nachzeichnung der Predigt

Die Predigt soll nach Augustins Rhetorik einen belehrenden (*docere*), einen unterhaltenden (*delectare*) und einen verändernden (*movere und flectere*) Charakter haben. Wie das im Einzelnen einer Predigt aussehen kann, lässt sich am Aufbau dieser Predigt über Daniel 9 studieren: Sie hat im ersten Teil einen *Lehrcharakter*, indem sie zwei alttestamentliche Texte auslegt und in ihrem Licht die Plünderung und Zerstörung Roms als eine Bestrafung durch Gott deutet. Sie hat im zweiten Teil einen *unterhaltenden Charakter*, indem sie eine Legende von der Bewahrung der Stadt Konstantinopel durch Gott erzählt und ihr eine erbauliche Anwendung gibt. Sie hat im dritten Teil *mahnenden Charakter*, indem sie zu einem veränderten Verhalten und zu einer erneuerten Einstellung der Hörer angesichts von Gottes Züchtigung und Bewahrung aufruft.

Im Lehrteil knüpft der Prediger zunächst an die erste der drei Lektionen an, die im Wortteil des Gottesdienstes zu Gehör kamen: eine alttestamentliche, eine Epistellesung und als Höhepunkt die Lesung des Evangeliums. Der Prediger hat nun die Freiheit, an eine dieser Lesungen anzuknüpfen. Augustinus knüpft beim Bußgebet des Propheten Daniel an, der nicht nur die Sünden des Volkes, sondern auch seine eigene Sünde vor Gott bringt. Das greift die Predigt so auf: Wenn ein Heiliger wie Daniel seine Sünden bekennt, wer kann sich dann sündlos und gerecht wähnen, so dass er sicher vor Gottes Züchtigung wäre? Dem Hörer wird stillschweigend der Schluss nahegelegt: Natürlich niemand! Und darin wird bereits eine erste Konsequenz für die Deutung von Roms Untergang angebahnt.

Ehe dieser Untergang näher angesprochen wird, spielt der Prediger auf die Geschichte von Abrahams Fürbitte für die vom Untergang bedrohte Stadt Sodom an, die einige Tage zuvor Lesung im Gottesdienst gewesen und von den Hörern „mit sichtlicher Andacht" aufgenommen worden war. Der Prediger will auf einen Vergleich von Sodoms Untergang und Roms Zerstörung hinaus: Während Sodom dem Untergang geweiht wurde und nichts von der Stadt wie von den Menschen und Tieren übrig geblieben sei, konnten in Rom doch viele entkommen, ja, sie wurden sogar in Rom selbst an den heiligen Zufluchtsstätten verschont. Waren das nun die Gerechten? Nach göttlichem Maßstab waren alle Sünder, wie ja auch Daniel sich als

Sünder bekennt. Nach menschlichem Urteil waren aber doch viele Gerechte in Rom, und um ihretwillen schonte Gott die Stadt zumindest in den Bürgern, die entfliehen konnten, wie ja auch in Sodom Lots Familie verschont wurde. Auch die im Glauben verstarben, schonte Gott, denn sie frohlocken jetzt in Gott und danken IHM dafür, dass sie nicht mehr auf Erden, sondern in Gottes Reich leben dürfen. So sehr also Rom durch Plünderung und Zerstörung gelitten hat, so ist sie in seinen gerechten Bürgern – seien sie nun fliehend am Leben geblieben oder gestorben und damit in Gottes Reich eingegangen – als Stadt von Gott in Wahrheit verschont worden.

Um nun von Roms Zerstörung die Hörer abzulenken und ihnen zugleich den bisherigen Gedanken von Gottes Bewahrung durch Züchtigung anschaulicher zu machen, erzählt der Prediger im zweiten Teil seiner Predigt ein Ereignis aus der Stadt Konstantinopel mit einer Geschichte, die alle Züge einer schönen Legende in sich trägt und nach Art der Ninivegeschichte im Jonabuch beginnt: Gott sei einem Kriegsmann erschienen und habe ihm den nahen Untergang der Stadt durch Feuer vom Himmel angekündigt. Der von Gott angekündigte Tag kommt, eine feurige Wolke voll von Schwefelgeruch schwebt über der Stadt. Das Volk flieht in die Kirche, aber die Wolke wird wieder kleiner und verschwindet. Bald wird das Volk wieder sicher und bekommt noch einmal die Ankündigung, dass sie am nächsten Sabbat untergehen werde. Jetzt zieht die ganze Stadt mit dem Kaiser aus der Stadt und sieht von weitem über der Stadt Rauch aufsteigen. Als wieder Stille einkehrt, werden Boten in die Stadt gesandt, die dem Volk melden, die ganze Stadt sei unversehrt geblieben. Alles Volk kehrt glückselig in die Stadt zurück. Jeder findet sein Haus tatsächlich so an, wie er es verlassen hat.

Und die Moral von der Geschichte? Gott bessert durch ein drohendes Unglück, das er doch nicht vollzieht. Selbst wenn Konstantinopel von Gott vernichtet worden wäre, so hat er doch die Bürger rechtzeitig ausziehen lassen und so die eigentliche Stadt, die aus Menschen und nicht aus Mauern oder Häusern besteht, gerettet. So sei keineswegs daran zu zweifeln, dass Gott auch die Stadt Rom gerettet habe, denn die Bürger seien ja zum großen Teil schon vor Plünderung und Zerstörung ausgewandert, und selbst die, die gestorben sind, seien ja nur aus diesem leiblichen Leben geschieden, nun aber bei Gott. „Also", so schließt die Predigt, „wurde die Stadt nicht vertilgt. Sie wurde vielmehr heimgesucht durch die züchtigende Hand Gottes." So bekommt auch die unterhaltsame Geschichte aus Konstantinopel ihren Sinn. Was im belehrenden Teil durch Auslegung biblischer Texte erarbeitet wird, gewinnt nun auf erzählend-unterhaltsame Weise eine neue Plausibilität.

Im Schlussteil der Predigt werden die Hörer von Hippo ermahnt, das bisher Gepredigte auf ihr Leben anzuwenden: „Möge die böse Begierde, die nach der Welt dürstet und nach dem Genuss verderblicher Lüste verlangt, sich zügeln lassen ..." Und: „Möge uns daher die Drangsal der Frommen nicht beirren." Sie mussten zwar leiden, aber doch nicht annähernd das, was Christus leiden musste. Dieser Vergleich bringt den Prediger zu einem rhetorischen Aufruf: „Vergleiche Rom mit Christus! Vergleiche mit Christus die ganze Erde! Vergleiche mit Christus Himmel und Erde!" Was soll diese rhetorische Steigerung gegen Ende der Predigt? Der Hörer soll zum Schluss bewegt und gebeugt werden, im Aufblick zu Christi Leiden sein eigenes Leiden zu relativieren und wie die Medizin eines Arztes geduldig zu ertragen: „Ertragen wir also, was Gott uns auferlegt, der einem Arzt gleich weiß, was uns heilsam ist und zu unserer Genesung gereicht."

Docere – delectare – movere bzw. *flectere* – darauf kommt es dem Prediger an. Auf eine geradezu klassische Weise zeigt Augustinus dieses Verständnis von Rhetorik auch in der die Eroberung Roms vom christlichen Glauben aus deutenden Predigt über Daniel 9. Fehlte der Predigt eines dieser drei Elemente, dann würde sie einseitig: Ohne Lehre würde der Verstand nicht angesprochen; ohne ein unterhaltendes Element würde das Gemüt ausgeblendet; ohne das *movere* und *flectere* bliebe der Wille auf der Strecke. Dazu eignet jedem Element der Predigt ein bestimmtes *genus* der Rede: das *genus submissum* kommt der nüchternen, informativen Redeweise der Belehrung und Auslegung zu; das *genus temperatum* der temperierten, lockeren, unterhaltsamen Rede der Erzählung; das *genus grande* dem großen Finale am Ende der Predigt: der Hörer muss jetzt angefeuert und seine Haltung gezielt beeinflusst werden.

Dass hier ein großer Rhetor am Werk ist, lässt sich unschwer erkennen, freilich ein Prediger, der seine Rhetorik ganz und gar in den Dienst der christlichen Verkündigung stellt, also instrumentelle und nicht manipulative Rhetorik betreibt. Wer ist dieser Prediger?

Der Prediger[2]

Augustinus wurde am 13. 11. 354 im nordafrikanischen Thagaste geboren. Sein Vater war Mitglied des Gemeinderates, lebte in bescheidenen Verhältnissen und starb noch als Taufbewerber. Sein Sohn war gerade 17 Jahre alt geworden. Nun gewann Mutter Monnica mit ihrer glühenden christlichen Frömmigkeit einen maßgeblichen Einfluss auf Augustinus.

Er studierte in Karthago zunächst Rhetorik und lebte dort mit einer Frau zusammen, mit der er 372 einen Sohn bekam: Adeodatus. Augustinus verließ später diese Frau; sein Sohn starb im Alter von 17 Jahren. Augustins Rhetorikschulung war an Aristoteles und Cicero ausgerichtet. Durch Ciceros Schrift „Hortensius" wurde in ihm die Frage geweckt, die ihn lange begleitete: Wie gelange ich zu wahrer Glückseligkeit, wie finde ich eine *vita beata*? Die erste Antwort, die ihn überzeugte: Glück finde ich in der unsterblichen Weisheit der Philosophie, nicht in irdischen Dingen. Er begann nun zu Gott als der höchsten Weisheit zu beten. Die Heilige Schrift, die er zu lesen begann, erschien ihm jedoch in ihren Gottesvorstellungen zu menschlich, in der Sprache zu primitiv, in den vier Evangelien zu widersprüchlich. Deshalb brach er die Bibellektüre alsbald wieder ab, weil er auf der Suche nach höherer, idealer Weisheit war. Er fand diese Weisheit bei einer Gruppe von Manichäern, die ihm im Gefolge ihres persischen Propheten Mani rationalere Weltdeutung und tiefere Einsicht in den Ursprung des Guten und des Bösen boten. Neun Jahre lang, von 373 bis 382, war Augustinus Mitglied dieser Gruppe, freilich noch als Auditor, der noch nicht die Gelübde des Erwählten abgelegt hat. Einflüsse des manichäischen Denkens blieben auch später noch bei Augustinus in der Lehre von der Erbsünde und in der Geschichtstheologie der beiden *civitates* (Reiche) erkennbar. Mutter Monnica, die glühende Christin, war unglücklich über diese Entwicklung ihres Sohnes und wollte ihn als Manichäer anfänglich nicht einmal mehr in ihr Haus in Thagaste lassen. Augustinus ging nun zurück nach Karthago und arbeitete als Rhetor bzw. Lehrer der Rhetorik. Was ihn aber anwiderte, war die studentische Disziplinlosigkeit an der Akademie von Karthago. Deshalb wechselte er nach Italien und kam über eine kurzen Aufenthalt in Rom 384 nach Mailand, wo er dem herausragenden Bischof Ambrosius begegnete. Dessen Predigten beeindruckten Augustinus, weil hier die Bibel allegorisch auf ihre höhere Weisheit hin ausgelegt wurde. Er fand in Mailand eine ihn überzeugende Synthese von Christentum und Neuplatonismus und konnte seine alte Frage nach der Glückseligkeit in neuer Gestalt wieder aufgreifen. Es kam zu einer Bekehrungsszene, die Augustinus in seinen Bekenntnissen so schildert:

> „Ich weinte in der bittersten Zerknirschung meines Herzens. Und sieh, da hör ich eine Stimme vom Nachbarhaus herüber, singenden Tons, die Stimme wie von einem Knaben oder Mädchen, die immer wieder rief: Nimm und lies, nimm und lies! Da änderte sich meine Miene, ich begann achtsam mich zu besinnen, ob Kinder so etwas bei irgendeinem Spiel zu singen pflegten. Doch ich entsann mich nicht, es je einmal gehört zu haben. Da versiegten meine Tränen, und ich stand auf. Ich dachte an nichts andres, als dass Gott mir befehle, ein Buch zu öffnen und zu lesen, worauf zuerst mein Auge stoße. Den von Antonius (sc. dem Wüstenvater) hatte ich gehört, dass er durch einen Satz des Evangeliums, auf den er wie durch einen Zufall stieß, sich habe mahnen lassen: Geh hin, verkaufe alles, was du hast, und gib's den Armen, und du wirst einen Schatz im Himmel haben. Und komm, folge mir (Mt 19,21). Und dass er sich durch dies Orakel alsbald zu dir bekehrt. So ging ich schnell zum Platz zurück, wo noch Alipius saß. Dort hatte ich einen Band, die Briefe des Apostels, liegenlassen, als ich aufgestanden und weggegangen war. Ich griff danach, öffnete und schweigend las ich die Stelle, auf die zuerst mein Auge fiel: ‚Nicht in Fressen und Saufen, nicht in Unzucht und Ausschweifung, nicht in Hader und Eifersucht; sondern zieht an den Herrn Jesus Christus und sorgt für den Leib nicht so, dass ihr den Begierden verfallt' (Röm 13,13 f.). Ich wollte nicht weiter lesen und brauchte nicht weiter zu lesen. Denn kaum, da ich den Satz zu Ende gelesen, kam's in mein Herz, ein Licht der Zuversicht und der Gewissheit, und alle Nacht des Zweifels war zerstoben. Ich legte meinen Finger oder irgend sonst ein Zeichen in das Buch, schloß es, und schon mit völlig ruhiger Miene erzählte ich alles dem Alupius."[3]

Augustinus gab sein Lehramt für Rhetorik auf und zog mit Freunden auf ein Gut bei Mailand, wo er Dialoge „Über das glückliche Leben" (*De beata vita*) und „Gegen die Akademiker" (*Contra Academicos*) schrieb und mit seinen Freunden Psalmen sang. 387 kehrte er nach Mailand zurück, wurde in der Osternacht 387 von Ambrosius getauft und ging nach Afrika zurück. Auf der Rückreise starb seine Mutter in Ostia bei Rom, voller Glück über die Bekehrung und Taufe ihres Sohnes. Wiederum zog sich Augustinus nach Afrika auf ein Landgut zurück, wo er zusammen mit Freunden die monastische Lebensform suchte, das Studium der Bibel und das Gebet pflegte und gegen die Manichäer und d. h. auch gegen seine Vergangenheit zu schreiben begann. Als er 391 in Hippo den Gottesdienst besuchte und erkannt wurde, schlug ihn das Kirchenvolk per Akklamation zum Presbyter vor, der dem greisen Bischof Valerius als Prediger zur Seite treten sollte. Vier Jahre später wurde Augustinus zum Mitbischof geweiht. Als Valerius ein Jahr darauf starb, wurde Augustinus zum Bischof von Hippo eingesetzt. 35 Jahre blieb er nun bis zu seinem Tod Bischof von Hippo und gewann von dort aus großen Einfluss auf die lateinische Kirche, weil er seine rhetorischen Gaben in den Dienst der Kirche und ihrer Lehre stellte, die Gegner des christlichen Glaubens scharfsinnig widerlegte und die Abtrünnigen zur Rückkehr in die Kirche gewinnen konnte. Die Manichäer in ihrem Determinismus widerlegte er durch die Lehre vom freien Willen und der Verantwortung des Menschen für seine Sünde. Die Donatisten gewann er zur Rückkehr in die katholische Kirche, indem er die Liebe Gottes als das Band der Einheit stark machte. Die Pelagianer widerlegte er durch die Lehre von der Alleinwirksamkeit der Gnade Gottes. Seine Homiletik, Hermeneutik und Dogmatik finden sich in „*De doctrina christiana*" und in „*De Trinitate*". Am bekanntesten und wirkungsvollsten wurden seine weit über das Biografische hinausgehenden „*Confessiones*".

Vor allem aber wirkte Augustinus als Bischof durch seine Predigten[4], die von Stenografen mitgeschrieben und für die Nachwelt zum Teil aufbewahrt wurden. Fast viertausend Predigten soll er gehalten haben; siebenhundert sind erhalten geblieben. Sein Biograph Possidius meint, dass es zwar nützlich sei, Augustinus zu lesen, aber diejenigen, „die ihn selbst in der Kirche reden hören und sehen konnten", hatten mehr von ihm. Er saß auf einer erhöhten Kathedra in der Apsis der Kirche, und seine Priester umgaben ihn. Eine schwache Stimme habe er gehabt. Er wusste Pausen zu setzen, die von Atmosphäre erfüllt sind. Mit seinem Predigen wollte er „widerlegen, zurechtweisen, erbauen und sich um jeden einzelnen bemühen". Von sich selbst als Prediger sagte Augustinus: „Gott hat mich zum Austeiler bestellt. Ich bringe ins gesprochene Wort nichts anderes, als was in den Tiefen meines Herzens liegt. Da muss Christus selbst drin sein. Gott aber ist der Vollstrecker seines Wortes."

Augustinus hat seine Predigten extemporiert, um sich ganz vom Augenblick bestimmen zu lassen und hier sein rhetorisches Können wie sein theologisches Wissen einzusetzen. Rhetorische Intuition ist beim Predigen für ihn entscheidend, aber diese Intuition musste aus dem Gebet kommen, um offen und aufmerksam zu bleiben für Gottes Stimme im Herzen. Der Prediger gieße nur aus, was ihn erfüllt und hat doch Rechenschaft zu geben für jedes Wort.[5]

Eine Sternstunde

Was macht Augustins Predigt über Daniel 9 zu einer Sternstunde der Predigt? Es ist einmal der historische Augenblick, der diese Predigt veranlasst hat: die Eroberung Roms musste um der ratlosen Christen willen im Licht von Gottes Wort gedeutet werden. Das konnte in diesem historischen Augenblick nur Augustinus leisten, der führende Kopf der lateinischen Christenheit. Zugleich war diese Predigt mitsamt dem sie auslösenden Anlass auch deshalb eine Sternstunde, weil sie zum Ausgangspunkt für eine viel umfassendere Geschichtstheologie wurde, an der Augustinus nunmehr vierzehn Jahre lang weiterarbeitete, bis er sein großes geschichtstheologisches Werk herausgab: „*De civitate Dei*". Darin findet sich eine weiträumig angelegte Geschichtsschau, die im Mittelalter und weit darüber hinaus wirksam werden sollte.

Zwei Weisen der Liebe haben zwei gegensätzliche *civitates* d. h. zwei Reiche bzw. zwei Bürgerschaften hervorgebracht. Der *amor sui*, die Selbstliebe, die bis zur Verachtung Gottes geht, hat eine *irdische civitas* hervorgebracht, der *amor Dei*, die Gottesliebe, die bis zur Verachtung des eigenen Selbst geht, hat eine *civitas Dei*, eine himmlische *civitas*, hervorgebracht. „Jene (sc. *irdische civitas*) hat ihren Ruhm in sich, diese (sc. die *civitas Dei*) rühmt sich des Herrn." Beide Arten der Liebe sind so alt wie die Geschichte der Welt. Im Sündenfall Adams nahmen sie ihren Anfang. Seitdem entwickelt sich die *civitas* Gottes über Abel, das alttestamentliche Heilsgeschehen bis zu Christus und die Kirche, bis sie in der ewigen Gottesstadt endet, „da der Sieg in der Wahrheit und der Rang in der Heiligkeit, der Friede in der Seligkeit und das Leben in Ewigkeit feststehen wird". Dagegen erhebt sich von Kain an die *civitas* der Selbstsüchtigen gegen Gott, von der Hure Babylon bis Rom und weiter bis zur ewigen Verdammnis am Ende der Welt. Gott aber ist der Herr beider *civitates* und des doppelten Verlaufs der Weltgeschichte. In Adams

Sündenfall beginnt der Kampf beider Reiche mit Kain und Abel, mit Jerusalem und Babylon, mit Israel und den Völkern und mit dem Weltreich Rom hier und der Kirche dort.

Gefährlich wurde dieses Geschichtsschau immer dann, wenn die römische Kirche sich mit der *civitas Dei* gleichsetzte und sich zur allein selig machenden Kirche erklärte. Dann kam es im Mittelalter zur Rivalität zwischen Papst und Kaiser, oder in anderen Zeiten zur Rivalität zwischen Kirche und Staat. Zwar muss nach Augustinus auch die Kirche unterschieden werden in eine sichtbare und unsichtbare Kirche, doch so, dass die unsichtbare von der sichtbaren Kirche nicht zu trennen ist.

Im Kern bleibt es bei der Lehre von den beiden *civitates* so, wie beim Ausgangspunkt in der Predigt über Daniel 9,20: „So ist es auch in Rom ein und dieselbe Drangsal gewesen, in welcher der Fromme entweder gebessert oder befreit wurde, der Gottlose aber verdammt, sei es, dass er zur Verbüßung der gerechtesten Strafen dem irdischen Leben entrissen wurde oder dass er noch weiter hier blieb, um noch verdammlicher zu lästern."

Der Beigeschmack dieses Satzes kann auch Augustins Geschichtstheologie überschatten, wenn kirchliche Arroganz sie missbraucht. Dann gilt: Die Frommen, die auf der Seite der Kirche stehen, werden in der Drangsal gerettet, die Gottlosen im weltlichen Reich aber werden verdammt und gehen verloren. Von der Rechtfertigung des Gottlosen allein aus Gnade um Christi willen, wie der Apostel Paulus sie formuliert hat (Röm 3,21-28), bleibt dann nicht mehr viel übrig. Es kommt darauf an, wie Augustins Geschichtsdeutung, die ihren Ausgangspunkt bei der Plünderung Roms und ihrer ersten Deutung in der Predigt über Daniel 9 nahm, jeweils verstanden und angewandt wird[6]. Von ihrem Ursprung her will sie trösten und nicht verdammen, sie will, wie die Predigt über Daniel 9, seelsorgliche Orientierung geben und nicht als dogmatisches Dekret verstanden und ausgelegt sein.

Christian Möller

LITERATUR

Frans van der Meer, Augustinus der Seelsorger. Leben und Wirken eines Kirchenvaters, Köln 1951.

ANMERKUNGEN

1 Übersetzung in: „Die Predigt der Kirche", Bd. 5, hg. von Gustav Leonardi, Leipzig 1889, 103-108. (Die Rechtschreibung der Predigt entspricht dieser Ausgabe.)
2 Vgl. Hans von Campenhausen, Lateinische Kirchenväter, Stuttgart 1958, 151-222.; Cornelius Mayer, Aurelius Augustinus, Kirchenväter, 179-213.
3 Conf. 8, 12. Kap. zit nach: Augustinus, Bekenntnisse, übertragen und eingeleitet von Hermann Hefele, Düsseldorf 1958, 195 f.
4 Ekkehard Mühlenberg, Augustins Predigten, 9-24.
5 Frans van der Meer, Augustinus als Seelsorger, S. 426.
6 „Nirgends sagt Augustinus, die pilgernde Kirche sei der Gottesstaat. Lediglich unter der Perspektive der Eschatologie werden ‚civitas dei' und ‚ecclesia' zu Wechselbegriffen, ansonsten gilt in Bezug auf die konkrete katholische Kirche die These vom ‚corpus Christi permixtum – dem vermischten Leib Christi'"; (Cornelius Mayer, Aurelius Augustinus, in: Martin Greschat [Hg.], Alte Kirche II, Stuttgart 1984, 179-214, ebd. 205).

Meister Eckhart
Von der
Geburt Gottes in der Seele

*Dem Andenken an Heinrich Stirnimann
(1920–2005) gewidmet, der mir den Zugang
zur mystischen Erfahrung und zu Meister Eckhart
erschlossen hat.*

Die Situation

Am Ende des 13. Jahrhunderts weckt ein Dominikanertheologe mit seinen tiefgründigen Predigten die Aufmerksamkeit der Menschen: Meister Eckhart. Es ist nicht so sehr eine bestimmte Predigt als vielmehr das ganze Auftreten dieses Predigers, von dem bis heute eine eigentümliche Faszination ausgeht. „Er vermochte die höchsten und innerlichsten Fragen auf eine Art zu formulieren, dass sie nicht nur von einer elitären Minderheit, sondern auch von aufgeschlossenen Laien verstanden werden konnten. [...] Derartige Reden hatte man bis dahin in Deutschland nicht vernommen, jedenfalls kann man sich des Eindrucks nicht erwehren, ein wirklicher Mann Gottes habe sie geschrieben."[1] Im Zisterzienserinnenkloster St. Mariengarten in Köln[2] hat Meister Eckhart die folgende Predigt gehalten.

Die Predigt
Ave, gratia plena (Lk 1, 28)

Dieses Wort, das ich gesprochen habe auf lateinisch, das steht in dem heiligen Evangelium und besagt auf deutsch soviel wie: „Gegrüßet seist du, voll der Gnade, der Herr ist mit dir!" (Lk 1,28). Der Heilige Geist wird von oben herab kommen vom höchsten Throne und wird in dich kommen vom Lichte des ewigen Vaters (Lk 1,35 und Jak 1,17 und Weish 18,15).

Hieraus ist dreierlei zu erkennen. Zum ersten: die Niedrigkeit der Engelsnatur. Zum zweiten: dass er (d. h. der Engel) sich als unwürdig erkannte, Gottes Mutter beim Namen zu nennen. Zum dritten: dass er es (d. h. das Wort) nicht nur zu ihr, sondern zu einer gar großen Schar sprach: zu einer jeglichen guten Seele, die nach Gott begehrt.

Von der Geburt der Seele   Ich sage: Hätte Maria Gott nicht zuerst geistig geboren, er wäre nie leiblich von ihr geboren worden. Eine Frau sprach zu unserm Herrn: „Selig ist der Leib, der dich trug." Da sprach unser Herr: „Nicht nur der Leib ist selig, der mich getragen hat; selig sind, die das Wort Gottes hören und es behalten" (Lk 11,27/28). Es ist Gott wertvoller, dass er geistig geboren werde von einer jeglichen Jungfrau oder (= will sagen) von einer jeglichen guten Seele, als dass er von Maria leiblich geboren ward.

Darunter ist zu verstehen, dass wir ein einiger Sohn sein sollen, den der Vater ewiglich geboren hat. Als der Vater alle Kreaturen gebar, da gebar er mich, und ich floss aus mit allen Kreaturen und blieb doch drinnen in dem Vater. Ganz so, wie das Wort, das ich jetzt spreche: das entspringt in mir, zum andern verweile ich bei der Vorstellung, zum dritten spreche ich es aus, und ihr alle nehmt es auf; dennoch bleibt es im eigentlichen Sinne in mir. So auch bin ich im Vater geblieben. Im Vater sind die Urbilder aller Kreaturen. Dieses (Kanzel-) Holz hier hat ein geistiges Urbild in Gott. Dieses ist nicht nur vernunfthaltig, sondern es ist reine Vernunft.

Das allergrößte Heil, das Gott dem Menschen je zuteil werden ließ, das war, dass er Mensch ward. Da will ich eine Mär erzählen, die gut hierzu passt. Es war ein reicher Mann und eine reiche Frau. Da widerfuhr der Frau ein Unfall, dass sie ein Auge verlor; darüber ward sie sehr betrübt. Da kam der Mann zu ihr und sprach: „Frau weshalb seid Ihr so betrübt? Ihr sollt nicht darüber betrübt sein, dass Ihr Euer Auge verloren habt." Da sprach sie: „Herr, nicht das betrübt mich, dass ich mein Auge verloren habe; darum vielmehr betrübe ich mich, dass mich dünkt, Ihr werdet mich um so weniger lieb haben." Da sprach er: „Frau, ich habe Euch lieb." Nicht lange danach stach er sich selbst ein Auge aus und kam zu der Frau und sprach: „Frau, damit Ihr nun glaubt, dass ich Euch lieb habe, habe ich mich Euch gleich gemacht; ich habe nun auch nur mehr ein Auge." So (auch) ist der Mensch: Der konnte kaum glauben, dass Gott ihn so lieb habe, bis dass Gott sich selbst schließlich „ein Auge ausstach" und menschliche Natur annahm. *Das* bedeutet: „Fleisch geworden" (Joh 1,14). Unsere Frau sprach: „Wie soll dies geschehen?" Da sprach der Engel: „Der Heilige Geist wird von oben herab kommen in dich" vom obersten Throne, vom Vater des ewigen Lichtes (Lk 1, 34/35 Weish 18,15 und Jak 1,17).

„In principio" (Joh 1,1). „Ein Kind ist uns geboren, ein Sohn ist uns gegeben" (Jes 9,6), ein Kind der Kleinheit der Natur nach, ein Sohn der ewigen Gottheit nach. Die Meister sagen: Alle Kreaturen wirken darauf hin, gebären zu wollen, und sie wollen dem Vater gleich werden. Ein anderer Meister sagt: Jegliche Wirkursache wirkt um ihres Endzieles willen, auf dass sie Rast und Ruhe in ihrem Endziele finde. Ein Meister sagt: Alle Kreaturen wirken gemäß ihrer ersten Lauterkeit und gemäß ihrer allerhöchsten Vollkommenheit. Feuer als Feuer entzündet nicht; es ist so lauter und so fein, dass es nicht brennt; vielmehr: die Natur des Feuers, die entzündet und gießt in das dürre Holz seine Natur (= Feuersnatur) und seine Klarheit gemäß seiner allerhöchsten Vollkommenheit. Ebenso hat's Gott getan. Er hat die Seele geschaffen gemäß der (= seiner) allerhöchsten Vollkommenheit und hat in sie gegossen all seine Klarheit in der ersten Lauterkeit und ist (dabei) doch unvermischt geblieben.

Ich sagte neulich an einem Ort: Als Gott alle Kreaturen erschuf, hätte da Gott vorher nicht etwas geboren, das ungeschaffen war, das aller Kreaturen Urbilder in sich trug – das ist der Funke, wie ich vordem im Sankt Makkabäerkloster sagte, wenn ihr euch noch erinnern könnt –, dies Fünklein ist Gott so verwandt, dass es ein einiges Eines ist, unterschiedslos, das (doch) die Urbilder aller Kreaturen in sich trägt, bildlose und überbildliche Urbilder.

Gestern ging's in der Schule unter großen Theologen um eine Frage. „Mich wundert", sagte ich, „dass die Schrift so gehaltvoll ist und doch niemand das allermindeste Wort (darin) ergründen kann." Und fragt *ihr* mich, da ich ein einiger Sohn bin, den der himmlische Vater ewiglich geboren hat, ob ich denn (auch) ewiglich in Gott Sohn gewesen sei, so antworte ich: ja und nein; ja – als Sohn demgemäß, dass der Vater mich ewiglich geboren hat, nicht aber Sohn gemäß der Ungeborenheit.

„In principio." Damit ist uns zu verstehen gegeben, dass wir ein einiger Sohn sind, den der Vater ewiglich geboren hat aus dem verborgenen Dunkel ewiger Verborgenheit (und doch) innebleibend im ersten Beginn der ersten Lauterkeit, die da eine Fülle aller Lauterkeit ist. Hier habe ich ewiglich geruht und geschlafen in der verborgenen Erkenntnis des ewigen Vaters, innebleibend unausgesprochen. Aus dieser Lauterkeit hat er mich ewiglich geboren als seinen eingeborenen Sohn in das Ebenbild seiner ewigen Vaterschaft, auf dass ich Vater sei und den gebäre, von dem ich geboren bin. Gleichsam so, wie wenn einer vor einem hohen Berge stünde und riefe: „Bist du da?", so würde der Widerschall und -hall zurückrufen: „Bist du da?" Riefe er: „Komm heraus!", der Widerhall riefe auch: „Komm heraus!". Ja, wer in diesem Lichte ein Stück Holz ansähe, es würde zu einem Engel und würde vernunftbegabt und nicht nur vernunftbegabt, es würde zu reiner Vernunft in der ersten Lauterkeit, die da eine Fülle aller Lauterkeit ist. So tut's Gott: Er gebiert seinen eingeborenen Sohn in das Höchste der Seele. Im gleichen Zuge, da er seinen eingeborenen Sohn in mich gebiert, gebäre ich ihn zurück in den Vater. Das ist nicht anders, als dass Gott den Engel gebar, während er wiederum von der Jungfrau geboren ward.

GOTT GEBIERT SEINEN SOHN IN DIR Es kam mir der Gedanke – es ist etliche Jahre her –, ob ich wohl einmal gefragt werden würde, woher jeder Grashalm dem anderen so ungleich sei; und es geschah (tatsächlich), dass ich danach gefragt wurde, woher sie einander so ungleich seien. Da sprach ich: Woher alle Grashalme einander so gleichen, das ist noch verwunderlicher. Ein Meister sagte: Dass alle Grashalme so ungleich sind, das kommt vom Überfluss der Güte Gottes, die er im Überfluss in alle Kreaturen gießt, auf dass seine Herrlichkeit um so mehr offenbart werde. Ich aber sagte damals: Es ist erstaunlicher, woher alle Grashalme so gleich sind, und sagte: So wie alle Engel in der ersten Lauterkeit ein Engel sind, ganz Eins, so auch sind alle Grashalme in der ersten Lauterkeit Eins, und alle Dinge sind da Eins.

Mir kam bisweilen, wenn ich hierher kam, der Gedanke, dass der Mensch in der Zeitlichkeit dahin zu kommen vermag, Gott zwingen zu können. Stünde ich hier oben und spräche zu einem: „Komm herauf!", das wäre schwer (für ihn). Sagte ich aber: „Setze dich hier nieder!", das wäre leicht. So tut's Gott. Wenn sich der Mensch demütigt, kann Gott in seiner (ihm) eigenen Güte sich nicht enthalten, sich in den demütigen Menschen zu senken und zu gießen, und dem allergeringsten teilt er sich am allermeisten mit und gibt sich ihm völlig. Was Gott gibt, das ist sein Sein, und sein Sein ist seine Gutheit und seine Gutheit ist seine Liebe. Alles Leid und alle Freude kommen aus der Liebe. Unterwegs, als ich hierher gehen sollte, fiel mir ein, ich möchte (lieber) nicht hierher gehen, weil ich doch (wohl) tränenbenetzt werden würde aus Liebe. Wann ihr (je) euch (mit Tränen) benetzt habt aus Liebe, das wollen wir auf sich beruhen lassen. Freude und Leid kommen aus der Liebe.

Der Mensch soll Gott nicht fürchten, denn, wer ihn fürchtet, der flieht ihn. *Diese* Furcht ist eine schädliche Furcht. Das aber ist rechte Furcht, wenn man fürchtet, dass man Gott verliere. Der Mensch soll ihn nicht fürchten, er soll ihn lieben, denn Gott liebt den Menschen mit seiner ganzen höchsten Vollkommenheit. Die Meister sagen, alle Dinge wirken mit Willen darauf hin zu gebären und wollen dem Vater gleich werden, und sie sagen: Die Erde flieht den Himmel; flieht sie niederwärts, so kommt sie niederwärts zum Himmel, flieht sie aufwärts, so kommt sie zum Untersten des Himmels. Die Erde kann nicht so weit niederwärts fliehen, dass der Himmel nicht in sie fließe und seine Kraft in sie drücke und sie fruchtbar mache, sei's ihr lieb oder leid. So auch geht es dem Menschen, der da wähnt, Gott zu entgehen, und er kann ihm doch nicht entfliehen; alle Winkel offenbaren ihn. Er wähnt, Gott zu entfliehen und läuft ihm in den Schoß. Gott gebiert seinen eingeborenen Sohn in dir, es sei dir lieb oder leid, ob du schläfst oder wachst; er tut das Seine. Ich sagte neulich, was schuld daran sei, dass der Mensch es nicht empfindet, und sagte: schuld daran sei dies, dass seine Zunge mit anderem Schmutz, d. h. mit den Kreaturen, beklebt sei; ganz so, wie bei einem Menschen, dem alle Speise bitter ist und nicht schmeckt. Was ist schuld daran, dass uns die Speise nicht schmeckt? Schuld daran ist, dass wir kein Salz haben. Das Salz ist die göttliche Liebe. Hätten wir die göttliche Liebe, so schmeckte uns Gott und alle Werke, die Gott je wirkte, und wir empfingen alle Dinge von Gott und wirkten alle dieselben Werke, die er wirkt. In dieser Gleichheit sind wir alle ein einiger Sohn.

GOTT SCHUF DIE SEELE, DAMIT SIE DIE BRAUT SEINES SOHNES SEI. Als Gott die Seele schuf, schuf er sie nach seiner höchsten Vollkommenheit, auf dass sie eine Braut des eingeborenen Sohnes sein sollte. Da er (= der Sohn) dies wohl erkannte, so wollte er ausgehen aus seiner heimlichen Schatzkammer der ewigen Vaterschaft, in der er ewiglich unausgesprochen innebleibend geschlafen hat. „In principio": im ersten Beginn der ersten Lauterkeit, dort hat der Sohn das Zelt seiner ewigen Glorie aufgeschlagen und ist darum herausgekommen aus dem Allerhöchsten, weil er seine Freundin erhöhen wollte, die ihm der Vater von Ewigkeit her vermählt hatte, auf dass er sie zurückbrächte in das Allerhöchste, aus dem sie gekommen ist. Und an anderer Stelle steht geschrieben: „Siehe, dein König kommt zu dir" (Sach 9,9). Darum also ging er aus und kam gesprungen wie ein Rehböcklein und erlitt seine Pein aus Liebe; und nicht ging er so aus, ohne wieder eingehen zu wollen mit seiner Braut in seine Kammer. Diese Kammer ist das stille Dunkel der verborgenen Vaterschaft. Dort, wo er ausging aus dem Allerhöchsten, dort wollte er wieder eingehen mit seiner Braut im Allerlautersten und wollte ihr offenbaren die verborgene Heimlichkeit seiner verborgenen Gottheit, wo er mit sich selbst und allen Kreaturen ruht.

„In principio", das heißt zu deutsch soviel wie ein Anfang alles Seins, wie ich in der Schule sagte. Ich sagte überdies: Es ist ein Ende alles Seins, denn der erste Beginn ist um des letzten Endzieles willen da. Ja, Gott selbst ruht nicht da, wo er der erste Beginn ist; er ruht (vielmehr) da, wo er Endziel und Rast alles Seins ist; nicht, als ob dieses Sein zunichte würde, es wird vielmehr da vollendet als in seinem letzten Ziel gemäß seiner höchsten Vollkommenheit. Was ist das letzte Endziel? Es ist das verborgene Dunkel der ewigen Gottheit und ist unerkannt und ward nie erkannt und wird nie erkannt werden. Gott bleibt dort in sich selbst unerkannt, und das Licht des ewigen Vaters hat da ewiglich hineingeschienen, aber die Finsternis begreift das Licht nicht (Joh 1,5).

Dass wir zu dieser Wahrheit kommen, dazu helfe uns die Wahrheit, von der ich gesprochen habe. Amen.[3]

Nachzeichnung der Predigt

Wer Eckharts Predigten verstehen will, muss sich auf eine bestimmte Weise des Sprechens und Sehens einlassen. Anknüpfend an Thomas von Aquin und seine Lehre transformierend hat sein Ordensbruder Eckhart eine konsequent metaphorische Theologie entwickelt. Im Unterschied jedoch zu Thomas, bei dem metaphorische Bezeichnungen immer uneigentlich sind, sieht er „nicht mehr die Notwendigkeit, Metaphern auf ‚Eigentliches' zurückzuführen ..."[4] Das hat Folgen für die Theologie:

„1. Neue Bezeichnungen für Gott werden möglich. [...]
2. Traditionelle Gottesprädikationen werden in Frage gestellt. [...]
3. Bilder sind nicht von vorneherein festgelegt."[5] Die Predigt zu Lukas 1,28 kann dafür als Beispiel stehen.

Im ersten Teil[6] spricht Eckhart von der Gottesgeburt in der Seele. Dieses Thema wird gleich mit dem ersten Satz eingeführt: „Hätte Maria Gott nicht zuerst geistig geboren, er wäre nie leiblich von ihr geboren worden." Gott wird geistig geboren von Maria, einer Jungfrau, oder überhaupt von einer guten Seele. Maria erscheint als Exempel für die leibliche und die innere Gottesgeburt, als Vorbild für die jungfräuliche Seele. Demzufolge sollen wir, d. h. jeder Mensch, ein einziger Sohn sein, „den der Vater ewiglich geboren hat". Diese Rede verweist auf ein Grundmodell von Eckharts Denken, seine Logos-Theologie, die sozusagen die Struktur der Schöpfung durch das Wort zu fassen sucht. Die Dreiheit des trinitarischen Hervorgangs (*processio*) entspricht der dreifachen Eigentümlichkeit des Wortes:

a) Das Wort ist von mir hervorgebracht (wie ich vom Vater);
b) ich verweile bei der Vergegenwärtigung des Wortes (bin ausgeflossen mit allen Kreaturen);
c) das Wort wird ausgesprochen und empfangen und bleibt doch mein Eigentum (ich bleibe im Vater).

„Im Vater sind die Urbilder aller Kreaturen." Dieser Satz erklärt sich aus Eckharts Bildlehre. Eckhart will die Welt aus Gott heraus verstehen, abgesehen von allem Kreatürlichen, in ihrer Wesentlichkeit. Gott hat sein naturhaftes Bild der Seele eingedrückt. Das Abbild (in der Seele) empfängt sein ganzes Sein von seinem Vorbild (Gott). Das Bild in der Seele hängt ab von Gottes Gegenwart und Gottes Ausgang (*processio, generatio*). Um nun Gott zu erkennen, gilt es, sich von allem Erschaffenen zu lösen, ja es zunichte zu machen und ohne Umherblicken (also ledig aller fremden Bilder) sich auf das ewige Wort auszurichten und darin „eingebildet" zu stehen.[7]

Es folgt eine erbauliche Erzählung („Mär") zur Inkarnation, die verdeutlicht, dass Gott sich aus Liebe dem Menschen gleichgemacht hat. Danach wird Johannes 1,1 (*In principio* = im Anfang) in Verbindung mit Jesaja 9,6 ausgelegt. Alle Kreaturen, so lehrt Eckhart, wirken daraufhin, gebären zu wollen. Sie wollen dem Vater gleich werden. Dazu erklärt er: Gott hat mich in Ewigkeit geboren als seinen einzigen Sohn, damit „ich Vater sei und den gebäre, von dem ich geboren bin (d. h. hier: Gott)". Eckart vergleicht diesen Geburtsvorgang mit Ruf und Widerhall. So gebiert Gott seinen eingeborenen (einzigen) Sohn in das Höchste der Seele. Und zugleich gebäre ich ihn (d. h. hier: den Sohn) zurück in den Vater.

Statt von „gebären" könnte man hier auch von „zeugen" sprechen, jedoch nicht bei der Jungfrauengeburt. Nach Eckharts Schrifttheologie ist *die ganze Wahrheit von Gottes Wort in jedem einzelnen Schriftwort enthalten*. Die einzelnen Worte legen sich im Satz gegenseitig aus und werden zugleich durch alle Worte in der Schrift ausgelegt. Jeder Text wird für jeden Text der Schrift relevant, und jedes Schriftwort ist zugleich Text und Gleichnis.[8]

Die Formel vom Anfang der Predigt, es sei Gott lieber, „dass er geistig geboren werde ...", ist die einfachste Umschreibung der Gottesgeburt: Eine reine Seele gebiert Gott immer wieder neu. Was im Anfang war, geschieht immer. Diese Aussage findet sich auch bei anderen Theologen und Predigern des Altertums und Mittelalters. Eckharts erster Grundgedanke ist also dieser: Wie Gott-Vater den Sohn von Ewigkeit zu Ewigkeit geboren hat und gebiert, nämlich im trinitarischen Prozess, so hat er mich als seinen Sohn geboren. Der Sohnschaft geht aktmäßig das Sein der Ungeborenheit voraus. Im reinen göttlichen Sein bin ich noch nicht Sohn. Sohn bin ich erst im Ausgang des Vaters (*processio*) zu dessen Selbsterkenntnis. Sohn ist also Abbild göttlichen Vernunftseins, in dem der Vater sich selbst erkennt. Deshalb ist der Sohn „Wort" (*logos*, *verbum*) des Vaters. Im Wort ist nicht nur der Vater mit ausgesprochen, sondern auch das Ich als Wesenheit. Im Aussprechen bin ich ein Sohn Gottes wie das Wort selbst.

Der zweite Grundgedanke lautet: Der Vater gebiert seinen eingeborenen Sohn in das Höchste der Seele (*supremum animae*), d. h. ins Seelenfünklein. In ihm allein liegt des Menschen Gottförmigkeit, in ihm empfängt er das Wort des Vaters. Der Vater gebiert seinen Sohn in mich. Daran knüpft der dritte Grundgedanke an: Indem Gott seinen Sohn in mich gebiert, gebäre ich ihn zurück in den Vater. Die Gottesgeburt ist ein passives wie ein aktives Geschehen, und zwar im selben Augenblick, wie das Gleichnis des Echos zeigt: der Ruf ist das Gebären, das Echo das Wiedergebären. In der Seele fällt beides zusammen. Das Empfangen des Rufs ist Sohn-Sein, das Echo Sohn-Gebären. Im Sohn-Gebären aber bin ich Vater (d. h. gottförmig).

Die Rede von der Gottesgeburt hat ihren biblischen Ausgangspunkt in Galater 4,19: „Meine Kinder, die ich abermals gebäre, bis Christus (der Sohn) in euch Gestalt gewinne." Gestalt gewinnen, griechisch *morphousthai*, lateinisch *formari*, ist der entscheidende Begriff. Christus gewinnt in uns Gestalt und wird spirituell in uns geboren durch die Taufe. Die griechischen Väter lehren daher: Gottes Sohn (*logos*) wird im Herzen der Gläubigen geboren. Origenes, Gregor von Nyssa und Maximus Confessor führen die Lehre von der Gottesgeburt weiter. Gott wird Mensch, damit der Mensch vergöttlicht bzw. mit Gott gleich werde (*theósis*). In der lateinischen Westkirche hat diese Lehre jedoch eine betont marianische Färbung. Beispiele sind Augustinus (und später Luther). Augustinus in einer Weihnachtspredigt: Christus ist geboren, möge er auch in unseren Herzen geboren (gezeugt) werden.[9] Luther: „Wir müssen den Christus auch also (wie Maria) durch das Wort empfangen."[10] „Also werden auch wir (wie Maria) schwanger vom Heiligen Geist und empfangen Christus geistlich."[11]

Der zweite Teil beginnt mit einem bildhaften Vergleich: Grashalme sind in der ersten Lauterkeit gleich, dank des Überflusses der Güte Gottes ungleich. In der ersten Lauterkeit sind alle Dinge eins. Gott senkt und gießt sich in den demütigen Menschen. Er gibt (den Kreaturen) sein Sein gleich seine Gutheit gleich seine Liebe. Freude und Leid kommen aus der Liebe. Der Mensch soll Gott nicht fürchten. Denn Gott fürchten heißt, ihn fliehen. Er soll ihn vielmehr lieben, denn Gott liebt ihn mit seiner höchsten Vollkommenheit (vgl. 1. Joh 4,17f.). Man soll nur fürchten, dass man Gott verliere. Eckhart betont, der Mensch könne Gott gar nicht entfliehen. Denn: „Gott gebiert seinen eingeborenen Sohn in dir, [...] er tut das Seine." Warum empfindet es der Mensch nicht? Der Prediger antwortet selbst: Weil ihm die göttliche Liebe fehlt. Dieses Fehlen sei mit dem bitteren Geschmack der Speise ohne Salz zu vergleichen. Hätten wir göttliche Liebe, würden wir alle Dinge von Gott empfangen und wirkten alle die Werke, die er wirkt. Gott ist für Eckart reine Wirklichkeit, er bringt die Welt aktuell hervor und bewegt sie auf sich hin.[12]

Im dritten Teil setzt der Prediger mit einer neuen Aussage an: Gott schuf die Seele, dass sie eine Braut des eingeborenen Sohnes sei. Der Sohn ist aus dem Allerhöchsten herausgekommen, um seine Freundin (die Seele) zu erhöhen, die der Vater ihm vermählt hat, auf dass er sie ins Allerhöchste zurückbrächte, aus dem sie gekommen ist. Der Sohn ist ausgegangen, um seine Braut (die Seele) wieder in seine Kammer (das stille Dunkel der verborgenen Vaterschaft) zu bringen. Er will der Braut die verborgene Heimlichkeit seiner verborgenen Gottheit offenbaren.

In principio heißt Anfang und Ende alles Seins. Gott ruht, wo er in seinem letzten Ziel vollendet ist: im verborgenen Dunkel der ewigen Gottheit. Dort bleibt er in sich selbst unerkannt.

Die Predigt trägt ihren Hörerinnen an, mit Maria gleichzeitig zu werden: was ihr geschah, geschieht jetzt. Wer die Predigt aufmerksam hört und liest, erfährt, wie er aus der Zeitlichkeit (= Unterschiedenheit, Abstand zu Gott) zur Erkenntnis geführt wird, dass Gott bereits in ihm wirkt. Das ist die passive Seite der Gottesgeburt, die im Erkennen liegt. Aber dies lässt sich nicht gegenständlich und begrifflich fassen, sondern nur bildhaft, metaphorisch: im Vergleich mit dem Schmecken der Speise ohne Salz. Der Mensch soll das Geschehen *in sich* entdecken. Die Seele der Hörerin (oder des Hörers) wird als Braut Christi gewürdigt, d. h. durch das Bild der Braut auf die Liebesbeziehung verwiesen, die sich zwischen ihr und Christus schon ereignet. Zuletzt wird der Hörer dahin geführt, wo Gott ruht und in sich selbst unerkannt bleibt. Anfang und Ende alles Seins entziehen sich wiederum der begrifflichen Erfassung. Es kann dem Hörer nur enthüllt oder freigelegt werden.

Die Predigt leitet den Hörer nicht zum *Aufstieg* zu immer höheren oder tieferen Erfahrungen an, sondern vollzieht einen *Bruch* mit dem fixen Zustand des Verhältnisses zur Welt, zu sich selbst und zu Gott, in dem wir unmittelbare Gewissheit haben, wir wüssten schon, was die Welt wäre, wer wir selbst wären und wer Gott wäre.[13] Der Hörer soll zu einer unbegrenzten Offenheit gelangen, weil er nur so Gott denken (*intelligere*) bzw. dem Sein Gottes als Denken (*intellectus*) entsprechen kann. Das Ziel, das Eckhart mit seiner Predigt beim Hörer erreichen will, ist demnach eine Selbstläuterung des Geistes. Der geläuterte Geist versinkt in ein unbegreifliches und unaussprechliches Einswerden, in ein Stillschweigen, in eine göttliche „Finsternis", wo es weder „gleich" noch „ungleich" gibt.

Der Prediger

Über das Leben von Meister Eckhart wissen wir wenig. So ist uns weder sein Geburtstag, noch das genaue Jahr seiner Geburt bekannt. Eckhart (oder Eckehart) wurde um 1260 in Tambach (Thüringen) geboren. Er stammt aus ritterlichem oder bäuerlichem Geschlecht. Der Name „Eckhart von Hochheim", der sich in einer Predigt am Tag des heiligen Augustinus findet, ist als Familienname zu lesen.[14] Es ist die Zeit der spätgotischen Dome, in der erstmals das Motiv des Totentanzes in der Kunst gestaltet wird, die Zeit der Hochscholastik und der Bettelorden. Papsttum und Kaisertum liegen miteinander in dauerndem Kampf, Naturkatastrophen und soziale Umschichtungen erschüttern die Menschen dieser Epoche. In Thüringen und in den Niederlanden zeigen sich erste Ansätze einer „visionär-prophetischen Frauenmystik".[15]

In jungen Jahren, wohl um 1275, tritt Eckhart ins Erfurter Dominikanerkloster ein. Schon früh muss die Ordensleitung seine überragende Begabung für Lehre und Führungsamt erkannt haben. Denn zwei wichtige Ämter hatte er schon inne, als sein frühestes uns bekanntes deutschsprachiges Werk entstand: die „Reden der Unterweisung", verfasst von dem „vicarius von thüringen" und „pryor von erdfortt, bruder eckhartt predierordens".[16] Vermutlich entstand diese Schrift, nachdem Eckhart in Paris studiert und vom Generalstudium seines Ordens in Köln nach Thüringen zurückgekehrt war. Die Ordensleitung hatte ihn nach Paris entsandt, wo er 1293/94 als Baccalaureus Vorlesungen über die Sentenzen des Petrus Lombardus hielt. „Nach seiner Rückkehr von Paris wählte das Ordenskapitel zu Erfurt im Jahre 1303 den ‚Meister', wie er nun genannt wurde, zum ersten Provinzial der neu gegründeten sächsischen Ordensprovinz. Vier Jahre später übertrug man dem bewährten Provinzial neben seinem hohen Amt noch das eines Generalvikars der verwaisten böhmischen Provinz mit dem Auftrag, eine durchgreifende Reform der verwahrlosten böhmischen Ordenskonvente durchzuführen."[17]

Man hätte ihm gern auch die süddeutsche Ordensprovinz zur Führung anvertraut. Doch die Rivalität mit den Franziskanern ließ es notwendig erscheinen, Meister Eckhart wieder nach Paris zu schicken. „Von 1311 bis 1313 lehrt er ein zweites Mal als Inhaber des durch einen Nichtfranzosen besetzten Lehrstuhls der Dominikaner an der Pariser Universität; eine seltene Auszeichnung, die auch Thomas von Aquin zuteil wurde. Hier hat er wohl sein nie vollendetes *Opus tripartitum* (Das dreigeteilte Werk) begonnen."[18] Schon 1314 wird Eckhart Vikar des Ordensgenerals in Straßburg und leitet den dortigen Dominikaner-Konvent. Er hat die Seelsorge in den Klöstern zu üben, insbesondere den Frauenklöstern des oberen Rheintals. Hier in Straßburg wird er zum „unbestrittenen und schwärmerisch verehrten geistigen Führer"[19] der deutschen Mystik. „Das Predigen war [...] eines der wichtigsten Mittel seiner Seelsorge an den Frauen und bleibt es bis zum Schluß."[20]

1323 beruft ihn der Orden zum Leiter des Generalstudiums in Köln, auf jenen Lehrstuhl, den Albert der Große innegehabt hat. „1326 beschuldigt ihn der Kölner Erzbischof Heinrich II. von Virneburg, häretische Lehren zu verbreiten."[21] Beanstandet werden mehr als hundert Textstellen aus seinen lateinischen Werken und deutschen Predigten. Eckhart nimmt dazu vor der Inquisitionskommission in Köln selbstbewusst Stellung: er brauche „sich vor keinem Forum als dem der Pariser Universität und dem des Papstes zu verantworten", sei „aber freiwillig bereit, auch hier Rede und Antwort zu stehen ..."[22] In seiner Rechtfertigungsschrift weist er die Vorwürfe zurück.

Als man seinen Prozess verschleppt, appelliert er im Januar 1327 an den Papst in Avignon und wendet sich am 13. Februar mit einer öffentlichen Erklärung in der Predigerkirche in Köln nach der Predigt an das Volk. Man weist seine Appellation an den Papst als unbegründet zurück. Meister Eckhart reist selbst nach Avignon und verteidigt sich vor einer päpstlichen Untersuchungskommission. Diese reduziert die inkriminierten Artikel im Werk des Meisters auf 28. Wahrscheinlich starb Eckhart zwischen 1327 und Anfang 1328 in Avignon oder in Köln. „Aus einem Brief des Papstes Johannes XXII. an den Kölner Erzbischof vom 30. 4. 1328 geht hervor, dass Eckhart zu diesem Zeitpunkt bereits tot ist. Die päpstliche Bulle *In agro dominico* vom 27. 3. 1329 verurteilt Eckhart: Von 28 Artikeln aus seinem Werk werden 15 als häretisch, andere als ‚sehr kühn' und der ‚Häresie verdächtig' angesehen."[23] Im Jahr 1992 wurde eine vom Generalkapitel des Dominikanerordens in Auftrag gegebene Dokumentation veröffentlicht, die Eckharts Lehrverurteilungen einer kritischen Revision unterzieht. Die „Meister-Eckhart-Kommission" kam unter der Leitung von Heinrich Stirnimann zu der Erkenntnis, „dass eine ‚Rehabilitierung' Eckharts im juristischen Sinne sich erübrigt, da Eckhart ja nicht verurteilt wurde".[24] Rom hat jedoch bis heute keine verbindliche Erklärung zur Ehrenrettung Eckharts abgegeben. Die päpstliche Verurteilung seiner Lehrsätze von 1329 bleibt nach wie vor unwidersprochen bestehen.

„Meister Eckhart muss eine Persönlichkeit von großer Ausstrahlung gewesen sein. Der entscheidende Punkt war dabei die Übereinstimmung von Lehre und Leben, von Theorie und Praxis ..."[25] Und „er war außerordentlich selbstbewusst. Er sah seine Aufgabe darin, ‚Neuem und noch nicht Bedachtem' (*Nova et rara*) nachzugehen. [...] Sein Denkstil war weniger auf das Umfassende gerichtet als auf den sogenannten ‚Durchbruch', der erst einmal bei jedem wissenschaftlichen und spirituellen Thema zu erreichen war. Zugleich ist dieser Denkstil auch ein Lebensstil. Dieser Lebensstil richtet sich auf die Einheit von Denken, Sein und Leben, auf eine Verlebendigung der Wahrheit, auf eine Verifikation des Denkens in der Erfahrung und im Handeln."[26] Ein „*contemplativus in actione*" sei dieser Prediger, Lehrer und Seelsorger gewesen: ein Mensch, der im Tätigsein beschaulich ist.[27]

Nonnen berichten von dem tiefen Eindruck, den Meister Eckhart auf sie gemacht hat. Sie suchten seinen Rat und erfuhren Befreiung durch seine Worte. Er war seit 1303 mit der Schwesternseelsorge in der Provinz Saxonia beauftragt. „Als solcher ist er landauf, landab gezogen, um die ihm anvertrauten Klöster zu visitieren, denn das war ja die vornehmste Pflicht des Leiters der Provinz. Dass er dabei auch die Schwesternhäuser aufgesucht und dort gepredigt hat, dürfte nicht zu bezweifeln sein."[28] Eckhart hat in Mittel- und Norddeutschland, Süddeutschland, im Elsass und in der Schweiz gepredigt, schließlich auch in Köln. Durch seine eigenen Angaben aus der Kölner Zeit wissen wir, „dass er bei den Zisterzienserinnen in Mariengarten und in der Makkabäerkirche der Benediktinerinnen gepredigt hat, und haben auch den Text dieser Predigten".[29] Seine Wirkung als Prediger hat er „gerade darin gehabt, dass er in den Mitschriften seiner Predigten, die vor allem durch Frauen angefertigt und verbreitet wurden, lebendig blieb".[30]

Vor welchen Hörern hat Meister Eckhart außerdem gepredigt? Es ist anzunehmen, dass er nicht nur in Frauenklöstern predigte, denn von Anfang an war die Volkspredigt Aufgabe des Predigerordens. Gelegenheiten dafür boten nur die Advents- und Fastenzeit und die kirchlichen Festtage, denn in der mittelalterlichen Kirche „wurde verhältnismäßig wenig gepredigt".[31] Als Lektor und Magister hielt Eckhart „vor dem akademischen Publikum feierliche akademische Predigten in lateinischer Sprache ..., in der deutschen Heimat aber [verkündete er] dem Volk das Wort Gottes in dessen Sprache ..."[32] Dass er vor dem Volk predigte, geht auch aus dem Vorwurf hervor, der im Prozess gegen ihn erhoben wurde: er habe mit seinen falschen Lehren die einfachen Leute irregeführt.

In seinen Predigten macht Eckart einerseits das Denken in religiösen Fragen zu einer spirituellen Aufgabe, ohne sich dabei dem Fassungsvermögen seiner Hörer anzupassen. Andererseits gewinnt er im Lauf der Zeit für seine Zuhörer eine größere Nähe und Wärme. „So scheint Eckhart im Alter einen gewissen Zwiespalt seiner Persönlichkeit versöhnt zu haben, der sich auch sachlich in seinen Predigten ausdrückt: Es gibt eindeutig Stellen, in denen von der Unbewegtheit und Unberührtheit der Tiefe des menschlichen Geistes gegenüber allen Zeitläufen, allen Bildern und Vorstellungen sowie allen emotionalen Anmutungen die Rede ist. Auf der anderen Seite äußert er sich in seiner Predigt über Maria und Martha ganz und gar eindeutig gegen die Vorstellung, dass sich die religiöse Erfahrung außerhalb des Bereiches sinnlicher Störungen und lustvoller Empfindungen vollziehe."[33]

Es spricht für die erste Tendenz, dass Meister Eckharts deutsche Predigten auf Zeitereignisse nirgendwo Bezug nehmen oder auf sie anspielen. Wir bewegen uns da in einer Welt, in der nur Gott und die Seele Bedeutung haben. Manchmal erscheint der Prediger geradezu gleichgültig gegenüber den Zuhörern, doch muss man sehen, dass er damit auch aufrütteln wollte. Vor allem will er in der Frömmigkeit falsche Sicherheiten und Selbstgewissheiten zerstören.

Seine Schriften zeigen, dass er ein souveränes Wissen über die philosophischen und theologischen Hauptquellen seiner Zeit hat. Er selber ist zuerst Theologe. Das Wesentliche seines Werkes ist „Konzentration auf Gott": es geht ihm darum, den lebendigen Gott zu erkennen. Seine Absicht ist es, „das, was der christliche Glaube sagt und was in der Heiligen Schrift enthalten ist, auszulegen mit Hilfe philosophischer Begriffe".[34] Meister Eckhart ist *Magister sacrae scripturae*. „Das Wort der Schrift ist sein eigentlicher Ausgangspunkt. Seine Theologie ist daher eine Theologie des Wortes. [...] Da die Theologie ... nicht angemessen von Gott reden kann, so ist die Theologie vor allen Dingen ein Hören des Wortes. Sofern die Theologie aber nicht schweigend hört, sondern hörend auslegt, muss sie sich als ein ‚Beiwort' (vgl. Quint, DW 1,138 ff.) beim Worte Gottes zu verstehen versuchen. Die Haltung gegenüber dem Worte Gottes gilt zugleich auch existentiell. Die Wahrheit des Wortes ist nicht ein rein intellektuelles Ereignis, sondern sie gilt dort, wo das ganze Leben durchdrungen wird. Wer daher die Wahrheit des Wortes erkennen will, muss ihr gleichen."[35]

Eckharts kreativer Umgang mit dem Wort gründet in dieser Theologie des Wortes. Besonders „seine deutschen Predigten und Traktate faszinieren in ihrer Sprachgewalt".[36] Meister Eckhart hat die deutsche

Sprache mit einer Fülle abstrakter Wörter bereichert. Mit kühnen Bildern und Vergleichen weiß er auch das eigentlich Unsagbare zum Ausdruck zu bringen. Erst durch Eckhart ist die deutsche Sprache „zum Ausdruck höchster Geistigkeit, eines grenzenlosen Erkenntnisdranges und tiefster Innerlichkeit befähigt" worden.[37] Der Grundgedanke Eckharts, an dem sich alles orientiert, ist der von der Geburt des Wortes in der Seele. Der einzige Anlass, der Inhalt und das Ziel seiner Predigten ist die Geburt des Sohnes durch Gott, den Vater, im Seelenfunken. Meister Eckhart bezieht sich dabei auf Johannes 1,14: *Verbum caro factum est* – das Wort ist Fleisch geworden. Was im Anfang geschah, geschieht immer. Die innertrinitarische Geburt des Sohnes aus dem Vater (*generatio*) bedeutet auch die Geburt des Sohnes in der Seele (*filiatio*). Denn alles, was Gott wirkt, ist Eins. „Sohn Gottes zu werden, das heißt die Einheit mit Gott zu erlangen. Und genau das ist Eckharts Mystik im Kern."[38]

Eckhart nennt den Grund der Seele, in dem Gott mich als seinen Sohn gebiert, das fünkelîn [Fünklein] oder bürgelîn [Burgstädtchen]. „Gott wirkt im Grunde der Seele ohne jedes Mittel, Gleichnis oder Bild. [...] Was Gott im Grunde der Seele wirkt, das kann der Mensch nicht wissen. Dieses Nichtwissen ist Konsequenz der Bilderlosigkeit des Wirkens Gottes in der Seele."[39] Mensch und Gott sind demnach zutiefst in ihrem Sein auf eine in einem Begriff nicht zu fassende und aussagbare Weise miteinander verbunden. Das ist jedoch nicht so zu verstehen, als ob Gott und die Seele identisch wären. Sowohl die Seele wie auch das Seelenfünklein sind von Gott geschaffen.

Die wichtigsten Themen seiner deutschen Predigten hat Eckhart selbst einmal so formuliert: „Wenn ich predige, so pflege ich zu sprechen von Abgeschiedenheit und dass der Mensch frei werden soll von sich selbst und allen Dingen. Zum zweiten, dass man wieder eingebildet werden soll in das einfältige Gut, das Gott ist. Zum dritten, dass man des großen Adels gedenken soll, den Gott in die Seele gelegt hat, auf dass der Mensch damit auf wunderbare Weise zu Gott komme. Zum vierten von der Lauterkeit göttlicher Natur – welcher Glanz in der göttlichen Natur sei, das ist unaussprechlich."[40]

Eckharts Lehre, „dass der Mensch frei werden soll von sich selbst und allen Dingen", kreist hauptsächlich um die Begriffe Abgeschiedenheit, Gelassenheit und geistliche Armut. Wer in wahrer Abgeschiedenheit und in der Armut des Geistes lebt, in der ein Mensch nichts will, nichts weiß und nichts hat, der erfährt, „dass Gott ein streng In-sich-selbst-Wirkender und der Mensch ‚ein reiner Gott-Erleidender' ist".[41] Von der Gelassenheit spricht Eckhart, wenn er benennt, was dem Hören des ewigen Wortes entgegensteht: Körperlichkeit, Vielheit und Zeitlichkeit. Wer „Gottes Wort hören soll, muss völlig gelassen sein".[42] „Der Mensch, der gelassen hat und gelassen ist und der niemals mehr nur einen Augenblick auf das sieht, was er gelassen hat, und beständig bleibt, unbewegt in sich selbst und unwandelbar –, *der* Mensch allein ist gelassen."[43] In lauterer Gelassenheit erfährt er im Hören des Wortes in der Geburt des Sohnes Gott.

Man kann sich vorstellen, dass Meister Eckhart mit seinen Predigten weit über die Fassungskraft seiner Hörer hinausgegangen ist und seine Worte gleichwohl eine eigentümliche Tiefenwirkung in den Hörern entfaltet haben. Der Prediger selbst sagt einmal am Ende einer Predigt: „Wer diese Rede nicht versteht, der bekümmere sein Herz nicht damit. Denn solange der Mensch dieser Wahrheit nicht gleicht, solange wird er diese Rede nicht verstehen. Denn es ist eine unverhüllte Wahrheit, die da gekommen ist aus dem Herzen Gottes unmittelbar."[44]

Eine Sternstunde

Wer einmal sich selber oder anderen die Predigt über Lukas 1,28 vorliest, erfährt, dass hier *jedes Wort sein eigenes Gewicht hat.* Jeder Satz formuliert einen Gedanken, der bedacht sein will. Man braucht Zeit, um diese Predigt zu hören und in sich aufzunehmen. Es hat sich gezeigt: Meister Eckhart ist ein anspruchsvoller Prediger, der von seinen Hörern konzentriertes Mit-Denken verlangt. Um seinem Anspruch gerecht zu werden, muss man seine Predigten langsam vorlesen.

Die *Methode, jedes einzelne Wort des Bibeltextes zu meditieren* und in Beziehung zu anderen Schriftworten zu setzen, mag uns zunächst fremd erscheinen (ähnlich wird bis heute in der jüdischen Bibelauslegung verfahren, die sich an den Leitwörtern im Text orientiert). Sie ist aber durchaus praktikabel und auch unter Berücksichtigung historisch-kritischer Einsichten legitim. Der *Sinn eines Wortes im Kontext der Bibel* kann auf diese Weise bedacht und eindrücklich zur Sprache gebracht werden.

Das Predigtziel des Meisters, die *Selbstläuterung* des Geistes, macht darauf aufmerksam, dass eine Predigt allemal auch auf die *Spiritualität*, d. h. die Geisteshaltung und Denkweise der Hörer abzielt. „Eckhart wollte die Zuhörer und Leser seiner Predigten in die innere Abgeschiedenheit führen, damit sie zunächst einmal das Schweigen lernten."[45] Zu fragen ist, wie eine Predigt heute zur Reinigung der Seele und zum Stillschweigen des Geistes hinführen kann. Dies hängt wesentlich davon ab, ob die Worte des Predigers aus der *Ruhe* kommen und in die Ruhe hineinführen.

Michael Heymel

LITERATUR

Meister Eckhart, Gottesgeburt. Mystische Predigten, hg. v. Günter Stachel, München 1999.

ANMERKUNGEN

Da es kein Bildnis von Meister Eckhart gibt, wurde die Darstellung eines Lehrmeisters des 13. Jahrhunderts mit seinen Studenten gewählt.

[1] Walter Nigg, Das mystische Dreigestirn. Meister Eckhart, Heinrich Seuse, Johannes Tauler, Zürich 1990, zu Eckhart: 11-87, hier: 20.
[2] Nach Josef Quint, in: Meister Eckhart, Deutsche Predigten und Traktate (= DPT), hg. von Josef Quint, München 1963, 490.
[3] Aus: DPT, Predigt Nr. 23, 261 ff.
[4] Mauritius Wilde, Das neue Bild vom Gottesbild. Bild und Theologie bei Meister Eckhart (Dokimion 24), Freiburg 2000, 340.
[5] Ebd. 352 f.
[6] Die folgende Interpretation dieses Teils orientiert sich an Kurt Ruh, Meister Eckhart. Theologe – Prediger – Mystiker, München 1985, 137-142; vgl. auch 150-155.
[7] Vgl. Predigt Nr. 16 = DPT 224 ff.
[8] Nach Dietmar Mieth, Meister Eckhart, in: Gestalten der Kirchengeschichte, hg. von Martin Greschat, Bd. 4: Mittelalter II, Stuttgart-Berlin-Köln 1984, Nachdruck 1993, 124-154, hier: 135.
[9] „Christus ist geboren [...] möge deshalb seine Barmherzigkeit in unseren Herzen gezeugt werden. Die Mutter trug ihn im Schoße, mögen wir ihn im Herzen tragen. Sie wurde geschwängert durch die Fleischwerdung Christi, möge unsere Brust schwanger sein von unserem Glauben an Christus. Sie gebar den Heiland, möge unsere Seele das Heil und den Lobpreis gebären" (Sermo 180, 3 in Nat. Dom. 6 = MPL 38, 1006).
[10] Predigt vom 23.3.1521, WA 9,628 ff.
[11] Ebd. 625.
[12] Vgl. Mieth, 139 (siehe Anmerkung 8).
[13] Vgl. ebd. 150.
[14] Niklaus Largier, Meister Eckharts Leben, in: Meister Eckhart, Werke in 2 Bänden, Texte und Übersetzungen, hg. von Niklaus Largier (Bibliothek des Mittelalters Bde. 20/21), Frankfurt/Main 1993, Bd. I, 715.
[15] Quint, Einleitung, 15.
[16] Nach Quint, 12.
[17] Ebd. 14.
[18] Udo Kern, Art. Eckhart, Meister, in: TRE 9, 1982, 258-264, hier: 259.
[19] Quint, 15.
[20] Wilde, 6.
[21] Kern, 259.
[22] Quint, 16.
[23] Kern, 259. Nach Wilde, 9, wurden 17 Sätze als häretisch verurteilt.
[24] Heinrich Stirnimann/Ruedi Imhof (Hgg.), Eckhardus Teutonicus, homo doctus et sanctus. Nachweise und Berichte zum Prozeß gegen Meister Eckhart (Dokimion 11), Freiburg/Schweiz 1992, 279.

[25] Mieth, 130.
[26] Ebd. 131.
[27] So Heinrich Stirnimann, Weshalb ist Meister Eckhart so gefragt (sigma 9), Freiburg/Schweiz 1997, 27f.
[28] Urban Plotzke, Meister Eckhart der Prediger, in: Udo Nix / Raphael Oechslin (Hg.), Meister Eckhart der Prediger. Festschrift zum Eckhart-Gedenkjahr, Freiburg-Basel-Wien 1960, 259–283, hier: 262.
[29] Ebd.
[30] Mieth, 126.
[31] Nigg, 34.
[32] Plotzke, 261.
[33] Mieth, 132.
[34] Zit. nach Kern, 259.
[35] Mieth, 134f.
[36] Kern, 262.
[37] Quint, zit. nach Plotzke, 283.
[38] Günter Stachel, in: Meister Eckhart, Gottesgeburt. Mystische Predigten, hg. von Günter Stachel, München 1999, 14.
[39] Kern, 259.
[40] Zit. nach Ruh, 136.
[41] Kern, 260 mit Bezug auf DPT 306f.
[42] Predigt Nr. 13 = DPT 213.
[43] Ebd. = DPT 217.
[44] Predigt Nr. 32 – DPT 309.
[45] Nigg, 66.

Martin Luther
Die überwältigende Macht der Gewaltlosigkeit

Die Situation

Am Sonntag Invokavit des Jahres 1522 (9. 3.) begann Martin Luther eine Reihe von acht Fastenpredigten in Wittenberg. Sie erstreckten sich bis zum folgenden Sonntag Reminiscere (16. 3.)[1]. Diese sogenannten „Invokavitpredigten"[2] klärten eine verworrene Gemeindesituation in Wittenberg, die durch übereilte Reformen übereifriger Theologen in Luthers Abwesenheit auf der Wartburg entstanden war und bereits weit über Wittenberg hinaus die Reformation in Verruf gebracht hatten[3]. Wortführer der Reformen waren Andreas Bodenstein, genannt Karlstadt[4], und Gabriel Zwilling, genannt Didymus. Sie trieben die Wittenberger Gemeinde von einer Neuerung zur nächsten: Die Privatmessen wurden abgeschafft, was Luther von der Wartburg aus noch begrüßt hatte[5]; das Abendmahl in beiderlei Gestalt wurde eingeführt, die Messgewänder ausgezogen, die Beichte wie das Fasten gerieten in Verruf, eine Bilderstürmerei setzte in der Wittenberger Stadtkirche ein, kurz: Die Ereignisse und Neuerungen überstürzten sich, so dass Unruhe in der Stadt und über die Stadt hinaus entstand. Manche Studenten verließen Wittenberg. Das Reichsregiment forderte am 20. 1. 1522 den Kurfürsten ultimativ auf, die alten Zustände wiederherzustellen. Der für Wittenberg zuständige altgläubige Bischof von Meißen kündigte für den 15. 3. 1522 eine Visitationsreise an.

Angesichts solcher bedrohlichen Zustände verließ Luther gegen den Willen seines Kurfürsten die Schutzhaft auf der Wartburg und eilte Anfang März 1522 nach Wittenberg, um dafür zu sorgen, dass in der Stadt nicht ähnliche Zustände entstehen, wie sie zehn Jahre später in Münster durch Täuferkreise entstehen sollten. Wie aber konnte Luther die Reformation wieder in ruhigere Bahnen zurücklenken, ohne die evangelischen Anliegen zu verraten, für die er selbst eingetreten war und die seine Anhänger nur in bester Absicht weiterzuführen meinten? Wenn es irgendwo greifbar wird, dass und wie es der Reformation auf die Freiheit des Glaubens ankam, die in der Liebe tätig wird, dann in den acht Invokavitpredigten. An diesen Predigten lässt sich studieren, welche unbezwingbare, verändernde Gewalt der Gewaltlosigkeit des gepredigten Wortes zu eigen ist.

Wie schon die ersten Sätze einer Predigt alles Weitere bestimmen und ausrichten, zeigt der berühmte, viel zitierte Anfang der Invokavitpredigten: „Wir sind allesamt zu dem Tod gefordert und wird keiner für den andern sterben. Sondern ein jeglicher wird in eigener Person für sich mit dem Tod kämpfen. In die Ohren können wir wohl schreien, aber ein jeglicher muss für sich selber bereit sein in der Zeit des Todes: ich werde dann nicht bei dir sein noch du bei mir. Hierbei muss jedermann selbst die Hauptstücke, so einen Christen angehen, wohl wissen und (darin) gerüstet sein."[6] In diesen Sätzen wird eine zur Masse deformierte, in Parteiungen zerteilte Gemeinde heilsam angesichts des Todes vereinzelt und so neu versammelt: „Ich werde dann (in der Stunde des Todes) nicht bei dir sein noch du bei mir." Das heißt für den Predigthörer, dass er jetzt seine eigenen Ohren spitzen und genau zuhören muss, nicht aber mehr nach diesem Rädelsführer oder jener Autorität schielen soll, denn sie werden ihm nicht helfen, wenn es an die letzten Züge geht. Dann hilft nur, was er dem Verkläger des Lebens an letztgültiger Gewissenswahrheit entgegenhalten kann. Eben um diese letzten Wahrheiten geht es in den Fastenpredigten, freilich nicht in abstrakter dogmatischer Weise, sondern konkret angesichts der entstandenen Missstände, die Luther Punkt für Punkt anspricht, um den Menschen auf den Kopf zuzusagen, wo sie gefehlt haben z. B.: „Ich bin ja nicht so fern gewesen, Ihr hättet mich mit Briefen erreichen können ... Wollet Ihr etwas anfangen und ich sollt's verantworten, das wäre mir zu schwer. Ich werde es nicht tun. Allhier merket man, dass Ihr den Geist nicht habt, obwohl Ihr eine hohe Erkenntnis der Schrift habt." So arbeitet sich Luther in der ersten Predigt an das Thema heran, das alle Predigten durchzieht: das Verhältnis von Glaube und Liebe, das er ja in seinem Traktat „Von der Freiheit eines Christenmenschen" 1520 schon angesprochen hatte. Nun aber gewinnt es in den Invokavitpredigten konkrete Zuspitzung und bestimmt vor allem die Montagspredigt, die hier zum Abdruck kommen soll. Es ist die kürzeste und zugleich eine der prägnantesten aller acht Predigten.

Die Predigt[7]

GLAUBE UND LIEBE „Liebe Freunde, Ihr habt gestern die Hauptstücke eines Christenmenschen gehört, wie das ganze Leben und Wesen Glauben und Liebe sei. Der Glaube ist gegen Gott gerichtet, die Liebe mit Wohltun gegen den Menschen und Nächsten an der Liebe, wie wir sie von Gott ohne unser Verdienst und Werk empfangen haben. Zwei Dinge sind also: das eine das Nötigste, das so geschehen muss und nicht anders. Das andere, das da frei ist und nicht notwendig, das mag man halten oder nicht, ohne Gefahr des Glaubens und der Hölle. In diesen zwei Dingen muss die Liebe mit dem Nächsten handeln, wie uns von Gott geschehen ist, und muss so die rechte Straße gehen, weder zu der linken noch zu der rechten Seite weichen. In den Dingen, die da sein müssen und vonnöten sind (z. B. an Christus glauben), handelt die Liebe dennoch so, dass sie nicht zwinget oder zu streng verfährt. So ist die Messe ein böses Ding und Gott ist ihr Feind, wenn sie so geschieht, als wäre sie ein Opfer und verdienstlich Werk. Deshalb muss sie abgetan werden. Hier ist keine Frage noch Zweifel, so wenig wie Du fragen sollst, ob Gott anzubeten sei. Hier sind wir in der Sache ganz einig, dass die Privatmessen abgetan werden müssen, wie ich auch davon geschrieben habe und wollte, dass sie in der ganzen Welt abgetan wären und überall die allgemeine evangelische Messe gehalten würde.

GOTTES WORT ALLEIN WIRKEN LASSEN Dennoch soll die Liebe hierin nicht zu streng verfahren und mit Gewalt zerstören. Aber predigen soll mans, schreiben und verkündigen, dass die Messe auf diese Weise gehalten sündlich ist. Dennoch soll man niemand an den Haaren davon abziehen oder -reißen, denn man solls Gott anheimgeben und sein Wort allein wirken lassen, nicht unser Zutun und Werk. Warum? Ich habe ihre (der Menschen) Herzen nicht in meiner Gewalt oder Hand wie der Töpfer den Ton, mit ihm (ihnen) nach meinem Gefallen zu schaffen. Ich kann nicht weiter kommen als bis zu den Ohren, ins Herz kann ich nicht kommen: dieweil ich also den Glauben nicht ins Herz gießen kann, so kann noch soll ich niemand dazu zwingen noch dringen, denn Gott tut das alleine und macht, dass es im Herzen lebt. Darum soll man das Wort frei lassen und nicht unser Werk dazu tun: wir haben wohl das Recht des Wortes, aber nicht die Ausführungsgewalt. Das Wort sollen wir predigen, aber was daraus folgt, soll allein in Gottes Gefallen stehen.

So ich mich nun darein mischte und wollte es mit Gewalt schaffen, so sind ihrer viele, die darauf eingehen müssen und nicht wissen, wie sie daran sind, ob es recht oder unrecht sei, und sprechen: Ich weiß nicht, ob es recht oder unrecht ist, weiß nicht, wie ich daran bin, ich habe der Allgemeinheit und der Gewalt folgen müssen. So entsteht dann aus dem Zwang oder Gebot lediglich ein Spiegelfechten, ein äußerlich Wesen, ein Affenspiel, und entstehen so ein menschliches Gesetz, Scheinheilige oder Gleisner: denn da ist kein gutes Gewissen. Da gebe ich dann überhaupt nichts darauf. Man muss der Leute Herz zuerst fangen, das geschieht aber, wenn ich Gottes Wort allein treibe, das Evangelium predige und sage: Liebe Herren oder Pfarrer, lasst ab von der Messe, es ist nicht recht, Ihr sündiget damit, das will ich Euch gesagt haben. Aber macht ihnen kein Gesetz, dringt auch auf keine allgemeine Ordnung. Wer da folgen wollte, der folge, wer nicht wollte, bleibe draußen. Unterdessen fiele das Wort tief in das Herze und wirket, so wird jetzt der eine gefangen und bekennt sich schuldig, geht hin und fällt von der Messe ab, morgen kommt ein anderer. So wirkt Gott mit seinem Wort mehr, als wenn Du und ich alle Gewalt auf einen Haufen zusammenbringen.

Der Glaube will nicht an ein Werk gekettet sein

Wenn Du das Herz gewonnen hast, so hast Du ihn ganz gewonnen: so muss dann das Ding zuletzt von selbst zerfallen und aufhören. Und wenn danach alle Gemüter und Sinne übereinstimmen und vereinigt worden sind, so schaffe man dann (die Messe usw.) ab. Wo nicht Gemüt und Herz aller dabei ist, da lass Gott walten (und unterlasse die Neuerungen), da bitte ich Dich drum, Du schaffst nichts Gutes. Nicht, dass ich die Messe wieder aufrichten wolle, sondern (ich) lass sie liegen in Gottes Namen. Der Glaube will nicht gefangen noch gebunden noch durch Ordnungen an ein Werk gekettet sein. Da richte Dich nach, denn Ihr werdet solches nicht zum Erfolg führen, das weiß ich. Werdet Ihrs aber mit solchen allgemeinen Geboten ausführen, so will ich alles, was ich geschrieben und gepredigt habe, widerrufen, ich will Euch auch nicht beistehen und wills Euch deshalb gesagt haben: was kann Dirs schaden, hast Du doch Deinen Glauben zu Gott rein und stark, dass Dir das Ding (die Messe usw.) nicht schaden kann.

Darum erfordert es die Liebe, dass Du Mitleid mit dem Schwachen hast. So haben alle Apostel getan: Paulus, als er einmal nach Athen kam (Apg 17), in eine mächtige Stadt, da fand er im Tempel alte Altäre, da ging er von einem zum andern und besah sie alle, aber er rührte keinen (auch nur) mit einem Fuß an, sondern trat mitten auf den Platz und sagte, dass es eitel abgöttische Dinge wären, bat sie, sie sollten davon ablassen, riss aber keinen mit Gewalt davon weg. Da das Wort ihre Herzen fasste, da fielen sie von selber ab, danach zerfiel die Sache von selbst. Ebenso: wenn ich gesehen hätte, dass sie Messe gehalten hätten, so hätte ich predigen und sie vermahnen wollen. Hätten sie sich daran gekehrt, so hätte ich sie gewonnen, wo aber nicht, so hätte ich sie dennoch nicht an den Haaren und mit Gewalt davon weggerissen, sondern das Wort handeln lassen und für sie gebetet. Denn das Wort hat Himmel und Erde geschaffen und alle Dinge, das muss es tun und nicht wir armen Sünder.

NICHT MIT GEWALT, SONDERN MIT DEM WORT (NON VI, SED VERBO) Summa summarum: predigen will ich's, sagen will ich's, schreiben will ich's. Aber zwingen, mit Gewalt dringen, will ich niemand, denn der Glaube will willig, ungenötigt angenommen werden. Nehmt (Euch) ein Beispiel an mir. Ich bin dem Ablass und allen Papisten entgegen gewesen, aber mit keiner Gewalt, ich habe allein Gottes Wort getrieben, gepredigt und geschrieben, sonst habe ich nichts getan. Das hat, wenn ich geschlafen habe, wenn ich Wittenbergisch Bier mit meinem Philipp (Melanchthon) und Amsdorff getrunken habe, so viel getan, dass das Papsttum so schwach geworden ist, dass ihm noch nie ein Fürst noch Kaiser so viel Abbruch getan hat. Ich hab nichts getan, das Wort hat es alles gewirkt und ausgerichtet. Wenn ich mit Ungestüm hätte vorgehen wollen, wollte ich das deutsche Land in ein großes Blutvergießen gebracht haben, ja ich wollte wohl zu Worms ein Spiel angerichtet haben, dass der Kaiser nicht sicher gewesen wäre. Aber was wäre es (gewesen)? Ein Narrenspiel wäre es gewesen. Ich habe nichts gemacht, ich hab das Wort handeln lassen.

Was meint Ihr wohl, was der Teufel denkt, wenn man die Sache mit Gewalt ausrichten will? Er sitzt in der Hölle und denkt: O, wie sollen die Narren nun so ein feines Spiel machen. Aber dann geschieht ihm Leid, wenn wir allein das Wort treiben und das allein wirken lassen: das ist allmächtig, das nimmt die Herzen gefangen, und wenn die gefangen sind, so muss die Sache (um die es geht) hernach von selbst zerfallen.

AUS EINEM GESETZ WERDEN BALD VIELE GESETZE Ein leicht verständliches Beispiel: Es waren vor Zeiten auch Streitigkeiten unter den Juden(christen) und den Heiden(christen) um des Gesetzes Moses willen, der Beschneidung halber: (1. Kor 7,18 f.), man möchts halten oder nicht, denn daran wäre nichts gelegen, und sollte auch kein ‚Müssen' daraus machen, sondern es frei lassen, man halte es oder nicht, es wäre ohne Gefahr. (So ging es) bis zu der Zeit des Hieronymus, der kam und wollt ein ‚Müssen' daraus machen und eine feste Ordnung und Gesetz: Man sollts abschaffen. Da kam Augustinus und war des Paulus Meinung: man könnte es halten oder nicht. Hieronymus war wohl hundert Meilen von des Paulus Meinung (entfernt). Da stießen die zwei Doktoren gar hart mit den Köpfen zusammen: aber da nun Augustinus starb, da brachte es Hieronymus dahin, dass man es abschaffen müsste.

Danach kamen die Päpste, die wollten auch etwas dazu tun und machten auch Gesetze: da wuchsen aus der Abschaffung des einen Gesetzes viel tausenderlei Gesetze, so dass sie uns ganz mit Gesetzen überschüttet haben. So wird es hier auch zugehen: das eine Gesetz macht bald zwei, zwei machen drei usw.

Das ist jetzund genug von den Dingen, die da nötig sind. Lasst uns zusehen, dass wir nicht die schwachen Gewissen verführen."

NACHZEICHNUNG DER PREDIGT

Wie alle Invokavitpredigten, so knüpft auch diese Montagspredigt zunächst an die vorige Predigt an und erinnert noch einmal an die „Hauptstücke eines Christenmenschen": Der auf Gott gerichtete Glaube und die am Nächsten ausgerichtete Liebe schaffen das rechte Verhältnis von Freiheit und Notwendigkeit. Wie das konkret aussieht, wird am Umgang mit der Opfermesse gezeigt: Für den Glauben ist es keine Frage, dass die Opfermesse als ein verdienstliches Werk abzutun ist. Für die Liebe aber ist es um so mehr ein Problem, wie solches Abtun geschehen kann, ohne dass der im Glauben Schwache, der noch an der alten Messe hängt, Schaden erleidet.

Hier führt Luther nun seinen Grundsatz *„non vi, sed verbo"* (nicht mit Gewalt, sondern durch das Wort) ein: mit Gewalt das Alte abzutun, verhärte die Herzen, die der Mensch nicht in seiner Gewalt hat, sondern Gott allein. „Darum soll man das Wort frei lassen und nicht unser Werk dazu tun: wir haben wohl das Recht des Wortes, aber nicht die Ausführungsgewalt." Also mag gepredigt, verkündigt und geschrieben werden, dass die Opfermesse sündig sei. Doch die Predigt könne nur bis ans Ohr der Menschen kommen, ins Herz dringe allein Gott, der durch das Wort ein gefangenes Herz befreien kann. Ohne die Befreiung der Herzen durch Gottes Wort werde aus jeder Reform nur neuer Zwang und ein „Affenspiel" von Scheinheiligen. Sind aber Herz und Gemüt der Menschen durch das Wort Gottes gewonnen, so sei es ein Leichtes, die Opfermesse abzuschaffen, denn sie falle dann wie von selbst weg. So handele der Glaube, der in der Liebe tätig ist und deshalb nicht Zwang auf seinen Nächsten ausübt. Ein biblisches Beispiel aus Apostelgeschichte 17 macht deutlich, wie die Anbetung der Abgötter in Athen von selbst wegfällt, wenn das Herz der Menschen durch das apostolische Wort gewonnen wird.

Schließlich fasst Luther die Summe seiner Predigt in einer knappen Ich-Botschaft zusammen: „Predigen will ich's, sagen will ich's, schreiben will ich's. Aber zwingen, mit Gewalt dringen will ich niemand, denn der Glaube will willig, ungenötigt angenommen werden." Was das konkret heißt, verdeutlicht Luther an sich selbst auf eindrückliche Weise, wie er allein durch das Wort den Ablasshandel und alle Papisten überwunden habe. Selbst im Schlaf oder beim Biertrinken wirke dieses Wort unabhängig vom Menschen weiter und erreiche unendlich viel mehr als alle Gewaltanwendung. Sogar dem Teufel geschehe Leid durchs Wort, während die Gewalt des Teufels Sache sei.

Ein für Luther typischer Schluss bricht die Predigt einfach ab: „Das ist jetzund genug von den Dingen, die da nötig sind" und fügt noch eine knappe Mahnung zu: „Lasst uns zusehen, dass wir nicht die schwachen Gewissen verführen."

DER PREDIGER

Da über Luther als Prediger[8] schon genügend geschrieben ist, beschränke ich mich hier allein auf den Invokavit-Prediger: Nachdem er in den ersten beiden Predigten die „Hauptstücke" von der Freiheit des

Glaubens und der Verantwortung der Liebe für das Gewissen des Schwachen eingeschärft hat, geht er in den weiteren fünf Invokavitpredigten auf die praktischen Konsequenzen für die konkret in Wittenberg anstehenden Fragen ein: ob ein Priester heiraten soll oder nicht; ob ein Mönch oder eine Nonne das Kloster verlassen sollen oder nicht; ob Bilder die Kirche schmücken sollen oder nicht. Dieses und anderes stellt Luther in die Freiheit eines Christenmenschen und warnt davor, aus dieser Freiheit einen neuen Zwang für andere zu machen. Nicht die Bilder an sich seien das Problem, sondern ihr falscher Gebrauch in der Anbetung; nicht das Fasten sei das Problem, sondern der Missbrauch des Fastens als verdienstliches Werk ebenso wie die übergeistliche Verachtung des Fastens. Nicht die Klöster seien das Problem, sondern ihr Missbrauch als verdienstliches Werk, wie auch das übergeistliche Drängen zum Verlassen der Klöster verwerflich sei. Nicht der Laienkelch sei das Problem, sondern das römische Verbot des Kelchs für die Laien sei ebenso falsch wie die übergeistliche Nötigung der Schwachen zum Abendmahl in beiderlei Gestalt. Nicht die Beichte sei das Problem, sondern der römische Beichtzwang ebenso wie die übergeistliche Verachtung der Beichte, während die in Freiheit gebrauchte Beichte eine Stärkung des verzagten Herzens gegenüber Gott und im Kampf mit dem Teufel sei.

So muss Luther nach zwei Seiten hin die Freiheit des Glaubens in Schutz nehmen, nach der altgläubigen wie nach der übergeistlichen Seite. Die Reformation befindet sich spätestens seit den Invokavitpredigten in einem Zweifrontenkampf, der aber im Kern ein Kampf mit ein und derselben Gesetzlichkeit und Vergewaltigung der Gewissen ist. Um Luther recht zu verstehen, muss er stets in seiner Auseinandersetzung nach beiden Seiten hin wahrgenommen und interpretiert werden.

WAS ZEICHNET LUTHERS PREDIGTWEISE IN DEN INVOKAVITPREDIGTEN AUS?
1. Der Prediger wirft seine Person in die Waagschale der Predigt. Er scheut sich nicht, den Hörern zuzurufen: „Nehmt ein Exempel an mir ..." Er hält den Wittenbergern vor, dass sie ihn mit Briefen hätten erreichen und fragen können. Er droht ihnen, dass er sie mit ihren voreiligen Reformen im Stich lassen werde: „Wollet Ihr etwas anfangen und ich sollt's verantworten, das wäre mir zu schwer. Ich werde es nicht tun." Er wirbt mit seiner Person um die Hörer: „Darum, liebe Brüder, folget mir, ich habe es ja nie verderbt. Ich bin auch

der Erste gewesen, den Gott auf diesen Plan gesetzt hat." Er stellt die Wittenberger vor eine klare Entscheidung und droht mit Trennung, falls es beim Zwang bleiben sollte. Um der erkannten Wahrheit willen setzt er Leben und Amt aufs Spiel. Die Hörer bekommen es deutlich zu spüren, dass hier einer nicht über etwas redet, sondern dass er persönlich mit sich selbst zu ihnen redet und sich mit allem Risiko zum Medium der Wahrheit macht, an dem sie nicht gleichgültig vorbeikommen.

Zugleich weiß Luther aber auch seine Person zu relativieren: „Ich will hierin das Meine tun und meine Meinung sagen, wie ich schuldig bin, und meine Euch herzlich, wie ich meine Seele meine. Ist aber jemand, der was bessres würde haben und dem etwas mehr offenbart werde denn mir, dem will ich meinen Sinn und Verstand unterwerfen und meine Meinung nicht über seinen Kopf gesetzt haben, sondern ich will ihm folgen." Natürlich sind diese Worte nicht ganz ohne Ironie und zeigen doch an, dass die Person – wie schon die wörtliche Bedeutung von *personare* andeutet – keinen letztgültigen, sondern einen medialen Charakter für das hat, worauf es eigentlich ankommt: die Freiheit des Glaubens und die Verantwortung der Liebe in der Nachfolge Christi.

2. Der Prediger weiß Lehre zu predigen, um die Hörer in die Lehre Jesu zu bringen. Lehre ist in den Invokavitpredigten also nicht ein *depositum fidei*, sondern hat Wegcharakter, um die Wittenberger auf den Weg des Evangeliums zu bringen. Für diese Art von Lehrpredigt ist es notwendig, dass die sonst für Luther typische Art der Textauslegung in dieser Predigtreihe einmal zurücktritt und stattdessen das Thema von der Freiheit des Glaubens und der Verantwortung der Liebe in den Mittelpunkt gestellt wird. Dennoch sind die Invokavitpredigten durch und durch biblisch gesättigte Predigten. Für Luthers Weise der Lehrpredigt ist es kennzeichnend, dass sie Schneisen durch die Bibel schlägt. Die Konzentration auf ein Thema hat einen biblisch elementarisierenden Charakter: Den Hörern werden Seiten der Bibel aufgeschlagen und gezeigt, von denen jetzt Evidenz ausgeht. Es werden diejenigen Sprüche der Bibel zu Gehör gebracht, die jetzt den Charakter eines Freispruchs im Streit mit der Anklage des Gewissens und gegenüber der verdrehenden Macht des Teufels klärenden Charakter haben. Ebenso werden biblische Geschichten wie etwa die von Paulus auf dem Areopag (Apg 17) erzählend in den

Dienst von Anschauung und Argumentation gestellt. Es kann auch Anschauung aus der Kirchengeschichte sein, die in den Dienst der Überzeugung gestellt wird, wie etwa der Streit zwischen Hieronymus und Augustinus, an dem deutlich wird, wie aus einem Gesetz am Ende immer mehr römische Gesetze werden. Lehre predigen, um die Hörer in die Lehre Jesu und auf den Weg des Evangeliums zu bringen, heißt also, katechismusartig den Hörern eins und immer nur eins einzuprägen, wie der Glaube frei ist und frei macht, und wie die Liebe das Gewissen des Schwachen achtet und ihn nicht in neue Zwänge verstrickt. Dieses eine Thema wird in den Invokavitpredigten auf alle nur erdenkliche Weise und mit allen nur erdenklichen Mitteln durchgespielt, mal werbend, mal mahnend, mal erzählend, mal argumentierend, um die Hörer auf den Weg der Freiheit des Glaubens und der Verantwortung der Liebe zu bringen.

3. Luther predigt aus einem grenzenlosen Zutrauen zur Selbstwirksamkeit des Wortes: „Nehmt euch ein Beispiel an mir. Ich bin dem Ablass und allen Papisten entgegen gewesen, aber mit keiner Gewalt, ich habe allein Gottes Wort getrieben, gepredigt und geschrieben, sonst habe ich nichts getan. Das hat, wenn ich geschlafen habe, wenn ich Wittenbergisch Bier mit meinem Philippus und Amsdorf getrunken habe, so viel getan, dass das Papsttum so schwach geworden ist, dass ihm noch nie ein Fürst noch Kaiser so viel Abbruch getan hat. Ich hab nichts getan, das Wort hat es alles gewirkt und ausgerichtet." Diese Sätze aus Luthers Montagspredigt sind ein einziges Plädoyer für das Vertrauen auf die Selbstwirksamkeit des Wortes. Der Prediger wirft seine Erfahrung in die Waagschale und macht sich selbst zum Beispiel dafür, wie es konkret aussieht, wenn einer der Selbstwirksamkeit des Wortes traut: Er kann, nachdem er gepredigt hat, Bier trinken gehen und schlafen, muss nicht seinem Wort hinterherlaufen, um es den Leuten nachdrücklich zu empfehlen oder sie gar mit Zwang zur Einsicht zu bringen. Das *ius verbi* liegt beim Prediger, die *executio* bei Gott: „Das Wort sollen wir predigen, aber die Folge soll Gott heimgestellt sein." Wo diese Unterscheidung bei Prediger und Hörer Platz greift, breiten sich Freiheit und Gelassenheit aus, so dass die Saat des Wortes von selbst heranwachsen kann und vor Bauern beschützt bleibt, die ungeduldig nachsehen und nachgraben, ob sich endlich Saat zeige, um eben

dadurch die Pflanzen zu zerstören. Karlstadt war so ein ungeduldiger Bauer, und das war in seinem Verständnis von Rechtfertigung begründet, welches durch eine Heiligung des Menschen nach Maßgabe des Jakobusbriefes vervollkommnet werden musste. Von Gelassenheit und Freigabe des Wortes konnte dann natürlich nicht die Rede sein. Vielmehr ging von Karlstadt Drängerei aus. Er konnte nicht warten, bis ein Kairos herangereift war, sondern musste ständig Neues zu bewirken versuchen, denn seine Heiligungsideologie trieb ihn dazu.

Nun wird man auch Luther zubilligen müssen, dass er das Evangelium in seiner Predigt dringlich machte. Dringlichkeit aber wurde bei ihm keine Drängerei, weil Heiligung für ihn ein Werk Gottes in uns ist, indem Gottes Wort in das Herz des Menschen eindringt und es heiligt. Dort also wirkt Gott allein, wo kein Mensch hinkommt und auch nicht mit irgendwelchen Zwängen hinkommen kann oder soll. Die Gelassenheit, auf die es Luther beim Umgang mit dem gepredigten Wort ankommt, unterscheidet sich freilich himmelweit von einem faulen Laisser-faire, das in der Predigt nur brav die Bibel nachbetet oder die Dogmatik richtig nachspricht, so dass sich gähnende Langeweile ausbreitet. An den Invokavitpredigten lässt sich vielmehr zeigen, wie Luther alle rhetorischen Register zieht und sie in den Dienst des selbstwirksamen Wortes stellt: Er wirbt um die Hörer, aber droht ihnen auch mit seiner Distanzierung von der Wittenberger Situation; er benutzt geläufige Sprichworte und malt ihnen Bilder vor Augen, die so sinnlich und augenfällig sind wie z. B.: „Lieber Bruder, hast du genug gesogen (sc. an der Lehre des Evangeliums), schneide nicht alsbald die Zitzen ab, sondern lass deinen Bruder auch so lange saugen, wie lang du gesogen hast." Biblische Geschichten werden erzählend vor den Hörern ausgebreitet und ausgemalt, keineswegs bloß biblizistisch zitiert. Beispiele aus der Kirchengeschichte werden ausführlich zu Gehör gebracht, so weit sie die Hauptaussage von der Freiheit des Glaubens und der Bindung der Liebe an die Not des Nächsten veranschaulichen können. Die konkreten Fragen nach dem rechten Verständnis der Messe oder nach den Bildern, der Beichte oder dem Fasten werden erörtert und von den Hauptstücken des Glaubens und der Liebe aus beleuchtet. Kurz: Soweit es in des Menschen Macht steht, dem gepredigten Wort rhetorische Wirkung, Schönheit und Anschaulichkeit zu verleihen,

ist alles nur Denkbare in den Invokavitpredigten enthalten und zugleich in den Dienst der Selbstwirksamkeit des Wortes gestellt.
4. Luthers Predigt ist eine Kampfhandlung mit dem Teufel. In der Montagspredigt heißt es: „Was meint Ihr wohl, was der Teufel denkt, wenn man die Sache mit Gewalt ausrichten will? Er sitzt in der Hölle und denkt: O, wie sollen die Narren nun so ein feines Spiel machen. Aber dann geschieht ihm Leid, wenn wir allein das Wort treiben und das allein wirken lassen." Die Rede vom Teufel ist bei Luther weit mehr und anderes als nur eine rhetorische Figur. Predigt als Kampfhandlung mit dem Teufel ist Ausdruck und Konkretion von Epheser 6,12: „Wir haben nicht mit Fleisch und Blut zu kämpfen, sondern mit Mächtigen und Gewaltigen, nämlich mit den Herren der Welt, die in dieser Finsternis herrschen, mit den bösen Geistern unter dem Himmel." Weil die Beichte zu der „Waffenrüstung" des Evangeliums gehört, um mit dem Teufel streiten zu können, verteidigt sie Luther in der letzten der Invokavitpredigten so vehement: „Es weiß niemand, was die heimliche Beichte vermag, denn der mit dem Teufel oft fechten und kämpfen muss. Ich wäre längst von dem Teufel überwunden und erwürgt worden, wenn mich diese Beichte nicht erhalten hätte ... Weil wir denn viel Tröstung haben müssen, so wir wider den Teufel, Tod, Sünde und Hölle streiten und auch bestehen sollen, so müssen wir uns keine Waffen nehmen lassen ..."
5. Indem Luther den Teufel als den eigentlichen und „altbösen Feind" anprangert, bleiben Karlstadt und Zwilling davor bewahrt, als Rädelsführer und Verursacher der Wittenberger Vorgänge benannt zu werden. Predigt als Kampfhandlung mit dem Teufel ist Schutzrede für Menschen, denn sie schützt davor, das Böse auf Menschen hin zu personalisieren und sie an den Pranger zu stellen. Vielmehr wird das Böse in der Gestalt des Bösen personalisiert und zugleich zum Kampf gegen den Bösen mobilisiert. Das gibt Anführern der Unruhen die Möglichkeit, sich ebenso wie alle anderen als Verführte zu verstehen und sich vom Bösen zu distanzieren, ohne dass sie damit von jeglicher Mitverantwortung frei gesprochen wären. Sie haben vielmehr Buße zu tun, wie es ja auch bei Gabriel Zwilling und vielen anderen in Wittenberg geschah, während Karlstadt seiner Unbußfertigkeit überlassen blieb.
6. Predigt als Kampfhandlung mit „Teufel, Tod, Sünde und Hölle" ist also eschatologische Rede, die den Menschen mit Mächten kon-

frontiert, denen er nicht gewachsen ist, obwohl bzw. weil sie aus der Widersprüchlichkeit und Maßlosigkeit des Menschen hervorgehen, sich dann aber so sehr verselbstständigen, dass sie den Menschen versklaven. Indem die Predigt den Menschen mit den letzten Folgen seines Tuns konfrontiert, will sie ihn zugleich behutsam und heilsam in seine vorletzten Grenzen einweisen und ihm Zufluchtsmöglichkeiten zu dem zeigen, der allein den Teufel, die Hölle, die Sünde und den Tod letztgültig besiegen kann.

Eine Sternstunde

Was macht die Invokavitpredigten zu „Sternstunden der Predigt"? Selten lässt sich in der Geschichte der Predigt so deutlich und anschaulich wie hier fassen, welche bezwingende Gewaltlosigkeit dem gepredigten Wort zu eigen ist: Gabriel Zwilling, einer der beiden Anführer des Wittenberger Aufruhrs, war überwältigt von Luthers Predigten. Er sah ein, was er angerichtet hatte, schwenkte auf die reformatorische Linie wieder ein und wurde alsbald zum Prediger der Reformation in Torgau. Andreas Karlstadt hingegen, der einmal der Doktorvater Luthers war, grollte und wollte die übereilten Reformen auch noch öffentlich rechtfertigen. Der Druck seiner Verteidigungsschrift wurde aber durch den Rektor der Wittenberger Universität verhindert. Zu einer wirklichen Versöhnung Karlstadts mit Luther kam es nie.

Die Wirkung der Invokavitpredigten auf die Hörer mögen drei Zeugnisse[9] veranschaulichen:
1. Hieronymus Schurff, der wohl bedeutendste Jurist der Wittenberger Universität und juristische Berater des Kurfürsten, schrieb an Friedrich den Weisen, „dass sich große Freude und Frohlocken unter Gelehrten und Ungelehrten bei uns aus Doctoris Martini Ankunft und Predigen erhoben und erwachsen, denn er dadurch uns armen, verführten und geärgerten Menschen vermittels göttlicher Hilfe wiederum auf den Weg der Wahrheit täglich weiset mit unwiderfechtlicher Anzeigung unseres Irrtums, darein wir von den eingedrungenen Predigern jämmerlich geführet".
2. Ein Student, Albert Burer, beschrieb Luthers Wirkung im März 1522 so: „Luther ist gekommen, um wieder in Ordnung zu bringen, was

Karlstadt und Gabriel (Zwilling) mit ihren mehr als heftigen Predigten durcheinander gebracht haben, indem sie keinerlei Rücksicht auf die Schwachen nahmen, die Martinus nicht anders als Paulus mit Milch zu speisen versteht, bis sie herangewachsen sind ... Er ist, soviel man seinem Gesicht entnehmen kann, ein gütiger, milder und fröhlicher Mann. Seine Stimme ist freundlich und wohlklingend, und man muss die gewinnende Redegabe des Mannes bewundern. Gar fromm ist, was er sagt, was er lehrt, was er tut, mögen auch seine gottlosen Feinde das Gegenteil behaupten. Wer ihn einmal gehört hat, möchte ihn, wenn er kein Stein ist, wieder und wieder hören, so fest schlägt er seine Nägel in den Geist seiner Zuhörer ein."

3. Persönlicher noch klingt das reuige Zeugnis des Nürnberger Patriziers Hieronymus Baumgartner, der offenbar mit den Umtrieben Karlstadts und Zwillings sympathisiert hatte: „Du willst wohl wissen, was Luther bewogen hat, zu uns zurückzukehren. Ach, nichts anderes, als dass wir so unbesonnen und überstürzt gehandelt haben, ohne des Skandals zu achten. Die ganze Woche hindurch hat er nichts anderes getan, als das Eingestürzte wieder aufzurichten und uns aufs heftigste zu züchten. Kurz, wir haben uns schändlich betragen, so dass wir der ganzen Welt Anstoß gegeben haben. Aber Gott ist treu, der uns nicht länger dem Irrtum überlassen hat."

Wenn im Mai 1536 die oberdeutschen Besucher in Wittenberg darüber staunen, wie „katholisch" dort der Gottesdienst gefeiert werde, oder wenn heute durch Kunstgeschichtler „die bewahrende Kraft des Luthertums"[10] gerühmt wird, so hat das letztlich seinen Grund in den Invokavitpredigten, die auch darin eine Sternstunde darstellen, dass sie prägnant deutlich machen, wie Luthers Weg der Reformation, im Unterschied zu dem der Schweizer, nicht zu einer neuen, anderen Kirche führte, sondern zu einer im Wort erneuerten Kirche, die alles an der alten Kirche zu bewahren sucht, was nicht der Heiligen Schrift widerspricht.

Christian Möller

Literatur

Jochen Cornelius-Bundschuh, Die Kirche des Wortes. Zum evangelischen Predigt- und Gemeindeverständnis. Arbeiten zur Pastoraltheologie Bd. 39, Göttingen 2001.

Anmerkungen

1 Acht Sermone D. Martin Luthers, von ihm gepredigt zu Wittenberg in der Fastenzeit, WA 10, 3; 1-64. (Die Rechtschreibung der Predigt entspricht dieser Ausgabe.)
2 Die umfassendste Interpretation der Invokavitpredigten findet sich bei Jochen Cornelius-Bundschuh, Die Kirche des Wortes. Zum evangelischen Predigt- und Gemeindeverständnis, Arbeiten zur Pastoraltheologie Bd. 39, Göttingen 2001, 157-285.
3 Zur historischen Situation ausführlicher: Heinrich Bornkamm, Martin Luther in der Mitte seines Lebens, Göttingen 1979, 72-80 und Martin Brecht, Martin Luther Bd. 2, Stuttgart 1986, 66-72.
4 Zu Person, Werk und Leben von Karlstadt vgl. Volker Joestel, „dass wir Christi Fußstapfen nachfolgen und leiden wie er"; Andreas Bodenstein aus Karlstadt (1486-1541), in: Wittenberger Lebensläufe im Umbruch der Reformation. Wittenberger Sonntagsvorlesungen, hg. v. Evang. Predigerseminar Wittenberg 2005.
5 Im November 1521 verfasste Luther auf der Wartburg zur Privatmesse: „De abroganda missa privata M. Lutheri sententia" (WA 8, 411-476) deutsch: „Vom Missbrauch der Messe" (WA 8, 482-563).
6 Luther Deutsch, Bd. 4, Stuttgart 1964 (2. Aufl.), 64.
7 WA 10, III, 13-17; zit. nach Luther Deutsch Bd. 4, hg. v. K. Aland, Göttingen 1964, 2. Aufl., 66-70.
8 Vgl. u. a. Christian Möller, Martin Luther als Prediger, GPM 57, 2002,4-11; ders.: Martin Luther oder: Die „Mundlichkeit" des Evangeliums, in: Christian Möller, Die homiletische Hintertreppe. Zwölf biographisch-theologische Begegnungen, Göttingen 2007, 31-46.
9 Die drei Zeugnisse finden sich bei Heinrich Bornkamm, Martin Luther in der Mitte seines Lebens, Göttingen 1979, 76f.
10 Johann Michael Fritz, Die bewahrende Kraft des Luthertums. Mittelalterliche Kunstwerke in Evangelischen Kirchen, Regensburg 1997.

Teresa von Avila
Predigt einer leidenschaftlichen Gottesfreundin

Die Situation

Im katholischen Spanien des 16. Jahrhunderts galt das biblische Diktum: *mulier taceat in ecclesia* – die Frau hat in der Kirche zu schweigen (1. Kor 14,34). Dass eine Frau hier das Wort ergreift, stellt ohne Zweifel eine Sternstunde der Predigt dar. Um sie kennen zu lernen, versetzen wir uns in das Jahr 1577 nach Toledo. Im dortigen Karmeliterkloster schreibt die Nonne Teresa von Avila für ihre Mitschwestern das Buch „Die innere Burg". Sie spricht von der Seele, die sich nach Gott sehnt, und gebraucht dafür das Bild von einem kleinen Falter, der umherfliegt und nach einem Ruheort sucht. Zuerst sei die Seele eine Raupe, die sich meditierend in ihr Haus (d. h. in Christus) einspinnt. Wenn sie im Gebet der Welt völlig abstirbt, schlüpft ein kleiner weißer Schmetterling hervor. Das ist die Seele, die nun in Gottes Größe versenkt ist und sich selbst nicht mehr kennt. – Hören wir, wie Teresa von der Sehnsucht der Seele nach Gott spricht!

Die Predigt

VON DER SEHNSUCHT DER SEELE NACH GOTT UND IHREM SCHMERZ, VON IHM ENTFERNT ZU SEIN: BESCHRIEBEN AUS DER INNENPERSPEKTIVE   Ob all diese Gnaden, die der Bräutigam der Seele erwiesen hat, ausreichen, um den kleinen Falter – den ich nicht vergessen habe – so zu befriedigen, dass er sich da niederlässt, wo er sterben soll? Nein, gewiss nicht; er fühlt sich noch viel elender. Obgleich die Seele nun schon seit vielen Jahren diese Gunstbeweise erhält, seufzt sie doch immer und geht verweint umher; denn jede solche Erfahrung verstärkt ihren Schmerz. Und zwar deshalb, weil sie mehr und mehr die Herrlichkeiten Gottes erkennt und sich zugleich so ferne davon sieht, so geschieden von ihm, an dem sie sich freuen will. So wird ihre Sehnsucht immer heftiger; denn auch die Liebe wächst, je mehr sie entdeckt, wie sehr dieser große Gott und Herr es verdient, geliebt zu werden. Während all der Jahre nimmt dieses Verlangen ganz allmählich zu, bis es zu dieser großen Pein kommt, von der ich nun rede. Von Jahren habe ich gesprochen, der Erfahrung jener Person entsprechend, von der ich schon vorher gesprochen habe. Doch ich weiß wohl, dass man Gott keine Frist setzen kann und dass er es vermag, eine Seele im Nu in jene erhabene Region zu führen, von der jetzt die Rede sein soll. Seine Majestät hat die Macht zu allem, was sie zu tun begehrt, und immer hat er das Verlangen, viel für uns zu tun.

Das Sehnen, die Tränen, die Seufzer und heftigen Auftriebe, von denen ich gesprochen habe, scheinen alle aus unserer Liebe hervorzugehen, unter großem Schmerz. Doch all dies ist nur wie ein schwelender Brand, den man ertragen kann, wenn auch mit Pein, und ist nichts im Vergleich mit dem Späteren. Wenn die Seele so entbrannt ist und sich verzehrt, geschieht es oft, durch einen flüchtigen Gedanken (Wie lange der Tod wohl noch auf sich warten lässt? – oder durch irgendein Wort, das sie daran erinnert), dass von irgendwoher – man begreift nicht, woher es kommt oder wie – ein Stoß sie trifft oder etwas wie ein feuriger Pfeil. Ich sage nicht, dass es ein Pfeil ist; aber was es auch sein mag – man erkennt klar, dass es nicht aus unserer Natur kommen kann. Genauso wenig ist es ein Stoß, auch wenn ich „Stoß" sage; doch es verwundet scharf, und zwar nicht dort, wo man gewöhnlich die Schmerzen fühlt, sondern – so scheint es mir – zutiefst im Inneren der Seele. Dahinein schlägt dieser Blitz, der alles, was er Irdisches an unserer Natur findet, geschwind durchzuckt und in Staub verwandelt. Solange dies dauert, ist es nämlich unmöglich, sich an irgend etwas zu erinnern, das unserem eigenen Wesen angehört. Denn in einem Augenblick bindet es die Fähigkeiten derart, dass sie zu nichts mehr Freiheit haben, außer zu dem, was diesen Schmerz in ihr steigert.

Ich möchte nicht, dass es aussieht, als übertriebe ich; denn in Wirklichkeit sehe ich, dass ich noch zu wenig sage, weil es mit Worten nicht auszudrücken ist. Es ist eine Verzückung, welche die Sinne und Fähigkeiten hinwegrafft von allem, was nicht – wie gesagt – zum Empfinden dieses Kummers beiträgt. Denn der Verstand ist hellwach, um zu erkennen, wie berechtigt es ist, dass jene Seele fühlt, wie fern sie von Gott ist. Und der Herr hilft dabei noch nach, indem er der Seele zur gleichen Zeit eine solch lebendige Erfahrung seines Wesens vermittelt, dass die Qual sich dermaßen steigert, bis der Betroffene schließlich in laute Schreie ausbricht. Auch wenn es jemand ist, der gewohnt ist, große Schmerzen mit Geduld zu ertragen, kann er in diesem Fall nicht anders, weil man diese Qual – wie gesagt – nicht am Körper empfindet, sondern im Inneren der Seele. Daraus schloss jene Person, wie viel heftiger die seelischen Leiden sind als die körperlichen; und es wurde ihr deutlich, dass von dieser Art die Qualen sind, welche die Seelen im Fegfeuer leiden; denn dass sie keinen Körper mehr haben, schließt nicht aus, dass sie noch viel mehr leiden als alle, die hier auf Erden im leiblichen Dasein leiden.

WIE DIE SEELE GELÄUTERT WIRD: BESCHRIEBEN AUS DER AUSSENPERSPEKTIVE   Ich selbst sah jemanden in einem solchen Zustand und dachte wirklich, er würde sterben. Das wäre auch nicht verwunderlich gewesen; denn in einem solchen Fall ist das Leben tatsächlich in großer Gefahr. Dauert dieser Vorgang auch nicht lang, so wird der Körper dabei doch völlig verrenkt, und der Puls ist so stockend, als wolle die Seele schon zu Gott. Das ist nicht zuviel gesagt. Denn dem Leib geht die natürliche Wärme verloren, und zugleich verzehrt sich die Seele in der Glut. Ganz wenig fehlt noch, und Gott hätte ihre Sehnsucht erfüllt. Dabei empfindet sie jedoch keinerlei körperlichen Schmerz (obwohl – wie gesagt – ihr Leib derart verrenkt wird, dass sie danach zwei oder drei Tage heftige Schmerzen leidet und nicht einmal genug Kraft zum Schreiben besitzt. Ja, es scheint mir, als erlange der Körper danach nie wieder die vorige Kraft). Diese Unempfindlichkeit kommt wohl daher, dass der innere Schmerz, den die Seele fühlt, so viel stärker ist. Sie merkt deshalb überhaupt nichts von dem, was den Körper betrifft. Genauso ist es ja auch im gewöhnlichen Leben: schmerzt es uns irgendwo sehr heftig, so spüren wir andere Leiden kaum, und mögen es noch so viele sein (das habe ich selbst recht deutlich erlebt). In der Lage aber, von der wir sprechen, fühlt die betreffende Person nicht den geringsten körperlichen Schmerz. Ich glaube, sie würde es nicht einmal merken, wenn man sie in Stücke risse.

Ihr werdet mir sagen, in diesem Schmerz zeige sich eine Unvollkommenheit. Denn warum fügt sich diese Seele nicht dem Willen Gottes, dem sie sich doch ganz übergeben hat? Bisher war ihr das möglich gewesen, und in dieser Haltung lebte sie auch. Jetzt aber ist ihr das unmöglich, weil die Vernunft nun nicht mehr Herr über die Seele ist, die an nichts anderes mehr zu denken vermag als an das, was der Grund ihres Leidens ist. Nämlich dass sie getrennt ist von dem, was ihr das Höchste ist. Wozu sollte sie da noch leben wollen? Sie fühlt eine seltsame Einsamkeit; denn mit keinem Geschöpf der Erde verbindet sie eine Gemeinschaft, die sie befriedigen könnte – und ich glaube, nicht einmal himmlische Wesen könnten ihr das bieten, außer demjenigen, den sie liebt. Alles andere quält sie eher nur noch mehr. Es ist ihr, als hinge sie im Leeren, so dass sie auf nichts Irdischem Fuß fassen kann und auch nicht zum Himmel aufzusteigen vermag. Durst verzehrt sie, doch sie kann nicht zum Wasser gelangen. Ein Durst, der nicht auszuhalten ist, der so brennt, dass ihn kein Wasser mehr zu löschen vermag. Und sie will auch gar nicht, dass er gelöscht wird, es sei denn durch jenes Wasser, von dem unser Herr zu der Samariterin sprach. Aber dies wird ihr nicht gereicht.

Oh, mein Gott, mein Herr, wie bedrängst Du die, die Dich lieben! Doch alles ist gering im Vergleich mit dem, was Du ihnen später schenkst. Es ist recht, dass etwas, das viel wert ist, auch viel kostet; vor allem wenn das die Läuterung der Seele bedeutet, so dass sie in die siebte Wohnung eintreten kann – eine Läuterung, wie sie auch die Seelen, die in den Himmel kommen sollen, im Fegfeuer erfahren. Daran gemessen, ist dieses Leiden so wenig wie ein Wassertropfen im Meer, trotz all der Qual und Kümmernis, die meiner Ansicht nach gar nicht schlimmer sein können; denn die betreffende Person hatte viele Schmerzen, körperlicher und geistiger Art, erlitten, hielt aber alles für nichtig, verglichen mit dem, was sie da empfand. Trotz alldem fühlt die Seele, dass diese Qual einen so hohen Wert besitzt, den sie – das merkt sie sehr genau – niemals selber hätte erwerben können. Zwar lindert dieses Gefühl den Schmerz in keiner Weise, doch bewirkt es, dass sie ihn von Herzen gern erleidet und ihr ganzes Leben lang ihn gern erleiden würde, wenn sie Gott damit dienen könnte, obwohl das nicht ein einmaliges Sterben, sondern wirklich und wahrhaftig ein fortwährendes Sterben wäre.

Denken wir daran, Schwestern, wie jene, die in der Hölle sind, ohne diese Übereinstimmung, ohne die Freude und Wonne, die Gott der Seele eingibt, ohne die Einsicht in den reichen Gewinn, den dieses Leiden bringt, nur mehr und mehr leiden (ich meine: durch die hinzukommenden Schmerzen). Wenn die Qual der Seele stärker ist als die des Körpers und die Martern, welche die Verdammten zu erleiden haben, unvergleichlich viel schlimmer sind als die Pein, von der wir eben gesprochen haben – wie mag es da diesen unglücklichen Seelen erst ergehen, wenn sie erkennen, dass sie es immer und ewig ertragen müssen? Wird nicht alles, was wir in diesem kurzen Leben tun oder erleiden können, völlig belanglos, verglichen mit dem Ziel, von solch schrecklichen, ewigen Qualen befreit zu werden? Ich sage euch: Es ist unmöglich, jemandem verständlich zu machen, wie schmerzlich das Leiden der Seele ist und wie verschieden von körperlicher Pein, falls der Betreffende es nicht selbst erlebt hat. Doch der Herr selber will es uns begreiflich machen, damit wir um so klarer erkennen, wie sehr wir ihm dafür Dank schulden, dass er uns zu einem Stand geführt hat, in dem wir durch seine Barmherzigkeit die Hoffnung haben, dass er uns befreien und unsere Sünden vergeben wird.

WIE DIE SEELE DAHIN KOMMT, DASS SIE STIRBT, VOR SEHNSUCHT ZU STERBEN UND KEINE LEIDEN MEHR FÜRCHTET: BESCHRIEBEN AUS DER INNENPERSPEKTIVE   Kehren wir zurück zu dem, was wir vorhin sagten. Wir verließen diese Seele, als sie in großer Qual war. In solcher Schärfe hält diese Pein nicht lange an. Es werden höchstens drei oder vier Stunden sein, glaube ich; denn würde es lange dauern, so könnte die Schwäche unserer Natur – falls nicht ein Wunder geschieht – dies unmöglich ertragen. Es kam auch schon vor, dass es nicht länger als eine Viertelstunde anhielt, aber so, dass jener Mensch völlig zerschlagen war. Damals schwanden jener Person wirklich die Sinne, derart heftig war es, und zwar während eines Gesprächs am Osterdienstag, nachdem die Seele all die Feiertage in solcher Dürre verbracht hatte, dass ihr fast völlig entgangen war, um was es ging. Ein einziges Wort aber – dass das Leben so lange kein Ende nehme – genügte. Daran zu denken, man könne dem widerstehen, ist ganz unmöglich, genauso unmöglich, wie wenn einer, der im Feuer steckt, bewirken wollte, dass die Flamme keine Hitze hat und ihn nicht brennt. Es ist ein Schmerz, den man nicht so verhehlen kann, dass die anderen, die dabei sind, die große Gefahr, in der man sich befindet, nicht bemerken, obwohl sie nicht wahrnehmen, was im Inneren vorgeht. Ihre Gegenwart empfindet die Seele, aber nur so, als wäre sie von Schatten umgeben, und als solche erscheinen ihr alle Dinge der Erde.

Es kann geschehen – das sage ich euch für den Fall, dass ihr einmal in eine solche Lage geratet –, dass die Schwäche unserer Natur sich dabei jählings bemerkbar macht. Ist die Seele, wie ihr gesehen habt, einmal so weit [...] vor Sehnsucht zu sterben, und ist der Druck so stark, dass sie meint, sie verlasse nun fast schon den Leib, so befällt sie zuweilen wirkliche Angst, und sie möchte, dass die Pein sich lindere, um nicht vollends zu sterben. Dabei ist ganz klar zu erkennen, dass diese Angst von der natürlichen Schwäche kommt; denn auf der anderen Seite wird die Sehnsucht der Seele nicht geringer, und es gibt kein Mittel, mit dem dieser Schmerz zu dämpfen wäre, bevor der Herr selber – wie es fast immer geschieht – ihn mit einer großen Verzückung oder einer Vision tilgt, wobei der wahre Tröster die Seele so tröstet und stärkt, dass sie so lange leben möchte, wie er es will.

Dieses Erleben ist eine Qual, aber es hinterlässt gewaltige Wirkungen in der Seele. Sie fürchtet fortan keine Leiden mehr, die noch kommen mögen; denn verglichen mit dem Schmerz, den sie empfand, erscheint ihr alles andere als nichts. Diese Erfahrung hat ihr so viel genützt, dass sie es gern noch oft erleiden würde. Doch das kann sie nicht aus eigenem Willen herbeiführen, und durch kein Mittel lässt sich das wiederholen, ehe der Herr es will, genauso wenig wie es möglich ist, dem zu widerstehen oder es auszulöschen, wenn es einen überkommt. Die Seele verachtet künftig die Welt noch viel mehr als zuvor, weil sie erfahren hat, dass nichts Irdisches in dieser Qual ihr half; und sie hängt sehr viel weniger an den Geschöpfen, da sie nun weiß, dass nur der Schöpfer sie trösten und stillen kann. Und mit größerer Furcht und Sorgfalt achtet sie darauf, ihn nicht zu kränken, weil sie erkannt hat, dass er ebenso zu peinigen wie zu trösten vermag.

WARNUNG UND ERMUTIGUNG Zweierlei gibt es, wie mir scheint, auf diesem geistlichen Weg, was das Leben in Gefahr bringen kann. Das eine ist das Erlebnis, von dem wir eben gesprochen haben und das wahrlich nicht ungefährlich ist. Das andere ist ein Übermaß an Wonne und Seligkeit, das mit solch ungeheurer Macht die Seele bedrängt, dass es wirklich scheint, als erliege die Seele und es bedürfe nicht der kleinsten Kleinigkeit mehr, damit sie endgültig den Leib verlässt. Das wäre in der Tat kein geringes Glück für sie. Hier könnt ihr sehen, Schwestern, ob ich recht hatte, als ich sagte, dass Mut erforderlich ist; und ihr werdet erkennen, dass der Herr – wenn ihr ihn um diese Erfahrungen bittet –

euch mit gutem Grund dieselbe Frage stellen wird, die er an die Söhne des Zebedäus richtete: „Könnt ihr den Kelch trinken?"

Alle, das glaube ich, Schwestern, werden wir mit Ja antworten, und ganz zu Recht; denn Seine Majestät schenkt jenen Kraft, von denen er weiß, dass sie ihrer bedürfen. In allem verteidigt er diese Seelen und steht für sie ein bei Verfolgungen und bösem Gerede, wie er es für Magdalena tat, wenn auch nicht mit Worten, so durch Taten. Und schließlich, schließlich, ehe sie vollends sterben, belohnt er sie für alles auf einmal, wie ihr nun sehen werdet. Er sei gepriesen in Ewigkeit, und es rühme ihn alle Kreatur. Amen.[1]

Nachzeichnung der Predigt

Eine Rede, die fremdartig, verdichtet, bildhaft wirkt, eher wie eine *Meditation*, aber nicht wie eine Predigt. Es wird kein biblischer Text zugrunde gelegt. Die Autorin umkreist ein Thema: Erfahrungen auf dem Weg des inneren Gebets. Insofern kann man ihre Rede vielleicht als meditative Themapredigt lesen. Fremd mutet die Predigt wohl auch wegen ihrer Spiritualität und Mentalität an. Es ist für uns Protestanten ungewöhnlich, dass jemand wie Teresa derart von geistlichen Erfahrungen berichtet, die ein Leben in Gebet, Meditation und Kontemplation voraussetzen. Gehen wir noch einmal Teresas Gedankengang nach, damit der Seelenprozess deutlich wird, den die Predigt erzählend beschreibt:

TEIL 1: Zu Anfang nimmt die Autorin das Bild vom kleinen *Falter* wieder auf, das sie zuletzt in Kapitel 2 und 6 gebraucht hat. Dieser Falter, der umherfliegt und nach einem Ruheort sucht, ist *die Seele, die sich nach Gott sehnt*.[2] Auf der sechsten Stufe des mystischen Weges – in der sechsten Wohnung – gibt Gott der Seele ein Verlangen bzw. eine wachsende *Sehnsucht* ein, sich an Ihm zu erfreuen. Jede Erfahrung der Gunst, die Er ihr gewährt, verstärkt auch den Schmerz, von Ihm geschieden zu sein. Die in Liebe brennende Seele verzehrt sich. Da trifft sie ein Stoß wie ein feuriger Pfeil. Alle Erinnerung an das eigene Wesen verschwindet. Dies ist ein Zustand der Verzückung, in der der Verstand hellwach ist. Die Seele fühlt ihre Gottesferne und erfährt zugleich lebendig das Wesen des HERRN.

TEIL 2: Nachdem Teresa diesen Zustand zunächst von innen her beschrieben hat, beschreibt sie ihn jetzt von außen. Ein Mensch in diesem Zustand scheint zu sterben. Das ist die geistliche Sterbeerfahrung vor dem natürlichen Tod. Der Körper wird verrenkt, der Puls stockt, dem Leib geht die natürliche Wärme verloren. Die Erfüllung der tiefsten Sehnsucht ist nahe. Die Seele fühlt zwar ihren inneren Schmerz, aber keinen körperlichen Schmerz. Dann geht Teresa auf einen möglichen Einwand der Leserinnen/Hörerinnen ein („Ihr werdet sagen ..."). Die Seele kann sich nicht dem Willen Gottes fügen. Sie kann nur noch an den Grund ihres Leidens denken: dass sie getrennt ist von dem, was ihr das Höchste ist (= Gott). Die Seele empfindet eine seltsame Einsamkeit. Es ist, als hinge sie im Leeren. Ein unstillbarer Durst verzehrt sie. Dieser Durst könnte nur durch das Wasser gelöscht werden, von dem Christus der Samariterin erzählte (Joh 4,10-14).

Unvermittelt folgt ein Gebetsruf. Die Schmerzen der Seele deuten hin auf deren Läuterung. Diese ist nötig, um in die siebte Wohnung eintreten zu können. Die Seele fühlt, dass diese Qual hohen Wert hat, und erleidet daher den Schmerz von Herzen gern. Die Autorin vergleicht diesen Schmerz mit dem Leiden jener unglücklichen Seelen, die in der Hölle sind. Alles irdische Tun und Leiden wird belanglos, verglichen mit dem Ziel, von den ewigen Qualen der Hölle befreit zu werden. Christus selbst gibt denen, die den läuternden Schmerz der Seele erleiden, zu erkennen, dass er sie dahin geführt hat und sie auch von ihrem Schmerz befreien wird.

TEIL 3: Nun kehrt die Autorin wieder zur inneren Betrachtung der Seele zurück. Vor großer Qual können einem Menschen die Sinne schwinden. Teresa verweist auf sich selbst in der distanzierenden Form des Berichts in der 3. Person Singular („jene Person"), gebraucht also ein aus dem Neuen Testament bekanntes Stilmittel: auch der Apostel Paulus redet so von seinem Aufstieg in den dritten Himmel (2. Kor 12,1-10: „Ich kenne einen Menschen ..."). Sie vergleicht den vor innerem Schmerz vergehenden Mystiker mit einem, der im Feuer steckt: man könne jener Pein ebenso wenig entgehen wie der Hitze des Feuers. Andere spüren die große Gefahr des Verzückten. Die Seele empfindet in diesem Zustand zwar die Gegenwart anderer Menschen, aber diese erscheinen ihr wie Schatten; ebenso alle Dinge auf Erden.

Teresa warnt die Schwestern, die Schwäche unserer Natur (der weiblichen Natur oder der menschlichen Natur überhaupt) könne sich plötzlich bemerkbar machen. Die Seele stirbt vor Sehnsucht! Sie kann Todesangst bekommen. Diese Angst komme von der natürlichen Schwäche. Damit bereitet Teresa auf diese Erfahrung vor und entschärft sie. Man könne den Schmerz nicht dämpfen, die Sehnsucht der Seele nicht verringern, bevor der HERR selbst ihn tilge mit großer Verzückung oder einer Vision. Er sei der wahre Tröster, der die Seele tröste und stärke. Nach diesem Erleben fürchtet die Seele kein Leiden mehr. Sie verachtet die Welt mehr als zuvor, und sie weiß, dass nur der Schöpfer sie in ihrer Qual trösten und stillen kann. Mehr denn je achtet sie jetzt darauf, Ihn nicht zu kränken.

TEIL 4: Teresa warnt abschließend vor zwei Dingen auf dem geistlichen Weg, die das Leben in *Gefahr* bringen können. Zum einen das geschilderte Erlebnis (= geistliches Sterben und Todesangst). Zum anderen ein Übermaß an Wonne und Seligkeit. Dann scheint es am besten zu sterben. Man brauche Mut für den geistlichen Weg. Wer um diese Erfahrungen bittet, den wird Christus ebenso fragen wie die Söhne des Zebedäus: „Könnt ihr den Kelch trinken?" (vgl. Mk 10,38 par). Teresa zweifelt nicht, dass alle Schwestern mit Ja antworten, und ermutigt sie: Christus gebe jenen Kraft, die sie brauchen. Die Rede schließt mit einem Lobpreis.

Teresa erzählt von einem geistlichen Weg, auf dem die Seele sich mit Gott zu vereinen sucht. Dazu muss man den größeren Zusammenhang sehen, in dem ihre Predigt steht. In ihrem Buch „Die innere Burg" beschreibt Teresa die sieben Stufen oder Wohnungen des mystischen Weges, vergleichbar den sieben *hechaloth* (Paläste, Tempel) im „Sohar", dem klassischen Buch der jüdischen Mystik.[3] Das grundlegende Symbol, das die gesamte Darstellung strukturiert, ist das der inneren Burg aus Diamant oder Kristall. Man kann dabei an das Haus mit den vielen Wohnungen denken, von dem der johannäische Jesus spricht (Joh 14,2). Die innere Burg ist einmal ein Bild für die menschliche Innerlichkeit, die Seele. Sie gleicht „einem Kristall, in dessen Mitte Gott als liebender und herrlich geschmückter Bräutigam wohnt und sein Licht aussendet, sofern nicht die Seele, wie Teresa sagt, durch Sünden dieses Licht verdunkelt".[4] Die Burg des Gerechten ist zum anderen die Wohnung der Trinität. Dem Mystiker geht es darum, in diese Burg hineinzugelangen. Der Schlüssel, der ihm das Eingangstor öffnet, ist das Gebet. Dadurch eröffnet sich der Zugang zu den „sieben Stufen im Prozess der Kommunion mit der Trinität".[5]

Die auffälligen Parallelen zwischen den Bilderwelten des Sohar und der „Inneren Burg" belegen, dass Teresa die Lehre der jüdischen Mystik gekannt hat. Auch wenn sie nicht unmittelbar mit der mystischen Literatur der Juden in Berührung gekommen ist, hat sie die Lehre des Sohar wahrscheinlich aus den Kreisen der Judäo-Konvertiten übernommen, in denen sie erzogen worden ist. Doch was ist das für eine Frau, die sich derart in den Weg der Seele zu Gott vertieft hat?

Die Predigerin

Teresa de Cepeda y Ahumada wurde am 28. März 1515 zu Avila in Kastilien geboren. Ihr Vater, Sohn eines begüterten jüdischen Kaufmanns, „war ca. 1480 in Toledo geboren und 1485, als die Inquisition dort ihr Tribunal aufschlug, zusammen mit der ganzen Familie getauft worden".[6] Juan Sánchez gehörte zu den sogenannten *Conversos*, den zwangsbekehrten Juden, einer diskriminierten Bevölkerungsschicht in Spanien. Schon vor ihrer Vertreibung 1492, als sie vor die Wahl gestellt wurden, entweder das Land zu verlassen oder zu konvertieren, waren die Juden Pressionen ausgesetzt. Teresas Mutter kam aus einer wohlhabenden ländlichen Familie. Als sie den Witwer Don Alonso heiratet, ist sie erst 14 Jahre alt. Man hat angenommen, dass Beatriz de Ahumada einer Familie von Judäo-Konvertiten entstammte. Heute gilt als sicher, dass ihre Familie altchristlich war und Teresas Vater wie seine Geschwister gerade in eine solche Familie hineinheiraten wollten.

Früh zeigt sich ihr stürmisches Temperament, und ihre feste Entschlossenheit tritt als Charakterzug hervor. 1528 starb die Mutter. In ihrer Lebensbeschreibung, der „Vida", berichtet Teresa, sie habe sich damals Maria geweiht (V 1,7). Im jugendlichen Alter entdeckt sie, „welche natürlichen Reize mir der Herr gegeben hatte (die dem Sagen nach zahlreich waren)" (1,8). Sie erkennt ihre große Gabe, Sympathie hervorzurufen und die Herzen für sich zu gewinnen (2,8). Teresa sucht sich über ihre Berufung klar zu werden. Dabei helfen ihr Begegnungen und geistliche Bücher, die sie durch das Vorlesen für ihren Onkel Pedro de Cepeda kennen lernt. Drei Jahre lang ist sie hin und hergerissen, ob sie heiraten oder ins Kloster gehen soll.

Am 2. November 1535, dem Allerseelentag, trat Teresa ins Karmelitinnenkloster ihrer Heimatstadt ein. Sie tat diesen Schritt heimlich gegen den Willen ihres Vaters. Mehrere Gründe haben sie zu ihrem Entschluss veranlasst: „zum einen ihre zeitbedingte Furcht vor der ‚ewigen Verdammnis', zum anderen die im Elternhaus entstandene Einsamkeit nach dem frühen Tod der Mutter und die damit verbundene unterschwellige Suche nach Geborgenheit und Gemeinschaft, etwa in Gestalt einer sehr guten Freundin ..."[7] Auch die damalige Situation einer verheirateten Frau hat zur Entscheidung für die klösterliche Lebensform beigetragen. Ehe bedeutete Unterordnung. Für eine spanische Frau ihrer Zeit war es undenkbar, dem Ehemann offen zu widersprechen. Im Rückblick erklärte Teresa, sie habe sich davor gefürchtet, zu heiraten (V 3,2). Dabei mag ihr das Schicksal ihrer Mutter vor Augen gestanden haben, die zehn Schwangerschaften zu erleiden hatte. „Welche Gnade", schrieb sie einmal, „wenn Gott einer Frau die Tyrannei eines Ehemannes erspart. Sehr oft richtet er ihren Körper zugrunde. Und manchmal auch die Seele."[8]

Weshalb wählte Teresa gerade das Menschwerdungskloster der Karmelitinnen in Avila aus? Dieses Kloster glich „eher einem Pensionat für wohlhabende Töchter, als dass in ihm der große Atem einer monastischen Lebensführung wehte".[9] Etwa 180 Nonnen lebten dort, einige zusammen mit ihren Dienerinnen. Es waren reiche Damen aus höheren Gesellschaftsschichten, die man aus finanziellen Gründen aufnehmen musste. Sie legten die drei klassischen Gelübde ab, waren aber nicht zur Klausur verpflichtet (V 4,5). Für Teresa hingegen ist die Tatsache entscheidend, dass die Karmeliten sich ursprünglich strenge Meditation und Kontemplation zur Regel gemacht hatten. Mitte des 15. Jahrhunderts kam es im Orden zu Reformversuchen. Diese Karmeliten nannten sich „unbeschuht", weil sie zum Zeichen ihrer Enthaltsamkeit keine festen Schuhe, sondern nur Sandalen trugen. Seit 1452 wurden Frauen in den Orden aufgenommen. Was Teresa inspirierte, waren die Reformbestrebungen der „Unbeschuhten" in Spanien. Angezogen vom Ordensideal eines Lebens im Gebet, sollte sie zur bedeutendsten „Reformatorin des Ordens"[10] werden.

Ein Jahr nach ihrem Eintritt ins Kloster (1536) wurde Teresa als Nonne eingekleidet. Von nun an trug sie das typische Ordensgewand, den kastanienbraunen Habit mit weißem Mantel. Am 3. November 1537 legt sie ihre Profess ab, die feierlichen Gelübde, mit denen sie sich endgültig an Gott und die Klostergemeinschaft bindet. Mehr als 30 Jahre lang wird sie in diesem Kloster leben und wichtige Erfahrungen machen, denen der größte Teil ihrer Autobiographie gewidmet ist. Doch schon bald nach ihrer Profess erkrankte Teresa schwer. Trotz einer Kur in Becedas kam sie dem Tod nahe. Vier Tage lag sie im Koma, so dass man sie fast lebendig begraben hätte (V 5,9). Danach war sie lange Zeit gelähmt und konnte drei Jahre später noch nicht gehen.

In dieser Zeit der großen Krankheit (1538–1542) lernte sie aus dem „Geistlichen ABC" (*Tercer Abecedario espiritual*) des Franziskaners Francisco de Osuna das innerliche Gebet kennen. Das innere Beten (*oración mental*) wird der für Teresa typische Umgang mit Gott. Es steht „für die innere Haltung, die alles Gebet – ob mündlich oder nur im Herzen – begleiten soll, nämlich für die betende Aufmerksamkeit auf das verborgen gegenwärtige Du Gottes und die personale Hinwendung zu ihm, die sie unter dem Begriff der Freundschaft fasst".[11] In der Folgezeit hatte Teresa mystische Erlebnisse, die zu ihrer endgültigen Bekehrung führten. Sie versucht, Jesus Christus immer in sich gegenwärtig zu halten. Ihre Weise zu beten bestand darin, das Leben, die Menschheit Christi, seine Passion und seinen Tod zu reflektieren und sich liebend darin zu versenken. „Mystisch" ist für sie „das, was Gott bewirkt, unverhofft, aber auch unbezweifelbar für den Menschen, der sich bestenfalls darauf *vorbereiten* oder dafür bereit machen kann durch sein Bemühen, sich Christus zu vergegenwärtigen, oder durch Lesen, letztlich durch *inneres Beten*".[12]

Für Teresa bedeutet Beten „nichts anderes als ein Gespräch mit einem guten Freund, mit dem wir oft und gern zusammenkommen, um mit ihm zu reden, weil wir sicher sind, dass er uns liebt" (V 8,5). Aus dieser neuen Erfahrung heraus wird sie, freilich in einem langwierigen und mühsamen inneren Prozess, zu *Teresa de Jesús*, d. h. „ganz die Seinige", wie sie sich selbst künftig nennen wird. Es drängt sie, das ihr geschenkte neue Leben, die Erfahrung, von Gott so geliebt zu sein wie sie ist, auch anderen mitzuteilen, zunächst ihren Mitschwestern. Aufgrund ihrer besonderen Begabung zur Freundschaft (*amistad*) wird sie für viele Menschen zum Bezugspunkt. Es war ihr ein Herzensbedürfnis, sich permanent mit ihrem Gott wie auch mit ihren Mitschwestern und Mitbrüdern, ihren unzähligen Freunden und sogar mit ihren Feinden auszutauschen. Sie suchte mit Gott „wirkliche Zwiesprache",[13] wohl wissend um das Unerhörte ihres Tuns. Je mehr sich ihre Freundschaft mit Gott vertiefte, desto mehr wurde Er auch zur Mitte ihrer menschlichen Freundschaften.

Nach ihrer endgültigen Bekehrung (1554) setzt sich Teresa zielstrebig gegen alle Widerstände für neue Klostergründungen ein. Was ihr vorschwebte, war eine neue Art von kontemplativem Kloster, das wirklich dem Rückzug aus der Welt diente, damit die Schwestern sich dort ganz dem Leben im Gebet widmen konnten. Trotz ihrer geschwächten Gesundheit gelingt es ihr, die strapaziöse Arbeit der Gründung neuer Klöster zu bewältigen.

Enge Freundschaften verbanden Teresa mit Juan de la Cruz (1542-1591) und Jéronimo Gracián (1545-1614). Johannes vom Kreuz, der in Salamanca Theologie und Philosophie studiert hatte und als „Dichter der Mystik"[14] hervortreten sollte, war ein junger Priester, als Teresa ihn kennen lernte. Sie überzeugte ihn davon, sich auf das Abenteuer einer durch eine Frau in die Wege geleiteten Klostergründung einzulassen. So wurde Johannes in den neuen Klöstern Novizenmeister, Studienleiter und Beichtvater der Nonnen und damit zu Teresas Mitstreiter. Jéronimo Gracián war schon mit 28 Jahren zum Provinzialvikar ernannt worden; ein Jahr vor Teresas Tod wird er zum Provinzial der Karmeliten gewählt.

1582 unternimmt Teresa von Avila ihre letzte Reise. Im Kloster von Alba de Tormes stirbt sie am 4. Oktober gegen 9 Uhr abends. – Die Karmeliten gedenken ihrer bis heute am 5. Oktober, da der 4. Oktober der Gedenktag Franz von Assisis ist. In der katholischen Kirche wurde der 15. Oktober zu ihrem Gedenktag. Teresa wurde 1617 von den spanischen Ständen zur Patronin Spaniens erklärt und 1622 von Rom heiliggesprochen. Papst Paul VI. ernannte sie 1970 zur Kirchenlehrerin (*doctor ecclesiae*) – neben Caterina von Siena ist sie die erste Frau, der dieser Titel verliehen wurde.

Mit dem Jahr ihrer Konversion beginnt nicht nur Teresas außerordentliche Aktivität als Klostergründerin, sondern auch ihre Tätigkeit als Schriftstellerin. Auf Geheiß ihrer Beichtväter schreibt sie über den Weg der mystischen Erfahrung, der sie zur innigen Freundschaft mit Christus führte. Sie, die ungelehrte, unstudierte Frau, die zuerst an ihrem schriftstellerischen Talent zweifelte, verfasst eine Reihe von Werken, die zum Schönsten der spanischen Literatur und der Weltliteratur zählen, und bewältigt daneben noch eine umfangreiche Korrespondenz. Ohne Zweifel war Teresa von Avila eine große *religiöse Schriftstellerin*, überragend begabt, ihre mystischen Erfahrungen mitzuteilen.[15] Sie schrieb nicht nur für ihre Mitschwestern, sondern auch für die „hombres letrados", die gelehrten Männer, d. h. vorwiegend ihre Beichtväter und Seelenführer, die ihrem mystischen Weg reserviert gegenüberstanden, und – nicht zuletzt – für sich selbst, um sich über die Quelle und das Wesen ihrer Erfahrungen klar zu werden. Ihr Gesprächspartner par excellence ist jedoch Er, „Seine Majestät", wie sie Gott anspricht, und ihr Hauptanliegen ist das innere Gebet, die „geistliche Ehe" der Seele mit Gott. Was macht nun ihre Schriften für die Predigtlehre bedeutsam?

Zunächst fällt auf, dass Teresa in ihrer kastilianischen Muttersprache gerade so schreibt, wie sie spricht. Gerade die Schriften „Weg der Vollkommenheit" und „Die innere Burg" sind ihrer Form nach offensichtlich *stilisierte Reden an die Mitschwestern*. Es ist also durchaus angemessen, sie als *literarische Predigten* zu lesen. Thema dieser Predigten ist, für protestantische Leser ungewöhnlich, der Weg des inneren Betens. Es geht nicht darum, einen biblischen Text zu predigen, sondern eine Sprache für das Unsagbare, für die mystische Erfahrung zu finden. Wie alle Mystiker hat Teresa es grundsätzlich mit einer Paradoxie zu tun: sie versucht von dem zu reden, was sie im schweigenden Sich-Versenken erfahren hat. Dabei weiß sie, dass diese Erfahrung letztlich nicht sagbar ist, und hat zugleich die Gewissheit, dass das, was ihr auf dem Weg des inneren Betens zuteil wurde, bekundet werden muss.[16]

Was sich der Mystikerin im inneren Ergriffensein erschließt, die liebevolle Vereinigung der Seele mit Gott, will mitgeteilt werden. Da aber methodisch kontrolliertes Denken und konventionelles Sprechen hier an die Grenze des Sagbaren stoßen, ringt Teresa stets um den angemessenen Ausdruck. Quer durch ihre Schriften zieht sich der Ausruf: „O könnte ich dies nur verständlich machen!" (V 14,7). Sie sucht nach immer neuen Bildern, Vergleichen und Gleichnissen, um ihre Erfahrungen darzustellen, und schon vor Juan de la Cruz führt sie in den karmelitischen Klöstern den Rückbezug auf *geistliche Poesie* ein.[17] Literarische Predigten und Gedichte erwachsen bei Teresa aus derselben Quelle mystischer Erfahrungen. Beide bezeugen ihr großes Bemühen, sich sprachschöpferisch, in originellen Sprachformen und Wortbildungen unaussprechlichen Geheimnissen anzunähern (vgl. V 38,2).

In ihrer Autobiographie beschreibt Teresa ihr Verhältnis zu Predigern und deren Predigten: „Die Qual bei den Predigten war nicht gering, und doch hörte ich sie gerne, so gerne, dass ich eine besondere Zuneigung zu einem fasste, den ich als geistvollen und guten Prediger empfand [...] Fast nie kam mir eine Predigt so schlecht vor, dass ich sie nicht gern angehört hätte, auch wenn es nach Aussage der Zuhörer kein guter Prediger war. Wenn er gut war, war es ein ganz besonderes Vergnügen für mich" (V 8,12). Teresa berichtet hier von einer Zeit, in der sie sich auf ihrem Weg des Gebets sowohl inneren Anfechtungen wie dem Misstrauen und Unverständnis ihrer Beichtväter ausgesetzt sah. Davon wird auch ihr Verhältnis zur Predigt beeinflusst. Erkennbar wird, wie sehr sie als Predigthörerin emotional auf die *Person des Predigers* anspricht und sich bemüht, jeder Predigt etwas Gutes abzugewinnen.

Einen guten Prediger zu hören bereitet ihr Vergnügen. In einem Brief an die Priorin in Sevilla schreibt sie am 13. 10. 1576: „O wie sehr beneide ich Sie und Ihre Töchter um jene Predigten und wie sehr wünschte ich bei Ihnen allen zu sein!"[18] Teresa meint an dieser Stelle die Predigten ihres Freundes Pater Gracián, dem sie mit besonderer Zuneigung begegnete. Nun weiß man, dass dieser Mann „ein großer und eifriger Prediger war. Kaum war er nach Sevilla gekommen, predigte er auf den ersten Kanzeln der reichen Hauptstadt von Andalusien. Kardinal Rojas de Sandoval übertrug ihm die Erklärung der Heiligen Schrift in der Kathedrale, ein Amt, das er zum Nutzen und Beifall aller verwaltete. Viele junge Damen aus den höchsten Kreisen [...] wurden durch das Anhören seiner Worte für den Karmel gewonnen ..."[19] Teresa schätzt – ähnlich wie die adligen jungen Damen – Graciáns gute Predigten, weil sie dem Prediger zugetan ist. Die Wirkung einer Predigt hängt für sie primär von der Person des Predigers ab.

Sie kritisiert Prediger, die ihre Predigten so formulieren, „dass sie niemand vor den Kopf stoßen" (V 16,7), und äußert ihren Wunsch, dass diejenigen, die einander in Christus lieben, von Zeit zu Zeit zusammenkommen, um sich gegenseitig die Augen zu öffnen und zu sagen, worin jeder sich bessern könne. Mit Bezug auf Prediger, die eine solche offene Sprache scheuen, fährt sie fort: „Sie werden schon eine gute Absicht haben und das Werk wird es wohl auch sein, aber auf diese Art und Weise bessern sich nur wenige!" (ebd.). Was gute Prediger demnach auszeichnet, ist die Fähigkeit, in geschwisterlicher Liebe Missstände offen anzusprechen und die Schwestern und Brüder zurechtzuweisen.

Überhaupt wird die Predigt im Zusammenhang geistlichen Lebens wahrgenommen. Das zeigt sich etwa in der Beschreibung, die Teresa von dem von ihr bewunderten Asketen Pedro de Alcántara (1499–1562) gibt, der schon zu Lebzeiten im Ruf großer Heiligkeit stand. Ihr Bericht schließt damit, „dass sein Ende genauso war wie sein Leben, nämlich indem er seinen Brüdern predigte und sie ermahnte" (V 27,18). Das Predigen gehört demnach zum Leben wie zum Sterben eines heiligen Mannes, der gemäß den Worten der Heiligen Schrift lebt. Sein Leben im inneren Gebet und in der Gottesliebe (vgl. V 27,17) ist gewissermaßen schon Predigt, bevor er mit Worten predigt, denn es drückt aus, dass er in der Du-Beziehung zu Gott existiert.

In demselben Sinn kann gesagt werden, dass Teresa von Avila vor allem *durch ihr Leben predigt*. Für sie besteht Heiligkeit freilich, im Unterschied zu Pedro de Alcántara, nicht im Rigorismus strenger Bußübungen, sondern darin, Christus in der Du-Beziehung zu Gott nachzufolgen. Christsein heißt für sie: Leben in einer Beziehung. Diejenige Art von Predigt, auf die es Teresa primär ankommt, ist ein bewusstes Leben in Gottes Gegenwart (*presencia*), das ganz im Zeichen der Freundschaft (*amistad*) mit Gott bzw. mit Christus gelebt wird. Sie konnte zwar die Bibel nicht in ihrer Muttersprache lesen, aber sie konnte sich durch das Stundengebet und durch ihren Umgang mit gelehrten Theologen Schriftworte aneignen und im konzentrierten Hören auf Gottes Wort leben. Predigten mit Worten, so meint sie, können auf einer bestimmten Stufe des Gebets hilfreich sein, wenn ein Mensch durch sie intensiver den Ruf Gottes wahrnimmt und nach innen geht.[20] Für „eine Seele, die in Sorglosigkeit und Sünde erstorben ist", gebe es drei Heilmittel: regelmäßige Beichte, die Lektüre guter, d. h. geistlicher Bücher und das Hören von Predigten.[21]

Mehrfach hält Teresa in ihrer „Vida" den Theologen vor, dass Frauen in spirituellen Dingen größere Erfahrung haben als die Männer.[22] Es waren jene Theologen, die den Frauen häufig jede Kompetenz in geistlichen Dingen absprachen. Selbst der von Teresa geschätzte Francisco de Osuna hatte geschrieben: „Für die Frau reicht es, eine Predigt zu hören, und ihr, wenn sie mehr will, ein Buch vorzulesen, wenn sie spinnt, und sich der Hand ihres Mannes zu unterstellen."[23] Ein anderer damals einflussreicher Theologe hielt es rundweg für schädlich, Frauen und nichtstudierten Leuten die Heilige Schrift in der Muttersprache in die Hände zu geben; dergleichen sei nur bei Häretikern wie denen in Deutschland üblich![24] Als der Großinquisitor 1559 in Valladolid einen Index verbotener Bücher bekannt gibt, hat Teresa, wie sie freimütig zugibt, sehr darunter gelitten (V 26,5). Man versteht, warum sie in einem Gebet Christus als Freund der Frauen zu Hilfe ruft.

Nach ihrem Tod fand man in Teresas Brevier ein Zettelchen, beschrieben mit wenigen Worten. Dieses Gedicht, das wie kein anderes mit dem Namen der Teresa von Avila verknüpft und durch die Kommunität Taizé zum Lied geworden ist, schließt mit den Worten: *Sólo Dios basta* – Gott allein genügt. „Nichts soll dich ängstigen, / nichts dich erschrecken, / alles vergeht – / Gott ändert sich nicht. / Geduld erreicht alles. / Wer Gott besitzt, / Dem mangelt nichts. / Gott allein genügt."[25] Wahrscheinlich stammt dieses Gedicht gar nicht von Teresa, sondern von ihrem 27 Jahre jüngeren spirituellen Freund Juan de la Cruz. Teresa soll den Brevierzettel mit dem Gedicht immer bei sich getragen haben. Man kann es als eine seelsorgliche Kurzpredigt in poetischer Form verstehen. „Nichts soll dich ängstigen" – das sagt Johannes vom Kreuz zu seiner Freundin. Oder sagt sie es zu sich selbst, wenn sie in Turbulenzen zu versinken droht? Oder spricht Jesus zu ihr: „Nichts soll dich ängstigen, Teresa!" Alle drei Lesarten sind möglich.[26]

Eine Sternstunde

Was können wir von Teresa für unsere Predigt heute lernen? Drei Dinge will ich hervorheben:
1. Teresa von Avila ist eine *Laienpredigerin*, die vor allem durch ihr Leben predigt. Wir haben es mit einer Autorin zu tun, *die im Gebet lebt* und zu Menschen spricht, die ebenfalls im Gebet leben. Das geistliche Leben einer solchen Kommunität kennen wir nur von außen. Theologen (ihre Beichtväter zuerst) haben von ihr gelernt. Auch heute macht Teresa es uns Theologen nicht leicht, weil wir das Reden über das einüben, wovon sie aus eigenem Erleben spricht. Für uns ist ihr Werk eine Herausforderung zu prüfen, ob unsere Predigt aus dem Gebet hervorgeht und zum Gebet hinführt.
2. Teresa gebraucht eine bildhafte Sprache, um damit unanschauliche seelische Vorgänge zu veranschaulichen und Unaussprechliches auszudrücken. Das versucht in gewisser Weise wohl jede Predigt, insofern jede Predigt der Versuch ist, menschlich von Gott zu reden. Karl Barth hat diese Paradoxie einmal so formuliert: Wir *sollen* von Gott

reden, sind aber Menschen, die als solche *nicht* von ihm reden können. Wir sollen beides, unser Sollen und unser Nichtkönnen, wissen und Gott die Ehre geben. Das Unaussprechliche ist der Grenzfall der Rhetorik. Teresa kämpft also permanent mit einer Grenzsituation. Daher ihre Poesie, ihre sprachschöpferische Phantasie.

3. Teresa kennt *Bibeltexte* nicht vom Lesen der Bibel her (da diese nur lateinisch zugänglich war), sondern *vom Hörensagen*. Quellen ihrer Kenntnis sind das Stundengebet und Gespräche mit Theologen, einzelne Verse kennt sie womöglich auch aus dem Brevier. So kann sie auf Stellen aus der Bibel wie z. B. Joh 4 verweisen. Aber auch dort, wo explizit kein Schriftzitat erfolgt, ist die Schrift präsent, etwa der Psalmvers „Wie der Hirsch lechzt nach frischem Wasser, so dürstet meine Seele nach dir, Herr" (Ps 42,2). Denn Teresa macht eben dieselbe Erfahrung wie der Psalmbeter, und so drängt sich auch eine ähnliche Bildsprache auf, um davon zu sprechen. Sie versteht die Schrift nicht abständig historisch, sondern geistlich, d. h. sie lebt in der persönlichen Gottesbeziehung, von der die Schrift redet, und findet sich daher in dieser – hier in den Psalmen – unmittelbar wieder. Ähnlich verstehen heute viele Christen vom Hörensagen her die Bibel, die nicht imstande sind, die Bibel selber zu lesen!

Die spanische Nonne Teresa von Avila bewegt uns zu einer anderen Art des Predigens: Es ist eine Predigt, die aus einer gelebten Gottesbeziehung kommt und andere in sie hineinführt. Sie ist nicht an ein Theologiestudium gebunden, wohl aber an eigene spirituelle Erfahrungen und die Sehnsucht der Seele nach Gott. Es ist eine Predigt in bildhafter poetischer Sprache, die von der Gottesbeziehung wie von einem Liebesverhältnis spricht. Sie ist inspiriert durch Worte der Bibel, die primär als gehörte Worte in der Predigerin lebendig sind. Darum kann diese Predigt auch in anderen, die sie hören, ein Leben im Wort freisetzen. Auf ein bewusstes Leben in Gottes Gegenwart zielt diese Predigt. Wer kann so predigen? Eine Frau wie Teresa kann es. Eine Gottesfreundin. Aber vielleicht ist die Frage falsch gestellt. Vielleicht müssen wir anders fragen: Wer lebt so, dass eine Predigt möglich wird, wie Teresa sie gehalten hat?

Michael Heymel

LITERATUR

Teresa von Avila, Das Buch meines Lebens. Vollständige Neuübertragung, Herder Spektrum 5211, Freiburg 2004 (3. Auflg.).

ANMERKUNGEN

1. Aus: Teresa von Avila, Die innere Burg, detebe-Klassiker 20643, Zürich 1979, 181 ff. Der Titel des Buches lautet im Spanischen genauer: „Las Moradas del Castillo Interior" (abgekürzt: M).
2. Das Bild wird eingeführt in M V,2.
3. Vgl. Gershom Scholem, Art. Zohar, in: Encyclopaedia Judaica, Vol. 16, Jerusalem 1971, Sp. 1193-1215, hier: 1195; Johann Maier, Die Kabbalah. Einführung - Klassische Texte - Erläuterungen, München 1995, 278 f.
4. Elisabeth Münzebrock, Teresa von Ávila, Herder Spektrum 5150, Freiburg 2004, 105.
5. Tomás Alvarez, Art. Thérèse de Jésus (Avila), in: Dictionnaire de Spiritualité Bd. XV, Paris 1991, Sp. 611-658, hier: 628.
6. Ulrich Dobhan/Elisabeth Peeters, Einführung, in: Teresa von Avila, Das Buch meines Lebens. Vollständige Neuübertragung, Herder Spektrum 5211, Freiburg ³2004, 15-80, hier: 17. Teresas Autobiographie („Vida"), abgekürzt: V, wird im Folgenden nach dieser Ausgabe zitiert.
7. Münzebrock, 27.
8. Zit. nach Hans Conrad Zander, Theresia von Ávila. Die Emanzipation einer Nonne, in: Ders., Gottes unbequeme Freunde. Heilige für unsere Zeit, Hamburg 1984, 89-107, hier: 94.
9. Walter Nigg, Das Geheimnis der Mönche (zuerst 1953), Diogenes TB 21844, Zürich 1990, 324-365, hier: 324.
10. Ebd. 351.
11. Dobhan/Peeters, Erklärung wichtiger Begriffe, a. a. O. 637 (zum Begriff „Inneres Beten").
12. Dobhan/Peeters, Einführung, 23.
13. Walter Nigg, Große Heilige (zuerst 1947), Diogenes TB 21459, Zürich 1986, 222-271, hier: 227.
14. Ebd. 272 ff.
15. Vgl. Münzebrock, 86 ff.
16. Vgl. ebd. 75-86.
17. Vgl. Alvarez, Sp. 633.
18. Nr. 122, in: Briefe der heiligen Theresia von Jesu, hg. von Aloysius Alkofer, München ⁴1979, Teil I, 334.
19. Ebd., Anmerkung. 1.
20. Vgl. M II = Die innere Burg, 38; Münzebrock, 108.
21. Vgl. M V,2 = Die innere Burg, 89.
22. Vgl. V 30,3; 34,12; 40,9.
23. Zit. nach Dobhan/Peeters, 609 Anm. 26.
24. Vgl. ebd. 70.
25. Nach Nigg, Große Heilige, 252; Münzebrock, 167; dazu das Lied aus Taizé: „Nada te turbe".
26. Vgl. Reinhard Körner, Nada te turbe - das Lied vom Vertrauen. Teresas Brevierzettel, in: Karmelimpulse 4/2007, 16-21.

Johann Matthäus Meyfart
An der
Grenze des Unsagbaren

DIE SITUATION

Im Jahr 1626 konnten die Studenten des Akademischen Gymnasiums und einige Hörer der Stadt in der Moriz-Kirche, der alten gotischen Stadtkirche von Coburg, eine Reihe von Mittwochs-Predigten hören. Der Prediger war Johann Matthäus Meyfart, seit drei Jahren Rektor des Casimirianums in Coburg, ein Mann, der als Pädagoge und als Theologe gleichermaßen hoch geschätzt wurde. In seinem Predigtzyklus, den er noch im selben Jahr unter dem Titel „Tuba novissima" [Posaune des Jüngsten Gerichts] veröffentlichte, behandelte Meyfart die letzten Dinge: Tod, Jüngstes Gericht, Himmel und Hölle. Besonders die Predigt am 13. September 1626, mit der die Reihe ausklang, dürfte die Hörer beeindruckt haben, denn sie mündete in ein eigens für diesen Anlass gedichtetes Lied: „Jerusalem, du hochgebaute Stadt".

Dass Meyfart in seinen Predigten über eschatologische Themen sprach, war veranlasst durch die Zeitsituation. Seit 1618 war Krieg in Deutschland, „und seit 1625 wurde es ganz schlimm: Kriegszüge hin und her, Kämpfe um Coburg, Seuchen verschiedener Art und schließlich die Pest, dazu Hungersnot. Man musste annehmen, dass Gott dies alles als Strafe gesandt habe, weil die Menschen allzu leichtfertig ihn und seine Gebote vergaßen."[1] Unsägliches Elend musste Meyfart fortwährend mit ansehen und selber erleiden. Inmitten dieses Elends wagte er nun von der Freude und Herrlichkeit des ewigen Lebens zu sprechen! Er predigte den Menschen, die tatsächlich das Ende der Welt erwarteten, den lieben Jüngsten Tag, ähnlich wie das vor ihm Philipp Nicolai während der Pest in Unna mit seinem „Freudenspiegel des ewigen Lebens" (1599) getan hatte.

Die Predigt mag in voller Länge ungefähr eine Stunde gedauert haben – in der Barockzeit ein durchaus übliches Zeitmaß. Nicht nur solche Beredsamkeit auf der Kanzel ist uns heute fremd. Wir haben auch Mühe mit der stilisierten Sprache, die wir uns nach rhetorischen Kunstregeln mit lauter Stimme deklamiert vorstellen müssen, und vermögen kaum noch ungebrochen mit einer solchen biblischen Bilder- und Klangfülle wie Meyfart von der Schönheit, der Herrlichkeit und der Freude des ewigen Lebens zu reden. Doch gerade darin liegt die Kraft dieser Sprache, dass sie angesichts übergroßen Leidens nicht verstummt, sondern die Menschen über sich selbst hinaus erhebt und zum Singen bewegt. Deswegen, so meine ich, gewinnen wir viel, wenn wir uns der Fremdheit von Meyfarts Predigt und seiner barocken Sprache aussetzen.

DIE PREDIGT

Von der Freude und Herrlichkeit, welche alle Auserwählte in dem ewigen Leben zu gewarten haben.[2]

EINLEITUNG: IN ELEND UND ANFECHTUNG GIBT ES NICHTS BESSERES ALS DIE BETRACHTUNG DES EWIGEN LEBENS Andächtige und Auserwählte in dem HERRN, [...] allen Umbständen nach ist zu sehen, dass ein Christen Mensch in dieser letzten Grundsuppen der Welt, sich nicht besser erlustigen könne, als an der Betrachtung des ewigen Lebens, angesehen, dass der Satan gar ausgelassen, auch seinen eussersten Grim ausgeschüttet, und umbher gehet, wie ein brüllender Lew [= Löwe], nicht suchend, wie er einen und den andern Menschen, sondern wie er ein ganze Gemeinde, ein ganze Stadt, ein ganzes Land, ein ganzes Königreich verschlingen, und in seinem hellischen Rachen stürzen möge. Denn er ist zu köstlich, und lässt sich bei so gestellten Sachen, mit einem Geringen nicht abweisen.

Darwider dann nichts bessers zu finden, als die Betrachtung des ewigen Lebens: Sintemal der auserwählte Mann Gottes Lutherus recht und wohl gesaget hat: *Si per unicum temporis momentum vere perciperemus vitae aeternae laetitiam, omnia pateremur adversa* [d. h. übersetzt]: Wenn wir nur ein Augenblick allhier die Freude des ewigen Lebens recht schmecken könnten, so würden wir alle Ungemach willig leiden. Eben zu diesem Ende, wollen wir in dieser Predigt noch einmal reden von der Freude des ewigen Lebens, welche die Churkinder [= adoptierten Kinder] Gottes zu gewarten haben. Denn ob wir zwar in erster Predigt etwas weitläuftig von dieser Materia gehandelt, ist doch der größte Teil dahinden blieben [...], und ist unmüglich, mit menschlichen Zungen die Herrlichkeit des ewigen Lebens gnugsam [= genügend] zu beschreiben. Alle fromme Christen, wie viel dero vorhanden sein, und entweder mit Beschwernis betrübt, mit Verfolgung geängstiget, mit Haß und Unbilligkeit beleidiget, mit Neid angefochten, mit Krankheiten heimgesucht, oder mit Armut getrücket worden: Wie auch alle die, so begehren mit dem Apostel Paulo aufgelöset und bei Christo zu sein, Philippenses 1. Die wollen alle Bekümmernis fahren lassen, die Augen ihrer Herzen auftun, und mit dem Gemüt in das himmlische Paradeis sich erschwingen: Daselbst wollen wir solche Ding miteinander betrachten, die sonst kein Aug gesehen, kein Ohr gehöret, sind auch in keines Menschen Herz kommen, wie 1. Corinthios 2 geschrieben steht.

O HERR Jesu Christe, der du den Mund deines Propheten durch den Seraphim mit einer glühenden Kohle berühren lassen, damit er dein Wort predigen könnte: Berühre alle unsere Herzen und Gemüter, damit wir dein Wort andächtig anhören. Ein jeder seufze und bete: *O Consolator, alme Spiritus, descende illuminando ad me, ut meditando adscendam ad te* [wörtlich: O Tröster, gütiger Geist, steige erleuchtend herab zu mir, dass ich meditierend aufsteige zu dir]: O Heiliger Geist, du höchster Tröster in aller Not, steig mit deiner Erleuchtigung zu mir, dass ich mit Betrachtung aufsteige zu dir!

CONTINUATIO [= Fortsetzung]

DARSTELLUNG DES HIMMELS: AUFNAHME DER SEELE IN DEN HIMMEL UND IHRE HIMMLISCHEN FREUDEN, BESONDERS DAS ANSCHAUEN GOTTES In nächster [d. h. der vorhergehenden] Predigt haben wir es nahe bei dem *Actu glorificationis* [= Akt der Verherrlichung] bleiben lassen, da denn gesaget worden ist, mit was Herrlichkeit eine glaubige Seele überschüttet werde. Nun fahren wir weiter fort und sagen, dass ihr alsdann aufgesetzet werde ein schöne Kron, wie sie das Büchlein der Weisheit am 5. die Kron der Gerechtigkeit, wie sie die 2. Timotheum 4, die unverwelkliche Kron, wie sie die erste Epistel Petri 5, die Lebens Kron, wie sie die Epistel Jacobi 1, die güldene Kron, wie sie die Offenbarung Johannis 4 nennet. Das ist nun der Tag, den nicht der Lauf der Sonnen, sondern der HERR gemacht hat, Psalmorum 118. Das ist der heilige Tag, heilig Gott dem Vater, an welchem er die glaubige Seel seinem Sohn, wie er sie von Anbeginn her verlobet hat, vermählet. Das ist der heilige Tag, heilig Gott dem Sohn, an welchem er die glaubige Seel zur ewigen Gespons annimmet: Das ist der heilige Tag, heilig Gott dem heiligen Geist, an welchem er die glaubige Seel ihrem himmlischen Bräutgam zuführet. Das ist der heilige Tag, heilig allen Cherubim und Seraphim, heilig allen Engeln und Erz Engeln, an welchen sie jubilieren und frohlocken, dass nach dem das menschliche Geschlecht zwar gar gefallen wäre, dannoch nicht gar verloren worden. *O pulcra dies, o praeclara dies,* sagt ein alter Kirchenlehrer, *vesperam nesciens, occasum non habens.* O des schönen Tages, O des vortrefflichen Tages, an welchen das Licht nicht anbricht, auch die Finsternis nicht einbricht. Ohn allen Zweifel werden die Auserwählten Frongeisterlein, sich nicht enthalten können, sondern einer wird heraus brechen, und nach dem Hohenlied Salomonis am 3. rufen: Gehet heraus ihr Töchter Zion, und schauet an die Gespons Jesu Christi in der Krone, damit sie ihr Bräutigam gekrönet hat, am Tage seiner Hochzeit, und am Tage der Freude seines Herzen. Als dann wird sie der Verheißung nach, Matthäi 8. mit Abraham, Isaac und Jacob zu Tisch stähen, und zum stattlichsten tractiret werden: Gott der Sohn wird speisen ihren Verstand mit voller Wissenheit, der heilige Geist den Willen mit unsträflicher Gerechtigkeit, der Vater das Gedächtnis mit der allersüßesten Lieblichkeit. Ohn holdselige Gespräch, kann es nicht abgehen, denn der himmlische Bräutigam der glaubigen Seel also aus Canticum 4 zusprechen wird: Du bist allerdinge schon meine Freundin, und ist kein Flecken an dir: Komm meine Braut von Libanon, komm von Libanon. Gehe herein, tritt her von der Höhe Amana, und von der Höhe Senir und Hermon, von der Wohnungen der Löwen, von den Bergen der Leoparden. Du hast mir das Herz genommen, mit deiner Augen einem, und mit deiner Halsketten eine. Und soll niemand denken, dass der heilige Geist diese Worte der uppigen Welt zu Kurzweil aufgezeichnet habe. Tröstliche Ding müssen allhier ausgelassen werden, und dürfen der freudenreichen Music, die bei der Tafel gespielet wird, nicht gedenken: Allein sollen wir mit wenigen berühren, dass die Morgengab ist das Reich Gottes, das Reich, so größer ist als alles Gerücht, das hundert mal besser ist, als alles Lob, das tausend mal unzehlicher ist, als alle Wissenschaft, das viel hundert mal tausend herrlicher ist, als alle Glori, so in dieser Welt mag gefunden werden. So große Güter, dass sie nicht können gemessen, so viel dass sie nicht können gezählet, so weitläufig, dass sie nicht können geendet, so köstlich, dass sie nicht können geschätzet werden, wie Bernhardus davon redet. Und diese Güter werden ihr nicht auf eine gewisse Zeit, sondern in alle Ewigkeit versprochen. [...] So bleibt demnach die auserwählte Seel in dem Stande der gebenedeiten Seligkeit [...] Sie besieht die Allmacht in der Unendlichkeit, die Liebe in der Barmherzigkeit, die Wissenschaft in der Wahrheit, die Heiligkeit in der strengen Gerechtigkeit. Sie siehet Gott wie er in sich selbsten ist, sie siehet Gott, wie er in ihr ist, sie siehet sich, wie sie in GOTT ist.

DAS KOMMEN DES JÜNGSTEN GERICHTS Wir schreiten fort, *ad actum descensionis ad reunitionem cum corpore* [= zum Akt des Abstiegs und der Wiedervereinigung mit dem Leib], und sagen, dass die auserwählte Seel unter dessen mit Freuden erwarte der Stund, da der Leib aus der Erden wieder auferstehen, und sie mit demselbigen wiederum vereiniget werden soll. Die Heimlichkeiten der Himmel auszugrübeln, ist unsers Berufs nicht, jedoch dürft einer fast in die Gedanken kommen, der Engel, welcher das Jüngste Gericht einblasen soll, habe sich allbereit vor den Thron des Lambs mit seiner Posaunen gestellet, und warte alle Augenblick auf die gewünschte Stund, in welcher die Zahl der Märtyrer und Auserwählten wird sein erfüllet, darzu viel lange Zeit hero tapfer ist abgewürget worden. Wenn dann der HERR mit einem Feldgeschrei, wie 1. Thessalonicenses 4 geschrieben stehet, aufbrechen, und zum letzten Gericht sich begeben wird, was vor ein unglaubliches Jubilieren, was vor ein unaussprechlich Triumphieren, was vor ein unnachdenkliches Jauchzen, Singen und Loben, wird sich im Himmel unter den Patriarchen und Königen, unter den Propheten und Aposteln, unter den Israeliten und Christen, unter den Engeln und Seelen erheben? Dass der Tag kommen sei, von welchem Gott so lang geweissaget, die Kirch aber so lang gehoffet habe? Wie wird die Posaun erschallen, zwischen Berg und Talen, zwischen Feldern und Wäldern, zwischen Erden und Wasser? Wie gewaltig wird durchdringen die Stimm des Sohnes GOTTES: Stehet auf ihr Toten, stehet auf ihr Toten! Wie wird diese Stimme widerhallen in den Schlössern der Potentaten, in den Häusern der Reichen, in den Hütten der Armen? Wie wird sie widerhallen in den Gewölben der Händler, in den Laden der Handwerker, in den Caveten [= Studierzimmer] der Gelehrten, in den Gerichtshäusern der Obrigkeiten, in den Herzen eines jeden Menschen? *Surgite mortui*, sind [übersetzt] zwei Wort in lateinischer: Stehet auf ihr Toten, sind 3 oder 4 Wort in teutscher Sprach, und müssen doch durch dieselbige alle Rotten der Verfluchten erschrecken, und alle Scharen der Gottlosen erzittern! Dargegen wird diese Stimm ganz holdselig erklingen in den Ohren und Herzen aller Frommen und Gläubigen, so viel derer in dem Leben gefunden werden. Fürwahr, ich kann es nicht unterlassen, ich muss bekennen, ich freue mich inniglich, so oft ich gedenke an den Tag der großen Restitution, wie ihn der Apostel nennet, Acta 3, an welchem alles soll wiederbracht werden, was GOTT geredet hat durch den Mund aller seiner heiligen Propheten, von der Welt an. In diesem Leben gehet es sehr wunderbarlich zu, Tugend wird nicht geacht, Arbeit wird wenig bei so geschwinden Läuften belohnet. Aber wie bei dem allen: Seid getrost, alle ihr betrangte Witwe und Waisen, verfolgte Bekenner der Wahrheit, unterdrückte Gerechte, verhasste Prediger, notdürftige Studenten, und insonderheit du elendes Armut, es wird bald besser werden! Die heiligen Engelein umblättern täglich das Buch des Lebens, forschen nach der Zahl der Auserwählten, so oft ein gläubige Seel gen Himmel geführet wird, verhoffen sie, es werde die Menge fast erfüllet sein.

DIE AUFERSTEHUNG DER GLÄUBIGEN ZUR BEGEGNUNG MIT CHRISTUS UND ZUR SEGNUNG DURCH IHN   [...] Hierauf wird folgen der Glorwürdige *actus ascensionis in occursum Domini* [= der Akt der Auferstehung zur Begegnung mit dem Herrn], wenn alle Rechtgläubige zugleich hingerücket werden in den Wolken, dem HERRN entgegen in der Luft, wie der Apostel redet, 1. Thessalonicenses 4. Dieses wird trefflich wohl anzusehen sein, wie die Auserwählten von der Erden durch Christi Macht sich erheben, und in die Höhe fahren: Und wird nicht anders scheinen, als ob in großer Haufen der schönsten Sonnen, und der schönsten Sternen nach den Wolken aufstiegen. Da wird es in den hohen Lüften allenthalben von glorificireten Christen und Kindern des ewigen Lebens helle leuchten, als wären viel tausend Sonnen, und viel hundert tausend Sternen in einer ganzen neuen Schöpffung aufgegangen. Wann dann auch dieses geschehen, so wird darauff erfolget der *actus benedictionis* [= Akt der Segnung], in welcher Christus Jesus die gesambte Auserwählten vor Erben des Paradeises mit Göttlicher Stimm erklären, und ihnen also zusprechen wird: *o electi! o dilecti!* [Übersetzt:] O ihr Auserwählten, O ihr Geliebten, in meiner ersten Zukunft, damit ich euer Natur adelte, habe ich euer Fleisch und Blut an mich genommen, in euern Häusern bin ich geboren worden, in euern Städten habe ich gewohnet, in euern Schulen gelehret, in euern Flecken und Ländern Zeichen und Wunder getan. Ich ließ es dabei nicht bewenden, sondern aus heißer Lieb hab ich mich euert wegen fahen, und da ich gefangen war, binden, und da ich gebunden war, geißeln, mit Dornen krönen, mit Speichel verspeien, endlich gar kreuzigen, meine Hände und Füße durchgraben, und die Seiten öffnen lassen. Soll auch dabei nicht bleiben, dass ich euch mein Leib zur Speis, mein Blut zum Trank eingesetzet: Sondern jetzunder bin ich in meiner andern Zukunft erschienen, dass ich euch meiner Reichtumber, meiner Glori und meines Himmels teilhaftig mache! Mein Reich soll euer sein, mein Engel soll euer Freunde sein, Mein Vater soll euer Vater sein, und ich will euer Bruder sein. Darum kommt her ihr Gesegneten meines Vaters, ererbet das Reich, das euch bereitet ist von Anbeginn der Welt.

Das sind sehr tröstliche Wort, wir wollen sie noch einmal repetieren: Kommet her! Das ist die freundliche Einladung! Ihr Gesegneten! Das ist die überschwängliche Benedeiung! Meines Vaters: Das ist die größte Erhöhung! Ererbet: Das ist die kräftige Bestätigung! Das Reich: Das ist die beste Begnadigung! Das euch bereitet ist: Das ist die ewige Verfolgung! Von Anbeginn der Welt: Das ist der unwandelbaren Wahrheit Erfüllung! Demselben können wir zu diesen Mal nicht ferner zuhören, wollen es so weit versparen, bis wir zu seiner Zeit, wo nicht mit Singen, jedoch für Freuden weiter können.

DAS HIMMLISCHE LEBEN DER AUSERWÄHLTEN [...] Bisher nun haben wir den Auserwählten gefolget zu der Stätt der vollen Seligkeit, nun wollen wir mit wenigen hinein blicken, so viel unser schwaches Gesicht leiden will, sehen, was an ihnen zu betrachten sei. An denselbigen aber haben wir 1. in acht zu nehmen Gaudium, [übersetzt:] die lustige Freude, wie Esajas 35, die volle Freude, wie Psalmorum 16, die unaussprechliche Freude, wie 1. Petri 1, die ewige Freude, wie sie Esajas 65 gennenet wird. [...]

Das 2. so wir an den Auserwählten in acht zu nehmen, ist *Pax et dilectio*, [übersetzt:] Friede und Liebe: Fried und Lieb zwischen allen Auserwählten, Fried und Lieb zwischen den Auserwählten und Engeln, Fried und Lieb zwischen den Auserwählten, und der Göttlichen Drei-Einigkeit. [...]

Das 3. so wir an den Auserwählten in acht zu nehmen ist Scientia, [übersetzt:] die Wissenschaft, welche in diesem Leben nur Stückwerk ist, 1. Corinthios 13: Und sehen jetzt wie durch einen Spiegel in einem dunklen Wort: Dort aber wird auch die Wissenschaft vollkommen, der Verstandt mit den höchsten Geheimnissen umbleuchtet, auch das Gedächtnis mit den schönsten Gaben gezieret. [...]

Vor das 4. haben wir zu sehen auf die Colloquia und Gespräche der Auserwählten, die dann wiederumb dreierlei sein werden. Erstlich unter ihnen selbsten [...] Zum andern werden Gespräche sein, zwischen den Engeln und Auserwählten [...] Zum dritten, werden Gespräch sein, zwischen Gott und den Auserwählten [...]

Vor das 5. und zum Beschluß haben wir zu sehen auf die effecta [= Wirkungen], was dann die Auserwählten in jenem Leben tun und beginnen werden. Kurz davon aus Augustinuso zu reden: Sie werden Gott in ewiger Ruhe sehen, sie werden ihn sehen und lieben, sie werden ihn lieben und loben: Und werden diese drei Stück fort und fort auf einander folgen, sehen, lieben und loben. Denn wer Gott siehet der liebet ihn, wer Gott liebet der lobet ihn, und je mehr die Auserwählten GOTT sehen, je mehr sie ihn lieben, je mehr sie ihn lieben, je mehr sie ihn loben.

SCHLUSS: AUFRUF ZUM LOB DES HERRN UND ZUR UNAUSSPRECHLICHEN FREUDE. DAS JERUSALEM-LIED Sehet fromme Christen, sollte diese Betrachtung des ewigen Lebens, einen in diesen betrübten Läuften nicht fröhlich, in gefährlichen Läuften in Gott ganz sicher machen? Jetzt ist es Zeit: Lobet den HERRN alle Knechte des HERRN, die ihr stehet des Nachts im Hause des HERRN, Hebet eure Hände auf im Heiligtumb und lobet den HERRN, so wird der HERR euch segnen, der Himmel und Erde neu schaffen wird. Sollte einer nicht heraus brechen und sagen: *Plorate prae gaudio, qui prae gaudio jubilare non vultis*! [Übersetzt:] Weinet doch für Freuden, die ihr für Freuden nicht triumphieren wollet, Erseufzet doch für Freuden, die ihr für Freuden nicht jauchzen wollet, erstummet [= verstummet] doch für Freuden, die ihr für Freuden nicht reden wollet.

>
> Jerusalem du hochgebaute Stadt,
> Wollt Gott, wär ich in dir!
> Mein sehnlich Herz so groß Verlangen hat,
> Und ist nicht mehr bei mir!

> Weit über Berg und Tale,
> Weit über blache [= flaches] Feld,
> Schwingt es sich überalle
> Und eilt aus dieser Welt.

Also erseufzen betrübte Christen, wenn sie den heutigen Zustand, Elend und Jammer wo nicht ansehen doch erfahren. Sie wünschen:

> O schöner Tag, und noch viel schönste Stund
> Wenn wirstu [= wirst du] kommen schier!
> Da ich mit Lust, mit Freudenfreien [= vor Freude freien] Mund
> Die Seele geb von mir:
> In Gottes treue Hände
> Zum auserwählten Pfand,
> Dass sie mit Heil anlände
> Bei jenem Vaterland.

Nun wohlan, es wird zwar unserer Seelen lang zu wohnen bei denen die den Frieden hassen: Jedoch wird der schöne Tag, und noch viel schönste Stund dermal eins anbrechen, und alsdann

> Im Augenblick wird sie erheben sich
> Bis an das Firmament,
> Wann sie verlässt so sanft, so wunderlich
> Die Stätt der Element:
> Fährt auf Eliae Wagen
> Mit Engelischer Schar,
> (Die sie in Händen tragen)
> Umgeben ganz und gar.

Mit was fröhlichem Gesicht, mit was heiligen Gedanken, muss doch die abgeholte Seel die Himmelstadt ansehen, wenn sie derselbigen sich nahet? Sie kann fürwahr nicht schweigen, das Herz schüttet sie aus, der Mund gehet über, sie spricht:

> O Ehrenburg, nun sei gegrüßet mir,
> Tue auf der Gnaden Port:
> Wie große Zeit hat mich verlangt nach dir,

Eh ich bin kommen fort!
Aus jenem bösen Leben,
Aus jener Nichtigkeit,
Und mir Gott hat gegeben
Das Erb der Ewigkeit.

Wird aber auch bei demselbigen nicht verbleiben, sondern

Ein edles Volk, und ein sehr werte Schar
Kömmt dann gezogen schon?
Was in der Welt, von Auserwählten war
Sicht [= sieht] sie die beste Kron:
Die Jesus ihr der HERRE
Entgegen hat gesandt,
Da sie noch war so ferne
In ihrem Tränen Land.

Propheten groß und Patriarchen hoch
Auch Christen in Gemein,
Die weiland dort trugen des Kreuzes Joch
Und der Tyrannen Pein
Schaut sie in Ehren schweben
In Freiheit überall
Mit Klarheit hell umbgeben
Mit Sonnenlichten Strahl.

Wenn dann zuletzt sie ist gelanget hin
Ins schöne Paradeis,
Von höchster Freud erfüllet wird der Sinn,
der muss von Lob und Preis:
Das Halleluja reine
Man spielt in Heiligkeit,
Das Hosianna feine
Ohn End in Ewigkeit.

Mit Jubel Klang! mit Instrumenten schon [= schön]!
Auf Choren ohne Zahl!
Dass von dem Schall, und von dem süßen Ton
Sich regt der Freuden Saal!
Mit hundert tausend Zungen,

Mit Stimmen noch viel mehr!
Wie von Anfang gesungen
Das Himmelische Heer!

Wer dahin begehret, und dermal eins nur eine Noten mitsingen, oder doch der Tür hüten will in dem Hause unsers Gottes, der sage im Herzen Amen.

Hilf aber HERR Jesu Christe, dass viel diese ewige Freude wohl fassen, an ihrem Todbett ihrer eingedenk werden, und durch diese liebliche Betrachtung allhier ritterlich ringen, durch Tod und Leben zu dir dringen, Amen, O Jesu, Amen.

Nachzeichnung der Predigt

Die Predigt bezieht sich auf die Geschichte von der Verklärung Jesu (Mt 17,1-8) und knüpft damit an die zuvor gehaltene Predigt innerhalb des Predigtzyklus an. Alle „Predigten haben viel, wahrscheinlich sehr viel von der gesprochenen Sprache; auch das oratorisch Stilisierte ist vermutlich so, wie es gedruckt vorliegt, gesprochen worden".[3] Nachdem Meyfart den geistlichen Nutzen der Betrachtung des ewigen Lebens erörtert hat, stellt er den Himmel dar und zeigt, wie die Seele in den Himmel aufgenommen wird. An dieser Stelle setzt eine feierliche, stilisierte Sprache ein, vier Sätze, alle beginnend „Das ist der heilige Tag ...". Dann werden die Freuden des Himmels dargestellt, insbesondere das Anschauen Gottes. Jetzt malt Meyfart den Tag des Jüngsten Gerichts aus. Zunächst bringt er einen knappen Hinweis auf 1. Thessalonicher 4,16; dann aber schildert er selbstständig, hervorhebend, dass dieser Tag für die auf Erden Leidenden besonders erfreulich werde. Meyfart nennt die Verfolgten und die Armen und denkt auch an die notleidenden Studenten – er wusste aus seiner Wittenberger Studienzeit, wie es ist, zu hungern und krank zu sein.

Christi Worte an die Auserwählten (Mt 25,34) gibt Meyfart in direkter Rede wieder. Er formt also wie ein Dramatiker. Über die Gespräche der Himmelsbewohner untereinander, mit den Engeln und mit Gott, wird bis in die Einzelheiten berichtet. Das waren alte Motive, die seit den Kirchenvätern weitergegeben wurden. Meyfart weiß sie auf eigene Weise neu auszugestalten. Seine wichtigsten Hilfsmittel hierbei sind Johann Gerhards „Loci theologici" (9 Bände, 1610–1622), die alle Schrift- und Väterzitate zum Lehrstück *De novissimis* (= von den letzten Dingen oder letzten Neuigkeiten) geordnet darbieten, und Philipp Nicolais erbaulicher „Freudenspiegel".

Den Abschluss der Predigt bildet ein Lied: „Jerusalem, du hochgebaute Stadt". Eine Marginalie sagt: „Jubelgesang / vnd dieses Orts eingeführet worden", d. h. hier in Coburg bei dieser Predigt am 13. September 1626 wurde das Lied zum ersten Mal gesungen. Meyfart hat es vermutlich zunächst vorgelesen, danach wurde es entweder vom Chor oder von der ganzen Gemeinde nach einer damals bekannten weltlichen Melodie gesungen. Eine eigene Melodie – die Weise stammt von Melchior Franck (1580–1639), mit dem Meyfart in Coburg zusammengearbeitet hat – erhielt das Lied erst Jahre später (1663).

Einige Stilmittel, die Meyfart verwendet, seien eigens hervorgehoben, weil sie für seine Predigtsprache charakteristisch sind und zur Nachahmung anregen:

1. Die feierliche Stilisierung der Sprache durch *Wiederholung*. Dieses Stilmittel gehört zum erhabenen Stil (*genus grande*). Fünf Wörter, die aus einer Variation von Ps 118,24 („Dies ist der Tag, den der Herr macht ...") gewonnen sind, werden in kurzem Abstand voneinander wiederholt. Das ist die rhetorische Figur der *Epizeuxis*.[4] Meyfart gebraucht sie, um den Tag des ewigen Lebens zu preisen, der kein Ende hat.
2. Die Nacherzählung und *Paraphrase* eines Bibeltextes. Für Meyfart ist die freie oratorische Stilfigur der Paraphrase die „rhetorische Grund- und Ausgangsform homiletischer Versprachlichung von Bibeltexten [...]"[5]. Gemäß dem hermeneutischen Grundsatz des *scriptura sacra sui ipsius interpres* (die heilige Schrift ist selbst ihr eigener Interpret) lässt Meyfart sich durch den Bibeltext dazu anregen, das Erschallen der Posaune und den Widerhall der Stimme Christi zu beschreiben.
3. Die *dramatische Gestaltung* der Worte Christi in direkter Rede. In der Barockzeit, mehr als in jeder Epoche zuvor, „hieß Dasein eine Rolle spielen, begab sich das Leben wie auf einer Bühne, galt die Welt als Theater, das Theater als Gleichnis der Welt".[6] Manche Pre-

digten jener Zeit waren wie Dramen gebaut und in Akte und Szenen unterteilt, sozusagen „Theater auf der Kanzel".[7] Daraus erklärt sich, dass Meyfart den Weltenrichter Christus zu den Auserwählten in einer dem Weltdrama angemessenen Weise – nämlich in direkter Rede – sprechen lässt. Dem Inhalt nach rekapituliert die Rede, gut lutherisch, Hauptstücke des zweiten Glaubensartikels und der realpräsentischen Abendmahlslehre, die auch im Katechismus stehen könnten, doch anders als dort spricht hier nicht der Glaubende, sondern Christus selbst. Wie im Drama stilisiert der Prediger die Worte Christi als Segenshandlung (*actus benedictionis*) – das Jüngste Gericht als Weltdrama! Dies bewirkt, dass die Gemeinde der Hörer durch die Form der Anrede mit den Auserwählten gleichzeitig wird. Das ist Predigt als Gerichtsrede im reformatorischen Sinn: Gottes Freispruch, der den Glaubenden im Jüngsten Gericht zu Ohren kommen wird, wird schon jetzt hörbar und kann im Glauben ergriffen werden.
4. Meyfart erhöht die Wirkung dieser Rede noch durch das Stilmittel des *Parallelismus*, d. h. dadurch, dass er eine parallel gebaute Periode von klangvoll rhythmisierten Sätzen anfügt: Er wiederholt jeweils ein oder zwei Worte (mit je zwei unbetonten und einer oder zwei betonten Silben) aus den biblisch überlieferten Worten Christi und erläutert sie durch anaphorische („Das ist die ..."), parallel konstruierte eigene Sätze.
5. Die selbstständige *Ausgestaltung traditioneller Motive* der Kirchenväter, hier: die Freude der Auserwählten und ihre Gespräche im Himmel. Die Lehre der Väter inspiriert die Phantasie des Predigers. Die Ausgestaltung traditioneller Motive zeigt sich beispielsweise auch darin, wie Meyfart die ewige Freude anhand verschiedener Bibelstellen ausmalt und diese dadurch in Beziehung zueinander setzt oder darin, wie er die himmlische Wissenschaft (*scientia*) im Gleichnis der „höchste(n) Schul" beschreibt, in welcher selbst die heilige Dreieinigkeit in einem unaufhörlichen Prozess gegenseitigen Lehrens- und Lernens begriffen ist. Überhaupt spricht Meyfart immer wieder in Bildern und Gleichnissen.[8]
6. Der *Abschluss* der Predigt mit einem vorgefundenen oder selbst erfundenen *geistlichen* Lied. Bereits in seiner Sprache setzt Meyfart *musica* und *rhetorica* in Beziehung. Seine rhetorisch kunstvolle Predigtsprache erlaubt es ihm jederzeit, musikalisch zu werden. So kann

sie „als ein Stück Liturgie das Wechselgespräch mit dem Choralgesang und der liturgischen Ordnung des Gottesdienstes suchen..."[9] Meyfart hat sich von Philipp Nicolais Lied „Wie schön leuchtet der Morgenstern" zu seinem Lied inspirieren lassen. Es ist, wie aus dem Zusammenhang der Predigt hervorgeht, „ursprünglich ein Sprechtext, ein Gedicht, dessen einzelne Strophen an mehreren Stellen durch Prosa-Zwischentexte unterbrochen werden".[10] Höchst kunstvoll lässt der Rhetoriker Meyfart darin verschiedene Stimmen zu Wort kommen. Für den Gesang wurde der Text dann durchgehend in der 1. Person Singular formuliert. So entstand die Fassung, in der das Lied zum Kirchenlied werden konnte.

Der Prediger

Johann Matthäus Meyfart wurde am 9. November 1590 als Pfarrerssohn in Jena geboren. Er ging in Gotha zur Schule, wo er eine gründliche philologische und philosophische Bildung erhielt, und studierte danach in Jena und Wittenberg Logik, Physik und Ethik sowie Altertum und Geschichte. 1624 erwarb er die theologische Doktorwürde. Nach seiner Tätigkeit am Casimirianum in Coburg war er für wenige Jahre Professor an der Universität Erfurt, um dann als Senior des „Evangelischen Ministeriums", d. h. als leitender Geistlicher für Erfurt und das ganze Erfurter Gebiet zu wirken. In der von der Pest heimgesuchten Stadt starben in den Jahren 1635 bis 1640 mehr als zehntausend Menschen, zwei Drittel der ursprünglichen Bevölkerung. Meyfart war völlig überlastet, er und seine Kollegen im Pfarramt mussten zwanzigmal so viele Beerdigungen durchführen wie in normalen Zeiten, seine Frau und alle seine Kinder bis auf ein Mädchen starben. Nach längerer Krankheit starb Meyfart am 26. Januar 1642 in Erfurt.[11]

Meyfart hat als Lehrer, Prediger und Autor verschiedener Schriften gewirkt. Er war ein begeisterter Lehrer, der am Casimirianum Theologie, dazu Griechisch, Hebräisch, Geschichte, Geographie und „Exercitia oratoria", d. h. Übungen in der Redekunst unterrichtete. Zeitgenossen rühmten am Prediger die Gabe der Beredsamkeit. In der Predigt gab er seinen Hörern, die von Krieg und Gewalttaten, Hunger, Teuerung, Seuchen und Pest geschlagen waren, das Gefühl ihrer Würde, indem er sie als „Außerwehlte in dem Herrn" ansprach. Für ihre Sehnsucht nach dem Himmel und die Freude des ewigen Lebens fand

Meyfart eine Sprache, die das Poetische und das Seelsorgliche verbindet, eine Sprache, die zugleich erhebt und anrührt.

Der Germanist Erich Trunz, dem wir die Wiederentdeckung Meyfarts hauptsächlich zu verdanken haben,[12] charakterisiert ihn als einen Theologen mit künstlerischer Sprachbegabung. Dies zeige sich am rhythmischen Klang seiner Sätze, in dem unverkennbar Meyfarts Musikalität einwirkt, und in seiner dramatischen Phantasie.[13] Meyfart komponiere seine Predigten wie ein Musiker. Seine besondere Leistung liegt in der „Kunstprosa in deutscher Sprache"[14], für die das musikalische Element wesentlich war. Meyfart selbst schreibt dazu: „Ein künstliche Rede ist eine heimliche Harmoney oder Musica" und fährt fort: „eine ganze Rede muss seyn wie eine Music von vielen Gesängen [...]".[15] Dafür gibt es in der antiken Rhetorik kein vergleichbares Vorbild. Meyfarts Kunstprosa hat andere Vorbilder: neben der Bibel die Kirchenväter, vor allem Augustinus, Bernhard von Clairvaux und die neue lateinische Redekunst um 1600, wie sie bei den Jesuiten entwickelt war.[16]

Eine enge Verwandtschaft mit Meyfarts Predigtweise weisen die geistliche Musik und das Musikverständnis seiner Zeit auf, vor allem bei Michael Praetorius (1571-1621) und Heinrich Schütz (1585-1672). So variiert Meyfart z. B. Bibeltexte jedes Mal mit eigenen Sätzen, ähnlich wie Schütz jeweils nach einigen Takten Choral seine Ergänzung oder Variation folgen lässt.[17] Einige Musiktheoretiker der Barockzeit lehren, dass ein Komponist einen perfekten Redner (Orator) nachahmen soll: er soll Worte so in Musik übersetzen, wie ein Orator seine Rede aufbaut.[18] Die Verwandtschaft zwischen Musik und Rhetorik wurde so allgemein betont, dass ein deutscher Musiktheoretiker die ausgeschmückte Komposition als eine musische Rede oder Rede durch Musik bezeichnen kann.[19] Die *musica* soll also reden lernen, sie soll „Tonsprache" und „Klangrede" werden mit dem Ziel, das Herz der Zuhörer zu rühren und die Affekte zu bewegen. Wie die rhetorica zielt sie darauf ab, den Menschen ganz, also mit Vernunft, Affekten und Sinnen zu überzeugen (*persuadere*).[20] Bedenkt man, wie sehr gerade der lutherische Gottesdienst musikalisch-liturgisch durchgestaltet ist, so ist Meyfarts Predigtstil in diesem Kontext ein Musterbeispiel dafür, wie man *Predigt als ein Stück Liturgie* wahrnehmen und predigend mit anderen musikalisch-liturgischen Stücken des Gottesdienstes in Wechselbeziehung treten kann.

Die lateinische Redekunst war an den Hochschulen und Gymnasien zur Zeit Meyfarts hoch entwickelt. An evangelischen Gymnasien wurde in den oberen Klassen durchschnittlich eine Unterrichtsstunde pro Tag auf Rhetorik verwendet.[21] Meyfart hat nun nicht nur rhetorische Übungen seiner Studenten geleitet, sondern auch Lehrbücher für den Unterricht verfasst. Dazu gehört die „Teutsche Rhetorica" (1634), die erste Rhetorik für Prediger in der deutschen Nationalsprache. Das erste Buch (Kap. 6–43), das den Hauptteil des Werkes bildet, ist der Beschreibung der rhetorischen Figuren gewidmet. Im zweiten Buch behandelt Meyfart die *pronunciatio* oder *actio*, also Probleme des Vortrags, und zwar einmal die Aussprache und den Gebrauch der Stimme (Kap. 2–8), zum anderen die Körperhaltung des Redners (Kap. 9–13). Nacheinander werden die „Gebärden" des Leibes erörtert: gezeigt wird jeweils, was Kopf, Augen, Stimme, Mund, Schulter, Arme, Brust, Hände, Finger und sogar die Füße mitteilen.

Für das Verständnis seiner Predigt besonders aufschlussreich sind jene Kapitel, in denen Meyfart sich über die *Stimme* äußert,[22] denn es ist ja die Stimme, durch die die Predigt zu einer klingenden Rede wird. Meyfart fordert, der Redner müsse „langsam reden / dass ihn die Zuhörer recht vernehmen / und beweget werden" (11). Man müsse seine Stimme früh daran gewöhnen, beim Sprechen den Ton zu verändern. Die „ganze Rede muss seyn wie eine Music von vielen Gesängen [...]" (12). Meyfart weiß genau, dass die Stimme affektive Wirkungen hat, je nachdem, wie sie beim Sprechen erklingt. Der Redner soll sich daher bemühen, den Klang seiner Stimme der Sache anzupassen, von der er redet. Er müsse darauf achten, dass er „die Personen und die Gemüther [...] wende, wohin er will: Und abwende wo von er will" (26). Es ist unmöglich, so Meyfart, „dass ein Redener die Bewegung in eines andern Gemüth zwinge / die er in sein eygen Gemüth nicht zuvor eingelassen und aufgenommen hat" (26).

Eine Sternstunde

Meyfarts Predigt von der Freude des ewigen Lebens ist eine Sternstunde. An ihr wird deutlich, was unser Predigen heute gewinnt, wenn wir uns am Beispiel dieses Barockpredigers orientieren.

1. Von der Rhetorik, wie Meyfart sie versteht und anwendet, könnten

wir lernen, eine Predigt mit verschiedenen Stilmitteln so zu *formen* und zu *stilisieren*, wie es ihrem Thema am besten entspricht. Ob die Predigt die Hörer dorthin bewegt, wohin der Prediger sie bewegen will, hängt wesentlich von der sprachlichen Ausformulierung (*locutio* oder *elocutio*) und dem stimmigen Vortrag (*actio*) des Predigers ab, womit das ganze Auftreten in Stimme, Mimik und Gestik gemeint ist. Das setzt voraus, dass wir durch die Predigt wirklich Menschen überzeugen und affektiv bewegen wollen.

2. Meyfart lehrt uns ein Predigen, das zum *Singen* drängt. Seine Verbindung von Predigt und Lied zeigt, wie unser Predigen musikalischer würde. Das Jerusalem-Lied ermöglicht der Gemeinde, selber noch einmal das auszusprechen, was der Prediger zuvor dargestellt hat.[23] So kann einer dem anderen die Botschaft der Predigt – hier: die Botschaft von der ewigen Freude im himmlischen Jerusalem – zusingen, alle können wie aus einem Mund die Predigt in poetisch verdichteter Form noch einmal singen. Darin kommt die Predigt als Rede zum Ziel: dass die Gemeinde nicht nur durch biblisch-homiletische Rhetorik überzeugt wird,[24] sondern auch selber vollzieht, wovon in der Predigt die Rede war. Das Singen ist für Meyfart nicht allein etwas, was im Himmel geschieht: es nimmt jetzt bereits das Leben und Loben im neuen Äon vorweg.

Das Lied „Jerusalem, du hochgebaute Stadt" erklingt denn auch an jenem Ort, an dem die Predigt eschatologisch von einer Freude handelt, die unaussprechlich ist. Das *Unaussprechliche* bezeichnet die Grenze aller Rhetorik.[25] Es ist das, wovon man nicht reden kann, sondern schweigen müsste – wenn es nicht möglich wäre, davon zu singen! Keine Metapher, kein sprachliches Mittel vermag das neue Jerusalem zu beschreiben. Darum bietet Meyfart eine Fülle biblischer Bilder (aus Offb 21) auf, um das, was kein Auge je gesehen, sichtbar, und das, was kein Ohr je gehört hat, hörbar zu machen. Sie werden aufgeboten, um das Unsagbare zu sagen – eine Paradoxie, die sich nur im Schweigen oder im Singen auflösen lässt. „Das Besondere des Gedichts ist, dass es von der Sehnsucht der Seele ausgeht und dann die Seele den Aufstieg erleben lässt. Diese Sehnsucht wird hier zu einer für ihre Zeit ungewöhnlichen lyrischen Sprache."[26] Anders als Nicolai gibt Meyfart in seinem Lied keine Beschreibung des himmlischen Jerusalem. Außerdem „fehlt jeglicher subjektive Zug. Die Sehnsucht nach dem himmlischen Jerusalem ist

die Sehnsucht *aller* betrübten Christen. Was die Seele auf ihrer Reise erlebt, wird jede gläubige Seele erleben [...]".[27]
3. So könnten wir von Meyfart auch lernen, den *Trost* zu predigen, den die Aussicht auf die Ewigkeit eröffnet. Von der Freude des ewigen Lebens, die Gottes Kinder zu erwarten haben, soll in Bildern und Gleichnissen gepredigt werden, die der gläubigen Seele Flügel verleihen und das Gemüt schon jetzt in den Himmel versetzen. Es braucht die Tröstung durch eine solche Predigt, die das Verlangen des Herzens nach der himmlischen Stadt und dem „schönen Paradeis" ernst nimmt und nährt, damit die Leute sich nicht verzweifelt einen schnellen, schmerzlosen Tod wünschen, sondern erfahren, wie sie christlich sterben können! Die Aussicht auf die Freude ewigen Lebens ist keine bequeme Vertröstung, sondern sie hilft, wie Meyfart weiß, unvermeidliche Widrigkeiten willig auf sich zu nehmen. So verstanden, dient seine Predigt der Einübung in christliche Lebens- und Sterbekunst: sie sagt den Menschen und lässt sie davon singen, wie sie die Seele „in Gottes treue Hände" geben können.

Michael Heymel

LITERATUR

Erich Trunz, Johann Matthäus Meyfart. Theologe und Schriftsteller in der Zeit des Dreißigjährigen Krieges, München 1987.

ANMERKUNGEN:

[1] Erich Trunz, Meyfarts Leben und Werke, in: Johann Matthäus Meyfart, Tuba Novissima. Das ist Von den vier letzten Dingen des Menschen. 1626, hg. von Erich Trunz (Deutsche Neudrucke, Reihe Barock 26), Tübingen 1980, 53*-78*, hier: 55*.
[2] Auszug aus: Tuba novissima, 62 ff. Die Schreibweise des Originaldruckes wurde behutsam modernisiert.
[3] Erich Trunz, Johann Matthäus Meyfart. Theologe und Schriftsteller in der Zeit des 30-jährigen Krieges, München 1987, 107.
[4] Vgl. Johann Matthäus Meyfart, Teutsche Rhetorica oder Redekunst. 1634, hg. von Erich Trunz (Deutsche Neudrucke, Reihe Barock 25), Tübingen 1977, I. Buch, 248.
[5] Johann Anselm Steiger, Rhetorica sacra seu biblica. Johann Matthäus Meyfart (1590-1642) und die Defizite der heutigen rhetorischen Homiletik, in: ZThK 92 (1995), 517-558, hier: 542.
[6] Hans-Wolf Jäger, Theater, in: Horst Albert Glaser (Hg.), Deutsche Literatur. Eine Sozialgeschichte, Bd. 3: Zwischen Gegenreformation und Frühaufklärung: Späthumanismus, Barock 1572-1740, Reinbek 1985, 257-267, hier: 257.

7 So Urs Herzog, Geistliche Wohlredenheit, München 1991, 64.
8 Vgl. Steiger, 551.
9 Ebd. 555.
10 Christa Reich, Jerusalem, du hochgebaute Stadt. Das große Lied von Johann Matthäus Meyfart, in: Arbeitsstelle Gottesdienst 18 (2004), Heft 3, 40-51, hier: 45.
11 Nach Trunz, Art. Meyfart, Johann Matthäus, in: NDB Bd. 17, Berlin 1994, 398f., hier: 399.
12 Trunz knüpfte an frühere Forschungen an. Vgl. Christian Hallier, Johann Matthäus Meyfart. Ein Schriftsteller, Pädagoge und Theologe des 17. Jahrhunderts (zuerst 1928/30), Nachdruck Neumünster 1982.
13 Trunz, Theologe und Schriftsteller, 111.
14 Ebd. 73*.
15 Teutsche Rhetorica oder Redekunst. 1634, hg. von Erich Trunz (Deutsche Neudrucke, Reihe Barock 25), Tübingen 1977, II. Buch, 12f.
16 Vgl. Trunz 1980, 73*.
17 Vgl. Trunz, Meyfarts Leben, 70*.
18 Vgl. Otto Brodde, Heinrich Schütz. Weg und Werk, München 21979, 155f.
19 J. Lippius: *oratio musica* (nach Martin Ruhnke, J. Knape/ V. Knapp/ W. Herger/ J. Fafner / M. Spies / R. Lachmann / M. Ruhnke / F. Büttner, Art. Barock, in: Historisches Wörterbuch der Rhetorik, hg. von Gert Ueding, Bd. 1, Tübingen 1992, Sp. 1285-1366, hier: 1355).
20 Vgl. Meyfart, Rhetorica I, 168.
21 Nach Knape, Art. Barock, a. a. O. Sp. 1314.
22 Vgl. Meyfart, Rhetorica II, 8-38. Die folgenden Seitenzahlen im Text beziehen sich darauf.
23 Vgl. Trunz, Theologe und Schriftsteller, 108.
24 Vgl. Meyfart, Rhetorica I, 10 und 59.
25 Vgl. Steiger, 545.
26 Trunz, Theologe und Schriftsteller, 285.
27 Reich, 49.

Nikolaus Ludwig
Graf von Zinzendorf
Der Siegeston des Evangeliums

DIE SITUATION

Von Januar bis April 1738 hielt Nikolaus Ludwig Graf von Zinzendorf und Pottendorf, der Begründer der Herrnhuter Brüdergemeine, auf einem Berliner Dachboden vor fast fünfhundert Hörern Reden.[1] Eigentlich waren es Predigten, die in einer Berliner Kirche gehalten werden sollten. Das lutherische Konsistorium der Stadt aber wollte nicht, dass der umstrittene sächsische Graf öffentlich von einer der Berliner Kanzeln predigte. Er könne ja seine Hausandachten für jedermann öffnen. Das tat der Graf auch und hielt in dem herrschaftlichen Haus, in dem er mit seinem Tross eingekehrt war, zwei Versammlungen in der Woche, eine für die Männer über Martin Luthers Erklärung des zweiten Glaubensartikels, eine andere für die Frauen über das Vaterunser. Der Besuch wuchs in den drei Monaten mehr und mehr an. Zuerst musste man aus den Wohnräumen in einen benachbarten Saal ziehen und schließlich auf den noch größeren Dachboden, wo Zinzendorf über eine Stunde predigte. Dicht gedrängt standen die vielen Zuhörer, um ihm zu lauschen: „Generäle, Minister, böhmische Vertriebene, Studenten, Bürger, Handwerker, Gelehrte, Männer aus allen Kreisen kamen gezogen und waren von des Grafen Reden hingerissen."[2] Auch Spötter und Neugierige kamen, denn es hatte sich in Berlin wie ein Lauffeuer herumgesprochen, dass der berühmt-berüchtigte sächsische Graf, der in Sachsen des Landes verwiesen war, in einem Gasthaus öffentliche Reden halte. Sie kamen alle, um ihn zu hören und sich ein eigenes Urteil zu bilden, was an den vielen Gerüchten über diesen merkwürdigen Grafen dran sei. Im Grunde war es eine drei Monate während Evangelisation, die Zinzendorf in Berlin hielt. Als Kostprobe dieser Predigtreihe sei die neunte Rede ausgewählt, die relativ kurz ist und nur drei Worten von Luthers Erklärung zum zweiten Artikel gilt: „Von allen Sünden" („der mich verlornen und verdammten Menschen erlöset hat, erworben, gewonnen VON ALLEN SÜNDEN"). Um diese drei Worte in einen biblischen Kontext zu stellen, wählte Zinzendorf 1. Korinther 15,54–57 aus: „Der Tod ist verschlungen in den Sieg, Tod wo ist dein Stachel? Hölle wo ist dein Sieg? Gott aber sei Dank, der uns den Sieg gegeben hat, durch unsern Herrn Jesus Christus."

DIE PREDIGT[3]
„Die neundte Rede"

„VON ALLEN SÜNDEN."

„Der Tod ist verschlungen in den Sieg,
Tod wo ist dein Stachel? Hölle wo ist dein
Sieg? Gott aber sey Danck, der uns
den Sieg gegeben, durch unsern Herrn Jesum
   Christum."

Es ist ein Irrthum, wenn wir uns die Sünde zu
schwer vorstellen, und dencken, es ist kein Rath
   dawieder;
Wenn wir sie uns zu leicht vorstellen,
und dencken: Es ist noch eine erlaubet.

Er will sich unsrer gantz erbarmen,
unsere Missethat dämpfen,
und alle unsere Sünde in die Tieffe des Meers
   werffen.
Und das ist der Sieg, darein der Tod verschlungen wird.

Das Meer, dass ist der gantze Abgrund alles
   Erbarmen Gottes,

der mit dem Blut des Sohns Gottes bedeckt ist,
wie die Erde mit Wasser.
Er versencket den Bann, und den Fluch aller
Sünde, und läst ihn nicht wieder empor kommen,
   wie einen versunckenen Stein.

Der Tod ist das gerade Gegentheil, von dem,
wozu uns die Liebe und Erbarmung Gottes in
Christo Jesu gemacht hat.
Gott hat uns zum Leben geschaffen,
das haben wir verlohren;
Wer aber den Sohn Gottes hat, der hat das Leben
wieder.
Wer den Sohn, das ist, dass Bild Gottes nicht hat,
der ist noch im Tod.

Der Tod ist der Sünde Sold

Die gantze Kunst des Menschen,
sein äusserliches Leben zu erhalten,
bestehet darinn, dass er es verhüte,
dass die in ihm schon liegende Verwesung nicht überhand
nehme.

Den leiblichen Tod tragen Knechte und Mägde Gottes an
sich wie andere,
allein sie verhindern, durch die Gnade des Heylands die
Verwesung in ihnen,
und machen, dass ihr Land durch sein Blut grüne und blühe.
Von dem geistlichen Tod sind sie gar frey.

Die Hölle ist das alte Verderben, dass dem Blut Jesu entgegen
gesetzet ist,
der Greuel-Pfuhl der Erb-sünde,
darinnen die natürlichen Menschen schwimmen,
und, wie es der Apostel ausdrückt, dahin fahren,
und die Gläubigen als durch ein Meer der Angst waten,
und seine Wellen schlagen.

Wir stehen mehrentheils in den Gedancken,
die Sünde ist eine Lust.
Wäre sie das, wie könnte sie ein Stachel genennt werden.
Der Heyland sagts besser, was die Sünde ist:
Ihr seyd von dem Vater, dem Teuffel,
und nach eures Vaters Lust wollt ihr thun.

Ein jeder den Lüsten, dem Geitz, dem Hochmuth,
   der Gemächlichkeit unterworffene Mensch,
ist ein Sklave und Dienstbote des Teuffels.
Und wann er seinen vermeynten Zweck erhält und die
   gesucht Ehre, Geitz, Lüste, Gemächlichkeit erlangt,
so bleibt er des Satans geheimer Zeit-Vertreib,
und wird nach den unterschiedenen Affecten
der Menschen respectirt, beneidet, wehrt gehalten,
oder glücklich geschätzt.
Wofern er sich aber zwantzig, dreyßig, viertzig
Jahr gequält und gemartert, und nichts erlangt hat,
was er gesucht, so wird er vor aller Welt als ein Thor
offenbahr, verlacht, und vor einem hochmüthigen
Narren, vor einem Geitzhals, vor einem liederlichen
Menschen, vor einem Tagedieb ausgeschrien, dass ist
der Lohn seiner Mühe und Arbeit.

Die innige Erbarmung des Heylands bewog ihn,
seine Boten zu den Menschen zu senden,
aufzuthun ihre Augen, dass sie sich bekehren von der
   Finsterniß zum Licht, und von der Gewalt des Satans zu Gott.
Wollen wir also gute Tage sehen,
so lasset uns umkehren zu unserem guten Herrn.
Damit unsere Sünden vertilget werden,
   und die Zeit der Erquickung komme vor dem Angesicht
   des Herrn.

Es ist eine erstaunliche Sache,
nicht so wohl, dass Leute alle Tage sündigen,
sondern, dass sie es ausstehen können,
weil die Sünde so ein miserabel und unerträglich Ding ist.

Es hat aber eine geheime Ursache, wenn man die weiß, so ists zu begreiffen.

Es ist in der Welt gewöhnlich, dass, wenn ein
Mensch starcke Arbeit thut, so erhohlt er sich, und erfrischt sich.
Und das giebt Gelegenheit zu der Frage, die man offt mäßigen
   und nüchternen Leuten thut:

Wo die Krafft herkommen solle.
Man pflegt einem also was Kräfftigs zu geben, wenns
einem ein wenig zu viel wird,
und das müssen die Sündiger auch kriegen,
sonst liessen sie das Werck liegen.

Wenn kein Gesetz in Geboten gestellt wäre,
so bliebe das böse Hertz, wie es ist,
und die Ausbrüche wären viel rarer.
Weil aber das menschliche Gemüth so gestellt ist,
dass wann eine Sache,
die es sein Tage nicht gesehen hätte, verboten wird,
es alsdann erst eine besondere Neigung dazu kriegt,
so ists wohl zu begreiffen,
was Paulus spricht:
Die Krafft der Sünde ist das Gesetze.
Darein macht nun das Evangelium einen gewaltigen Strich.

Das hebet das Gebot-Wesen auf,
macht die Seelen frey,
weiset sie von allen Satzungen ab,
aufs Hertz, auf die Salbung, auf das Gnaden-Gefühl
von Stund zu Stund, so offt die Gelegenheit vorkommt,
auf die Natur, die man nach Erlassung der
alten Schuld von oben herab bekommen hat.
Da verliehrt das mühsame Sündigen seine Krafft
und Nahrung, und wird ohnmächtig, und bleibt liegen.

„Gott sei Dank, der uns den Sieg gegeben hat!"

Woher kommt nun das alles? Woher kommt die Entkräfftung
der Sünde?
Woher kommt das selige Evangelium?
Dank sey dem Blute, das jetzt durch alles wallt.
Gott sey Dank, der uns den Sieg gegeben hat,
durch unseren Herrn Jesum Christum.
Er hat uns erlöst, uns zu gut.
Wir mögen gethan haben alle Sünden,
so sind sie in das Meer des Bluts Jesu Christi hinein
versenckt.

Alle, die dieses hören und glauben,
und deren ihr Hertz so werden will,
die können es noch heute haben und erfahren.
Hier ist kein Sünder ausgenommen,
er mag betrogen seyn von dem Satan,
womit und wie sehr er will, der nicht erlöst und erkaufft
wäre, an dem der Satan sein Recht nicht verlohren hätte.
Wolt ihr selig seyn, ihr Hurer und Diebe,
ihr Zornigen und Mörder, und Lügner, und wer ihr seyd,
ihr Verzagten und Ungläubigen, die ihr das höret?
(Und die ihrs itz leset?)

So wisset, dass Jesus für euch alle gebüsset hat,
und dass ihr es in diesem Augenblick erfahren könnt, dass ihr durch seine Wunden seyd heil worden. Der Born ist offen wieder alle Sünde und Ungerechtigkeit.

Nehmt hin die ABSOLUTION,
und sehet Ihn an, und glaubt und stehet auf, und freuet euch,
und ziehet euch an, und laufft.

Er ist darum vor alle gestorben, auf dass die, so da leben,
hinfort nicht ihnen selbst leben, sondern dem,
der vor sie gestorben und auferstanden ist.
Wir sind Sein, und gehören Ihm an.
Wie wir vorhero sind eine Lust des Satans gewesen,
so müssen wir nun eine Lust des Heylands seyn.
Diejenigen Dinge in seinem Dienst,
davon die Welt sagt: Das ist eine Last, eine Beschwerde,
müssen uns eine Lust und Freude seyn.
Wer der Welt abstirbt,
emsig sich bewirbt um den lebendigen Glauben,
der wird bald empfindlich schauen,
dass niemand verdirbt, wer der Welt abstirbt.

Wir sind sein Ehe-Genoß mit dem Blut unsers Mannes,
als der Lohn seiner dreyßig-jährigen Mühe und Arbeit
 erworben.
Wir essen und trincken, schlaffen und wachen,
arbeiten und ruhen Ihm.
Er hat uns erstritten von der Gewalt des Teufels.
Er hat den Sieg wider den Satan hinausgeführt.
Er hat uns seinem Vater mit übergeben,
da er sagte: Vater, in deine Hände befehl ich meinen
 Geist.
Da hat uns Gott wieder gekriegt.

Ihr seyd dem alten Manne gestorben,
dass ihr eines andern seyd.
Das beziehet sich nun darauf,
dass, nachdem wir Gnade haben, wir leben,

wie wir vor dem Falle würden gelebt haben,
unsträflich, heilig vor Ihm.
Nur seliger und sicherer.

Weil er unser Herr ist,
so müssen wir nun seine Leute seyn,
ihm nachfolgen, und ihm dienen.
Wer so lebt, wie er lebte, der muss nothwendig gehasset
 werden,
wie er ist gehasset worden.
Wer aber sagen kann: Ich lebe, und nun nicht ich,
sondern Christus lebet in mir;
der geht über alle Schwierigkeiten hinüber, und wird sie
 kaum inne.
Denn er ist erlöset von allen Sünden.

Nachzeichnung der Predigt

Der Grundton der Rede ist Siegesjubel, wie er schon in dem biblischen Text 1. Korinther 15,57 angestimmt wird. Gejubelt wird, weil „alle unsere Sünde in die Tiefe des Meeres" von Gottes Erbarmen geworfen wurde. Das von Gott geschaffene Leben versuche der Mensch krampfhaft zu erhalten, indem er die in ihm liegende Verwesung zu verhüten trachte. Der leibliche Tod treffe zwar auch Gottes Knechte und Mägde. Doch vom geistlichen Tod seien sie frei, weil sie durch die Gnade des Heilands die Verwesung in ihnen verhinderten.

Was Sünde ist, werde in Gedanken oft als „Lust" verniedlicht. In Wahrheit sei Sünde die Verkehrung des Menschen zum Sklaven des Teufels, der den Menschen zum Narren hält, und der Tod sei der Sünde Sold. Wenn es eine Rettung gibt, dann allein durch die „innige Erbarmung des Heilands". Zu Ihm gilt es umzukehren, „damit unsere Sünden vertilgt werden". Überhaupt sei es eine erstaunliche Sache, dass die Leute alle Tage sündigten, wo doch die Sünde „so ein miserabel und unerträglich Ding ist". Die „geheime Ursache" für das Sündigen sei das Gesetz, das die eigentliche Kraft der Sünde sei und das Sündigen immer neu entfache.

Nun habe aber, so beginnt der zweite Teil der Rede, das Evangelium einen „gewaltigen Strich" durch das „Gebot-Wesen" gemacht und dadurch die Sünde entkräftet. Die Menschen könnten jetzt von Herzen und aus freier Seele das tun, was das Gesetz zuvor von ihnen verlangt habe. Jetzt walle ein Blut durch die Adern des Menschen, das der Erlösung durch das Blut Christi zu verdanken sei. Im Meer des Blutes Jesu Christi seien alle Sünden versenkt. Das könne jeder Sünder, der das hört und glaubt, noch heute erfahren.

Um diese Erfahrung in Gang zu setzen, spitzt sich Zinzendorfs Rede nun auf eine Absolution zu. Sie geschieht in Gestalt zusprechender, performativer Rede, die mit einer direkten Frage anhebt: „Wollt ihr selig sein [...], die ihr das hört? So wisset, dass Jesus für euch alle gebüsset hat, und dass ihr es in diesem Augenblick erfahren könnt, dass ihr durch seine Wunden seid heil geworden [...]. Nehmt hin die Absolution, und seht ihn an, und glaubt und stehet auf, und freut euch und zieht euch an und lauft." Sieben Imperative bringen eine ungeheure Dynamik in die Rede: Nehmt, seht, glaubt, steht auf, freut euch, zieht euch an, lauft. So wird Absolution durch performative Rede in das Leben der Hörer übertragen, damit sie ganz und gar von der Vergebung durchdrungen werden und gar nicht anders können, als sofort davon im Glauben Gebrauch zu machen. Deshalb wird nun das neue Leben des Absolvierten im Leben Jesu Christi verortet: „Wir sind sein Ehe-Genoß [...]. Wir essen und trinken, schlafen und wachen, arbeiten und ruhen Ihm", denn wir gehören ja nicht mehr uns selbst, sondern Ihm. Zuvor waren wir eine „Lust des Satans". Jetzt aber sind wir eine „Lust des Heylands".

Am Ende der Rede wird diese neue Beziehung, dieser Ortswechsel der Existenz, durch einen Lobpreis Christi hymnisch befestigt: „Er hat uns erstritten von der Gewalt des Teufels, Er hat den Sieg wider den Satan hinausgeführt, Er hat uns seinem Vater übergeben." Aus diesem dreimaligen „Er hat" wird schließlich: „Da hat uns Gott wieder gekriegt." Mit Galater 2,20 wird dieser Ortswechsel noch einmal biblisch zum Ausdruck gebracht: „Ich lebe, und nun nicht ich, sondern Christus lebt in mir." Wer das sagen könne, der gehe über alle Schwierigkeiten mit Leichtigkeit hinweg, „denn er ist erlöst von allen Sünden".

Der Schwung, den diese Rede enthält, ist selbst nach dreihundert Jahren noch spürbar. Es ist eine Predigt voller performativer Rede. In den Lobpreis des Heilands, in dessen ausgebreitete Gnadenarme wird der Hörer mit seiner Sündenlast förmlich hineingerissen. Derart schwungvolle Reden scheinen in Berlin lange nicht mehr gehört worden zu sein. Deshalb strömten auch die Menschen zu diesem Ereignis auf einem Dachboden Berlins. Die Faszination der Reden schien wesentlich mit dem Redner selbst zusammenzuhängen, der freilich von sich selbst und seiner Vorbereitung auf die einzelnen Reden bekannte: „Meine Präparation ist die Stunde vorher eine solche Beklemmung und Armut, dass ich oftmals, ehe ich hinaufgehe, nicht weiß, wo ich bin. So bald ich anfange zu reden, so fühle ich die Kohle vom Altar [...]." Wer ist dieser ebenso berühmte wie berüchtigte sächsische Graf, den Karl Barth einmal den „größten Christozentriker" nannte, den es in der Christenheit gab?

Der Prediger

Nikolaus Ludwig Graf von Zinzendorf und Pottendorf gehört „zu den originellsten Gestalten der Kirchengeschichte" und war doch zu seinen Lebzeiten höchst umstritten: Seine Anhänger nannten ihn liebevoll „Papachen", sahen in ihm den „wahren Fürsten Gottes" und gestanden ihm die Autorität des „Ordinarius" zu; die anderen prangerten ihn als „falschen Apostel", als „Irrgeist" an oder nannten ihn gar „den allerlächerlichsten geistlichen Don Quixot, den jemals die Sonne beschienen".[4]

Geboren wurde Zinzendorf am 26. 5. 1700 in Dresden als Sohn eines sächsischen Ministers, der einem österreichischen Hochadelsgeschlecht angehörte, das im 16. Jahrhundert evangelisch geworden und vor der Gegenreformation nach Sachsen geflohen war. Zinzendorfs Mutter entstammte einem freiherrlichen Geschlecht „derer von Gersdorf". Diese aristokratische Herkunft prägte Zinzendorfs Standesbewusstsein und seinen Familienstolz: Er wusste gravitätisch aufzutreten, liebte Repräsentation, festliche Dekoration, stilvolles Arrangement, war durch und durch ein adliger Mensch mit dem bestechenden Charme eines Grandseigneurs.

Die Adligen jener Zeit waren fromm, aber nicht kirchlich. Man lebte in der pietistischen Schlossgemeinde und verstand sich als Heilandsgemeinde, als *ecclesiola in ecclesia*, inspiriert von Jakob Spener und August Hermann Francke. Die Kinder schickte man auf Franckes Adelspädagogium nach Halle, wo sie erweckte Erzieher bekamen. Spiel, Tanz, Bälle, Maskeraden waren auf diesen frommen Adelshöfen verpönt. Religiöse und soziale Verantwortung wurde im Sinne des Pietismus gepflegt: „Weltverwandlung durch Menschenverwandlung". Da seine Eltern früh verstarben, wuchs Zinzendorf auf dem Gutsschloss seiner Großmutter Henriette Katharina von Gersdorf bis zum zehnten Lebensjahr auf. Die Großmutter, eine der gebildetsten und politisch einflussreichsten Frauen Sachsens, war eine begeisterte Anhängerin von Spener und Francke, verstand sich als überkonfessionell, schätzte die Mystik eines Jakob Böhme und unterstützte radikale Pietisten. Hier wurde auch Zinzendorfs Frömmigkeit „in der zärtlichen Anhänglichkeit an den Heiland" geprägt. Er war Einzelkind – und war dadurch dem Einfluss seiner Großmutter noch mehr ausgesetzt.

Mit zehn Jahren wurde er nach Halle in Franckes Pädagogium geschickt, wo er an der strengen Zucht litt und noch mehr Zuflucht bei dem Heiland suchte. Deshalb bildete er unter den Mitschülern „Sozietäten" in der Ausrichtung auf den Heiland und für dessen Mission in der Welt. An Franckes Mittagstisch vernahm er täglich „erbauliche Nachrichten aus dem Reich Gottes" der hallischen Missionsgebiete und lernte zahlreiche Besucher kennen. Zinzendorfs Reich-Gottes-Aktivismus wurde hier inspiriert. Gern hätte er Theologie studiert, wurde aber von seinem Vormund zum Jurastudium nach Wittenberg (1716–1719), der Hochburg lutherischer Orthodoxie, geschickt. Er bildete sich aber nebenher in Theologie, lernte freiwillig alte Sprachen, las theologische Lektüre von Spener und Francke, hörte zweimal sonntäglich lutherische Predigten, wobei ihn besonders eine Predigtreihe über das Credo faszinierte und hier besonders Luthers Erklärung zum zweiten Artikel, was sich dann bis in seine Berliner Dachbodenrede durchhielt. Mit dem Gegensatz von Luthertum und Orthodoxie machte er sich vertraut und versuchte in seinem versöhnenden Geist ein Versöhnungsgespräch zwischen dem Haupt der Pietisten, August Hermann Francke, und dem Haupt der Lutheraner, dem Dresdner Superintendenten Valentin Löscher, in Merseburg herbeizuführen, was aber gründlich misslang.

Kaum hörte Zinzendorfs Familie von dessen theologischen Ambitionen, schickte sie ihn auf Kavalierstour (1719–1720), um ihn von der Theologie zu entfernen, seinen Bildungshorizont zu erweitern und sich im europäischen Adel bekannt zu machen. In den Niederlanden erlebte Zinzendorf konfessionelle Vielfalt, Religionsfreiheit und westeuropäischen Calvinismus. Er bekam auch Kontakt zur Frühaufklärung. In Paris lernte er die Freiheit einer Weltstadt kennen, gegen die er sich zunächst widerständig verhielt. Es kam zu Gesprächen, ja zu einer Freundschaft mit Kardinal de Noailles, dem er Johann Arndts Bücher vom wahren Christentum übersetzen ließ und widmete. Von nun an suchte Zinzendorf das Beste in allen Religionen und Konfessionen zu erkennen (vgl. 1. Thess 5,21) und entwickelte dazu eine sogenannte „Tropenlehre", die der Eigenart jeder Konfession und Religion gerecht zu werden versuchte.

1722 geht er mit Comtesse Erdmuthe Dorothea des frommen Grafenhofes Reuss-Ebersdorf eine „Streiterehe für Christus" ein, und beginnt auf diesem Schloss mit dem Gedanken einer philadelphischen Gemeinschaft, in der sich alle Konfessionen sammeln könnten, um eins im Blut des Lammes zu werden. Mit Dorothea wäre Zinzendorf gern nach Halle in den Dienst der Hallischen Anstalten getreten, wurde aber wiederum von der Familie gebremst und nach Dresden zur juristischen Ausbildung geschickt. Da ihn die Tätigkeit eines Verwaltungsjuristen innerlich nicht ausfüllte, begann er auch hier alsbald wieder Konventikel zu bilden, um die verstreuten Kinder Gottes zu sammeln. Er gab eine anonyme Zeitschrift („Teutscher Socrates") heraus, um dem Christentum sich entfremdende Kreise anzusprechen und für den christlichen Glauben zu werben.

Zugleich kaufte Zinzendorf 1722 von seiner Großmutter das Gut Berthelsdorf und richtete hier eine Hofgemeinde mit dem Bund von vier Brüdern ein, gleichsam als eine kleine Kommunität, die miteinander ihren Glauben leben wollte. Als aus dem österreichisch regierten Mähren Exulanten flohen und mit seiner Erlaubnis auf einem Außenteil seines Gutes in Herrnhut ansiedelten, nahmen Zinzendorfs Pläne jedoch einen ganz anderen Lauf. Diesen Glaubensexulanten musste der Graf seine ganze Aufmerksamkeit zuwenden. Deshalb ließ er sich 1727 vom Staatsdienst beurlauben, um sich ganz auf die Integration der Exulanten und auf den Aufbau einer Gemeinde zu konzentrieren. Er gab ihnen Statuten, richtete Laienämter ein und sandte sie zwei und zwei in die nähere und fernere Umgebung, um „Seelen zu erwecken und für den Heiland zu gewinnen". Ziel dieser Arbeit sollte sein: „die herzustellende Gemeinschaft wahrer Kinder Gottes".

Als vom österreichischen Kaiser Einspruch bei der Regierung in Dresden gegen den Grafen wegen dessen angeblicher Abwerbung der Mähren erfolgte und Zinzendorf dann auch noch systematisch vom Hallischen Pietismus aus als Irrgläubiger diffamiert wurde und schließlich das lutherische Oberkonsistorium in Dresden ein Gutachten über Zinzendorf wegen angeblicher Abweichung von der lutherischen Lehre erstellt hatte, wurde er 1736 aus Sachsen ausgewiesen. Nun schienen seine gesamten Bemühungen um den Gemeindeaufbau in Herrnhut gescheitert, ja, der Graf schien mit seiner ganzen Frömmigkeit ausgegrenzt zu sein.

Zinzendorf[5] suchte daraufhin Zuflucht in Berlin, wo sein Stiefvater lebte, der preußische Generalfeldzeugmeister Natzmer, der ihm eine Audienz beim Soldatenkönig Friedrich-Wilhelm I. vermittelte. Natürlich hatte auch der preußische König schon Gerüchte über den umstrittenen sächsischen Grafen gehört, der ihm als Sonderling, Schwärmer und Narr geschildert worden war. Deshalb schickte er dem zum Empfang wartenden Zinzendorf einen seiner „lustigen Räte", eine Art Hofnarr, entgegen, um ihn hereinbitten zu lassen. Der brüskierte Graf aber folgte nicht der Einladung des Hofnarren, der unverrichteter Dinge zum König zurückkehren musste. „Wo bleibt er, was hat er gesagt?", fragte der König den Boten. „Nichts." Der König: „Er ist kein Narr, schickt einen Pagen, er möge zur Tafel kommen." So begannen die Begegnungen, die sich schließlich auf des Königs ausdrücklichen Wunsch auf drei Tage erstreckten.

Mit schweren Vorbehalten des Königs fing es an, der dem Grafen peinliche Fragen stellte und ihn aufs Glatteis zu führen suchte. Zinzendorf aber antwortete jeweils kurz, klar und freimütig, so dass der König immer erstaunter wurde, sich dem Grafen immer mehr öffnete und schließlich am dritten Tag vor seinem ganzen Hofpersonal und der Königin erklärte: „Nun will ich auch ein öffentliches Bekenntnis tun: Ihr, ihr Herren, und die ihr mit mir geredet habt, ihr habt mich alle belogen und betrogen. Der Teufel in der Hölle kann nicht ärger lügen. Ihr habt mir so viel vom Grafen erzählt, dass ich gedacht, er sei ein Mann, den man entweder zu einem Narren gebrauchen kann, oder er sei ein verfluchter, teuflischer Mensch, und ich kann nicht leugnen, dass ich zum ersteren Lust gehabt und ihn deswegen hier berufen. Es ist aber fehlgeschlagen. Gott hat mich überzeugt, dass er es treu und redlich meint. Seine ganze Sünde ist, dass er sich als Graf und in der Welt angesehener Mann dem Dienst des Evangeliums widmet."[6]

Zinzendorf hatte für sich und die Sache der Brüdergemeine in Herrnhut einen neuen Schutzherrn gewonnen, ja mehr noch, er wurde mehr und mehr zum Seelsorger dieses mächtigen Königs, den er vor allem brieflich und in einzelnen persönlichen Gesprächen bis zu dessen Tod im Jahr 1740 begleitete. Der König betrieb nun auch die Ordination des Grafen, der ja niemals Theologie studiert hatte, sondern theologischer Autodidakt war. Ungeachtet dessen fragte ihn der König: „Sie suchen nichts als Seelen, warum lassen Sie sich nicht ordinieren? Man kann doch nicht alles tun, wenn man nicht ordiniert ist." Doch auch der theologische Autodidakt musste sich, um ordiniert zu werden, zuvor noch einem theologischen Rechtgläubigkeitsexamen beim lutherischen Konsistorium in Berlin stellen, nachdem er Jahre zuvor schon in Stralsund und bei der Fakultät in Tübingen ähnliche Rechtgläubigkeitsexamina bestanden hatte. Zinzendorf legte 1737 dieses Examen vor den lutherischen Pröpsten in Berlin ab und empfing einen Monat später, am 20. Mai 1737, vom preußischen Oberhofprediger Jablonski die Weihe zum Bischof der mährischen Brüder. Seit diesem Tag unterzeichnete der Graf wichtige Erlasse der mährischen Gemeine mit der Unterschrift „Ludovicus Episcopus". Dem preußischen König erstattete der Graf umgehend Bericht von der Weihe und dankte ihm mit den Worten: „Ich werde lebenslang daran denken, was ich in dieser wichtigen Sache, darinnen mich so wenige gefasst und niemand unterstützt, von dem Könige von Preußen erlangt habe."

Ich breche an dieser Stelle mit Zinzendorfs Biografie ab, denn nur so viel schien mir wichtig, um den eigentümlichen Kontext der Berliner Reden angemessen zu verstehen. Die Reden sollten endgültig des Grafen Rechtgläubigkeit vor dieser Stadt und aller Welt dokumentieren, wie er auch durch seine drei Monate währende Auslegung von Luthers Erklärung zum zweiten Glaubensartikel zeigen wollte, dass sein Werben für die Liebe zu Jesus und die Erlösung von den Sünden ganz und gar lutherisch ausgerichtet sei. Dennoch beschwerte sich der lutherische Propst Roloff in Berlin beim König, weil er über die weit reichende Wirkung von Zinzendorfs Reden aufgebracht war. Natürlich wies der König, der inzwischen ja ein begeisterter Anhänger Zinzendorfs geworden war, diese Beschwerden ab und ließ dem Propst ausrichten, er möge „ihn um den Grafen Zinzendorf unbekümmert lassen. Es wäre ihm lieber, die Leute hörten ihn, als dass sie Böses täten".

Im gleichen Jahr 1738 wurden die Berliner Reden in einer gekürzten Fassung, die ein Anhänger Zinzendorfs mitgeschrieben hatte, mit ausdrücklicher Zustimmung des Grafen in den Druck gegeben: „Die Berlinischen Predigten sind vor der ganzen Welt gehalten. Berlin war nur die Kanzel." Der Erfolg der gedruckten Reden gab dem Grafen recht. „Unter allen Schriften Zinzendorfs sind sie am meisten gelesen worden und haben die stärkste Wirkung ausgeübt."[7] Gewidmet waren die gedruckten Reden der Königin von Preußen. In seiner Widmung schrieb Zinzendorf:

„Der Hauptplan der Worte, die ich geredet, ist: Zwischen dem Heiland und dem Sünder eine Gemeinschaft zu stiften; denn ich bin ein Prediger der Armen. Ew. Majestät sind die Ehre eines großen Monarchen, eines wichtigen Amtmannes des Reiches Gottes. Sie sind dero Kronprinzen und allen königlichen Kindern eine theure Mutter. Sie sind die Liebe der Völker, die unter seinem Scepter sind. Da sind große Herrlichkeiten beisammen. Ich habe auch Gelegenheit gehabt anzumerken, dass es Ew. Majestät nicht entgegen ist, eine arme Sünderin zu werden. Das ist eine seltene Gnade, wo so viel Tugend ist. Sind sie das auch, Allergnädigste Frau, so ist Ihr vollkommen Glück, Ihr Ruhm gegründet und die Tage Ihrer Erquickung werden nicht aufhören."[8]

Eine Sternstunde

Was macht Zinzendorfs Berliner Reden zu einer Sternstunde der Predigt?
1. Es ist der Siegeston des Evangeliums, der in diesen Predigten hörbar wird und die Menschen in seinen Bann zieht. Sie waren es gewohnt, dass in der lutherischen Predigt durch das Gesetz die Sünde so gewaltig aufgedeckt wurde, dass das Evangelium dagegen oft nicht mehr in seiner befreienden Kraft zu Gehör kam. Noch schlimmer war es mit der pietistischen Predigt nach Franckes Muster, die die Heiligung zur Aufgabe des Lebens machte. Dadurch wurde alles noch bedrückender. Dagegen ertönte bei Zinzendorf der christozentrische Ton der Erlösung und der Liebe zum Heiland, der den Menschen zutraut, dass sie es in der Liebe zu Ihm mit ihrem Leben recht machen werden. Den Unterschied zum Pietismus hat Zinzendorf in einer Predigt vom 12. 5. 1747 einmal so veranschaulicht: „Eines genuinen Pietisten Sache ist, sein Elend und Verderben zu fingieren (vorzustellen) bis ans Ende seines Lebens, und nur zum Trost auf die Seite des Heilands (Seitenwunde Jesu, d. h. durch ihn vollbrachte Erlösung) zu schielen; unser Prinzipium aber ist, auf die Seite (d. h. die Seitenwunde Jesu) das Auge unverwandt zu fingieren (richten) und mit Leib und Seele da hinein zu fahren, aber auf die Sünde und das Elend nur zuweilen und zur Beugung und Moderation der Freude zu schielen... Ein solcher (Pietist) ist ein hinkender Bruder, der eben den Weg hinkt, den wir tanzen."[9] In der Tat bekommt die Sprache in Zinzendorfs Berliner Reden einen so beschwingten Ton, dass sie geradezu tänzerisch wirken und den Hörer zum Tanzen auffordern, besonders deutlich in den zugesprochenen Imperativen: „Seht Ihn an und glaubt, und stehet auf, und freuet euch, und zieht euch an und lauft." Könnte es hier nicht auch heißen: „Und tanzt"!?

2. Zum anderen sind Zinzendorfs Reden eine Sternstunde der Predigt, weil sie es verstehen, Gemeinde zu bauen. Wer in Zinzendorfs Sinn mit dem Heiland zu leben bereit ist, gewinnt untereinander und gegenseitig einen festen Halt in der Gemeine, die Zinzendorf nicht nur in Herrnhut aufbaute, sondern gerade auch durch seine Dachbodenreden in Berlin teils als Gemeinschaft festigte, teils neu erbaute. In einem anderen Zusammenhang konnte Zinzendorf sagen: „Wir stehen vor dem Herrn als ein Mann. Da erfährt man, wie eines Glaube durch des andern angezündet und eines Gabe durch die des andern erweckt wird. Da ist eine tägliche Elektrifikation aus dem Herzen des Heilands bei allen Gelegenheiten."[10] Der Leib Christi gewinnt also durch die Gemeinde bauende Predigt Gestalt. Zinzendorf betont: „Darum bittet man den Heiland: wenn wir von dir reden und auf dich deuten, so erscheine du! Und ich weiß nicht leicht eine Predigt, die man natürlichen Leuten hält, wo er's nicht täte, es vergeht nur oft wieder. Vollends ist es bei Geschwistern, die den Heiland schon mitbringen, kein Wunder, dass man sagen kann: Jetzt sind der Heiland und seine Glieder in einer Form, sie haben sich ineinander gestaltet." Als Zinzendorf am letzten Tag seines Aufenthaltes Berlin im April 1738 verlassen wollte, kam es tatsächlich als Folge seiner Berliner Reden zur Gründung einer „Gemeine verbundener Brüder", die zu den in Berlin schon angesiedelten böhmischen Exulanten in Friedrichsstadt und Rixdorf Kontakt aufnahmen und sich später zu einer weiteren großen Brüdergemeine vereinigten[11].

3. Zinzendorfs Reden sind auch deshalb eine Sternstunde der Predigt, weil sie in ihrem christozentrischen Charakter den Heiland der Gemeinde vor Augen zu malen verstehen. Immer wieder betont der Graf: „Recht predigen heißt, den Heiland predigen." Paulus schreibt in Galater 3,1, dass er den Galatern Jesus Christus als Gekreuzigten vor Augen gemalt habe. So malt auch Zinzendorf in zuweilen drastischen und blutrünstigen Farben den Heiland seinen Hörern vor Augen, um ihnen die rettende Kraft des Kreuzesgeschehens so anschaulich wie möglich nahe zu bringen. Für uns heute ist das an manchen Stellen kaum nachvollziehbar, denn wir leben in einer betont nüchternen Zeit, die den informativen Sprachstil liebt. Das wäre für Zinzendorf und seine Zeit zu wenig, zu dürftig gewesen. Ein bisschen – und manchmal ein bisschen viel – Blut musste da schon

in die Sprache einfließen, um die Energie Christi den Hörern vor Augen und ins Herz zu malen. Je mehr sie dadurch von IHM, dem Heiland, erfasst werden, desto weniger ist dann noch eine moralische Anwendung auf das Leben notwendig, weil ja der von Christus Erfasste weiß, was er im Leben zu tun hat. Zinzendorfs Biograf und Nachfolger Spangenberg fasste es so zusammen: Der Graf habe die Absicht gehabt, „die armen Menschen" mit ihrem Heiland bekannt zu machen, und sie zur Gemeinschaft mit IHM zu bringen. Wenn das erreicht würde, so erlangten sie mit IHM alles Gute; sie würden in Liebe gegen IHN und gegen ihren Nächsten entzündet, und daraus fließe alles Übrige, was man von „Kindern Gottes erwarte".

4. Ein Prediger kann nach Zinzendorf nur andere überzeugen, wenn er selbst überzeugt ist und Zeugnis von dem gibt, „wes das Herz voll ist". Was macht dann aber ein Prediger, dessen Herz verzagt ist, leer oder gar verzweifelt? Wie soll er vor die Gemeinde treten? Zinzendorfs Antwort: „Die Brüder müssen überhaupt nicht jedes Mal reden und wenn sie nichts zu reden haben, so lesen und singen sie eben, und wenn auch das nicht ist, so sagen sie es der Gemeine, wie es ist und empfehlen sich ihrem Mitleiden. Es ist unsinnig zu fordern, dass einer immer in Feuer und Flamme stehen soll."[12] Noch drastischer fügt der Graf an anderer Stelle hinzu: „Zu Losung und Text einige Worte nach dem gegenwärtigen Herzensgefühl sagen, ist genug und nie ungesegnet. Wenn Gnade und Trieb und Zeit zugleich da sind, dann fängt man an, wenn aber eins fehlt, dann geht's nicht. Das wäre ebenso, als wenn ich sagte: Komm, Heiliger Geist, denn es hat sechs, es hat neun geschlagen, und so lang das nicht aufhört in den Kirchen, so hört das Gewäsch nicht auf."

Nun hatte Zinzendorf angesichts der Gemeindeversammlungen der Brüdergemeine gut reden, denn ein Prediger wurde ja hier von den Brüdern und Schwestern getragen und unterstützt. Tägliche Versammlungen, Singstunden, Liebesmahle und Abendmahlsfeiern strukturierten das Gemeindeleben. Das ist etwas anderes als das normale Leben einer Kirchengemeinde, in der es außer dem Sonntagsgottesdienst vielleicht noch ein oder zwei Hauskreise gibt. In den intensiven Gemeindeversammlungen der Brüdergemeine konnte es ein ganz anderes Miteinander von Prediger und Gemeinde geben: „Ein Gemeinprediger muss in der Gemeine dem Volk zu Füßen sitzen und aus seinem Herzen heraus katechisieren."[13] Der Prediger ist also kein Gegenüber zu den Hörern, sondern ein Teil von ihnen. Hat sich nicht Zinzendorf bei seinen Dachbodenreden ganz eben so verstanden und verhalten? Wenn später Schleiermacher von der „Circulation des Gemeingeistes" spricht, um sein ebenso homiletisches wie kybernetisches Denken näher zu bestimmen, so ist er darin ganz und gar ein „Herrnhuter höherer Ordnung", wie er sich selbst nannte, weil er auch durch die Brüdergemeine erfahren hatte, dass der Geist durch den Lauf des Wortes vom Prediger zur Gemeinde läuft, von einem zum anderen, und dadurch wiederum den Prediger neu erfasst.

Christian Möller

Literatur

Peter Zimmerling, Nikolaus Ludwig Graf von Zinzendorf und die Herrnhuter Brüdergemeine. Geschichte, Spiritualität und Theologie, Holzgerlingen 1999.
Martin Brecht/Paul Peucker (Hg.), Neue Aspekte der Zinzendorf-Forschung, AGP 47, Göttingen 2006.

Anmerkungen

1. Vgl. zu den folgenden Ausführungen: Erich Beyreuther, Zinzendorf und die Christenheit, Marburg 1961, 159–162.
2. Beyreuther, 159 f.
3. Nikolaus Ludwig von Zinzendorf, Ergänzungsbände zu den Hauptschriften, hg. v. E. Beyreuther und G. Meyer, Bd. XIV Berliner Reden, Hildesheim/Zürich/New York 1985, 112–117. Der gelegentliche Fettdruck im Predigttext entstammt, ebenso wie die Rechtschreibung, dieser Originalausgabe.
4. Hans Schneider, Nikolaus Ludwig von Zinzendorf, in: H.Greschat, Gestalten der Kirchengeschichte, Bd. 7, Stuttgart 1987, 347–372, ebd. 347.
5. Zur folgenden Darstellung vgl. E. Beyreuther, a. a. O. 142 f.
6. So Jochen Kepper, Der König und die Stillen im Lande, Witten/Berlin ⁴1962, 133.
7. Beyreuther, Zinzendorf, 161.
8. N. L. v. Zinzendorf, Ergänzungsbände zu den Hauptschriften, hg. v. E. Beyreuther und G. Meyer Bd. XIV, Hildesheim 1985, Vorwort.
9. Otto Uttendörfer, Zinzendorfs religiöse Grundgedanken, Herrnhut 1935, 233.
10. Vgl. zu den folgenden Ausführungen und Zitaten Peter Zimmerling, Zinzendorf als Prediger, GPM 58, 2004, 332–342, ebd. 340.
11. Beyreuther, a. a. O. 162.
12. Zimmerling, a. a. O. 337.
13. Zimmerling, a. a. O. 339.

Friedrich Daniel Ernst Schleiermacher
Das vereinende Band der Liebe

Die Situation

Am 1. November 1829 musste Schleiermacher seinen einzigen Sohn Nathanael zu Grabe tragen. Er wollte selbst die Grabrede bei der Beerdigung auf dem Friedhof der Dreifaltigkeitsgemeinde in Berlin halten. Der neunjährige Sohn war im Oktober 1829 an Scharlach erkrankt. Drei Tage nach Ausbruch der Krankheit schrieb Schleiermacher am 29. Oktober1829 in sein Notizbuch: „Das liebe Kind stirbt Morgens auf sieben Uhr."[1]

Es war der einzige leibliche Sohn, der ihm und seiner Frau Henriette von Willich geboren wurde, als Schleiermacher schon 52 Jahre alt war. Die Eheleute hatten bereits drei Töchter; aus erster Ehe brachte Henriette zwei Kinder mit. Nathanael war der Sonnenschein in Schleiermachers älteren Jahren. An seinen Freund Gass schrieb Schleiermacher am 12. November 1829: „Mir war es nun besonders, seit der Knabe angefangen das Gymnasium zu besuchen, ein eigener Beruf, ihn unter meine nähere Leitung zu nehmen. Zuletzt hatte ich es mir eingerichtet, dass er in meiner Stube arbeitete, und so kann ich sagen, es war keine Stunde, wo ich nicht des Knaben gedacht und um ihn Sorge getragen hätte, so dass ich ihn nun auch in jeder Stunde vermisse. Da ist nun nichts zu tun, als sich zu fügen und seinen Schmerz zu verarbeiten."[2]

Der Schmerz des 61-Jährigen muss grenzenlos gewesen sein, und doch lässt er es sich nicht nehmen, selber die Grabrede am 1. November 1829 zu halten. So hatte ja auch Schleiermacher neun Jahre zuvor den Neugeborenen wie alle seine Kinder selber getauft. Nun suchte er darin Trost, dass er selbst die Grabrede hielt. Mehrfach soll ihm bei der Grabrede die Stimme versagt haben. Sein Stiefsohn Ehrenfried von Willich stand neben ihm und berichtet: „Es war einer der erschütterndsten und großartigsten Momente in meines Vaters Leben und ist wohl auch anderen, die ihn mit uns erlebt haben und ihm nicht so nahe standen, unvergesslich geblieben."[3] Und doch war danach der alte Elan des großen Theologen gebrochen. „Der Tod des Sohnes markierte einen Wendepunkt in Schleiermachers Seelenverfassung. Die Heiterkeit, der Scherz, das Mutwillige wurden seltener. Die weiche, innige, liebevolle Stimmung wurde noch mehr wie früher die vorherrschende."[4]

Die Predigt[5]

Rede an Nathanaels Grabe am 1. November 1829

DER PREDIGER UND DIE GEMEINDE   „Meine theuern Freunde, die ihr hergekommen seid um mit dem gebeugten Vater am Grabe des geliebten Kindes zu trauern! Ich weiß, ihr seid nicht gekommen in der Meinung ein Rohr zu sehen, das vom Winde bewegt wird. Aber was ihr findet, ist doch nur ein alter Stamm, der so eben nicht bricht von dem Einen Windstoße, der ihn plötzlich aus heitrer Höhe getroffen hat. Ja, so ist es! Für einen zwanzigjährigen vom Himmel gepflegten und verschonten glücklichen Hausstand habe ich Gott zu danken, für eine weit längere von unverdientem Segen begleitete Amtsführung, für eine große Fülle von Freuden und Schmerzen, die ich in meinem Berufe und als theilnehmender Freund mit andern durchlebt habe; manche schwere Wolke ist über das Leben gezogen, – aber was von außen kam hat der Glaube überwunden, was von innen hat die Liebe gut gemacht: nun aber hat dieser Eine Schlag, der erste in seiner Art, das Leben in seinen Wurzeln erschüttert."

KINDER SIND EIN TEURES PFAND VON GOTT   „Ach, Kinder sind nicht nur theure von Gott uns anvertraute Pfänder, für welche wir Rechenschaft zu geben haben, nicht nur unerschöpfliche Gegenstände der Sorge und der Pflicht, der Liebe und des Gebets: sie sind auch ein unmittelbarer Segen für das Haus, sie geben leicht eben so viel als sie empfangen, sie erfrischen das Leben und erfreuen das Herz. Ein solcher Segen war nun auch dieser Knabe für unser Haus.

Ja, wenn der Erlöser sagt, dass die Engel der kleinen das Angesicht seines Vaters im Himmel sehen, so erschien uns in diesem Kinde, als schaue ein solcher Engel aus ihm heraus, die Freundlichkeit unseres Gottes.

Als Gott ihn mir gab, war mein erstes Gebet, dass väterliche Liebe mich nie verleiten möge mehr von dem Knaben zu halten als recht sei; und ich glaube, der Herr hat mir dies gegeben. Ich weiß sehr wohl, es gibt weit ausgezeichnetere Kinder an geistigen Gaben, an regem Eifer, und auf die sich weit größere Erwartungen bauen lassen von dem, was sie in der Welt leisten werden, und ich freue mich, wenn es deren recht viele gibt. Als ich ihm den Namen gab, welchen er führte, wollte ich ihn durch denselben nicht nur als eine theure willkommene Gottesgabe begrüßen, sondern ich wollte dadurch zugleich den innigen Wunsch ausdrücken, dass er möge werden wie sein biblischer Namensahn, eine Seele, in der kein Falsch ist; und auch das hat mir der Herr gegeben. Redlich und treuherzig wie der Knabe war schaute er voll Vertrauen jedem ins Auge, zu allen Menschen sich nur gutes versehend, und falsches haben wir nie in ihm gefunden.

Und eben deshalb, meine theuern Kinder, die ich hier um mich sehe, weil er wahrhaft war, blieb er auch frei von manchem trüben, was sonst auch euren Jahren schon naht, war ihm auch selbstisches Wesen fern, und trug er Liebe und Wohlwollen zu allen Menschen. So lebte er unter uns als die Freude des ganzen Hauses; und als die Zeit gekommen war, da es nöthig schien ihn in eine größere Gemeinschaft der Jugend und in weitere Kreise des Unterrichts einzupflanzen, fing er auch da an sich einzuleben und zu gedeihen, und auch der verdiente und wohlgemeinte Tadel seiner Lehrer fiel auf guten Boden.

So gedachte ich ihn noch weiter zu begleiten mit väterlichem Auge und erwartete ruhig, in welchem Maße seine geistigen Kräfte sich weiter entwickeln, und nach welcher Seite menschlicher Thätigkeit hin seine Neigung sich wenden würde. Ja, wenn ich mir oft sagte in ganz anderm Sinne als nun geschehen ist, dass es mir nicht gegeben sein würde seine Erziehung zu vollenden, war ich doch guten Muths. Ich sah auch da als einen schönen Segen meines Berufs an, dass es ihm dereinst nie fehlen würde treuen väterlichen Rath und kräftigen Beistand zu finden um meinetwillen; aber ich hoffte, er werde ihm auch nicht entstehen um seinetwillen.

Diese mir über alles wichtige Aufgabe für mein ganzes übriges Leben, an der mein Herz mit voller Liebe hing, ist nun unaufgelöst durchstrichen, das freundlich erquikkende Lebensbild ist plötzlich zerstört, und alle Hoffnungen, die auf ihm ruhten, liegen hier und sollen eingesenkt werden mit diesem Sarge! Was soll ich sagen?"

TROST ÜBER DEN VERLUST „*Es giebt einen Trost*, durch den sich viele fromme Christen beschwichtigen in solchem Falle, den auch mir schon mancher liebe freundliche Mund in diesen Tagen zu gerufen hat, und der um so weniger zu übersehen ist, als er von einer richtigen Schätzung der menschlichen Schwachheit ausgeht; es ist nämlich der, dass Kinder, die jung hinweggenommen werden, doch allen Gefahren und Versuchungen dieses Lebens entrükkt und zeitig in den sichern Hafen gerettet sind. Diese Gefahren waren auch gewiß dem Knaben nicht ganz erspart; aber doch will dieser Trost nicht recht bei mir haften, wie ich bin. Wie ich diese Welt immer ansehe, als die, welche durch das Leben des Erlösers verherrlicht und durch die Wirksamkeit seines Geistes zu immer unaufhaltsam weiterer Entwikklung alles guten und göttlichen geheiligt ist; wie ich immer nur habe sein wollen ein Diener des göttlichen Wortes in freudigem Geist und Sinne: warum denn hätte ich nicht glauben sollen, dass der Segen der christlichen Gemeinschaft sich auch an ihm bewähren würde, und dass durch christliche Erziehung ein unvergänglicher Same in ihm wäre niedergelegt worden? Warum sollt ich nicht auch für ihn, selbst wenn er strauchelte, auf die gnädige Bewahrung Gottes hoffen? Warum nicht fest vertrauen, dass nichts ihn werde aus der Hand des Herrn und Heilandes reißen können, dem er ja geweiht war, und den er auch aus kindlichem Herzen schon angefangen hatte zu lieben, wie denn noch eine seiner letzten besonnenen Aeußerungen in den Tagen der Krankheit eine freundliche Bejahung war auf die Frage der Mutter, ob er auch seinen Heiland recht liebe. – Und diese Liebe, wäre sie auch nicht gleichmäßig fortgeschritten, hätte sie auch bei ihm ihre Störungen erfahren: warum sollte ich nicht doch glauben, dass sie ihm nie würde verloschen sein, dass sie ihn doch dereinst würde ganz beherrscht haben? Und wie ich Muth gehabt hätte das alles mit ihm durchzuleben, ihn dabei zu ermahnen, zu trösten, zu leiten: so ist mir jene Betrachtung nicht so tröstlich wie vielen andern.

Auf andere Weise schöpfen viele Trauernde *ihren Trost* aus einer *Fülle reizender Bilder*, in denen sie sich die fortbestehende Gemeinschaft der vorangegangenen und der zurückgebliebenen darstellen, und je mehr diese die Seele erfüllen, um desto mehr müssen alle Schmerzen über den Tod gestillt werden. Aber dem Mann, der zu sehr an die Strenge und Schärfe des Gedankens gewöhnt ist, lassen diese Bilder tausend unbeantwortete Fragen zurück und verlieren dadurch gar viel von ihrer tröstenden Kraft.

So stehe ich denn hier mit meinem Troste und meiner Hoffnung allein auf dem bescheidenen aber doch so reichen Worte der Schrift. Es ist noch nicht erschienen, was wir sein werden; wenn es aber erscheinen wird, werden wir ihn sehen, wie er ist! und auf dem kräftigen Gebete des Herrn, Vater, ich will, dass wo ich bin auch die seien, die du mir gegeben hast. Auf diesen starken Glauben gestützt und von kindlicher Ergebung getragen spreche ich denn von Herzen, Der Herr hatte ihn gegeben, der Name des Herrn sei gelobt dafür, dass er ihn mir gegeben, dass er diesem Kinde ein wenn auch kurzes doch helles und heiteres und von dem Liebeshauche seiner Gnade erwärmtes Leben verliehen, dass er es so treu bewacht und geleitet hat, dass sich nun dem theuern Andenken nichts bitteres beimischt, vielmehr wir bekennen müssen, dass wir reichlich gesegnet worden sind durch das liebe Kind. Der Herr hat es genommen; sein Name sei gelobt, dass er es wiewol genommen und doch auch gelassen hat; dass er uns bleibt auch hier in unauslöschlichen Erinnerungen ein theures und unvergängliches Eigenthum."

DANK   „Doch ich kann mich nicht trennen von diesen der Verwesung geweihten Ueberresten der lieblichen Gestalt, ohne nun auch noch nachdem ich den Herrn gepriesen den gerührtesten Dank meines Herzens auszusprechen vor allen *der theuern Hälfte meines Lebens*, durch welche Gott mir dieses Kind geschenkt, für alle mütterliche Liebe und Treue, die sie ihm bewiesen von seinem ersten bis zu seinem letzten in ihren treuen Armen ausgehauchten Athemzuge; und *meinen lieben ältern Kindern* allen für die Liebe, mit der sie diesem jüngsten zugethan waren und es ihm erleichterten heiter und froh seinen Weg zu gehen in den Schranken der Ordnung und des Gehorsams; *und allen lieben Freunden*, die mit uns sich an ihm gefreut und mit uns um ihn gesorgt haben, zumal aber euch, liebe Lehrer, die ihr es euch zur Freude machtet an der Entwikklung seiner Seele thätigen Theil zu nehmen, und euch, ihr lieben Gespielen und Mitschüler, die ihr ihm in kindlicher Freundschaft zugethan waret, denen er so manche von seinen froheren Stunden verdankte, und die ihr auch um ihn trauert, weil ihr gern auf dem gemeinschaftlichen Wege noch weiter mit ihm fortgegangen wäret, und allen denen Dank, die mir diese Stunde des Abschieds schöner und feierlicher gemacht haben.

Aber mit dem Danke verbindet sich ja immer gern eine Gegengabe;

und so nehmt denn ihr alle zum Andenken an diesen mir so schmerzlich bedeutenden Augenblick noch eine wohlgemeinte Gabe *christlicher Ermahnung.*"

Ermahnung: Lasst uns rechtzeitig lieben! „Meine Gattin und ich, wir haben beide dieses Kind herzlich und zärtlich geliebt, und überdies sind Freundlichkeit und Milde der herrschende Ton unsers Hauswesens; und doch zieht sich durch unsere Erinnerungen an das Leben mit dem geliebten Knaben hie und da ein leiser Ton des Vorwurfs hindurch; und so glaube ich denn, es geht vielleicht keiner dahin, gegen den diejenigen, die am meisten mit ihm zu leben hatten, sich wenn sie sich vor Gott prüfen vollkommen genügten, wäre auch das anvertraute Leben nur eben so kurz gewesen wie dieses.

Darum lasst uns doch uns alle unter einander lieben als solche, die uns bald und ach wie bald! Könnten entrissen werden. Ich sage das euch Kindern und glaubt mir, dieser Rath, wenn ihr ihm folgt, wird euch keine unschuldige Freude trüben, aber euch gewiß vor vielen wenn auch nur kleinen Verschuldungen bewahren. Ich sage es euch Eltern; denn wenn ihr nicht in meinen Fall kommt, werdet ihr euch desto ungetrübter der Frucht dieses Wortes erfreuen. Ich sage es mit meinem besten Danke euch Lehrern; denn wenn ihr auch zu sehr im großen mit der Jugend zu thun habt um euch mit dem einzelnen besonders in Verhältniß zu setzen, so wird doch immer mehr alles was ihr thun müsst, um Ordnung und Gesetz aufrecht zu halten, von dem rechten Geiste heiligender christlicher Liebe durchdrungen sein. Ach ja, lasset uns alle einander als solche lieben, die bald von einander können getrennt werden!"

Gebet „Nun du Gott, der du die Liebe bist, lass auch jetzt nicht nur deiner Allmacht mich unterwerfen, nicht nur deiner unerforschlichen Weisheit mich fügen, sondern auch deine väterliche Liebe erkennen! Mache mir auch diese schwere Prüfung zu einem neuen Segen in meinem Berufe! Lass für mich und alle die meinigen den gemeinsamen Schmerz ein neues Band wo möglich noch innigerer Liebe werden, und ihn meinem ganzen Hause zu einer neuen Anfassung deines Geistes gereichen! Gieb, dass auch diese schwere Stunde ein Segen werde für alle, die hier zugegen sind. Lass uns alle immer mehr zu der Weisheit reifen, die über das nichtige hinweg sehend in allem irdischen und vergänglichen nur das ewige sieht und liebt, und in allen deinen Rathschlüssen auch deinen Frieden findet und das ewige Leben, zu dem wir durch den Glauben aus dem Tode hindurch gedrungen sind. Amen."

Nachzeichnung der Predigt

Wie geht Schleiermacher in seiner Rede vor? Zunächst bringt er die von überall herbeigeströmte Trauergemeinde in ein Verhältnis zu sich selbst als dem Vater des Kindes: „Meine theuern Freunde, die ihr hergekommen seid um mit dem gebeugten Vater am Grabe des geliebten Kindes zu trauern! Ich weiß, ihr seid nicht gekommen in der Meinung ein Rohr zu sehen, das vom Winde bewegt wird." Er sei ein alter Stamm, der von einem Windstoß so eben nicht bricht, der ihn plötzlich aus heiterer Höhe getroffen habe. Und doch sei es der erste Schlag in seiner Art, der sein Leben in seinen Wurzeln erschüttere.

Nun schildert der Prediger, was ihm dieser Sohn bedeutet habe und wie innig das Verhältnis zwischen Vater und Sohn gewesen sei: „eine Seele, in der kein falsch ist", wie es von Nathanael in der Bibel heißt, so sei auch dieser Sohn gewesen. Er habe noch so viel mit ihm vorgehabt, aber das sei nun alles „unaufgelöst" durchgestrichen, das erquickende Lebensbild plötzlich zerstört „und alle Hoffnungen, die auf ihm ruhten, liegen hier und sollen eingesenkt werden mit diesem Sarge"!

Nun gebe es da mancherlei Trost, der ihm in diesen Tagen zugerufen werde wie z. B., „dass Kinder, die jung hinweggenommen werden, doch allen Gefahren und Versuchungen dieses Lebens entrückt und zeitig in den sicheren Hafen gerettet" seien. Aber das sei im Grunde nur billige Vertröstung und helfe ihm so wenig weiter wie die „Fülle reizender Bilder", die eine fortbestehende Gemeinschaft der Vorangegangenen und der Zurückgebliebenen auszumalen versuchen, Bilder, die bei ihm, den an Strenge und Schärfe des Gedankens Gewöhnten, nur tausend unbeantwortete Fragen zurückließen. Der einzig wahre Trost liege für ihn in dem „bescheidenen aber doch so reichen Worte der Schrift", das Schleiermacher nun dreifach zitiert:
a) „Es ist noch nicht erschienen, was wir sein werden" (1. Joh 3,2);
b) aus dem Hohepriesterlichen Gebet Jesu in Johannes 17: „Vater, ich will, dass, wo ich bin, auch die seien, die du mir gegeben hast."

c) Schließlich paraphrasiert Schleiermacher das berühmte Wort des Hiob: „Der Herr hat's gegeben, der Herr hat's genommen, der Name des Herrn sei gelobt!" (Hiob 1,21).

Auf diesem Trost der Heiligen Schrift stehend und diesen Trost auslegend kommt Schleiermacher zu einem dreifachen Dank: einmal an seine Frau, in deren mütterlichen liebevollen Armen der Sohn gestorben sei; dann an seine älteren Kinder für alle Liebe, mit der sie ihren jüngeren Bruder umgeben haben und schließlich an die Freunde, Lehrer und Mitschüler des Sohnes. Ihnen allen gibt er noch „eine wohlgemeinte Gabe christlicher Ermahnung" mit auf den Weg ins Leben zurück: „Lasset uns alle einander als solche lieben, die bald voneinander können getrennt werden!"

In diesem Zusammenhang deutet Schleiermacher eine leise Missstimmung an: „Und doch zieht sich durch unsere Erinnerungen an das Leben mit dem geliebten Knaben hie und da ein leiser Ton des Vorwurfs hindurch." Worauf mag das anspielen? Vielleicht auf die Spannungen, die durch eine im Hause Schleiermacher seit 1816 mit lebende Offizierwitwe Caroline Fischer erzeugt wurden? Von ihr heißt es bei Kurt Nowak: „Ihr erschienen Verstorbene, die sie durch ihren Mund sprechen ließ. Die jenseitssüchtige Henriette Schleiermacher ließ sich von der hellseherisch begabten Offizierswitwe vollständig in den Bann schlagen. ‚Sie sah in der Fischer gleichsam ein höheres Wesen, ein von Gott hoch begnadigtes, wie kein anderer Mensch auf Erden, ein Organ, dazu bestimmt, unmittelbar den göttlichen Willen und göttliche Gedanken auszusprechen und dadurch Segen um sich zu verbreiten, wie kein anderer.' Nacheinander erlagen die Töchter Elisabeth, Gertrud, Henriette dem Einfluss der Frau [...]. Schleiermacher war nicht mehr Herr im eigenen Hause. Er musste seine Frau mahnen, wenigstens zum Mittagessen und zur Teestunde ihren hausfraulichen Pflichten nachzukommen. Das Übel vergrößerte sich, als Henriette Schleiermacher die Tochter der medialen Frau, die halbwüchsige Luise, ins Haus nahm und dadurch die Haushalte gleichsam vereinigte. Wäre Schleiermacher mit rigorosen Methoden vorgegangen, hätte er seine Frau wahrscheinlich verloren."[6] Natürlich werden diese Zustände dem kleinen Nathanael nicht verborgen geblieben sein, auch wenn ihn Schleiermacher vor dem Einfluss dieser hellseherisch begabten, medialen Frau, von der Nathanaels Mutter abhängig geworden war, zu entfernen versuchte, indem er den Knaben in seiner Stube arbeiten ließ.

Die Grabrede schließt mit einem eindrücklichen Gebet ab: „Mache mir auch diese schwere Prüfung zu einem neuen Segen in meinem Berufe! Lass für mich und alle die meinigen den gemeinsamen Schmerz ein neues Band wo möglich noch innigerer Liebe werden, und ihn meinem ganzen Hause zu einer neuen Anfassung deines Geistes gereichen!"

Der Prediger

So eindrücklich Schleiermachers Grabrede auf die beteiligte Trauergemeinde gewirkt haben mag, so sehr gehört auch diese Rede in Schleiermachers ungewöhnliche Wirksamkeit als Prediger von Berlin hinein. Der Philosoph Wilhelm Dilthey, der eine maßgebliche Schleiermacher-Biographie verfasst hat, schrieb: „Die höchsten Wirkungen seines Genies waren von der Kanzel. Nach allen Schilderungen waren sie mit nichts zu vergleichen, was man seit der Generation Luthers an Einwirkung von der Kanzel aus in Deutschland erlebt hat."[7] Die Wirkung von Schleiermachers Predigten hängt natürlich auch mit der Ausstrahlung seiner Persönlichkeit zusammen. Sein Stiefsohn Ehrenfried von Willig berichtete von Eindrücken, die er mit Schleiermacher auf der Reise gehabt hat: „Mein Vater war auf Reisen, wo er von Geschäften frei war und auch andere Sorgen hinter sich geworfen hatte, von einer strahlenden Heiterkeit und unterhielt sich gern und viel in seiner gewöhnlichen liebenswürdigen Freundlichkeit und Leutseligkeit mit aller Welt, auch mit Leuten aus dem Volk, die ihn liebten [...]. Ich erinnere mich, dass er einmal sagte: er verstehe nicht, wie man ein Menschenantlitz sehen könne, ohne es zu lieben. Dabei zog die sprudelnde Heiterkeit seines Wesens, die der Grundton bei ihm war, die fröhliche, zu Scherz und Necken gestimmte Laune – was auch von dem reichen überströmenden Quell der Liebe in seinem Herzen kam – alle Welt an und bannte die Leute auf eine wohltuende Weise gleichsam in den Kreis seiner eigenen Seelenstimmung."[8]

Der dänische Naturphilosoph Henrik Steffens, der ein Studienfreund Schleiermachers war, beschrieb ihn als einen Mann „klein von Wuchs, etwas verwachsen, doch so, dass es ihn kaum entstellte. In allen seinen Bewegungen war er lebhaft, seine Gesichtszüge höchst bedeutend. Etwas Scharfes in seinem Blick mochte vielleicht zurückstoßend wirken.

Er schien in der Tat einen jeden zu durchschauen [...]. Sein Gesicht war länglich, alle Gesichtszüge scharf gezeichnet, die Lippen streng geschlossen, das Kinn hervortretend, das Auge lebhaft und feurig, der Blick fortdauernd ernsthaft, zusammengefasst und besonnen. Ich sah ihn in den mannigfaltigsten wechselnden Verhältnissen des Lebens, tief nachsinnend und spielend, scherzhaft, mild und erzürnt, von Freude wie durch Schmerz bewegt: Fortdauernd schien eine unveränderliche Ruhe, größer, mächtiger als die vorübergehende Bewegung, sein Gemüt zu beherrschen. Und dennoch war nichts Starres in dieser Ruhe. Eine leise Ironie spielte in diesen Zügen, eine innige Teilnahme bewegte ihn innerlich, und eine fast kindliche Güte drang durch die sichtbare Ruhe hindurch. Die herrschende Besonnenheit hatte seine Sinne auf eine bewundernswürdige Weise verstärkt. Während er im lebhaftesten Gespräch begriffen war, entging ihm nichts. Er sah alles, was um ihn her vorging, er hörte alles, selbst das leise Gespräch anderer."[9]

Von 1790 bis 1834, also während seiner gesamten beruflichen Laufbahn, hat Schleiermacher fast jeden Sonntag auf der Kanzel gestanden, zuerst in Landsberg an der Warthe, dann an der Charité in Berlin, dann im pommerschen Stolp, später im akademischen Gottesdienst in Halle und schließlich in der Dreifaltigkeitskirche in Berlin. Selbst als extrem überbeschäftigter Professor predigte er sonntäglich in der Dreifaltigkeitskirche entweder um neun Uhr im Hauptgottesdienst oder um sieben Uhr im Frühgottesdienst. Das Predigen war ihm so wichtig, dass er seit seinen Anfängen eigene Predigten und Predigtsammlungen veröffentlicht hat.

Schleiermacher hatte, wie er selber einmal in einem Brief schreibt, einen „Enthusiasmus für die Kanzel"[10]. Alle Predigtvorbereitung schob er bis auf den letzten Augenblick auf und schrieb seit 1792 seine Predigten überhaupt nicht mehr auf. Einige Stunden konzentrierten Nachdenkens – ans Fenster gelehnt – genügten zur Vorbereitung und selbst der Besuch einer Gesellschaft am Samstagabend konnte ihn in diesem Verhalten nicht stören. Er pflegte sich alsdann für eine Viertelstunde schweigend an den Ofen zu stellen, was von den Kundigen in der Gesellschaft um ihn her respektiert wurde. Nur wenn er die Frühpredigt um sieben Uhr hatte, sah er vom Besuch solcher Gesellschaften ab. Was an Predigtmanuskripten von Schleiermacher existiert, sind nachträgliche Niederschriften.

Auf der Kanzel muss Schleiermacher äußerst konzentriert gewirkt haben. Von dem unbewegten, fast kühlen Prediger soll kein äußerer Zauber ausgegangen sein. Ein Volksprediger war er nicht, sondern ein Prediger des gebildeten Berlin. Aber für dieses gebildete Berlin waren Schleiermachers Predigten gesellschaftliche Ereignisse. Er zog seine Zuhörer in den Bann seiner Gedanken hinein. Mit deutlicher Selbstironie schreibt Schleiermacher einmal über das aus Neugier zu ihm strömende Volk der gebildeten Predigthörer: „Bunter ist überhaupt kein Fischzug als mein kirchliches Auditorium: Herrnhuter, Juden, Getaufte und Ungetaufte, junge Philosophen und Philologen, elegante Damen, und das schöne Bild des heiligen Antonius (von Padua) muss mir immer vorschweben; indes hoffe ich, etwas muss doch hier und da angeregt werden."[11] Ehrenfried von Willich, der schon genannte Stiefsohn, schilderte die Predigten seines Stiefvaters so: „Er ging nie darauf aus zu rühren; seine Sprache war ohne allen gesuchten Schmuck. In großer Ruhe begann er seine Gedanken zu entwickeln, klar und einfach, aber unwillkürlich steigerte sich seine Empfindung, die Sprache wurde wärmer und lebendiger, und wenn dann wohl ein Moment eintrat, wo er seine Bewegung, wie er es eine Zeit lang mit Anstrengung versucht hatte, nicht mehr bemeistern konnte, seine Stimme plötzlich zusammenbrach und man Tränen in seinen Augen sah, dann war der Eindruck auf die Zuhörer ein überwältigender."[12] In ähnlicher Weise hob auch der Fakultätskollege Marheinecke die Rührung hervor, die Schleiermacher häufig beim Predigen überfiel und ihm das Wasser in die Augen schießen ließ.

So versammelte sich in der Dreifaltigkeitskirche von Berlin eine Personalgemeinde, von der Paul Lagarde in seinem Buch „Über einige Berliner Theologen" schrieb: „Man hing offenbar an der Person des frischen beweglichen Mannes mehr als an dem, was er vortrug, oder gar an dem Evangelium. ‚Heut war er wieder göttlich', klingt mir noch in den Ohren."[13] Bismarck, der ein Konfirmand Schleiermachers war, gestand freilich, dass er von Schleiermachers Predigten wenig tiefe Eindrücke empfangen habe, wie auch Schleiermachers eigene Frau von den Predigten ihres Mannes oft unbefriedigt war, so dass ihr Mann ihr riet, lieber den evangelistischen Prediger Johannes Evangelista Goßner zu hören.

Wenn trotz Schleiermachers genial-meditativer Predigtvorbereitung so viele Predigten von ihm erhalten sind, so liegt das daran, dass

Schleiermacher sie nachträglich aufschrieb und ausarbeitete, weil ihm an der Verbreitung seiner Predigten besonders lag. Die zehn Bände der Gesamtausgabe von Schleiermachers Predigten enthalten freilich nicht den ganzen Nachlass.

Zunächst predigte Schleiermacher noch in den Bahnen der Aufklärung, indem er für die sittliche Bedeutung der Religion eintrat. Zu seiner eigenen Predigtweise wie seinem eigenen Predigtverständnis fand Schleiermacher dann aber offensichtlich in der Zeit der Befreiungskriege, als er in Halle zu einem patriotischen Prediger wurde, der mit dem Volk zugunsten des Vaterlandes in einen Dialog zu treten wusste. Die tiefe Wirkung seiner Predigten „beruhte ganz offenkundig darauf, dass die Predigt ganz und gar durch ihn hindurchgegangen war und dass dann nichts mehr, ‚kein Papier' zwischen dem Prediger und denen, die ihm zuhörten, stand".[14] Schleiermacher hat eben seine Predigten derart meditiert, dass er sich beim Predigen ganz auf die Konzentration nach innen und auf die Sache beschränken konnte. So hat er unmittelbar, von Angesicht zu Angesicht, Kontakt mit seinen Hörern. Die Meditation verhilft ihm zu einer „völligen Präsenz auf der Kanzel".

Bei aller Gründlichkeit, mit der Schleiermacher den biblischen Text auslegte und meditierte, war doch „die Heilige Schrift nicht eigentlich die Glaubensquelle für seine Predigten. Die Heilige Schrift dient vielmehr zur Legitimierung und Regulierung des frommen christlichen Gefühls und der Vernunft, aber sie ist nur so weit gültig, als sie selbst vom frommen Gefühl und von der Vernunft im höheren Sinne bestätigt wird"[15]. Das ist auch in der Grabrede für Nathanael zu sehen, dass Schleiermacher die biblischen Texte, so wichtig sie ihm sind, eigentlich nur in den Redefluss einfließen lässt, dann auch gar nicht weiter auslegt, es sei denn so, dass er sie durch die Darstellung seines Gemütszustandes hindurch scheinen lässt als Basis des Trostes, den er als gültig ansieht.

Das ist der Kern von Schleiermachers Predigtverständnis: Predigt ist für ihn „Darstellung christlich frommer Gemütszustände", vermittelt durch Christus als dem Urbild und Erlöser. In einer Predigt werden nicht Sachverhalte dargestellt, sondern es teilt sich in ihr ein bestimmtes religiöses Bewusstsein mit: die persönlich erfahrene Lebensgemeinschaft mit Christus. Die Predigt ist zu begreifen als „eine zusammenhängende Folge von Gedanken; der Zweck zu dem sie veranstaltet wird, ist kein anderer als das religiöse Bewusstsein der Anwesenden zu beleben, so wie ich es früher schon gesagt habe, die ganze Anstalt des Kultus sei eine Anstalt zur Zirkulation des religiösen Bewusstseins"[16].

Freilich soll die Predigt nur ein Teil des Gottesdienstes sein, weswegen sich Schleiermacher gegen die verbreitete Praxis vieler seiner Predigthörer wandte, erst zur Predigt in die Kirche zu kommen, weil ihnen die Liturgie nichts bedeutete. Dagegen ist er der Meinung, dass sich erst durch die Liturgie beim Hörer die angemessene Empfänglichkeit für die Predigt einstellt. Durch die Liturgie kann der Gottesdienstbesucher erst in das Gottesdienstgeschehen hineinfinden. Dabei muss er aus seiner „Einzelheit herausgerissen ... und sich als ein Teil der versammelten Gemeine gefühlt haben"[17]. Erst in diesem Zustand, in welchem das religiöse Bewusstsein zirkuliert, wird die Predigt auf angemessene Weise gehört.

Der Prediger muss „als Repräsentant seiner Gemeinde ... ausgehen von der gemeinsamen Anregung [...] und ihr eine bestimmte Richtung geben".[18] Deshalb äußerte sich Schleiermacher gern zu gesellschaftlich allgemein interessierenden Fragen und scheute sich nicht, zu politischen Zeitereignissen von der Kanzel aus Stellung zu nehmen. Neben dem politischen Bereich nahm aber auch das christliche Hauswesen in seinen Predigten einen bevorzugten Platz ein. Stets kam es darauf an, die „Weltlichkeit" und das Leben durchsichtig zu machen und die religiöse Relevanz des ganz alltäglichen Lebens aufzuzeigen. „Das Christliche [...] steckt sozusagen verdeckt schon in den menschlichen, in den alltäglichen Bezügen drin und muss nur behutsam herausgehoben werden, so dass es für den aufmerksamen Blick der Zuhörer sichtbar wird und ‚einleuchtend', d.h. zum Leuchten kommt."[19] Demnach muss eine Predigt das Religiöse oder das Christliche bewusst machen. Das Bild Christi ist im Grunde schon da, aber es ist in Vergessenheit geraten und muss als „Urbild" des Humanen im menschlichen Leben durch die Predigt wieder in den Blick gebracht werden. Dies erscheint möglich, da „das Werk und Wesen des Erlösers bei Schleiermacher nicht in fremder Gegensätzlichkeit von unserer Welt abgetrennt ist. Es ist nicht in dem Sinne fremd, dass wir es nicht mit unserer Vernunft, sondern nur im Glauben erfassen könnten. Es ist nicht weggerückt von uns durch unsere Sünde, sondern es vollzieht sich in unserer Welt und Wirklichkeit".[20] Die Predigt soll also das fromme Selbstbewusstsein der Hörer in dialektisch fortschreitendem Gespräch aus einem latenten zum vollständigen christlichen Selbstbewusstsein erheben. Dem entspricht die klare Gliederung und logische Struktur in Schleiermachers Predigten. Er folgt nicht einer starr festgelegten Disposition, sondern lässt seine Gliederung in freier und lebendiger Rede sich entwickeln, damit die Predigt ein Prozess wird, in dem alles seinen Ort hat und dem Ziel der Rede dient. Für seine Kunst, mit dem Hörer ein Gespräch zu führen und seine Vorstellung gesprächsweise zu entwickeln, sind offenkundig die platonischen Dialoge vorbildlich gewesen. Die Einheit der Predigt entsteht also in einem dialogischen Verfahren, das Schleiermacher selber so beschreibt: „Der Prediger geht auf der einen Seite auf den Zusammenhang zurück, der in seiner Schriftstelle stattfindet; aber indem er seine Gemeinde im Auge hat, hat er darauf zu sehen, was diese gewohnt ist, und weil er in einer freien Richtung sich befindet, so muss ihm gegenwärtig sein wie die Gemeine über den Gegenstand zu denken pflegt. Das Verfahren ist in seiner Natur ein dialogisches; es ist ein Dialog mit seiner Schriftstelle, die er fragt, und die ihm antwortet, und mit seiner Gemeinde."[21] Vorausgesetzt wird dabei, dass der Prediger sich in einer Kontinuität religiösen Lebens bewegt und den religiösen Gehalt aller Dinge reflektiert. Er hat in beständigem Umgang mit der Schrift ein Leben in und mit der Gemeinde zu führen.

Am berühmtesten für Schleiermachers Predigtverständnis wurde seine kurze, aber folgenschwere Vorrede in dem ausführlichen Widmungstext, den er seinen Predigten von 1801 voranschickt: „An Herrn Prediger Stubenrauch zu Landsberg an der Warte": „Andern wird freilich manches wunderlich vorkommen; z. B. dass ich immer so rede als gäbe es noch Gemeinen der Gläubigen und eine christliche Kirche; als wäre die Religion noch ein Band, welches die Christen auf eine eigentümliche Art vereinigt. Es sieht allerdings nicht aus, als verhielte es sich so: Aber ich sehe nicht, wie wir umhin können, dies dennoch vorauszusetzen. Vielleicht kommt auch die Sache dadurch wieder zustande, dass man sie voraussetzt."[22]

Besonders dieses letzte Sätzchen kennzeichnet die Art und Weise von Schleiermachers Predigt: Sie soll und will keine Missionspredigt in dem Sinne sein, dass sie vom Defizit, von der Ungläubigkeit, vom Zweifel der Hörer ausgeht, der erst noch zu bekehren sei. Vielmehr setzt Schleiermacher predigend etwas voraus, was eigentlich noch gar nicht vorhanden ist, aber gerade dadurch in den Gesichtskreis der Hörer tritt, dass er es mit Blick auf den Erlöser voraussetzt und seine Hörer so intensiv auf diesen Erlöser schauen lässt, dass sein Urbild sich in ihren Gemütszuständen abdrückt, prägend wird, wobei freilich der Prediger ein Medium ist, der mit der Darstellung seines frommen Selbstbewusstseins dazu hilft, dass sich das Urbild des Erlösers in den frommen Gemütszuständen der Hörer abbilden und sich dort erregen kann. Mir scheint, dass diese Predigtweise am Ende viel „missionarischer" ist als diejenige, die erst den Hörer in den Abgrund verdammt oder von seinen Defiziten ausgeht, um ihn dann zu bekehren zu einem Christus, von dem der Hörer im Grunde nie richtig weiß, wie er denn den Weg zu ihm finden soll. Schleiermacher schließt sich vielmehr in seinen Predigten mit seinen Hörern zusammen, indem er in der Darstellung seines frommen Selbstbewusstseins die Sache so voraussetzt, dass sie sich im Selbstbewusstsein der Hörer imponieren kann.

Wie das im Einzelnen vor sich geht, wurde an der Grabrede für Nathanael eindrucksvoll deutlich. Der Schmerz um den Sohn einerseits und der Trost der Heiligen Schrift andererseits und die Weisung zurück in das Leben werden so gepredigt, dass sie sich als Gemütserregungen im Vater selbst zunächst darstellen, um dann zum Gemüt der Hörer überzuspringen, nachdem sich der Prediger von vornherein mit seinen Hörern zusammengeschlossen hat, wie der Anfang der Predigt zeigte.

Eine Sternstunde

So schmerzlich die Umstände dieser Grabrede waren, so ist sie doch eine Sternstunde der Predigt in finsterer Zeit, weil sie auf exemplarische Weise deutlich macht, wie sich durch die Predigt ein Band der Liebe um eine Trauergemeinde legen kann. Die Menschen müssen tief getröstet und beeindruckt von Nathanaels Grab in ihr Berliner Großstadtleben zurückgekehrt sein. Schleiermachers Grabrede wurde so etwas wie ein Musterexemplar für eine ebenso persönliche wie biblische Tröstung angesichts des Todes.

Das ist ja die Schwierigkeit einer Predigt am Grab, dass sie nicht im Schmerz der Angehörigen herumwühlen darf. Es muss vielmehr so tröstlich geredet werden, dass eine Weisung wieder zurück ins Leben führt und Trost sich nicht als billige Vertröstung erweist. Schleiermachers Grabrede zeigt, dass er solchen billigen Trost abweist und den echten, tiefen und wahren Trost im Wort der Schrift sucht, das er dann auch auslegt und weiterführt als Weisung ins Leben und als Gebet zu Gott.

Schleiermacher ist es gerade durch seine Predigten gelungen, eine ganze Schicht von Menschen, die für das Christentum verloren schienen, mit seinen Predigten auf eine werbende Weise anzusprechen, und zwar nicht als Ungläubige, sondern als Menschen, bei denen es aus der Mitte des Evangeliums heraus vorauszusetzen gilt, dass auch sie Gerufene des Erlösers sind. Selbst am Grabe, ja gerade hier, kann Schleiermacher das Evangelium auf eine gewinnende Weise sagen und als das einende Band der Liebe um die Trauergemeinde legen. Das ist in der Tat eine Sternstunde der Predigt.

Christian Möller

Literatur

Wolfgang Trillhaas, Schleiermachers Predigt [1933]. Zweite um ein Vorwort ergänzte Auflage. Berlin/New York 1975.

Anmerkungen

1. Kurt Nowak, Schleiermacher, Göttingen 2001, 408.
2. Familien- und Freundesbriefe 1804–1834, hg. v. H. Meisner, Gotha 1923, 355.
3. Nowak, a. a. O. 408.
4. Nowak a. a. O. 408.
5. Friedrich Schleiermacher, Sämtliche Werke Bd. 4, (Predigten), Berlin 1935, 836–840. Die Zwischenüberschriften sind nachträglich als Lesehilfe hinzugefügt.
6. Nowak, a. a. O. 375 f.
7. Wilhelm Dilthey, Leben Schleiermachers I/1, 1970 (3. Aufl.), 72.
8. Friedrich Wilhelm Kantzenbach, Schleiermacher. In Selbstzeugnissen und Bilddokumentation, Reinbek b. Hamburg 1999 (8. Aufl.), 109 f.
9. Kantzenbach, a. a. O. 157 f.
10. Aus Schleiermachers Leben. In Briefen Bd. III, Berlin 1974, 376.
11. Zit. bei Wolfgang Trillhaas, Schleiermachers Predigt, Berlin 1975 (2. Aufl.), 21.
12. Nowak, a. a. O. 391.
13. Trillhaas, a. a. O. 21.
14. Wolfgang Trillhaas, Der Berliner Prediger, in: Friedrich Schleiermacher, 1768–1834, hg. v. Dietz Lange, Göttingen 1985, 11
15. A. a. O. 27
16. Schleiermacher, Die praktische Theologie nach den Grundsätzen der evangelischen Kirche, Berlin 1850, 216.
17. Schleiermacher, Sämtliche Werke, Erste Abteilung, Berlin 1846, 179.
18. Schleiermacher, Praktische Theologie, a. a. O. 203 f.
19. Trillhaas, Der Berliner Prediger, a. a. O. 16.
20. A. a. O. 20.
21. Schleiermacher, Praktische Theologie, 248.
22. Schleiermacher, Sämtliche Werke, 2. Abt. Bd. 1, 6.

Sören Kierkegaard
Eine Predigt für den König

Die Situation

Im Jahr 1847 erschien unter dem Titel „Der Liebe Tun" eine Sammlung christlicher Reden von Sören Kierkegaard. Eine dieser Reden über das Thema „Liebe ist Sache des Gewissens" hat Kierkegaard dem dänischen König Christian VIII. anlässlich eines Besuchs auf Schloss Sorgenfrei vorgelesen.[1] Es war eine besondere Sternstunde, in der nur für diesen Einzelnen gepredigt wurde! Und das kam so: Christian VIII. hatte bereits etwas anderes von Kierkegaard gelesen und meinte, das sei „sehr tiefsinnig, aber für ihn zu hoch" (S. 163). Um ihm zu zeigen, dass es durchaus möglich sei, seine Schriften zu verstehen, brachte Kierkegaard ein Exemplar seines Buches „Der Liebe Tun" mit. Der König sah zunächst hinein, bemerkte den Aufbau des ersten Teils und war davon fasziniert. Dann nahm Kierkegaard das Buch und bat „um die Erlaubnis, ihm einen Abschnitt vorzulesen ..." (S. 164). Zur Wirkung der Rede auf den König heißt es knapp: „Das bewegte ihn, wie er überhaupt leicht beweglich war" (S. 164).

Die Notiz ist nicht eindeutig. Hat Kierkegaard dem König wirklich nur einen Abschnitt vorgelesen oder die ganze Rede? Für die erste Deutung spricht, dass im Lauf des Gesprächs auch noch andere Themen berührt wurden. Hat Kierkegaard die Rede vollständig vorgelesen, so muss das etwa eine Stunde gedauert haben. Das war damals die übliche Dauer einer Predigt. Es ist daher wenig wahrscheinlich, dass der König tatsächlich alles zu hören bekam. Joakim Garff nimmt denn auch an, Kierkegaard habe dem König nur „einen hübschen und leicht verständlichen Passus über die Liebe als eine Sache des Gewissens vor[gelesen]".[2]

Fest steht jedoch: Die Rede wurde in diesem Fall – sei es ganz oder nur auszugsweise – als *Lesepredigt* für einen Einzelnen benutzt. Und genau so sind alle erbaulichen Reden Kierkegaards gemeint: es sind Predigten, die der Einzelne sich selber vorlesen oder sich vorlesen lassen kann. Wie Albrecht Haizmann zeigen konnte, sind die Reden als Korrektive zur gängigen Predigtpraxis entworfen, d. h. als Musterpredigten.[3] Sie wollen neu darauf aufmerksam machen, was eigentlich eine Predigt ist. In dem Vorwort, das jedem der beiden Teile von „Der Liebe Tun" vorangestellt ist, bezeichnet Kierkegaard seine Texte als „christliche Erwägungen" und betont, sie wollten „langsam verstanden werden". Die Reden wenden sich also an Leser, die sich Zeit lassen dabei, die langsam und laut lesen.

Die hier vorgestellte Rede ist wie eine klassische Textpredigt aufgebaut. Predigttext ist ein Vers aus dem ersten Timotheusbrief: „Aber die Hauptsumme des Gebotes ist Liebe von reinem Herzen und von gutem Gewissen und von ungefärbtem Glauben" (1. Tim 1,5).

Die Predigt
Liebe ist Sache des Gewissens

Einleitung: *Das Christentum hat jedes zwischenmenschliche Verhältnis zu einem Gewissensverhältnis gemacht.*
Wofern man mit einem einzigen Wort den Sieg angeben und bezeichnen sollte, den das Christentum über die Welt gewonnen hat, oder noch richtiger den Sieg, mit dem es die Welt mehr als überwunden hat (da das Christentum ja niemals weltlich hat siegen wollen), die unendliche Veränderung, auf die das Christentum zielt, wodurch in Wahrheit alles geblieben ist wie es war und doch im Sinne der Unendlichkeit alles neu geworden ist (denn das Christentum ist niemals ein Freund von Neuigkeiten gewesen) – so weiß ich nichts Kürzeres aber auch nichts Entscheidenderes als dies: es hat jedes menschliche Verhältnis zwischen Mensch und Mensch zu einem Gewissensverhältnis gemacht. Das Christentum hat nicht Regierungen vom Thron stürzen wollen, um sich selbst auf den Thron zu setzen, es hat im äußeren Sinne niemals um den Platz in der Welt gestritten, es ist ja nicht von dieser Welt (denn falls es im Raum des Herzens Platz findet, so nimmt es doch keinen Platz in der Welt ein), und doch hat es all das unendlich verändert, was es bestehen ließ und bestehen lässt.

Wie nämlich das Blut in jedem einzelnen Nerv pocht, ebenso will das Christentum mit dem Gewissensverhältnis alles durchdringen. Die

Die Predigt 159

Veränderung ist nicht im Äußeren, nicht im äußeren Schein, und doch ist die Veränderung unendlich; wie wenn ein Mensch anstatt des Blutes in seinen Adern jene göttliche Flüssigkeit hätte, von der das Heidentum träumte – ebenso will das Christentum dem menschlichen Geschlecht das ewige Leben, das Göttliche einflößen. Deshalb hat man gesagt, dass die Christen ein Volk von Priestern seien, und deshalb kann man, wenn man an das Gewissensverhältnis denkt, sagen, sie seien ein Volk von Königen. Denn nimm den geringsten, den am meisten übersehenen dienenden Menschen, denk dir eine recht einfältige, arme, dürftige Arbeiterin, die ihr Auskommen mit der geringsten Arbeit erwirbt: sie hat im christlichen Sinne das Recht, ja wir bitten sie im Namen des Christentums recht inständig, es auszuüben, sie hat das Recht, während sie ihre Arbeit verrichtet, im Gespräch mit sich selbst und mit Gott, was die Arbeit keineswegs aufhält, sie hat das Recht zu sagen: „Ich tue diese Arbeit um Tagelohn, aber dass ich sie so sorgfältig verrichte, wie es der Fall ist, das tue ich – um des Gewissens willen."

Ach, weltlich gibt es nur einen einzigen Menschen, einen einzigen, der keine andere Verpflichtung anerkennt als die des Gewissens: das ist der König. Und doch hat jenes geringe Weib im christlichen Sinne das Recht, königlich zu sich selbst vor Gott zu sagen: „Ich tue es um des Gewissens willen!" Wird das Weib missvergnügt, weil kein Mensch auf diese Rede hören will, so zeigt das nur, dass sie nicht christlich gesinnt ist, sonst schiene mir doch, es könne genug sein, dass Gott mir erlaubt hat, dergestalt mit ihm zu reden – in dieser Hinsicht begehrlich Äußerungsfreiheit zu verlangen, ist eine große Torheit wider einen selbst; denn es gibt gewisse Dinge, und darunter insbesondere die Geheimnisse der Innerlichkeit, welche durch Bekanntmachung verlieren, und welche völlig verloren sind, wenn die Bekanntmachung einem das Wichtigste geworden ist, ja es gibt Geheimnisse, die in solchem Falle nicht bloß verloren sind, sondern zu einfacher Sinnlosigkeit geworden sind. Es ist die göttliche Absicht des Christentums, in Vertraulichkeit zu jedem Menschen zu sagen: „Müh dich nicht ab, die Gestalt der Welt oder deine Lebensbedingungen zu verändern, wie wenn du, um bei dem Beispiel zu bleiben, es vielleicht dazu bringen könntest, gnädige Frau genannt zu werden, statt eine arme Arbeiterin zu sein, o nein, eigne dir das Christliche an, und dann wird es dir einen Punkt außerhalb der Welt zeigen, mit dessen Hilfe du Himmel und Erde bewegen wirst, ja du wirst das noch Wunderbarere tun, du wirst Himmel und Erde so still, so leicht bewegen, dass niemand es merkt."

Dies ist die Wundertat des Christentums, wunderbarer als die Verwandlung von Wasser in Wein, diese Wundertat, in aller Stille, ohne einen Thronwechsel, ja ohne dass eine Hand sich rührt, jeden Menschen im göttlichen Sinne zu einem König zu machen, so leicht, so behende, so wunderbar, dass die Welt es in gewissem Sinne nicht zu erfahren braucht. Denn in der äußeren Welt soll und muss der König der einzige sein, der nach seinem Gewissen herrscht, aber zu gehorchen – um des Gewissens willen soll einem jeden erlaubt sein, ja, das kann niemand, niemand verhindern. Und dort innen, dort tief im Innern, wo das Christliche im Gewissensverhältnis wohnt, dort ist alles verändert.

Schau, die Welt schlägt Lärm, nur um eine kleine Veränderung zu erreichen, setzt Himmel und Erde in Bewegung um ein Nichts, wie der Berg, der eine Maus gebiert: das Christentum wirkt in aller Stille die Veränderung der Unendlichkeit, als sei es nichts. Das geschieht so still, wie nichts Weltliches sein kann, so still, wie nur ein Verstorbener und die Innerlichkeit sein können; was ist auch das Christentum anderes denn Innerlichkeit!

Dergestalt verwandelt das Christentum jedes Verhältnis zwischen Mensch und Mensch in ein Gewissensverhältnis, so denn auch das der Liebe. Eben dies wollen wir nun betrachten, dass nämlich im christlichen Sinne Liebe Sache des Gewissens ist.

ENTFALTUNG DES THEMAS   In den verlesenen apostolischen Worten ist offenbar etwas Doppeltes enthalten, zuerst „die Hauptsumme des Gebotes ist Liebe". Dies haben wir in der vorhergehenden Erwägung entwickelt, indem wir jedoch die Betrachtung an ein anderes Wort angeknüpft haben, nämlich: Liebe ist des Gesetzes Erfüllung. Ferner ist aber in unserm Text enthalten: wenn Liebe die Hauptsumme des Gebotes sein soll, so muss sie von reinem Herzen sein und von gutem Gewissen und von ungefärbtem Glauben. Wir wollen jedoch die Aufmerksamkeit auf die eine Bestimmung sammeln, dass Liebe Sache des Gewissens ist, worin auch die beiden anderen wesentlich enthalten sind, und worauf sie sich wesentlich zurückführen lassen.

DIE LIEBE IN DER EHE: *Das Christentum hat die Liebe zwischen den Geschlechtern zur Gewissenssache gemacht. Mann und Frau gehören zuerst Gott und sind daher zuallererst Nächste füreinander. Wir sollen in der Liebe zum geliebten Partner zuerst den Nächsten lieben.*

Dass nun eine bestimmte Art Liebe christlich zu einer Sache des Gewissens gemacht ist, ist jedem hinlänglich bekannt. Wir sprechen von der Ehe. Bevor der Diener der Kirche die beiden zu dem Zusammenleben vereint, welches ihrer Herzen Wahl gewesen ist, wonach er sie jedoch nicht fragt, fragt er sie zuerst jeden für sich: Habt Ihr Euch mit Gott und mit Eurem Gewissen beraten? Also der Diener der Kirche führt die Liebe auf das Gewissen zurück, weshalb er ja auch auf gewisse Weise wie ein Fremder zu ihnen spricht, ohne das vertrauliche „Du" zu gebrauchen; er legt beiden, jedem für sich aufs Herz, dass es eine Sache des Gewissens sei, er macht ein Herzensanliegen zu einer Sache des Gewissens. Bestimmter und deutlicher lässt sich das doch wohl nicht ausdrücken, und doch ist noch ein weiterer Ausdruck für die gleiche Betrachtung in der Form der Frage enthalten, oder darin, dass jeder für sich gefragt wird. Die Frage an – den einzelnen ist der allgemeinere Ausdruck für das Gewissensverhältnis, und deshalb eben betrachtet auch das Christentum das menschliche Geschlecht wesentlich so, dass es zuallererst all diese Unzähligen jeden für sich betrachtet, jeden für sich als den einzelnen.

Der Diener der Kirche fragt also die beiden, jeden für sich, ob er sich mit Gott und mit seinem Gewissen beraten habe. Dies ist die unendliche Veränderung, die im Christentum mit der Minne geschieht. Sie ist wie alle Veränderungen durch das Christentum so ruhig, so verborgen – weil sie nur der verborgenen Innerlichkeit des Menschen zugehört, dem unvergänglichen Wesen des stillen Geistes. Welche Abscheulichkeiten hat nicht die Welt bei dem Verhältnis zwischen Mann und Frau gesehen, dass die Frau, beinahe tierisch, ein missachtetes Wesen war im Vergleich mit dem Mann, ein Wesen wie von einer anderen Art; wie ist nicht gekämpft worden, um die Frau weltlich in gleiches Recht mit dem Mann einzusetzen: aber das Christentum vollzieht nur die Veränderung der Unendlichkeit und tut das deshalb in aller Stille. Äußerlich bleibt auf gewisse Weise das Alte; denn der Mann soll des Weibes Herr sein, sie ihm untertan; aber in der Innerlichkeit ist alles verändert, verändert mit Hilfe jener kleinen Frage an die Frau, ob sie sich mit ihrem Gewissen beraten habe, dass sie diesen Mann – zum Herrn haben wolle, denn anders bekommt sie ihn nicht. Doch die Gewissensfrage nach der Gewissenssache macht sie in Innerlichkeit vor Gott völlig gleich mit dem Mann. Was Christus von seinem Reich sagte, dass es nicht von dieser Welt sei, das gilt von allem Christlichen. Als eine höhere Ordnung der Dinge will es überall zugegen sein, aber nicht greifbar; wie ein freundlicher Geist die Lieben überall umgibt, jedem ihrer Schritte folgt, sich aber nicht zeigen lässt: ebenso will das Christliche fremd sein im Leben, weil es einer anderen Welt zugehört, fremd in der Welt, weil es dem inneren Menschen zugehören will. Törichte Menschen haben sich töricht bemüht, im Namen des Christentums weltlich offenbar zu machen, dass die Frau in gleiche Rechte mit dem Mann eingesetzt sei: Derartiges hat das Christentum niemals verlangt oder gewünscht. Es hat alles für die Frau getan, falls sie sich christlich mit dem Christlichen begnügen will; will sie das nicht, so gewinnt sie nur mäßigen Ersatz für das Verlorene in dem bisschen Äußerlichkeit, das sie sich weltlich ertrotzen kann.

So steht es also mit der Ehe. Aber weil das Christentum mit der Ehe die Minne zu einer Sache des Gewissens gemacht hat, so scheint daraus noch nicht zu folgen, dass es die Liebe überhaupt zu einer Sache des Gewissens gemacht habe. Wer jedoch anderer Meinung ist, der befindet sich in einem Irrtum betreffs des Christentums. Das Christentum hat nämlich nicht ausnahmsweise die Minne zur Gewissenssache gemacht, sondern weil es alle Liebe zu einer Sache des Gewissens gemacht hat, hat es auch die Minne dazu gemacht. Und außerdem, wofern irgendeine Art Liebe besonders schwer in eine Gewissenssache verwandelt werden könnte, dann wohl die Minne, die in Trieb und Neigung gegründet ist; denn Trieb und Neigung scheinen gerade sich selbst genug zu sein bei der Entscheidung der Frage, ob die Liebe zugegen sei oder nicht, und scheinen insofern Einspruch zu erheben gegen das Christliche, ebenso wie das Christliche gegen sie. Wenn nämlich zwei Menschen einander lieben, was sie ja selbst am besten wissen müssen, und sonst nichts die Vereinigung hindert, weshalb dann Schwierigkeiten machen, wie es doch das Christentum tut, indem es sagt: nein, sie müssen zuerst auf die Frage geantwortet haben, ob sie sich mit Gott und ihrem Gewissen beraten haben. Das Christentum will niemals Veränderungen im Äußeren bewirken, es will weder Trieb noch Neigung abschaffen, es will nur die Veränderung der Unendlichkeit im Inneren wirken.

Und die Veränderung der Unendlichkeit (welche der inwendige, verborgene Mensch ist, der die Richtung nach innen, gegen das Gottesverhältnis hat und darin verschieden ist von der Inwendigkeit, welche die Richtung nach außen hat) will das Christentum überall wirken, und will deshalb auch alle Liebe zur Gewissenssache wandeln. Deshalb betrachtet man das Christliche unrichtig, wenn man meint, es wolle eine einzelne Art Liebe ausnahmsweise zur Gewissenssache machen. Man kann überhaupt gar nichts Einzelnes zu einer Gewissenssache machen; entweder muss man alles dazu machen, wie es das Christentum tut, oder überhaupt nichts. Mit der innerlichen Kraft des Gewissens, sich auszubreiten, verhält es sich ebenso wie mit Gottes Allgegenwart: man kann sie nicht auf eine einzelne Stelle einschränken und sagen, Gott sei an dieser einzelnen Stelle allgegenwärtig; denn das hieße eben, seine Allgegenwart leugnen. Und ebenso heißt auch das Gewissensverhältnis auf etwas Einzelnes einschränken, das Gewissensverhältnis überhaupt leugnen.

Wofern wir uns einen Anfangspunkt in des Christentums Lehre von der Liebe denken wollen (wenn es auch unmöglich ist, einen Anfangspunkt in einer Kreisbewegung festzuhalten), so kann man nicht sagen, das Christentum beginne damit, die Minne zu einer Sache des Gewissens zu machen, als hätte diese Angelegenheit sich in erster Linie die Aufmerksamkeit der Lehre zugezogen, welche ganz anderes zu bedenken hat, als die Leute zu verheiraten. Nein, das Christentum nimmt den Anfang von Grund auf und beginnt deshalb mit der Lehre des Geistes davon, was Liebe sei. Um zu bestimmen, was Liebe sei, beginnt es entweder mit Gott oder mit dem Nächsten, und diese Lehre von der Liebe ist die wesentlich christliche, da man ja von Gott ausgehen muss, um in Liebe den Nächsten zu finden, und da man in der Liebe zum Nächsten Gott finden muss. Von dieser Grundbetrachtung aus bemächtigt das Christentum sich nun jeglicher Äußerung der Liebe, und ist eifersüchtig auf sich selbst. Man kann deshalb ebensogut sagen, die Lehre vom Gottesverhältnis des Menschen habe die Minne zu einer Sache des Gewissens gemacht, wie man sagen kann, die Lehre von der Nächstenliebe habe das getan. Beides ist gleichermaßen der christliche Einspruch wider die Selbstherrlichkeit von Trieb und Neigung. Weil der Mann zuallererst Gott gehört, ehe er einer Verbindung mit einem ändern Menschen gehört, deshalb muss er zuerst gefragt werden, ob er sich mit Gott und mit seinem Gewissen beraten habe. Ebenso steht es

mit der Frau. Und weil der Mann zuallererst, selbst im Verhältnis zu der geliebten Frau, der Nächste ist, und sie für ihn zuallererst der Nächste, deshalb muss gefragt werden, ob er und sie sich mit dem Gewissen beraten haben. Im christlichen Sinne besteht Gleichheit zwischen allen Menschen vor Gott, und in der Lehre von der Nächstenliebe besteht Gleichheit zwischen allen Menschen vor Gott. Man glaubt vielleicht, Liebe zum Nächsten könne sich schon sehen lassen, wenn sie nur eine abgetakelte Minne sei; ach, Liebe zum Nächsten ist das Letzte und das Höchste, und deshalb soll für sie vorweg Platz geschaffen werden selbst im ersten und höchsten Augenblick der Verliebtheit.
Dies ist das Christliche [...].

Das Christliche verhält sich nämlich nicht wie eine nähere Bestimmung in Bezug auf das, was man im Heidentum oder ansonsten Liebe genannt hat, sondern es handelt sich um eine Grund-Veränderung; das Christentum ist nicht in die Welt gekommen, um die eine oder andere Veränderung darin zu lehren, wie du im besonderen Ehefrau und Freund lieben sollst, sondern um zu lehren, wie du allgemein-menschlich alle Menschen lieben sollst. Und diese Veränderung wieder ist es, die Minne und Freundschaft christlich verändert.[4]

Nachzeichnung der Predigt

Die Einleitung ist eine einzige Lobrede auf das Christentum. Sie zeigt eindrücklich, was für Kierkegaard Christentum ist: es ist wesentlich *Innerlichkeit*. Das kann im Sinne von Weltflucht und Rückzug in eine innere Gefühls- und Gedankenwelt missdeutet werden, zumal später behauptet wird, das Christentum verändere nicht die äußeren Verhältnisse, sondern es bewirke innerlich „die Veränderung der Unendlichkeit". Tatsächlich steht der Begriff „Innerlichkeit" aber bei Kierkegaard für ein leidenschaftlich gespanntes Verhältnis zur Welt, ein existentielles Pathos, das Leiden und Handeln zugleich ist. So verstanden ist das Christentum keine objektive Gegebenheit, sondern eine Bestimmung menschlicher Existenz, die vom Einzelnen angeeignet sein will. Es macht jedes zwischenmenschliche Verhältnis zu einer Sache des Gewissens bzw. des Gottesverhältnisses. So muss auch die Liebe von Grund auf neu, d.h. unabhängig von den weltlichen Verhältnissen, verstanden werden. Dadurch wird die äußere Welt überwunden. Die äußeren Verhältnisse werden nicht gleichgültig, aber durch die Veränderung im Innern relativiert. Inhaltlich nimmt die Eingangsthese, durch das Christentum sei „alles neu geworden", Aussagen des Paulus und der Offenbarung des Johannes auf: „Ist jemand in Christus, so ist er eine neue Kreatur; das Alte ist vergangen, siehe, Neues ist geworden" (2. Kor 5,17), und: „Siehe, ich mache alles neu!" (Offb 21,5). Alles Weitere steht sozusagen unter diesem Vorzeichen. Formal arbeitet Kierkegaard hier mit dem Mittel der persönlichen Anrede, wobei er das Christentum wie eine Person sprechen lässt. In der klassischen Rhetorik heißt diese Figur *prosopopöie* oder *personificatio*: ein Abstraktum wird wie eine Person behandelt, die sprechen kann.

Die Rede spricht den Leser auf sein Gewissen an, weil „das Christliche im Gewissensverhältnis wohnt". Das Gewissen ist für Kierkegaard der „Mitwisser in dir" und „wahre Prediger", der „einzig und allein von dir, zu dir und in dir" redet.[5] Insofern kommt es entscheidend darauf an, dass der Leser bzw. Hörer in seinem Gewissen realisiert, was christliche Liebe bedeutet.

In seiner Rede unterscheidet Kierkegaard strikt die Liebe zwischen Mann und Frau und die christliche Liebe. Das Dänische erlaubt ihm, dafür verschiedene Wörter zu gebrauchen: *Elskov* (= die leidenschaftliche Liebe zwischen den Geschlechtern, etwas altertümlich übersetzt mit „Minne") und *Kjerlighed* (= die christliche Liebe). Auffällig ist, wie viel Raum im ersten Hauptteil die Ausführungen über die Liebe in der Ehe gewinnen. Die erotische oder leidenschaftliche Liebe („Minne")[6] zwischen Mann und Frau wird als erstes Beispiel dafür behandelt, wie die christliche Lehre von der Liebe alle Verhältnisse verändert, weil die durch Trieb und Neigung motivierte Geschlechterliebe für Christen sozusagen die größte ethische Herausforderung darstellt. Gerade bei ihr ist die Neigung groß, eine Ausnahme zu machen und sie nicht als Gewissenssache zu verstehen.

Kierkegaards Auffassung von der erotischen Liebe kann leicht als triebfeindlich missverstanden werden. Doch scheint es mir eher sein Anliegen zu sein, die erotische Liebe spirituell wahrzunehmen und zu verwandeln als sie abzuwerten. Der (christliche) Sinn der Ehe liegt für Kierkegaard darin, dass Mann und Frau lernen, den geliebten Partner bzw. die Partnerin als Nächste zu lieben. Dass er das Streben nach Gleichberechtigung der Frau als „töricht" verurteilte, tönt für heutige

Leserinnen ärgerlich. Aber auch hier empfiehlt es sich, Kierkegaard nicht gleich als gesellschaftlich und politisch konservativ abzutun, sondern darauf zu achten, wie er die Würde der Frau unabhängig von äußeren Veränderungen auf ihre mit der des Mannes gleichrangige Stellung vor Gott zurückführt – wodurch eine radikale Veränderung des Verhältnisses der Geschlechter von innen her möglich wird.

Im zweiten Hauptteil (der hier nicht wiedergegeben ist) arbeitet Kierkegaard den Gegensatz zwischen der menschlichen Betrachtung der Liebe und dem Christentum heraus. Die christliche Liebe stehe als Geistesliebe allen menschlichen Arten der Liebe gegenüber. Sie könne in allen gegenwärtig sein, aber selbst nicht aufgezeigt werden. Schließlich geht Kierkegaard noch auf die beiden übrigen Bestimmungen christlicher Liebe ein: sie sei Liebe von reinem Herzen und ungefärbter, d. h. unverstellter Glaubenstreue. Jedes Mal betont er: das Gottesverhältnis des Einzelnen hat unbedingt Vorrang vor dem Verhältnis zwischen Mann und Frau. Das Verhältnis zu Gott habe eine andere Qualität. Es unterscheide sich radikal von allen menschlichen Verhältnissen und ermögliche Mann und Frau, einander wahrhaftig – nämlich reinen Herzens – zu lieben und gänzlich einander zu vertrauen. Der wahrhaft Liebende respektiere, dass sein Partner ebenso wie er selbst zuerst Gott gehört und daher zuerst Ihm gegenüber Liebe und Aufrichtigkeit schuldet.

Der Prediger

Verstehen könne man das Leben nur rückwärts, notiert Kierkegaard einmal, aber leben müsse man es vorwärts.[7] Woran ihm liegt, ist nicht, dass wir sein Leben verstehen (das können wir auch nicht!), sondern dass wir unsere jeweils eigene Lebensaufgabe ergreifen. Doch wer war Sören Kierkegaard? Wer war dieser Prediger, der sich selbst als „Spion Gottes" bezeichnet und erwogen hatte, auf seinen Grabstein nur zwei Worte setzen zu lassen: „Jener Einzelne?"

Am 5. Mai 1813 wurde Sören Aabye Kierkegaard als der jüngste von sieben Geschwistern in Kopenhagen geboren. Sein Vater war 56 Jahre alt, die Mutter 45. Fünf Geschwister starben im frühen Kindesalter oder in jungen Jahren. Später war Sören überzeugt, ein Fluch laste auf der ganzen Familie. Er hatte beständig den nahen Tod vor Augen und glaubte, nicht älter als 34 Jahre zu werden. Als er tatsächlich sein 34. Lebensjahr erreichte, erschien ihm dies so unbegreiflich, dass er im Kirchenbuch nachsehen ließ, um sich zu vergewissern, dass er das schreckliche Datum wirklich überschritten hatte.

Die schwermütig-düstere Deutung seines Lebens ist eine Erbschaft, die er von seinem Vater Michael Pedersen Kierkegaard (1756-1838) übernommen hat. Der Vater, ein erfolgreicher Geschäftsmann von pietistischer Frömmigkeit, erzog ihn in einem Christentum, das mehr von göttlicher Strenge als von göttlicher Liebe bestimmt war. Sein jüngster Sohn identifizierte sich weitgehend mit dem schwermütigen alten Vater. Aus den Tagebüchern gewinnt man den Eindruck, dass er im Leben und Denken des Sohnes eine entscheidende Rolle gespielt hat. Kierkegaards erbauliche Reden sind allesamt dem Andenken des Vaters gewidmet. Umso mehr fällt auf, dass Kierkegaard seine Mutter, Anna Sörensdatter Lund (1768-1834), mit keinem Wort erwähnt. Auf Wunsch des Vaters begann Kierkegaard 1830 an der Universität Kopenhagen Theologie zu studieren. Das Studium wird sich über mehr als zehn Jahre hinziehen. Denn das Lehrgebäude der Orthodoxie, mit dem er aufgewachsen ist, gerät für ihn ins Wanken, als er anfängt, es selber zu durchdenken. Kierkegaard lehnt sich gegen seinen Vater auf, geht philosophischen und ästhetischen Studien nach und führt das luxuriöse Leben eines jungen Mannes aus reichem Elternhaus.

1840, das Jahr, in dem er endlich das theologische Examen macht, bringt eine weitreichende Entscheidung: Kierkegaard verlobt sich mit der siebzehnjährigen Regine Olsen (1822-1904). Ein Jahr später löst er die Verlobung, ohne jeden für seine Braut und für die Gesellschaft ersichtlichen Grund, und verschwindet nach Berlin. Doch in seinen Werken kommt er immer wieder auf diese Affäre zurück! So ist auch der Nachdruck, mit dem die Rede „Liebe ist Sache des Gewissens" die Liebe zwischen Mann und Frau als Gewissenssache herausarbeitet, nur zu verstehen, wenn man die Rede auf dem Hintergrund der Geschichte mit Regine Olsen liest. Dann wird deutlich, dass ihr Autor sowohl Regine wie auch sich selber daran erinnert, dass eine christliche Ehe die Selbstprüfung der Liebenden erfordert, ob sie einander wirklich zuerst als Nächste ansehen und lieben. Möglicherweise hat er gehofft, dass Regine sich doch noch für ihn entscheiden würde. Doch wenige Wochen nach der Veröffentlichung von „Der Liebe Tun", am 3. November 1847, heiratete Regine in der Erlöserkirche den Diplomaten Frederik Schlegel.

Der Bruch mit seiner Verlobten sechs Jahre zuvor spricht freilich dafür, dass Kierkegaard nicht Ehemann, sondern Schriftsteller sein wollte.[8] Nach seiner Rückkehr aus Berlin erscheinen in ununterbrochener Folge seine Bücher: Schriften unter verschiedenen Pseudonymen und, parallel dazu, erbauliche Reden. Darin führt er eine neue dichterische Form und Mitteilung durch, die abzielt auf das Selbstgespräch des Einzelnen. Kierkegaard entwickelt und gestaltet seine Gedanken im inneren Dialog – eine Fähigkeit, die er im Gespräch mit seinem Vater ausgebildet hat.

In biblischen Geschichten, zumal in Figuren des Alten Testaments wie Abraham, Isaak und Hiob, findet er Grundmöglichkeiten menschlicher Existenz. Er vertieft sich nach eigenem Bekunden in die „Urschrift der individuellen, humanen Existenz-Verhältnisse", um sich das von den Vätern Überlieferte, „womöglich auf eine innerlichere Weise", anzueignen, und gewinnt so den biblischen Gott der orthodoxen Theologen zurück, über den er sich empört hatte.

Kierkegaard überlegt, ob er sich um ein Pfarramt bewerben soll, zweifelt aber an seiner Berufung. Eine Kontroverse mit dem Dichter Poul Ludwig Møller, durch die er die satirische Zeitschrift „Der Corsar" zum Streit herausforderte, führt dazu, dass er eine schmerzliche Erfahrung mit moderner Medienöffentlichkeit machen muss. Der Herausgeber des „Corsar", Meïr Aron Goldschmidt, machte ihn und seine Pseudonyme durch Karikaturen lächerlich. Kierkegaard reagierte verbittert. Er sah sich als Opfer einer Rohheit und Pöbelhaftigkeit, zu der der „Corsar" die Masse aufgehetzt hatte. Ein Einzelner, der allein steht, von keinem Menschen verstanden, und ihm gegenüber die verständnislosen Leute, das Publikum, die Menge: so sah Kierkegaard 1846, im Jahr des Corsarenstreits, sich selbst im Verhältnis zu seinen Zeitgenossen. Jetzt erschien ihm das Pfarramt auf dem Lande als eine Möglichkeit, dem Streit und der öffentlichen Verfolgung in Kopenhagen zu entkommen.

Was ihm das Pfarramt dann doch verleidet, ist der Anblick der Geistlichen, die dieses Amt in der dänischen Staatskirche innehaben. Er nimmt daran Anstoß, dass sie das, wofür der Apostel Paulus noch seine Existenz gewagt hat, zu ihrem Broterwerb gemacht haben und als Beamte das Evangelium predigen. Gegenüber Bischof Mynster, dem Seelsorger seines Vaters, hält er sich zurück, solange der Bischof lebt.

Doch in seinen Spätschriften „Die Krankheit zum Tode" und „Einübung im Christentum" greift Kierkegaard bereits unter dem Pseudonym „Anti-Climacus" die verbürgerlichte Christenheit und die Pfarrer in Dänemark an. Er klagt sie an, Christus zu einem historischen Faktum gemacht und so das Christentum des Neuen Testaments abgeschafft zu haben. Man bewundere Christus, aber keiner folge ihm nach. Der Autor fordert deshalb seine Zeitgenossen auf, mit Christus „gleichzeitig" zu werden, um als Christen zu existieren. Eine schärfere Kritik am Gesellschaftssystem Kirche und an den in seinem Dienst stehenden Theologen ist bis heute – ungeachtet Marx', Nietzsches und Freuds – nicht geübt worden. Denn anders als diese Religionskritiker berührt Kierkegaard das kirchlich verfasste Christentum mit seiner radikal religiösen Kritik nicht nur am Rande: er trifft es ins Mark, wenn er (darin Bonhoeffer vorwegnehmend) nach der Präsenz Christi und der Existenzform der Nachfolge fragt.

Am 30. Januar 1854 starb Bischof Mynster. Als Hans Lassen Martensen, sein Nachfolger im Bischofsamt, ihn in einer Gedenkrede öffentlich als einen Wahrheitszeugen in der Reihe der Apostel rühmte, ging Kierkegaard zum direkten Angriff auf die dänische Kirche und ihre offiziellen Repräsentanten Mynster und Martensen über. In der von ihm selbst herausgegebenen Zeitschrift „Der Augenblick" führt er mit äußerster polemischer Schärfe einen Kirchenstreit, in dem er dazu aufruft, das Christentum von der Protektion des Staates zu befreien und den Pfarrern endlich das Handwerk zu legen, damit sie nicht länger das Christentum verfälschen und daraus materiellen Vorteil ziehen können. Auf dem Höhepunkt des Streits bricht Kierkegaard zusammen. Ironie der Geschichte: der radikale Kirchenstürmer, der zum Kirchenaustritt aufgefordert hatte, wurde 1855 kirchlich begraben. Der alte Dompropst E. C. Tryde leitete die Trauerfeier in der Kopenhagener Frauenkirche.

Sein Anliegen als Autor hat Kierkegaard im Rückblick auf seine „Wirksamkeit als Schriftsteller" (1851) formuliert, einer Generalbeichte, die er unter seinem eigenen Namen ablegt und mit der er sich zu seinen pseudonymen Schriften bekennt. Er wolle ohne Vollmacht, d.h. als Theologe, der zwar das Examen und den Doktorgrad (= Magister) erworben habe, aber nicht die Autorität des ordinierten Pfarrers geltend machen könne, auf das Christliche aufmerksam machen, das durch Offenbarung von Gott selbst mitgeteilt und autorisiert ist, mit göttlicher

Autorität verkündigt wird und vom Einzelnen geglaubt werden soll. Daher interessiere ihn, wie ein Mensch sich die Wahrheit seiner Existenz, die ihm in Christus mitgeteilt wird, persönlich aneignen könne.

Eine Sternstunde

Die Rede „Liebe ist Sache des Gewissens" ist darin eine Sternstunde der Predigt, dass sie beispielhaft für ein Predigen ist, dem alles an der Aneignung des Christlichen liegt. Wenn der Prediger das Gewissen seines Lesers anspricht, so will er nur das sagen, was dessen Selbsttätigkeit dient, und ihn motivieren, wahrhaft Hörer oder sich selbst sein eigener Prediger zu werden.

Dazu müssen wir uns klarmachen, was für Kierkegaard überhaupt predigen heißt.

Predigen sei eigentlich „die schwierigste aller Künste", nämlich „die Kunst: ein Gespräch führen zu können".[9] Die wahre Predigtkunst besteht in einer Weise des Redens, bei der sich der Hörer mitgenommen und persönlich angesprochen fühlt. Im Unterschied zu einem sophistischen Über-alles-reden-Können ist die Predigt von dem bestimmt, was das Geheimnis des Gesprächs ausmacht. Was hier im Verborgenen geschieht, ist gerade das Wichtigste: dass der Hörer sich zu eigen macht, was der Prediger ihm zuspricht und zueignet, mithin: dass er sein eigener Prediger wird. Kierkegaard setzt voraus, dass christliche Verkündigung es nicht mit einem Wissen zu tun hat, das sich als Resultat aneignen lässt. Sie ist eine „Existenzmitteilung", die den Zuhörer in die „Gleichzeitigkeit" (*samdidighed*) mit Jesus Christus hineinnehmen will. Dem hat die Predigt in ihrer Sprachform homiletisch zu entsprechen. Gepredigt wird nicht objektive Satzwahrheit, sondern die „Wahrheit für dich", d. h. Jesus Christus, der Mensch gewordene Gott, als Gott für dich. Dies soll dem Hörer auf eine Art mitgeteilt werden, die ihn zur Aneignung herausfordert.

Es ist also der Hörer, der entscheidet, ob die Mitteilung des Predigers wirklich „Wahrheit für dich" enthält, ob sie für sein, des Hörers Leben, für seine Existenz als dieser einzelne Mensch bedeutsam ist. Auf die Seite der Hörer gehört dabei auch der Prediger, insofern er der erste Hörer seiner Predigt ist. Soll seine Predigt von der „Aneignung" als dem „Geheimnis des Gesprächs" bestimmt sein, so kommt es darauf an, dass der Prediger selbst davon bewegt ist und danach strebt, die Wahrheit für seine Existenz als dieser Einzelne zu hören.

In der erbaulichen Rede „Liebe ist Sache des Gewissens" scheint Kierkegaard nicht so persönlich zu sprechen. Aber gleich im ersten Abschnitt kommt explizit das „Ich" vor („so weiß ich nichts Kürzeres..."), ebenso die Anrede an ein „Du" („Denk dir eine Arbeiterin..."). Wenig später heißt es, das Christentum spreche „in Vertraulichkeit zu jedem Menschen", und wieder folgt die Anrede an ein „Du". Und darin zeigt sich, ob ein Prediger sich mit seinen Hörern unterredet: er wagt es, „Ich" und „Du" zu sagen, und er versteht auf die richtige Weise zu fragen. Kierkegaard hat seiner Zeit vorgeworfen, dass kein Mensch es wage, „Ich" zu sagen. Die menschliche Rede werde zu einer Abstraktion, wenn die Leute nur noch anonym sprächen. Dagegen habe er, Kierkegaard, durch fiktive Persönlichkeiten (d. h. seine Pseudonyme) die Zeitgenossen womöglich daran gewöhnt, „wieder ein Ich, ein persönliches Ich reden zu hören". Dasselbe Stilmittel begegnet uns auch in der Einleitung der Rede von 1847, wenn eine einfältige Arbeiterin auftritt, die vor Gott über ihre Arbeit sagt: „Ich tue es um des Gewissens willen!" Mit solchen fiktiven Figuren zeigt Kierkegaard, worauf es dem Christentum ankommt: ein Einzelner zu sein, der „Ich" sagt und seine Verantwortung wahrnimmt, die Wahrheit in seinem Leben auszudrücken. Dabei leitet ihn die Hoffnung, „dass die Zeit kommen wird, da ein Ich in der Welt aufsteht, das ohne weiteres Ich sagt, und in der ersten Person redet. Erst er wird auch wirklich im strengsten Sinne ethische und ethisch-religiöse Wahrheit mitteilen."

Der christliche Redner oder Prediger fördert diesen Prozess, indem er angesichts der Wahrheit, die Person ist, danach strebt, er selbst und wahr zu sein. Wahr sein heißt: der Prediger selbst ist das, was er verkündet, oder strebt danach, es zu sein, oder gesteht sich ein, dass er es nicht ist. Seine Kunst zeigt sich nicht etwa darin, dass er sophistisch auf alles antworten kann, sondern darin, dass er den Hörer durch Fragen so zu bewegen weiß, dass dieser das Humane lernt, d. h. sich selbst in dem Glauben versteht, dass Gott ein einzelner Mensch geworden ist.

Die Aufgabe der Predigt ist also aufs Engste verknüpft mit der Lebensaufgabe jedes Menschen: sich selbst in Existenz zu verstehen.[10] Der Prediger selbst hat sich jeweils neu die Existenzwahrheit anzueignen, die ihm in der Person Jesu Christi begegnet. Deswegen steht und fällt die christliche Predigt nach Kierkegaard mit der persönlichen Anrede, die das Gewissen trifft, und einem Homilieren, in dem beständig das Wie der Mitteilung reflektiert wird; deswegen hat der Prediger darauf aufmerksam zu sein, dass er selber bewegt ist von der Gegenwart Gottes und danach strebt, zu sein, was er verkündet.

Diesem erbaulichen Predigen, das sich auf das Leben des Einzelnen bezieht, korrespondiert bei Kierkegaard eine persönliche Weise des Bibellesens, die hörbereit, mithin empfangsbereit ist für die Stimme Gottes. Alles liegt daran, die Bibel als Anrede und göttliche Mitteilung für dich zu verstehen. Man soll die Heilige Schrift lesen wie einen Liebesbrief Gottes, als Aufruf zum augenblicklichen Handeln, und bei dieser Lektüre allein sein, damit keine Sinnestäuschung sich dazwischen schiebt und man im Spiegel des biblischen Wortes sich selbst erkennt. Wer die Bibel allein in der Stille liest, soll zu sich selber sagen: „Da wird zu mir und von mir gesprochen."

Die Sternstunde von Kierkegaards „Unterredung mit dem König" über die Liebe als Sache des Gewissens lässt auf das merken, was Predigen überhaupt heißt, und worauf es beim Predigen ankommt.

1. Kierkegaard begreift Predigen als die Kunst, ein Gespräch führen zu können. Von seinen erbaulichen Reden können wir lernen, wie man sich mit dem Hörer unterredet.
2. Seine Predigtlehre ist konsequent an der Perspektive des Hörers orientiert. Alles liegt ihm daran, dass der Prediger sich im rechten Verhältnis beim Hörer befindet. Nur wenn der Prediger „Ich" und „Du" sagen kann, wird der Hörer erkennen, dass wirklich zu ihm gesprochen wird.
3. Die Predigt will dem Hörer helfen, sich selbst im Glauben zu verstehen. Wenn er glaubt, wird die Rede wahr. Dazu muss sie dem einzelnen Hörer die christliche Wahrheit in ihrem Anspruch an ihn mitteilen, d.h. als eine Wahrheit, die er sich anzueignen und existierend auszudrücken hat.
4. Weil die Aneignung so entscheidend ist, darf die Predigt das Christliche nicht als Gegenstand präsentieren. Diese Art christlicher Beredsamkeit, die an die Stelle des Handelns tritt, hat Kierkegaard als Sophistik und „idealistische[s] Geschwätz des Predigtvortrags" kritisiert: „Man macht es nicht konkret, und das Existentielle bleibt von dem Christlichen unberührt."
5. Demgegenüber gilt es auf eine Weise zu predigen, die beständig ver-

hindert, „dass im Angesicht der Wahrheit für das Leben aus einer Aufgabe für das Handeln eine Frage für das Denken gemacht wird".[11] Das gelingt, wenn die Predigt das Gewissen des Hörers trifft und darauf hinwirkt, dass dieser sich selbst die entsprechende Predigt hält.

Michael Heymel

Literatur

Albrecht Haizmann, Indirekte Homiletik. Kierkegaards Predigtlehre in seinen Reden, Leipzig 2006.
Michael Heymel, „Predigen – die schwierigste aller Künste". Anstöße von Sören Kierkegaard für die heutige Homiletik, in: International Journal of Practical Theology Bd. 10 (2006), Heft 1, 34–52.

Anmerkungen

[1] Dies geht aus einer Tagebuchaufzeichnung von 1849 hervor (vgl. Pap. X^1 A 42 = TB Bd. 3,161 ff.). Die folgenden Zitate beziehen sich auf diese Quelle.
[2] Joakim Garff, Sören Kierkegaard, München 2004, 553.
[3] Vgl. Albrecht Haizmann, Indirekte Homiletik. Kierkegaards Predigtlehre in seinen Reden, Leipzig 2006, 57; 61 ff.
[4] Sören Kierkegaard, Der Liebe Tun. Etliche christliche Erwägungen in Form von Reden. Übersetzt von Hayo Gerdes, Düsseldorf-Köln 1966, 150 ff.
[5] Vgl. Haizmann, 125.
[6] Die altertümliche Übersetzung von *elskov* mit „Minne" führt insofern in die Irre, als man damit das Werben eines Ritters um die Liebe einer edlen Frau und den Dienst eines Minnesängers assoziiert, der die erotische Liebe nicht leben durfte. Mit *elskov* ist aber „erotische Liebe" oder „Erotik" gemeint (so übersetzt Ulrich Lincoln, Äußerung. Studien zum Handlungsbegriff in Sören Kierkegaards „Die Taten der Liebe" [Kierkegaard Studies. Monograph Series 4], Berlin – New York 2000, 58, Anm. 12).
[7] Vgl. Pap. IV A 164 (1843).
[8] So Garff, 244. Bereits eine Traurede von 1845 betont den Entschluss zur Ehe, zu dem man eine wirkliche Vorstellung von sich selbst und vom Leben braucht, vor allem aber eine wirkliche Vorstellung von Gott (vgl. Erbauliche Reden 1844/45. Übersetzt von Emanuel Hirsch, Düsseldorf/Köln 1964, 147-172).
[9] Der Begriff der Angst. Übersetzt von Rosemarie Lögstrup, in: Die Krankheit zum Tode und anderes, hg. von Hermann Diem und Walter Rest, Köln ²1968, 456. Vgl. dazu Michael Heymel, „Predigen – die schwierigste aller Künste". Anstöße von Sören Kierkegaard für die heutige Homiletik, in: International Journal of Practical Theology Bd. 10 (2006), Heft 1, 34–52.
[10] Dazu ausführlicher Michael Heymel, Das Humane lernen. Glaube und Erziehung bei Sören Kierkegaard, Göttingen 1988, 53 ff.
[11] Haizmann, 105.

Joseph Wittig
Die Menschen von der Angst erlösen

Die Situation

Im Frühling des Jahres 1922 erschien Joseph Wittigs Erzählung „Die Erlösten" in „Hochland", der renommierten katholischen „Monatsschrift für alle Gebiete des Wissens/der Literatur und Kunst". Sie beginnt mit der Zeile eines schlesischen Liedes: „Getröst, getröst, wir sind erlöst!"[1] Im Grunde war diese etwa 35 Seiten umfassende Erzählung eine einzige von tief sitzenden Ängsten vor der Beichte befreiende Predigt. So wurde sie auch in breiten Kreisen der katholischen Kirche Deutschlands, Österreichs und der Schweiz aufgenommen[2]. Wittig spitzt seine Erzählung am Ende auf die Predigt eines Dorfpfarrers über Jesu Wort aus Matthäus 9,2 zu: „Sei getrost, mein Sohn, deine Sünden sind dir vergeben." Diese fiktive Predigt wurde kurz nach ihrem Erscheinen von einem Priester im Breslauer Dom fast wörtlich gehalten, worüber sich Wittig gefreut hat.

Wer diese Predigt im Kontext der ganzen Erzählung heute liest, vielleicht im Kontext der gesamten Erzählung, wird nur von fernher ahnen können, was für einen Befreiungssturm sie im katholischen Kirchenvolk des Jahres 1922 auslöste. Es war ja ein vom I. Vatikanischen Konzil und von den dann folgenden antimodernistischen Kämpfen gegen einen Liberalismus der Moderne verängstigtes Kirchenvolk, das in der vorösterlichen Zeit mit Furcht und Zittern der seit 1215 verordneten jährlichen Beichtpflicht nachzukommen hatte. Wittigs Erzählung nahm diese Ängste auf und verwandelte sie in ein neues, befreiendes Beichtverständnis.

Im Klerus setzten daraufhin Verdächtigungen ein, Wittig sei ein „Luther redivivus", dessen Erzählungen nicht nur auf den Index der verbotenen Bücher gesetzt werden müssten, sondern der auch selbst exkommuniziert werden solle, was 1926 tatsächlich geschah. Der „Fall

Wittig" erregte eine Welle der Empörung, die weit über die katholische Kirche hinausging und dazu führte, dass sich auch viele evangelische Christen mit dem Exkommunizierten solidarisierten. Von Wittig, der 1946 wieder in die katholische Kirche aufgenommen wurde, ging ein „evangelischer Katholizismus" aus, der nicht nur eine im II. Vatikanischen Konzil aufgehende ökumenische Saat aussäte, sondern auch viele Menschen bis heute mit einer elementaren Sprache des Glaubens in Berührung brachte, vor allem durch seine Erzählungen vom Glauben des einfachen Volkes, wie sie wohl am schönsten in Wittigs Hauptwerk „Leben Jesu in Palästina, Schlesien und anderswo" zur Sprache kommen.

DIE PREDIGT[3]

„Sei getrost, mein Sohn, deine Sünden sind dir vergeben!"
(Mt 9,2).

ERWARTUNGEN ZUM HÖREN DER PREDIGT Meine lieben Christen: Es kommt manchmal einer von euch wochentags in die Kirche. Da sieht er sich überall um und blickt auch auf die Kanzel. Da kommen ihm plötzlich so Gedanken, und er denkt: Wie mag das sein, wenn man da oben steht und auf die Leute hinuntersieht? Ich will's euch sagen, wie das ist. Das ist manchmal so, als ob man auf einem hohen Berg stände und sähe die ganze Herde auf der Weide zusammengetrieben. Das ist ein schöner Anblick, denn man sieht die Geschöpfe Gottes, wie sie sind. Aber manche Prediger sind mit einem solchen Anblick nicht zufrieden. Oder es ist, als ob man in ein Theater käme; die Leute sind neugierig, was ihnen der Pfarrer heute vormachen wird. Das ist schon ein wenig besser. Oder: Manchmal sind die Zuhörer so, als ob sie schon zum Jüngsten Gericht versammelt wären. Sie stehen ängstlich oder trotzig unterm Chor, sitzen etwas geduckt in den Bänken, machen Mienen, als ob es gleich regnen werde. Das ist in den Kirchen, in denen dem Volke oft seine Sünden vorgehalten und Tod, Gericht, Fegefeuer und Hölle angedroht werden. In all diesen Fällen hört man ordentlich, wie die Leute in ihrem Herzen denken: Wenn's doch bald vorüber wäre!

Was sollt ihr nun für Gesichter bei der Predigt machen? Ich will's euch sagen; denn das muss man doch wenigstens wissen, was man für ein Gesicht machen muss. Und wenn erst einmal das Gesicht in Ordnung ist, dann fängt auch die Seele an, ordentlich zu werden. Also wie sollt ihr bei der Predigt sein? – Nicht so, als ob ihr wie eine Herde Vieh hier zusammengetrieben wäret. Nicht so, als ob ihr bloß ein Theater erleben wolltet. Auch nicht so, als ob es bald über euch regnen würde, sondern so, als ob ihr – wirklich eine ganz frohe Botschaft, eine ganz freudige Nachricht hören solltet!

So wie Maria aussah in jener Stunde, von der es heißt: Der Engel des Herrn brachte Maria die Botschaft, und sie empfing vom Heiligen Geiste. So wie die Hirten, als der Engel zu ihnen sprach: „Fürchtet euch nicht! Siehe, ich verkündige euch eine große Freude." So wie die glücklichen Menschen, welche die Bergpredigt anhörten: „Selig sind die Armen im Geiste, denn ihrer ist das Himmelreich; selig sind die Sanftmütigen, denn sie werden das Himmelreich besitzen; selig sind die Trauernden, denn sie werden getröstet werden."

Ganz so ist es nämlich heute: Eine wirklich gute Nachricht habe ich euch zu bringen.

Die gute Nachricht von der Vergebung der Sünden

Horchet! Als der Heiland ihren Glauben sah, sprach er zu dem Gichtbrüchigen: „Sei getrost, mein Sohn! Deine Sünden sind dir vergeben!" Aber nein, ihr freut euch ja nicht! Ihr denket, das geht euch nicht recht genug an. Der Gichtbrüchige konnte sich erfreuen, aber was habt ihr davon? Habt ihr nichts davon? Der Gichtbrüchige war krank und wurde gesund. Er konnte sich freuen. Aber ihr – habt ja diesen Kummer gar nicht. Ihr seid ja alle gesund und kräftig –, ein wenig müde von der harten Woche, aber doch gesund.

Viele sind krank an der Sünde

So, so? Trägt nicht jeder von euch sein Päcklein? Ich sehe es ja euren Schultern an! Der eine hat ein Krankes daheim, der andere hat Ärger mit seinem Nachbarn, der Dritte kommt in diesem dürren Herbst mit seinem Gras nicht aus, den Vierten drücken die Schulden; oder viel schlimmer ist es, wenn daheim kein Friede und keine rechte Liebe ist, wenn daheim so ein Teufel sitzt und keine Ruhe lässt, oder aber am schlimmsten, wenn einer keinen rechten Frieden mit seinem Herrgott hat, wenn die Sünde in seinem Herzen ist.

Ich weiß ja, wie ihr oft im Stillen sagt: Wenn es doch keine Sünde auf der Erde gäbe! Wenn doch nichts, was man tut, Sünde wäre! Wenn ich doch sündigen dürfte ohne Sünde! Ihr sagt so, und ich habe früher oft gedacht: Wer so sagt, der muss ja in die Hölle kommen. Jetzt weiß ich besser, warum ihr so saget; darum, weil der Gedanke an die Sünde euch so schwer drückt, als sei es eine schwere Krankheit.

Manche Katholiken machen sich ja nicht so viel daraus. Sie sündigen unbekümmert, so dass man von ihnen das Wort der Schrift sagen kann: Sie trinken die Sünde hinunter wie Wasser. Aber je gewissenhafter und frommer ein Katholik ist, desto größer wird die Angst und Pein und Plage wegen der Sünde, so dass mir einmal ein Mann sagte: Nein, fromm werden will ich nicht, denn da hat man ja keine Ruhe mehr im Innern; bei jedem Schritt, bei jeder Handbewegung, bei jedem Mundaufmachen muss man gleich denken, dass es Sünde sein könnte.

So ähnlich geht es vielen von euch: viele von euch sind krank an der Sünde. Voll Angst denken sie daran, dass sie plötzlich sterben könnten. Voll Schrecken hören sie die Worte: Beicht, Gericht, ewige Strafe, ewige Höllenpein. Und die christliche Hoffnung liegt ganz krank in eurer Seele.

Wenn da einer käme und sagte: „Für dich gibt es keine Sünde mehr; ich bringe dir ein Mittel: Du kannst fortan tun, was du willst; du wirst es immer nach dem Wohlgefallen Gottes tun!"

Da würden wir voll Dankbarkeit auf die Knie fallen. Aufjubeln würden wir in der neuen Freiheit. Tausendmal mehr würden wir Gott lieben, als wir ihn je geliebt haben. Vor lauter Glück würden wir gar keine Sünde mehr tun.

WER GLAUBT, HAT DAS EWIGE LEBEN   Christen, das ist die frohe Nachricht, die ich euch bringe. Christus selbst schickt mich. Ich soll euch sagen: Wenn ihr glaubt, könnet ihr nicht mehr sündigen. Wer glaubt, der hat das ewige Leben.

Keine Frage! Christus, der untrügliche Lehrer der Wahrheit, hat es gesagt: Wer glaubt, der hat das ewige Leben – nicht nur eine unsichere Möglichkeit, nicht nur einen Anspruch mit vielen Bedingungen – nein, wer glaubt, der hat das ewige Leben! Wer glaubt, der wird nicht gerichtet!

O, dass man sich wehren muss gegen Christgläubige, wenn man die Worte Christi verkündigt, wie sie sind! Wenn man nicht deuteln will! Ja, es passieren euch Sünden, aber das sind keine Sünden, das ist Gottes heiliger Wille. Wie könnte es Sünde sein, was du mit gläubigem Herzen guten Willens tust? O siehe! Gichtbrüchig warst du. Da kommt Christus zu dir und spricht: Sei getrost, mein Sohn – nein, ich muss es besser übersetzen: Sei vertrauend, sei glaubend, mein Sohn! Deine Sünden sind dir vergeben!

Aber doch! Es ist möglich, dass du den Glauben verlierst. Da hebst du deine Hand gegen Gott, da sprichst du das meineidige Wort, da tust du die schlimme Tat, da ist Sünde. O weh! Wenn du da stirbst, da gilt das Wort der Schrift: Wie der Baum fällt, so bleibt er liegen. Und er ist nach der Hölle zu gefallen.

Kann das sein? Kann das Gott dulden, da Jesu Blut für deine Seele geflossen ist? Es kann sein, muss ich mit meinem Verstande sagen. Es kann nicht sein, muss ich mit allem sagen, was ich von Gott weiß, mit meiner Hoffnung und meiner Liebe. O sehet, wenn ein solcher nur einmal noch das Auge zu Gott erhebt, wenn er im Schreck des Todes nur das eine Wort sagt: „Herr, sei mir armem Sünder gnädig!" Da freuen sich die Engel, da spricht Christus: „Sei getrost, mein Sohn, deine Sünden sind dir vergeben!"

DIE BEICHTE ALS FRIEDENSSCHLUSS Was? Ihr denkt, dann wäre das Beichten nicht mehr nötig? Hat nicht Christus, als er die Aussätzigen geheilt hatte, zu ihnen gesprochen: „Zeiget euch den Priestern?" Sehet, durch eure Sünde habt ihr nicht nur die Liebe Gottes verletzt, sondern auch die Gemeinschaft mit den Christgläubigen gestört. Darum müsset ihr durch die Beicht vor allem Volke zeigen, dass ihr reumütig seid und Frieden haben wollet mit Gott und seiner heiligen Kirche. Die Beicht gehört zur Versöhnung wie der Friedensschluss zum Frieden. Und bedenket es doch recht: Wer einmal richtig glaubt, so dass der Glaube wie ein himmlisches Feuer in ihm brennt, dem entzündet sich auch die Liebe, dem kommt alles auf einmal, auch die willige Bereitschaft und der Wunsch und der Vorsatz, das Sakrament der Buße zu empfangen.

ALLEIN DER GLAUBE! Glaubt nur! Sorget nur für den Glauben! Denkt gar nicht an die Beicht, wenn ihr davor Angst habt. Denkt nur an den Glauben! Der Glaube wird euch richtig führen. Seht, da ist mancher, der sich sträubt, dem Priester seine Sünden zu sagen. Da kommt der Glaube, drängt ihn ein wenig im Herzen, nimmt ihn leise bei der

Hand und – hast du nicht gesehen? – kniet er auch schon am Beichtstuhlgitter, und nach einer Viertelstunde ist alles Schwere vorbei.

Ja! Viele Katholiken, die meisten Katholiken denken, dass sie erst bis zur nächsten Beicht warten müssen, ehe sie von der Sünde frei werden könnten. Das ist ein schwerer Irrtum! Das ist schlimmer als alle Ketzerei! Das ist eine Lästerung des Glaubens und eine Verleugnung seiner Kraft. Der Teufel sagt das, damit ihr in Verzweiflung geratet und nach der ersten Sünde auch die zweite nicht mehr scheut. Was habe *ich* euch gesagt? Sobald ein armer Sünder wieder seinen Blick zum Erlöser erhebt, dann ist die Sünde weg, meilenweit weg, so weit wie der Schnee von den Feldern im August, so weit wie die Hölle vom Herrgott, ewig weit ...

GLAUBEN WIE MARIA Seht dort Maria, die Mutter aller Gläubigen! Da hat ja jemand einen Blumenkranz um ihr Bild geschlungen. Das ist recht am Namenstag Mariens. O Maria, o Immaculata! Unbefleckte! Meine ganze Predigt lege ich dir zu Füßen. Von dir lehrt die heilige Kirche, dass du durch ein besonderes Privileg allzeit von Sünde rein geblieben bist. Immaculata! Jetzt erkenne ich, dass auch wir ein ähnliches Privileg haben. Unser Glaube an deinen Sohn ist es. Er macht uns rein und heilig, wie du es bist. Jetzt finde ich das rechte Wort zum Schluss: Wie du, Maria, wollen wir glauben; wie du, Maria, wollen wir rein sein von Sünde; wie du, Maria, wollen wir jubeln, dass die Erlösung wahrhaftig gekommen ist: Magnificat! Hoch preise meine Seele den Herrn, und mein Geist frohlocke in Gott, meiner Erlösung, denn er hat Großes getan, der Herr, der da mächtig ist und dessen Name heilig. Amen.

NACHZEICHNUNG DER PREDIGT

Die Predigt ist ein einziger großer Dialog mit den Hörern, die neugierig, trotzig oder ängstlich zur Kanzel hinaufblicken, weil sie etwas Interessantes, Ärgerliches oder Bedrohliches erwarten. Von der Einstellung der Hörer zur Predigt hängt viel ab, ob ein Wort den Menschen erreichen, ob es gar zur Seele des Menschen vordringen kann.

Dietrich Bonhoeffer gibt zu bedenken: „Nicht daran leiden wir, dass zu viel gepredigt wird, sondern daran, dass zu viel falsch gepredigt wird. Ebenso aber daran, dass wir nicht mehr wissen, dass, wer nichts in die

Kirche hineinbringt, auch nichts herausbringt, d. h. daran, dass wir die Predigt falsch hören."[4] Weil der Prediger bei Wittig das weiß, hilft er seinen Hörern zur rechten Einstellung auf das Predigthören: „Also, wie sollt ihr bei der Predigt sein?" Er gibt ihnen Marias Hören als Vorbild, ebenso das der Hirten bei der Weihnachtsbotschaft der Engel und das der Menschen bei der Bergpredigt Jesu, als sie selig gepriesen wurden. So macht er sie freudig gespannt auf eine „wirklich gute Nachricht".

Erst jetzt kommt der biblische Text aus Matthäus 9,2 von der Vergebung Jesu für den Gichtbrüchigen noch einmal zu Gehör, eingeleitet durch das Signalwort: „Horchet!" Im Licht dieses Textes spricht der Prediger seine Hörer auf ihre Sünde an: „Viele von euch sind krank an der Sünde." Diese Krankheit habe viele Gesichter und mancherlei Gebrechen zur Folge. Je frömmer die Katholiken, desto mehr seien sie von dieser Krankheit geplagt. Gibt's Abhilfe für diese Krankheit? Gibt's Mittel gegen die Sünde? Das wäre die Rettung!

In ihrem Zentrum angelangt, setzt die Predigt nun mit neuer, feierlicher Anrede an: „Christen, das ist die frohe Nachricht, die ich euch bringe." Die Predigt spitzt sich auf den Zuspruch des Glaubens an die Vergebung der Sünden zu und spricht vollmächtig an Christi Statt: „Christus selbst schickt mich. Ich soll euch sagen: Wenn ihr glaubt, könnt ihr nicht mehr sündigen. Wer glaubt, der hat das ewige Leben." Dass Predigt mehr als Information, dass sie vielmehr performative Rede ist und darin ihr eigentliches Zentrum hat, indem sie an Christi Statt den Glauben an die Vergebung der Sünden zuspricht, kommt hier pointiert zur Geltung. Deshalb wird auch in der Entfaltung dieser Absolution noch einmal betont: „Keine Frage! Christus, der untrügliche Lehrer der Wahrheit, hat es gesagt." Also gilt es unbedingt, das Wort von der vergebenden Kraft des Glaubens, das ewiges Leben schafft. Sicherlich kann einem Menschen der Glaube – so Wittig – auch verlorengehen, so dass er sich gegen Gott erhebt und der Sünde verfällt. Aber das sei um Christi willen kein letztgültiges Hindernis, denn jeder Sünder könne das Auge zu Gott wieder erheben und um Gnade bitten. „Da freuen sich die Engel, da spricht Christus: Sei getrost, mein Sohn, deine Sünden sind dir vergeben."

Was bleibt dann noch von der Beichte übrig, wenn doch im Glauben die Kraft der Vergebung liegt? Diese Frage wird im letzten Teil der Predigt mit der Geschichte von der Heilung der Aussätzigen beantwortet, deren Heilung darin erst endgültig war, dass sie sich den Priestern zeigten. So gehöre die Beichte zur Versöhnung wie der Friedensschluss zum Frieden. Freilich sei es nun eine angstfreie Beichte, auf die ein Christ sich geradezu freuen könne, weil sie endgültigen Frieden mit Gott und mit seiner heiligen Kirche durch den Zuspruch der Absolution schaffe. Der Glaube an den Zuspruch der Vergebung der Sünde befreie von der Angst vor der Beichte. Dann werde es leicht, am Beichtstuhlgitter auszusprechen, was einen beschwert. Die Sünde sei ja schon durch den Glauben an die Vergebung Jesu überwunden. Nur der Teufel rede den Leuten ein, sie müssten auf die nächste Beichte warten, ehe sie von der Sünde frei werden könnten.

Gegen diesen Teufel ergreift der Prediger noch einmal sein Amt und macht seine Predigt zu einer Kampfhandlung mit dem Teufel: „Was habe ICH euch gesagt? Sobald ein armer Sünder wieder seinen Blick zum Erlöser hebt, dann ist die Sünde weg, meilenweit weg, so weit, wie der Schnee von den Feldern im August, so weit wie die Hölle vom Herrgott, ewig weit." Manchmal muss das Predigtamt in die Waagschale geworfen werden, um die Rattenschwänze der teuflischen Selbstvorwürfe abzuschneiden, mit denen der Glaube an die Vergebung der Sünden wieder konditioniert und in Frage gestellt wird. Das Predigtamt hält dagegen: „Sei getrost, mein Sohn, deine Sünden sind dir vergeben."

Dieser Glaube wird zum Schluss Maria zu Füßen gelegt und mit Marias Reinheit zusammengesprochen: „Wie du, Maria, wollen wir glauben; wie du, Maria, wollen wir rein sein von Sünde; wie du, Maria, wollen wir jubeln, dass die Erlösung wahrhaftig gekommen ist: Magnificat!" Maria wird also nicht in irgendeine Göttlichkeit erhoben, sondern als Vorbild des Glaubens angesprochen.

An Aufbau und Eigenart dieser Predigt lässt sich studieren, was Predigen heißt:
1. Den Hörern eine rechte Einstellung und d. h. Ohren zum Hören auf Christus zu geben;
2. ihnen liebevoll und behutsam, wie es ein Arzt bei der Diagnose tut, die Sünde als das aufzudecken, was sie im Tiefsten ist: eine „schwere Krankheit";
3. ihnen vollmächtig an Christi Statt den Glauben an die Vergebung der Sünde zuzusprechen und
4. die Beichte als den endgültigen Friedensschluss mit Gott und den Mitmenschen nahezubringen.

In dieser Predigt wie in Wittigs ganzer Erzählung von den Erlösten, die hier nicht näher referiert werden kann, finde ich „evangelischen Katholizismus"[5]. Er könnte in zwei Richtungen befreiend sein: sowohl für einen in einer Antihaltung verharrenden Protestantismus als auch für eine in der Scholastik immer wieder erstarrende römische Kirche damals wie heute. Wittig selbst schrieb im Vorwort zu seinem „Leben Jesu in Palästina, Schlesien und anderswo" 1926:

> „Man hat mir von feindlicher Seite vorgeworfen, ich sei ein Luther redivivus; von freundlicher Seite hat man gesagt, dass in mir die Gegenreformation ihr Ende gefunden habe und dass der tiefste Sinn meines Schrifttums die Heimholung des lutherischen Wahrheitsgehaltes sei. Richtig daran ist, dass ich in die religiösen Schätze der alten, tiefgläubigen Zeit eingebrochen bin, um deren Kostbarkeiten auch Luther rang, und dass ich manches Stück hervorgezogen habe, das wir nicht mehr ansehen mochten, weil Luther es berührt und in seiner Glaubensglut geschmiedet hat. Es kommt mir auch das Wort Dankbarkeit in die Feder, wenn ich an die evangelische Frömmigkeit denke, die hier und da an meinem Lebensweg aufblühte, und an die protestantische Gotteswissenschaft, die ich um meines akademischen Berufs willen studieren musste. Lieber ist mir aber, was mir ein junger Wiener schrieb, nämlich, dass ich weder lutherische noch tridentinische Theologie lehre, sondern dass ich aus der Zeit komme, in der noch alle Christen gemeinsam beteten und glaubten und hofften, und dass ich alle Wunder und Gnaden jener Zeit verkündigen dürfe. Ich muss die geschichtliche Trennung der Christenheit anerkennen, weigere mich aber, sie in meinem Herzen zu vollziehen."[6]

Der Prediger[7]

Joseph Wittig wurde am 22. 1. 1879 in der oberschlesischen Grafschaft Glatz in einem sehr einfachen Elternhaus geboren, das von der tiefen Frömmigkeit Schlesiens geprägt war. In der Volksschule wurde die Begabung des kleinen Joseph von einem Priester erkannt, der ihm dazu half, das Gymnasium anzustreben, woran bei der Armut der Familie eigentlich gar nicht zu denken war. In Privatstunden wurde Wittig für die Aufnahmeprüfung in das Breslauer Matthias-Gymnasium vorbereitet, wo er die Reifeprüfung bestand und anschließend das Theologiestudium begann. Bereits nach sechs Semestern bestand Wittig die erste theologische Prüfung und schloss zugleich seine Promotion mit einer Dissertation über Papst Damasus I. ab. Wittig wurde zum Priester geweiht und sammelte in Lauban und Breslau die ersten Erfahrungen in praktischer Gemeindearbeit. Dann wurde er zu einem zweijährigen Studienaufenthalt nach Rom geschickt, um hier weitere Studien in Patristik und Christlicher Archäologie zu treiben. 1906 kehrte Wittig nach Schlesien zurück und wurde Priester an der Kirche „Maria am Sande" in Breslau. Zugleich fing er an, sich zu habilitieren, und lehrte ab 1909 an der Universität in Breslau. Seit 1915 wurde er Ordinarius für Patristik und christliche Archäologie. Im Rückblick auf seine Lehrtätigkeit schrieb Wittig später:

> „Ich erkannte auch, dass meine Schüler für ihr zukünftiges Priestertum außer dem Geist der Wissenschaft noch anderen Geist haben müssten ... den Geist des Lebens, der ewig junge ... Da er nun in meinen Vorlesungen manchmal ausbrechen wollte, ließ ich ihn ausbrechen, und wie ihn einst die Parther, Meder, Elamiter, Mesopotamier, Juden, Kappadozier, Griechen, ein jeder in seiner Muttersprache reden hörten, so kamen jetzt außer den Theologen, katholischen wie protestantischen, die Mediziner, Juristen, Naturwissenschaftler, Philologen, Studentenvölker, die in ihren Fachsprachen einander so wenig verstanden wie jene Völker untereinander, und außerdem kam das viel geschmähte Völklein der Collegschinder, und sie hörten alle in ihren Sprachen die Mysterien Gottes in der Geschichte der Kirche verkünden. Nicht alle auf einmal, wie am heiligen Pfingstfest, aber doch schier alle nach und nach. Wenn sie dann fortgingen, verfielen sie oft wieder dem Geist der Wissenschaft, erstatteten in diesem Geiste überall Bericht, und ich kam sehr ins Gerede, dass ich das und das und das den Studenten gesagt hätte."[8]

Es muss sich in der Universität Breslau offenbar herumgesprochen haben, dass man in den Vorlesungen bei Joseph Wittig mehr als bloß Wissen für den Kopf zu hören bekommt, vielmehr Einsichten, Erfahrungen und Geschichten, in denen sich schwierigste Sachverhalte auf elementarste Weise zu Lebenserfahrungen zusammendrängen. Weil Wittigs Erzähltalent sich herumsprach, kam auch der Herausgeber einer verbreiteten katholischen Zeitschrift auf ihn zu und bat ihn, ob er nicht ab und zu für das Gemeindeblatt Geschichten vom Glauben des einfachen Volkes schreiben könne. Um seinen wissenschaftlichen Ruf nicht zu gefährden, ließ Wittig seine Geschichten unter dem Pseudonym Dr. Johannes Strangfeld (der Geburtsname seiner Mutter) erscheinen und gab 1922 einen ersten Band solcher Geschichten mit dem Titel heraus „Herrgottswissen von Wegrain und Straße – Geschichten von Webern, Zimmerleuten und Dorfjungen"[9] heraus. Der nächste Band erschien 1925 mit dem Titel „Die Kirche im Waldwinkel und andere Geschichten vom Glauben und vom Reiche Gottes"[10].

Wittigs eigentliche Predigten wurden seine Erzählungen, die den Leser ahnen lassen, dass das Christentum von seinem Ursprung her eine Erzählgemeinschaft ist. Man mag in diesem Zusammenhang von „narrativer Predigt" oder „narrativer Theologie" sprechen. Aber was sind schon solche Begriffe gegenüber Erzählungen von so viel Charme, Witz und Tiefe. Aus Wittigs Erzählungen spricht eine tiefe Verbeugung und ein hoher Respekt vor dem Glauben der einfachen Leute und zugleich eine tiefe Skepsis gegenüber allen gedrechselten Begriffen, gegenüber allem Hochgeschraubten, wie es Wittig an der Universität fand, in jener Welt der Wissenschaft, der er ja auch mit Promotion, Habilitation und vielen wissenschaftlichen Büchern gedient hat[11]. Ihn erfasste jedoch mehr und mehr eine Skepsis, ob auf diesem Weg nicht zu viel an Leben ausgesperrt, zu viel an ursprünglichem Glauben ausgeklammert werde. Volksfrömmigkeit – das hat immer den Beigeschmack des Simplen, etwas Minderwertigen. Wittig kehrt jedoch um, hebt in seinen Geschichten den Glauben der kleinen Leute hoch und schaut ihn auf seine Tiefgründigkeit hin an. Dabei findet er kostbare Glaubensschätze in der Volksfrömmigkeit der „kleinen Leute". Am Ende seines Lebens konnte Wittig sagen: „Ich weiß von dem unersättlichen wissenschaftlichen Verlangen nach immer tieferem Wissen; ich bin allem Forschen nachgegangen. Ich weiß um die modernste Theologie, erkenne aber jetzt, dass unser Heil in unserem Ursprung und in der Rückkehr zu ihm liegt. Die primitivste Theologie meiner Eltern, wie sie auf der Ofenbank saßen und ihr Abendgebet sprachen, das ist die rechte Theologie."

Als Wittig von 1926 bis 1928 zusammen mit Martin Buber und Viktor von Weizsäcker in Heidelberg die Zeitschrift „Die Kreatur"[12] herausgab, schrieb er in seinen Beiträgen den ihm eigenen erzählenden Stil weiter, was den Literaturkritiker Walter Benjamin in der Besprechung des ersten Heftes von „Die Kreatur" zu dem Ausruf brachte: „Sehr merkwürdig, ich möchte sagen beunruhigend in der Wahrheit ihrer Fragestellungen und der Fragen, die sie erregen, ist die Arbeit von Wittig. Ich glaube, es ist sehr lange her, dass man diese einfachen, aber unendlich schwer greifbaren Erfahrungen neu, evident hat aussprechen können." Das bringt auf den Punkt, was Wittigs reflektierende

Erzählungen auszeichnet: eine neue Sprache, die Leben ans Licht bringt, das in der wissenschaftlichen Sprache der Begriffe erstarrt, ja verschwunden war.

Genau das war es auch, was die Hüter der scholastischen Lehre zum Argwohn brachte, als sie es mit Wittigs Aufsatz von den „Erlösten" zu tun bekamen. Die anschauliche und bewegende Weise, mit der Wittig erzählt, wie das katholische Volk sich mit viel Angst in der vorösterlichen Zeit auf die Beichte vorbereitet, offenbart zugleich die Fallstricke einer gesetzlichen Beichtlehre, die von den Defiziten der Verfehlung und nicht von der Gnade der Vergebung her die Beichte versteht. Mit seiner Erzählung will Wittig das verängstigte Volk der Sünder zu einem kühnen Sprung in die Freiheit des Glaubens hinüberreißen, damit es sich im Blick auf Christus erlöst weiß von der Angst vor einem strafenden Gott und befreit zu einer Beichte, die das Siegel der Versöhnung mit Gott ist.

Die Hüter von Moral und Kirchenrecht aber zogen unbeirrbar den Strick um den „Luther redivivus" immer enger, bis schließlich am 12. 6. 1926 der bischöfliche Erlass vom Ausschluss aus der Kirche erfolgte. Nun ging auch Wittig am 20. 6. 1926 mit einer Erklärung an die Öffentlichkeit:

> „... Ich habe meine Bücher für das Volk geschrieben, wahrhaftig aus Erbarmen mit seiner religiösen und kirchlichen Not. Tausende und Abertausende haben aus ihnen Trost, Freude und neuen Lebensmut geschöpft. Mehrere Male habe ich mich bereit erklärt, alle Irrtümer zu widerrufen, die etwa darin sein sollten. Aber die kirchlichen Ämter haben mir bisher keine einzige irrgläubige Stelle nachweisen können, sondern nur in Bausch und Bogen alles verurteilt, als ob mein ganzer Glaube und all mein priesterliches Helfenwollen irrig wäre. Die verlangten Eide habe ich in priesterlichem Gehorsam früher schon geschworen und stehe noch dabei, weigere mich aber, sie zu wiederholen, wenn mir nicht bewiesen wird, dass ich sie gebrochen habe. Dies ist mein ‚Ungehorsam gegen das römische Amt'. Es ist vielmehr Gehorsam gegen Gott, dem man mehr gehorchen muss als den Menschen und gegen Christus, der gesagt hat: ‚Ihr sollt überhaupt nicht schwören.' Ich bleibe nach wie vor katholisch und bewahre den Glauben meiner Väter, der auch der Glaube des Grafschafter Volkes ist." Dr. Joseph Wittig, Universitätsprofessor.[13]

Bis in die kleinste Kirchenzeitung des letzten Dorfes hinein wurde Wittigs Exkommunikation veröffentlicht. Aus jeder katholischen Bibliothek mussten Wittigs Bücher verschwinden. Er selbst hatte seinen Lehrstuhl an der Universität in Breslau zu räumen, zog sich in seine Grafschafter Heimat zurück und baute sich in seinem Heimatdorf Schlegel ein kleines Häuschen, an das bald eine ehemalige Studentin anklopfte, die ihm gestand, ihr Vater, der Bürgermeister eines entfernteren Dorfes, habe sie aus dem Hause geworfen, weil sie sich beharrlich und öffentlich zu Wittig bekannt habe. Sie bekam im Haus ein Zimmer, nach einiger Zeit heiratete Wittig sie, und sie bekamen zusammen im Lauf der Zeit vier Kinder. Das hört sich wie das Happyend einer bösen Geschichte an, war es aber nur zum Teil, denn der in seiner Kirche tiefverwurzelte und tiefgläubige Wittig kam sich wie ein Vertriebener und Verlassener vor, der auf die geistliche Speise für seine Seele verzichten musste und von seiner Kirche mitsamt allen seinen Büchern auf den Index gesetzt wurde, so dass auch kein katholischer Verlag ihn mehr drucken durfte.

Wittig selbst erging es 1946 wie allen Schlesiern, dass er vertrieben wurde und in ein Flüchtlingslager in Altena kam, aus dem die Familie durch Hilfe von Freunden in das Forsthaus Göhrde bei Lüneburg geholt wurde. Mitten in seinen Schmerz um den Verlust der irdischen Heimat erreichte ihn noch in Schlesien ein Telegramm des polnischen Erzbistumsverwesers Hlond, Wittig sei in seine geistliche Heimat, die katholische Kirche, wieder aufgenommen. Er durfte nun wieder mit seiner Familie an der Feier der Eucharistie teilnehmen. Seine Bücher blieben freilich bis zum II. Vatikanischen Konzil auf dem Index, wie es auch bis zuletzt Versuche aus katholischen Kreisen gab, Wittig in sein priesterliches Zölibat zurückzuholen und ihn von seiner Familie zu trennen, was er empört zurückwies. Nachdem er 1949 zu seinem 70. Geburtstag noch öffentlich gefeiert und als Seelsorger[14] der Schlesier geehrt wurde, starb er im selben Jahr am 22. 8. 1949, als die Familie schon die Zuzugsgenehmigung nach Meschede ins Sauerland bekommen hatte. Wittig zog im Sarg mit und wurde in Meschede beigesetzt. Auf seinem Grabstein wurde die erste Zeile des Liedes gesetzt, mit dem Wittig auch seine Erzählung „Die Erlösten" begonnen hatte: „Getröst, getröst, wir sind erlöst!"

Eine Sternstunde

Was Wittigs Erzählung von den „Erlösten" samt ihrer fiktiven Predigt über Matthäus 9,2 zu einer Sternstunde der Predigt macht, ist die Befreiung von Beichtängsten und die bis in die Seele hineinreichende Erlösung, die von ihr ausging, aber auch die Scheidung der Geister, die sie auslöste.

Was ist von Wittig für die Kunst der Predigt zu lernen? Natürlich ist von ihm keine Predigttheorie zu erwarten, weil er ja ein Feind aller grauen Theorie und aller begrifflichen Wissenschaft war, die die Dinge nur zergliedert und im Zergliedern abtötet. Ob ein biblischer Text, ob ein theologischer Sachverhalt wirklich verstanden ist, erkannte Wittig daran, ob sich eine Geschichte einstellt, die sich leicht und anmutig erzählen lässt, obwohl bzw. weil in ihr eine tiefe Wahrheit verborgen ist, die die Seele der Menschen gar nicht anders als erzählend zu berühren vermag. Es geht nicht um jene künstlichen Geschichten, die irgendwie an den Haaren herbeigezogen werden, nach dem Motto: „Da fällt mir noch eine Geschichte ein!" Es geht auch nicht um ein künstliches Nacherzählen biblischer Geschichten, als solle den notwendigen Argumenten ausgewichen werden. Wittigs Erzählen ist ein Bezeugen des Lebens Jesu, „das wir erfahren haben". Dann hört alles Reden über Jesus oder über den biblischen Text auf, weil ein das Leben erschließendes Bezeugen dessen beginnt, was Jesus mit seinem Leben in uns und unter uns heute tut. Da stockt der Atem, und die Augen gehen auf oder gar über von dem, was sich an Wundern Gottes im alltäglichen Leben ereignet.

Wie kommt der Prediger dabei in einen Dialog mit dem Hörer, wie verwickelt er den Hörer in die Geschichten vom Leben Jesu? Wittig erinnert sich, wie er als Universitätsprediger in Breslau um seine akademischen Hörer buhlte, bis er endlich erkannte:

> „Ich entsagte schließlich jeglicher Versuchung, akademisch zu predigen, indem ich erkannte, dass auch die Seele des Akademikers nichts anderes ist als das stille, scheue, sehnsüchtige, wartende Keimlein des ewigen Lebens, das wie ein Kind aufhorcht, wenn es angeredet wird; das wie ein Kind dankbar ist für jedes gute Wort, für jede Aufmunterung, für jegliches Bild, das ihm zum Anschauen vorgehalten wird. Man vergisst zu sehr, dass die Seele ewig Kind ist. Da sie zum ewigen Leben bestimmt ist, kann sie ja gar nicht altern. Nur der Geist altert, da er sich meist nicht rechtzeitig täglich erneuert. Der Geist kann so

alt und gebrechlich werden wie der Körper. Der Fehler vieler Predigten besteht darin, dass sie den Geist und nicht die Seele ansprechen ... Erlaubt, Freunde, dass ich nicht zu eurem Geiste, sondern zu eurer Seele spreche. Den Geist tragt ihr schon in eurem Angesichte. Er ist offensichtlich klüger als mein Geist, so dass ich mich nicht um ihn zu bemühen brauche. Die Seele lasst ihr verborgen in eurem Wesen schlummern und seid froh, dass sie keinen besonderen Lärm macht. Aber vielleicht wacht sie auf, wenn ich sie anrufe. Vielleicht schaut sie dann mit Märchenaugen aus den Fenstern eures Gesichts. Vielleicht fangt ihr endlich an, sie nicht immerfort mit eurem Geist zu verwechseln und euch ein wenig um sie zu bekümmern. Für euren Geist habt ihr sonst Bücher genug!"[15]

Das nenne ich „seelsorglich predigen"[16], für das man bei Joseph Wittig unendlich viel lernen kann. Es ist ein Reden mit der verborgenen Seite des Menschen, die sich vielleicht öffnet, wenn sich ein Hörer in eine größere oder kleinere Gemeinde bergen kann und hier aus einer Verborgenheit heraus zuhören kann, zumal dann, wenn nicht bloß der Geist auf geistvolle Weise, sondern die Seele in ihrem inneren Dialog mit sich selbst angesprochen wird.

Ist das auch in einer Volkspredigt, etwa für eine Bauerngemeinde, möglich? Wittig hat es in seiner fiktiven Predigt über Matthäus 9,2 gezeigt, wie es geht. Darüber hinaus hat er auch Überlegungen zu einer seelsorglichen Predigt für Bauern in seine Erzählung „Der Bauernpfarrer" eingeflochten:

„Wenn der Bauer von einem tüchtigen Prediger verlangt, dass er doch wenigstens manchmal ein wenig schimpfe, so meint er damit, dass der Prediger von Dingen reden solle, die den Bauern etwas angehen. Beileibe aber nicht von Dingen, die der Bauer nun einmal wirklich besser versteht als der Pfarrer, z.B. wann es notwendig sei, sonntags noch das überreife Getreide vor dem herannahenden Gewitter einzuführen, oder ob ein oder zwei von dem Gesinde aus der Kirche daheim bleiben müssen, um den Hof zu bewachen; solche Dinge will der Bauer allein entscheiden, und mit Recht. Vom Pfarrer will er wissen, was das eigentlich ist, was unter seiner Weste ein so eigentümliches Wesen treibt, dieses wundersame Reden und Schweigen im Herzen, bald Gottverbundenheit, bald Gottverworfenheit, bald Hoffnung auf ewige Ruhe und Seligkeit, bald Furcht vor einem Orte, an dem es nicht gut ist. Vom Pfarrer will er für das Ding im Innern, das da wie ein Taubstummer nur gestikulieren und komische Gebärden machen kann, Gehör und Sprache haben, d.h. er will vom Pfarrer glauben und beten lernen, nicht so sehr für seinen Kopf und sein Mundwerk, sondern eben für das Ding im Innern, das andere vielleicht die Seele des Bauern, der Bauer aber am liebsten gar nicht nennt; denn von der armen Seele spricht er nur, wenn sie schon hinüber ist. Vom Pfarrer will er wissen, was ihn eigentlich von seinem eigenen Ochsen unterscheidet, der sonst schier auf dieselbe Weise zum Leben gekommen ist und unter dem Joche durchs Leben geht. Von David und Goliath oder auch warum der heilige Joseph im Himmel doch noch über Johannes dem Täufer steht, von dem der Heiland selbst gesagt, dass er unter allen vom Weibe Geborenen der größte im Himmelreich ist, das hört er sich ganz gern einmal an, doch nicht zu oft und nicht zuviel davon. Aber nie genug kann er davon hören, was er eigentlich selbst für ein Kerl ist, und wie er zu seinem Herrgott steht im Leben und im Sterben, und welche Stelle er im Himmelreich haben wird. Denn den Bauern geht sonst nichts an; nur er selber geht sich etwas an, und ich glaube, das ist nicht ganz unrecht. Er will aber auch nicht bloß hören, dass er ein schlechter Kerl, ein Leuteschinder und Milchpantscher ist. Das weiß er, wenn er es ist, von ganz allein. ‚Diese ganze Woche kommt man von der verdammten Sünde nicht los; da soll nicht noch sonntags fortwährend davon geredet werden', sagte einmal der Schwarze Herden zu mir. Freilich will des Bauern Herz getroffen und erschüttert werden. Aber das geschieht nicht dadurch, dass immerzu auf die Sünde losgehämmert wird. Dort, wo Sünde ist, ist nämlich ein Loch im Herzen, und da trifft der Hammer immer auf's Loch, und das weiß jeder Schmied, dass Hammerschläge in ein Loch hinein eine dumme Sache sind. Auf's Ganze und auf's Gesunde muss der Hammer treffen. Dorthin, wo der Bauer noch einen gesunden Fleck am Herzen hat, muss der Pfarrer mit seinem Worte schlagen. Oft ist die einzige gesunde Stelle am Menschenherzen noch die allerletzte Hoffnung auf die Barmherzigkeit und Gnade Gottes. Davon muss der Pfarrer so gewaltig und groß predigen, dass dem Bauern von allein seine Sünden leid werden. Ich wette, dass alle Sünden- und Höllenpredigten zusammen noch nicht halb soviel Menschen in das sündige Herz getroffen haben wie die einzige Heilandspredigt vom verlorenen Sohn und von dem gütigen Vater. Dabei braucht der Pfarrer keineswegs ein honigsüßes Gesicht zu machen und seinen Mund zu spitzen, als ob er für jede Sünde einen Kuss geben wollte. Er kann auch von der Barmherzigkeit und Gnade Gottes so sprechen, dass es sich ebenso ehrlich anhört wie allerehrlichstes Schimpfen. Denn Gottes Gnade und Barmherzigkeit sind keine süßen Sächelchen, sondern Dinge von ungeheurer Schwere. Die blutenden Wunden des gekreuzigten Gottessohnes und sein Todesschrei sind auch eine solche Predigt. Und doch ist dabei kein Wort von Sünde gesprochen worden."[17]

Christian Möller

LITERATUR

Helmut Tschöpe, Zwischen Argument und Sakrament. Die mystagogische Theologie Joseph Wittigs und ihre Bedeutung für Theologie, Kirche und Gottesdienst, Frankfurt 1993.

Siegfried Kleymann, „Und lerne, von dir selbst im Glauben zu reden." Die autobiographische Theologie Joseph Wittigs (1879-1949), Würzburg 2000.

ANMERKUNGEN

1. Zitiert in: Neu herausgegebener Nachdruck von Großdechant Franz Jung, Münster 1989: „Joseph Wittig, Meine Erlösten in Buße, Kampf und Wehr." Darin: „Meine Osterbotschaft ‚Die Erlösten'", 12-59.
2. Vgl. die Schilderung des „Falles Wittig" durch einen Zeitzeugen: Th. Kampmann, Joseph Wittig als Seelsorger, in: Der Fall Joseph Wittig fünfzig Jahre danach, hg. v. Th. Kampmann/R. Padberg, Paderborn 1975, 73-83.
3. Wittig hat diese fiktive Predigt in seine Erzählung von den „Erlösten" eingeflochten: a. a. O. (vgl. Anm. 1) S. 43-51 und dabei auch fiktive Reaktionen der Hörer geschildert, die hier weggelassen werden.
4. Dietrich Bonhoeffer Werke (DBW) 12, 237f.
5. Vgl. Chr. Möller, Die Vision eines evangelischen Katholizismus in Schlesien, Baden und anderswo, in: Wegbereiter der Ökumene, hg. v. Chr.Möller, Ch. Schwöbel, Ch. Markschies, K. v. Zedtwitz., Göttingen 2005, 72-90.
6. J. Wittig, Leben Jesu in Palästina, Schlesien und anderswo 1. Teil, Gotha 1927, Xf.
7. Vgl. Siegfried Kleymann, „Und lerne, von dir selbst im Glauben zu reden". Die autobiographische Theologie Joseph Wittigs (1879-1949), Würzburg 2000, 115 ff.
8. J. Wittig, Höregott, ein Buch vom Geiste und vom Glauben, Gotha 1929, 41 f.
9. Erschienen in Freiburg/Brsg. 1922.
10. Erschienen in München 1925.
11. Wittigs Dissertation trägt den Titel: Papst Damasus I,, Quellenkritische Studien zu seiner Geschichte und Charakteristik, Rom 1902 (Diss.); Römische Quartalsschrift 1912; Die Friedenspolitik des Papstes Damasus I, Breslau 1912.; Das Papsttum in Wort und Bild, Hamburg 1913 usw. (Verzeichnis der Schriften J. Wittig bei Th. Kampmann/Padberg, a. a. O. 59-61).
12. Vgl. J. Wittig, Der Weg zur Kreatur, in: Die Kreatur III (1929/30), 137-157. (Weitere Schriften zit. In dem umfassenden Literaturverzeichnis bei Josef Hainz (Hg., Abschied vom Gott der Theologen. Zum Gedenken an Joseph Wittig (1879-1949) – fünfzig Jahre nach seinem Tod. Dokumentationen Eppenhain 2000, 346-360.
13. Das Alter der Kirche III (Akten und Theologisch-Kanonistisches Gutachten zum Schrifttum Wittigs), hg. v. Eugen Rosenstock und Joseph Wittig, Reprint Münster 1998, 137.
14. Th. Kampmann, Joseph Wittig als Seelsorger, a. a. O. (Anm. 2).
15. Vom Warten und Kommen, Leipzig 1938, 19 f.
16. Vgl. Chr. Möller, seelsorglich predigen, Waltrop 2003 (3. Auflg.).
17. Das neue Antlitz, Kempen 1947, 138-145, ebd. 144.

Dietrich Bonhoeffer
Prophetische Rede
in Widerstand und
Ergebung

Die Situation

Am 21. Januar 1934, dem dritten Sonntag nach Epiphanias, predigte Dietrich Bonhoeffer in London über Jeremia 20,7: „Herr, du hast mich überredet und ich habe mich überreden lassen. Du bist mir zu stark gewesen und hast gewonnen." Bonhoeffers Freund Eberhard Bethge nannte diese Predigt eine „Art autobiographisches Bekenntnis vor der Gemeinde"[1]. Otto Dudzus, der Schüler aus der Finkenwalder Zeit, schrieb im Vorwort zu seiner Ausgabe der „Predigten – Auslegungen – Meditationen" Bonhoeffers von 1925 bis 1945: „Man muss diese Predigt von Bonhoeffers Ende her lesen, mit der vollen Kenntnis der sein Leben bestimmenden Motive und Tendenzen. Dann muss man den Eindruck bekommen, er selber habe hier vorweggenommen, was einmal im Rückblick auf sein Leben zu sagen sein wird ..."[2]

Es ist tatsächlich so, als habe Bonhoeffer am Beginn des Jahres 1934 hellsichtig erkannt, dass er sich aus den in Deutschland tobenden Kämpfen zwischen der Bekennenden Kirche und der sogenannten „Glaubensbewegung der Deutschen Christen" auf Dauer nicht heraushalten könne, ja, dass er im Blick auf die immer gewaltsamer werdende Herrschaft Hitlers früher oder später nach Deutschland zurückkehren und „dem Rad in die Speichen fallen"[3] müsse.

Wie war Bonhoeffer überhaupt nach London gekommen und hier Gemeindepfarrer geworden, nachdem er doch zunächst Studentenpfarrer an der Technischen Universität in Berlin und Privatdozent für Systematische Theologie an der Humboldt-Universität bis zum Oktober 1933 gewesen war? Bonhoeffers Opposition zum Dritten Reich und dessen Verherrlichung in weiten Kreisen der Deutschen Evangelischen Kirche spitzten sich im September 1933 zu, als die Preußische Generalsynode beschloss, den „Arierparagraphen" auch in der Kirche einzuführen, und d. h.: „Nichtarische Pfarrer" sollten vom kirchlichen Dienst ausgeschlossen werden. Für Bonhoeffer war mit diesem Beschluss der status confessionis erreicht. Er suchte Gesinnungsgenossen, die mit ihm die evangelische Kirche verlassen und eine Freikirche gründen. Doch selbst unter seinen Freunden fand er niemand, der seinen Weg mitgehen wollte. Im Rückblick auf diese Zeit und zur Begründung seines Weges nach London schrieb Bonhoeffer am 24. 10. 1933 an Karl Barth: „Ich fühlte, dass ich mich unbegreiflicherweise gegen alle meine Freunde in einer radikalen Opposition befinde, ich geriet mit meinen Ansichten über die Sache immer mehr in die Isolierung ... Und das alles machte mir Angst, machte mich unsicher, ich fürchtete, dass ich mich aus Rechthaberei verrennen würde [...]. Und so dachte ich, es wäre wohl die Zeit, für eine Weile in die Wüste zu gehen und einfach Pfarrarbeit zu tun, so anspruchslos wie irgend möglich."[4]

Am 17. 10. 1933 hat Bonhoeffer Deutschland verlassen und ist nach London gegangen, um Abstand zu gewinnen von der aufgewühlten Situation in Berlin, die sich alsbald noch weiter zuspitzte, als am 13. 11. 1933 die „Deutschen Christen" bei einer Kundgebung im Sportpalast von Berlin ihr wahres Gesicht als eine neuheidnische Bewegung zeigten: Abschaffung des Alten Testaments mit seiner „jüdischen Lohnmoral" und Einführung eines „artgemäßen deutschen Christentums" lauteten die Forderungen. Als Vertreter der Bekennenden Kirche dagegen Protestversammlungen organisierten, verbot der von den Deutschen Christen unterstützte Reichsbischof Müller am 4. 1. 1934 mit einem sogenannten „Maulkorberlass" allen Protest in kirchlichen Räumen. Die anderen Bischöfe intervenierten daraufhin bei Hitler und suchten ein Gespräch, das am 25. 1. 1934 aber gründlich scheiterte, so dass die Situation noch verhärteter wurde.

Diese und ähnliche Ereignisse erfuhr Bonhoeffer in London, denn täglich berichtete ihm seine Mutter aus Berlin telefonisch über die Zustände in Deutschland und besonders in der Deutschen Evangelischen Kirche. Das spornte Bonhoeffer in England an, ein Netz ökumenischer Kontakte zu knüpfen, vor allem durch Briefe und Gespräche mit dem anglikanischen Bischof von Chichester, George Bell. Ebenso organisierte er in den deutschen Auslandsgemeinden Englands einen engen Kontakt und brachte schließlich die deutschen Auslandspfarrer dazu, am 15. 1. 1934 einen Brief an den Reichspräsidenten Hindenburg mit zu unterschreiben, der in der Warnung gipfelt: „So lange der Reichsbischof Müller im Amt bleibt, besteht stündlich die Gefahr der Loslösung (der deutschen Auslandsgemeinden von der Deutschen Evangelischen Kirche)"[5].

In diese Situation hinein gehört die Predigt über Jeremia 20,7. Als Bonhoeffer seinen Predigttext im Licht der ihn bewegenden Situation meditierte, muss ihm deutlich geworden sein, welcher Weg ihm von Gott in „Widerstand und Ergebung" vorgezeichnet war.

Die Predigt[6]

Jeremia 20,7: *„Herr, du hast mich überredet und ich habe mich überreden lassen. Du bist mir zu stark gewesen und hast gewonnen".*

VON AUSSEN HER KOMMT ES ÜBER DEN MENSCHEN   Jeremias[7] hat sich nicht dazu gedrängt, Prophet Gottes zu werden. Er ist zurückgeschaudert, als ihn plötzlich der Ruf traf. Er hat sich gewehrt, er wollte ausweichen – nein, er wollte dieses Gottes Prophet und Zeuge nicht sein. – Aber auf der Flucht packt ihn, ergreift ihn das Wort, der Ruf; er kann sich nicht mehr entziehen,es ist um ihn geschehen, oder, wie es einmal heißt, der Pfeil des allmächtigen Gottes hat das gehetzte Wild erlegt. Jeremias ist sein Prophet.

Von außen her kommt es über den Menschen, nicht aus der Sehnsucht seines Herzens, nicht aus seinen verborgensten Wünschen und Hoffnungen steigt es herauf; das Wort, das den Menschen stellt, packt, gefangen nimmt, bindet, kommt nicht aus den Tiefen unserer Seele, sondern es ist das fremde, unbekannte, unerwartete, gewalttätige, überwältigende Wort des Herrn, der in seinen Dienst ruft, wen und wann er will. Da hilft kein Widerstreben, sondern da heißt Gottes Antwort: Ich kannte dich, ehe ich dich im Mutterleib bereitete. Du bist mein. Fürchte dich nicht! Ich bin dein Gott, der dich hält. Und dann ist dies fremde, ferne, unbekannte, gewalttätige Wort auf einmal das uns schon so unheimlich wohlbekannte, unheimlich nahe, überredende, betörende, verführende Wort der Liebe des Herrn, den es nach seinem Geschöpf verlangt. Dem Menschen ist ein Lasso über den Kopf geworfen und nun kommt er nicht mehr los. Versucht er zu widerstreben, so spürt [er] erst recht, wie unmöglich das ist, denn das Lasso zieht sich nur enger und schmerzhafter zusammen und erinnert ihn daran, dass er ein Gefangener ist. Er ist Gefangener, er muss folgen. Der Weg ist vorgeschrieben. Es ist der Weg des Menschen, den Gott nicht mehr losläßt, der Gott nicht mehr loswird. Das heißt aber auch, der Weg des Menschen, der nie mehr – im Guten oder Bösen – gott-los wird.

JEREMIAS KANN GOTT NICHT MEHR LOSWERDEN   Und dieser Weg führt mitten in die tiefste menschliche Schwachheit hinein. Ein verlachter, verachteter, für verrückt erklärter, aber für Ruhe und Frieden der Menschen äußerst gefährlicher Narr, den man schlägt, einsperrt, foltert und am liebsten gleich umbringt – das ist dieser Jeremias, eben weil er Gott nicht mehr loswerden kann. Phantast, Sturkopf, Friedensstörer, Volksfeind hat man ihn gescholten, hat man zu allen Zeiten bis heute die gescholten, die von Gott besessen und gefaßt waren, denen Gott zu stark geworden war. Wie gern hätte Jeremias anders geredet. Wie gern hätte er mit den anderen „Friede" und „Heil" geschrieen, wo doch Unfriede und Unheil war. Wie gern hätte er geschwiegen, den anderen recht gegeben – aber er konnte einfach nicht, es lag wie ein Zwang, wie ein Druck auf ihm, es war, als säße ihm einer im Nacken und triebe ihn von einer Wahrheit zur anderen, von einem Leiden zum anderen. Er war nicht mehr sein eigener Herr, er war seiner selbst nicht mehr mächtig, ein anderer war seiner mächtig geworden, ein anderer besaß ihn, von einem anderen war er besessen. Und Jeremias war von unserem Fleisch und Blut. Er war ein Mensch wie wir. Er leidet unter den dauernden Erniedrigungen, dem Spott, der Gewalt, der Brutalität der anderen, und so bricht er dann nach einer qualvollen Folterung, die eine ganze Nacht gewährt hatte, in dieses Gebet aus: „Herr, du hast mich überredet und ich habe mich überreden lassen. Du bist mir zu stark geworden und hast gewonnen."

HERR, DU HAST MICH ÜBERREDET   Gott, du hast es mit mir angefangen. Du hast mir nachgestellt, du hast mich nicht loslassen wollen, bist mir immer wieder hier oder dort plötzlich in den Weg getreten, hast mich verlockt und betört, hast dir mein Herz gefügig und willig gemacht, hast zu mir geredet von deiner Sehnsucht und ewigen Liebe, von deiner Treue und Stärke; als ich Kraft suchte, stärktest du mich, als ich Halt suchte, hieltest du mich, als ich Vergebung suchte, vergabst du mir die Schuld. Ich hatte nicht gewollt, aber du überwandest meinen Willen, meinen Widerstand, mein Herz, Gott, du verführtest mich unwiderstehlich, dass ich mich dir hingab. Herr, du hast mich überredet und ich habe mich überreden lassen. Wie einen Ahnungslosen hast du mich gefaßt – und nun kann ich nicht mehr von dir los, nun schleppst du mich davon als deine Beute, bindest uns an deinen Siegeswagen und schleifst uns hinter dir her, dass wir geschunden und zermartert an deinem Triumphzug teilnehmen. Konnten wir es wissen, dass deine Liebe so weh tut, dass deine Gnade so hart ist? Du bist mir zu stark geworden und hast gewonnen. Als der Gedanke an dich in mir stark wurde, da wurde ich schwach. Als du über mich gewannst, da war ich verloren; da war mein Wille gebrochen, da war meine Kraft zu gering, da musste ich den Weg des Leidens gehen, da konnte ich dir nicht mehr widerstreben, da konnte ich nicht mehr zurück, da war die Entscheidung über mein Leben gefallen. Nicht ich habe entschieden, Du hast entschieden. Du hast mich an dich gebunden auf Gedeih und Verderb. Gott, warum bist du uns so furchtbar nahe?

Unterdrückung und Verfolgung in der Heimatkirche
Tausende von Gemeindegliedern und Pfarrern sind heute in unserer Heimatkirche in der Gefahr der Unterdrückung und Verfolgung um ihres Zeugnisses für die Wahrheit willen. Sie haben sich diesen Weg nicht aus Trotz und Willkür ausgesucht, sondern sie wurden diesen Weg geführt, sie mussten ihn gehen – oft gegen ihren Willen, gegen ihr Fleisch und Blut – weil Gott in ihnen zu stark geworden war, weil sie Gott nicht mehr widerstehen konnten, weil hinter ihnen ein Schloss zugefallen war, weil sie nicht mehr zurück konnten hinter Gottes Wort, Gottes Ruf, Gottes Befehl. Wie wünschten sie es oft, dass endlich Friede und Ruhe und Stille käme, wie wünschten sie oft, sie brauchten nicht immer wieder zu drohen, zu warnen, zu protestieren, die Wahrheit zu bezeugen. Aber ein Zwang liegt auf ihnen. „Weh uns, wenn wir das Evangelium nicht predigten." Gott, warum bist du uns so nah?

Von Gott nicht mehr loskommen   Von Gott nicht mehr loskommen können, das ist die dauernde Beunruhigung jedes christlichen Lebens. Wer sich einmal auf ihn einließ, wer sich einmal von ihm überreden ließ, der kommt nicht mehr los. Wie ein Kind nicht mehr loskommt von seiner Mutter; wie ein Mann nicht mehr loskommt von der Frau, die er liebt. Zu wem er einmal geredet hat, der kann ihn nicht mehr ganz vergessen, den begleitet er immerfort, im Guten und im Bösen, den verfolgt er – wie der Schatten den Menschen. Und diese dauernde Nähe Gottes wird dem Menschen zu viel, zu groß, geht ihm über seine Kraft, und er denkt wohl manchmal: O, hätte ich es nie mit Gott angefangen. Es ist zu schwer für mich. Es zerstört mir den Frieden meiner Seele und mein Glück. – Aber das nützt ihm alles nichts mehr. Er kann nicht mehr los, und nun muss er hindurch, mit Gott, es komme, was da wolle. Und wenn er meint, er könne es nicht mehr ertragen, er müsse sich selbst ein Ende machen – dann weiß er doch auch wieder, dass er auch so nicht mehr loskommt von dem Gott, auf den er sich einließ, von dem er sich hat überreden lassen. Er bleibt sein Opfer, in seinen Händen.

Aber eben hier, wo einer meint, den Weg mit Gott nicht mehr länger gehen zu können, weil er zu schwer ist – und solche Stunden kommen über jeden zu seiner Zeit – wo uns Gott zu stark geworden ist – wo ein Christ unter Gott zusammenbricht und verzagt – da wird uns Gottes Nähe, Gottes Treue, Gottes Stärke zum Trost und zur Hilfe, da erst erkennen wir Gott und den Sinn unseres christlichen Lebens recht. Von Gott nicht mehr loskommen das bedeutet viel Angst, viel Verzagtheit, viel Trübsal, aber bedeutet doch auch im Guten und im Bösen nie mehr gott-los sein können. Es bedeutet: Gott mit uns auf allen unseren Wegen, im Glauben und in der Sünde, in Verfolgung, Verspottung und Tod. Was liegt an uns, an unserem Leben, an unserem Glück, an unserem Frieden, an unserer Schwachheit, an unserer Sünde? Wenn nur das Wort und der Wille und die Kraft Gottes an unserem schwachen, sterblichen, sündigen Leben verherrlicht wird, wenn nur unsere Schwachheit ein Gefäß der göttlichen Macht ist. Gefangene tragen keine stolzen Kleider, sondern Ketten. Aber diese Ketten verherrlichen den, der als der Sieger durch die Welt und die Menschheit zieht. Unsere Ketten und die Fetzen unserer Kleider und die Narben, die wir tragen müssen, sind der Lobpreis auf den, der die Wahrheit und die Liebe und die Gnade an uns verherrlicht.

GOTTES SIEGESZUG Der Siegeszug der Wahrheit und der Gerechtigkeit, der Siegeszug Gottes und seines Evangeliums durch diese Welt schleift hinter dem Siegeswagen die Gebundenen und Gefangenen hinter sich her.

Dass er uns endlich an seinen Siegeswagen bände, dass wir doch, wenn auch gebunden und geschunden, an seinem Siege teilhätten! Er hat uns überredet, er ist uns zu stark geworden, er läßt uns nicht mehr los. Was kümmerten uns die Fesseln und die Bürde, was kümmerte Sünde und Leiden (und) Tod? Er hält uns fest. Er läßt uns nicht mehr. Herr, überrede uns immer neu und werde stark über uns, damit wir dir allein glauben, leben und sterben. Damit wir deinen Sieg schauen.

Nachzeichnung der Predigt

Mit dem ersten Satz ist die Predigt beim biblischen Text. Bonhoeffer verschenkt mit dem Anfang nicht die kostbarste Zeit der Predigt, in der erste Spuren gesetzt werden, die sich auf die ganze Predigt auswirken. Deshalb verzichtet Bonhoeffer, wie auch sonst in seinen Predigten, auf die Ein- und Hinführungen, die gut gemeint sein mögen, in der Regel aber Abwege und Wegführungen sind.

Mit dem ersten Satz ist der Prediger beim Text: „Jeremias hat sich nicht dazu gedrängt, Prophet Gottes zu werden." Jeremias Geschichte wird nicht in historische Abständigkeit gedrängt, wie sich gleich im zweiten Absatz der Predigt zeigt, wo es nun um den Menschen schlechthin geht: „Von außen her kommt es über den Menschen, nicht aus der Sehnsucht seines Herzens, nicht aus seinen verborgensten Wünschen und Hoffnungen steigt es herauf..." Diese Sätze richten sich gegen romantisierende und psychologisierende Tendenzen, wie sie der deutschchristlichen Predigt zu eigen waren, wo Gott mit den Tiefen der deutschen Seele verbunden wurde, während es Bonhoeffer auf die Externität des Wortes Gottes ankommt. Es ist „das fremde, unbekannte, unerwartete, gewalttätige, überwältigende Wort des Herrn, der in seinen Dienst ruft, wen und wann er will". Da gibt es dann kein Entrinnen und keine Gott-losigkeit mehr, weil Gott den Menschen nicht mehr loslässt.

Noch einmal kehrt die Predigt in ihrem dritten Absatz zu Jeremia zurück als dem Exemplar eines Menschen, dem Gott zu stark geworden ist, und der sich wie ein Zwang auf ihn gelegt hat: „Jeremias war von unserem Fleisch und Blut, er war ein Mensch wie wir." Nun stehen sie beide zeitgleich nebeneinander, Jeremia und der heutige Mensch. Die Klage des Jeremia kann nun zu unserer Klage werden: „Gott, du hast es mit mir angefangen. Du hast mir nachgestellt, hast mich nicht loslassen wollen, bist mir immer wieder hier oder dort plötzlich in den Weg getreten, hast mich verlockt und betört, hast dir mein Herz gefügig und willig gemacht, hast zu mir geredet von deiner Sehnsucht und ewigen Liebe, von deiner Treue und Stärke." Es ist ein langes, inniges, persönliches Gebet, das in der Mitte der Predigt steht. Otto Dudzus nennt es „das Herzstück dieser Predigt": „Nach Form und Inhalt ist es eine Confessio, wie es deren nur wenige gibt, von Bonhoeffer wahrscheinlich nur an dieser Stelle. Das Innerste eines Menschenlebens kommt hier an den Tag, nicht durch den dunklen Drang zur Selbstdarstellung, sondern durch die Begegnung mit einem übermächtigen Gegenüber, mit dem Gott, der es auf den Menschen abgesehen hat und einen zähen Kampf um ihn führt, mit der ganzen Erschütterung, die das dem Menschen einträgt, mit dem Glück, mehr aber noch mit dem Schmerz der Berufung, mit der Abwehr von Gottes Zumutungen bis hin zu dem Gedanken an Suizid. (Vgl. Bonhoeffer: ‚Und wenn er meint, er könne es nicht mehr ertragen, er müsse sich selbst ein Ende machen, dann weiß er doch auch wieder, dass er auch so nicht mehr loskommt von dem Gott, auf den er sich einließ.') Wie zwanglos, unbeabsichtigt und notwendig erwächst das alles aus dem angespannten Hören auf die Confessio des Jeremia, desjenigen Propheten, dem Bonhoeffer sich seit der frühen Jugend seltsam nahe wusste."[8]

Wie kommt es zu diesem persönlichen Gebet, zu dieser lang anhaltenden Klage in Bonhoeffers Predigt? Der nächste Abschnitt scheint Antwort zu geben, wenn auf die „Tausende von Gemeindegliedern und Pfarrern" hingewiesen wird, die „heute in unserer Heimatkirche in der Gefahr der Unterdrückung und Verfolgung um ihres Zeugnisses für die Wahrheit" sind. Kann aber diese Konkretion wirklich ausreichen, um die Tiefe der persönlichen Klage vor Gott deutlich zu machen?

Dudzus nennt diesen Abschnitt mit seiner Konkretion den schwächsten Teil der Predigt: „Es ist mit Händen zu greifen, wie dieser Versuch einer Konkretion völlig unzureichend ist. Eine erahnte Erkenntnis über Art, Tiefe, Konsequenzen der Begegnung mit dem wirklichen Gott geht weit über den Augenblick hinaus. Sie ist nicht auf die Situation einer Kirche übertragbar, und sei sie noch so dramatisch..."[9] Dudzus ist mit seiner Kritik an dieser Stelle von Bonhoeffers Finkenwalder Predigtverständnis geprägt, wonach die echte Konkretion der Predigt nicht in ihren aktuellen Situationsbezügen liegt. Wir werden später auf dieses Predigtverständnis kurz blicken. Zunächst sei die offene Frage gestellt: Würde Bonhoeffers Predigt über Jeremia 20,7 etwas fehlen, wenn der ganze Abschnitt mit dem Hinweis auf die „Unterdrückung und Verfolgung in unserer Heimatkirche" gestrichen würde? Auf das lange Gebet könnte dann als nächster Satz aus dem Beginn des übernächsten Absatzes folgen: „Von Gott nicht mehr loskommen können, das ist die dauernde Beunruhigung jedes christlichen Lebens." Dieser Satz könnte direkt an das Gebet anschließen, das mit der Klage endet: „Gott, warum bist du uns so furchtbar nahe?"

Die Nähe Gottes, so fährt der weitere Abschnitt fort, wird dem Menschen zu viel, geht ihm über die Kraft. Aber er kommt nicht von Gott los, sondern bleibt sein Opfer. Genau solche Zeiten der Erfahrung mit Gott seien in Wahrheit Zeiten der Gotteserkenntnis, in denen wir den Sinn christlichen Lebensrechts erkennten: Es komme darauf an, Gottes Kraft an unserem schwachen, sterblichen, sündigen Leben verherrlichen zu lassen, um ein Gefäß für göttliche Macht zu sein. Als Gebundene und Gefangene seien wir Teil des Siegeszuges Gottes und seines Evangeliums durch diese Welt. Deshalb heißt es im letzten Abschnitt: „Er hält uns fest. Er lässt uns nicht mehr. Herr, überrede uns immer neu und werde stark über uns, damit wir dir allein glauben, leben und sterben, damit wir deinen Sieg schauen."

Das ist ein Predigtschluss, der mit einem „Amen"! der Gemeinde bekräftigt sein will, sei es nun laut oder leise. Bonhoeffers Predigten schließen oft so, dass sie das „Amen!" der Gemeinde gleichsam herausfordern, um den Hörer mit einzubeziehen und das Gehörte in seinem Leben zu verankern.

DER PREDIGER[10]

Wie hat Bonhoeffer eigentlich als Prediger auf der Kanzel gewirkt? Albrecht Schönherr[11], einst Vikar in Finkenwalde bei Stettin, später Bischof von Berlin-Brandenburg, erinnert sich: „Er machte eine stattliche, aber nicht elegante Figur; er hatte eine hohe, aber nicht besonders klangvolle Stimme; er formulierte etwas mühsam, keineswegs glänzend. Vielleicht war es das, dass man in ihm einen ganz einheitlichen, ja, im Sinne von Matthäus 6,22 einfältigen Menschen begegnete." Schönherr berichtet von einem, der die letzten Tage seines Lebens mit Bonhoeffer zusammen in Flossenbürg war und über ihn sagte: „Er war einer der wenigen Menschen, denen ihr Gott wirklich und stets gegenwärtig war." Im Blick auf den Prediger Bonhoeffer erinnert sich Schönherr:

„Wer Bonhoeffer predigen gehört hat, wird nie vergessen, welche geistliche Kraft von ihm ausging, wie man sich dieser konzentrierten, eindringlichen Anrede, die dennoch Demut, Scham und Gefühl für Distanz kennzeichnete, kaum entziehen konnte. Obwohl als Theologe einer der wenigen wirklich schöpferischen Geister, kostete ihn das Wort viel Mühe intensiver Vorarbeit: Es ist gekennzeichnet durch sorgfältige Wahl und eine fast zu reichliche Befrachtung. Bonhoeffers Predigten gehören zu den seltenen, die beim Lesen nicht verblassen, sondern nur gewinnen."

In diesen Sätzen sind natürlich auch schon späte Verklärungen des Lehrers durch den Schüler enthalten. Zur Realität[12] von Bonhoeffers Predigen gehört auch, dass er im Allgemeinen nie viele Zuhörer hatte: Während seines Vikariats in Barcelona kamen von den etwa 300 Mitgliedern der Gemeinde durchschnittlich 30 bis 40 Menschen zum Gottesdienst. Als Bonhoeffer sich im Januar 1933 um eine Berliner Pfarrstelle bewarb, lehnte ihn die Gemeinde ab, weil sie nur wenig „mit seinen Worten anfangen konnte, sie fand ihn „zu vornehm, zu hochtrabend, zu bedeutend". In der Gemeinde Sydenham in London, die ca. 280 Mitglieder, meist wohlhabende Kaufleute, zählte, kamen durchschnittlich ca. 30 bis 40, und in St. Paul, wo in der Mehrzahl alte deutsche Handwerkerfamilien württembergischer Herkunft wohnten, kamen ca. 50 Leute zum Gottesdienst. Bonhoeffer versuchte vor allem durch Hausbesuche dem dürftigen Gottesdienstbesuch entgegenzuwirken.

Andere Hörer von Bonhoeffers Predigten berichten, dass ein betont langsames Sprechen seine Predigtweise bestimmt habe. Er suchte nach den richtigen Worten und verzichtete auf alles Überflüssige. Eindringlich und konzentriert spreche er seine Hörer an. Das konnte freilich auch manche abschrecken, wie z. B. die Konfirmanden, die Bonhoeffer an der Berliner Zionskirche hatte, die seine Predigten hören mussten: „Den möchten wir nicht als Pfarrer! Er macht so viele Pausen, als wüsste er nicht, was er sagen sollte."[13]

Der eigentliche Grund, dass das Sprechen der Predigt Bonhoeffer Mühe machte, liegt aber wohl tiefer, nämlich in der Tatsache, dass sein Predigen fortwährend dem Unaussprechlichen ausgesetzt ist. Predigen heißt für ihn, mit dem Unaussprechlichen konfrontiert zu sein, herausgefordert, dem Evangelium Worte abzuringen, die Leben schaffen. In der Christologie-Vorlesung prägt Bonhoeffer den Satz: „Indem die Kirche das Wort verkündigt, fällt sie in Wahrheit schweigend vor dem Unaussprechlichen nieder ... Das gesprochene Wort ist das Unaussprechliche, das arrhäton ist das Wort." Ernst Georg Wendel interpretiert diese Sätze so: „Bonhoeffer will darauf aufmerksam machen, dass das Sprechen der Predigt im Grunde eine ständige Konfrontation, ein dauerndes Ringen mit dem Unaussprechlichen ist. Die Predigtsprache hat nur dann Gewicht, wenn sie dem Unaussprechlichen die Worte abringt, die wirkliches Leben schaffen."[14]

Wie oft predigte Bonhoeffer? „Predigen ist in Bonhoeffers Lebenswerk kein Nebenschauplatz. Er hat es so früh wie möglich gesucht. Seine erste Predigt vor einer Gemeinde hielt er als 19-jähriger Student. Als er sehr viel später, ein paar Jahre vor seinem Tod, erfuhr, dass eine Verwandte nur noch wenige Monate zu leben habe, schrieb er: „Was würde ich tun, wenn ich wüsste, in 4 bis 6 Monaten wäre es zu Ende?... Ich glaube, ich würde noch versuchen, Theologie zu unterrichten wie einst und oft zu predigen."[15] Es will wie eine überaus merkwürdige Vollendung dieses Lebens erscheinen, dass seine letzte Tat, einen Tag vor seinem Tod, die Predigt vor seinen Mitgefangenen in der Haft Schönberg/Flossenbürg über das österliche Wort sein sollte: „Wiedergeboren zu einer lebendigen Hoffnung durch die Auferstehung Jesu Christi von den Toten" (1. Petr 1,3).

Der „strenge Anspruch seiner Predigtweise"[16] hat manche Hörer abgestoßen. Er mutete seinen Hörern zuweilen schwere Kost zu. Wolf-Dieter Zimmermann, einer der Vikare aus Finkenwalde, berichtet:

„Bonhoeffer predigte über die Geschichte von Gideon (Richter 8)... Die Predigt über die Warnung Gottes ‚Ihr seid zu viele' hat uns gefesselt und erschreckt...Wir waren beunruhigt über das, was Bonhoeffer uns in dieser Situation sagte. Nach dem Gottesdienst ging ich zusammen mit ihm über den Potsdamer Platz und fragte ihn: Wer kann so glauben, dass er auf alle Macht verzichtet und sich ganz der feindlichen Übermacht ausliefert? Seine Antwort: Wir können so nicht glauben, aber Christus glaubt für uns."[17]

Dieses schier unbändige Zutrauen zu Christus und seinem Glauben, diese Ergebung in Christi Nähe macht wohl auch die Radikalität der Predigtweise Bonhoeffers wie seines ganzen Lebens bis in den Widerstand gegen die Staatsmacht aus.

Eine Sternstunde

Wer die Londoner Predigt über Jeremia 20,7 vom Ende Bonhoeffers und seinem Martyrium her liest, für den wird sie zu einer Sternstunde prophetischer Rede in dunkler Zeit. Hier wird deutlich, wie ein Mensch von Gott überwältigt wird und sich in Gott ergibt, aber gerade aus dieser Ergebung heraus Kraft zum geistlichen wie zum politischen Widerstand gewinnt. Diese Predigt lässt sich als ein Musterbeispiel für den Zusammenhang von Theologie und Biographie lesen[18], gerade dort, wo sie von Jeremias Geschick in der 3. Person redet und plötzlich in die 1. Person Singular bzw. Plural wechselt: „Gott, du hast es mit mir angefangen."

Zu welcher Predigttheorie führte diese Predigtpraxis? So schnell Bonhoeffer Deutschland im Oktober 1933 verlassen hatte, um mit Hilfe eines Pfarrdienstes in London Abstand von der aufgewühlten Situation in Berlin zu gewinnen, so rasch verließ er 1935 seine beiden Londoner Gemeinden wieder, weil ihn aus Deutschland der Ruf erreichte, Leiter eines Predigerseminars der Bekennenden Kirche in Finkenwalde bei Stettin zu werden. Hier musste er nun seine Predigtpraxis theoretisch überdenken, um es die Vikare in einer Reihe von Vorlesungen lehren zu können. Selbstkritik an seiner bisherigen Predigtweise blieb dabei nicht aus, wie z. B. an jener scheinbaren Konkretion in der Predigt über Jeremia 20,7.

Bonhoeffer musste erschreckt erkennen, wie vor allem in deutschchristlichen Predigten die biblischen Texte mit Hilfe von Tagesereignissen künstlich aktualisiert und konkretisiert wurden. Deshalb spitzte er nun seine eigene homiletische Position, nicht ohne Selbstkritik, in einem Vortrag vor Vikaren auf die Frage nach der falschen und nach der sachgemäßen „Vergegenwärtigung neutestamentlicher Texte"[19] zu. Er warnt vor einer „Vergegenwärtigung", die so tue, als habe der biblische Text in sich selbst gar keine Aktualität und müsse durch den Prediger allererst vergegenwärtigt werden, damit er in unsere Zeit passe.

Dagegen setzt Bonhoeffer die These: „Nicht wo die Gegenwart vor Christus ihren Anspruch anmeldet, sondern wo die Gegenwart vor dem Anspruch Christi steht, dort ist Gegenwart."[20] Qualifizierte Gegenwart sei da, wo Gott selbst in seinem Wort ist und Gegenwart schafft. Da komme auch der Begriff „Gegenwart" erst sprachlich zu seinem Recht als das, was uns entgegenwarte. Nicht von der Vergangenheit, sondern von der Zukunft her sei Gegenwart als das zu bestimmen, was auf uns zukomme. Also brauche es in der Predigt strenge Schriftauslegung, die von der falschen, weil bloß angemaßten Aktualität zur rechten, weil uns im Wort der Schrift entgegenwartenden Gegenwart verlaufe. Nur dort, wo Christus rede und der Heilige Geist, da sei wahre Gegenwart. Wer den biblischen Text in der Rückwärtswendung zum Kreuz Christi hin auslege, brauche die sogenannten „konkreten Anwendungen" in der Predigt nicht mehr, die meist mit der verräterischen Wendung beginnen: „Und was sagt das alles nun uns heute?" Der biblische Text ist für Bonhoeffer nicht der allgemeine Ausgangspunkt, zu dem erst noch konkrete Anwendungen hinzugefügt werden müssen. Man dürfe sich auch durch eine besonders zugespitzte Situation nicht einreden lassen, eben noch Konkreteres zu sagen, als Christus selbst durch das Wort der Schrift reden zu lassen. „Dass ich als Mann oder Frau, als Nationalsozialist oder Reaktionär oder Jude, von diesem oder jenem Erlebnis herkommend, unter der Kanzel sitze, hat in sich selbst gar kein eigenes Recht noch Anspruch auf das Wort, sondern dass ich als Mann oder Nationalsozialist ein vor Gott zum Sünder gewordener Ungläubender, nach Gott Fragender bin, das ist meine wahre, konkrete Situation, die mir durch die Predigt aufgedeckt und gelöst wird. Wo in der Auslegung des Textes als Zeugnis Christus selbst zu Wort kommt, dort wird aus dem, der sich vorher als Mann oder Nationalsozialist oder Jude wichtig genommen hat, der, der sich nur noch als Sünder und Gerufener und Begnadeter wichtig nimmt. Gerade dass die sog. konkrete Situation der Gemeinde nicht letztlich ernst genommen wird, macht den Blick frei für die wahre Situation des Menschen vor Gott. Nicht nach unserem Mann- oder Frau- oder Nationalsozialist-Sein fragt Gott, sondern nach unserem Glauben an ihn und seine Sünden vergebende Liebe und nach dem Gehorsam gegen sein in der Bibel bezeugtes Wort."[21] Deshalb sei auch die Meinung seltsam, es müsse zur Schriftauslegung noch etwas hinzutreten, etwas über sie Hinausgehendes, Konkreteres. Die Polemik liege vielmehr in der Schriftauslegung selbst, die alles auf das fröhliche Geschrei zuspitze: Dieser Jesus ist der Christus! Wer in diesem Sinn ganz einfach die Bergpredigt, die Apokalypse oder die Propheten für sich sprechen lasse, der habe es gar nicht nötig, noch eine Polemik gegen Rosenberg oder gegen Hitler oder sonst jemand hinzuzufügen, in der Meinung, erst dann werde der biblische Text interessant, lebendig, konkret und gegenwärtig.

Worauf es in der Predigt ankomme, sei der in seinem Wort durch die Gemeinde schreitende Christus. Es gibt eine „Eigenbewegung seines Wortes zur Gemeinde"[22]. Dieser Bewegung solle sich der Prediger zur Verfügung stellen. Von ihm sei also allem voran Demut verlangt. Demut sei die eigentlich angemessene Subjektivität. Der Prediger habe den Text so zu predigen, wie man einen fremden Brief vorliest. „Das Wort braucht nicht lebendig gemacht zu werden. Unser Sprechen muss absichtsloses Sprechen werden, weil Gott darin redet. Das eigene Leben des Wortes muss bei jedem Sprechen des Wortes hörbar werden. Im rechten Sinn ist wirklich Gott das Subjekt des Sprechens und nicht wir... Die Nicht-Identität unseres Subjekts mit dem eigentlichen Subjekt des Wortes soll in Liturgie und Predigt zum Ausdruck kommen."[23]

Komisch erscheint ihm ein Prediger, der sich der Eigenbewegung des Wortes mit eigenen Verrenkungen oder Selbstinszenierungen in den Weg stellt. Er wird auf der Kanzel so lächerlich wie einer, der zu schwimmen anfängt und Verrenkungen macht, weil er noch nicht erfahren hat, dass das Wasser ihn trägt und er nicht der Überlebenskünstler sein muss. In diesem Bild wird deutlich, dass erst derjenige predigen kann, der sich der Tragkraft bzw. der „Eigenbewegung des Wortes" anvertraut und hinter dem durch seine Gemeinde schreitenden Christus zurücktritt.

Dieses Zurücktreten, diese Ergebung in Christi Nähe, wird in Bonhoeffers Predigt über Jeremia 20,7 wohl am deutlichsten in der die Predigt beschließenden Bitte: „Herr, überrede uns immer neu und werde stark über uns, damit wir dir allein glauben, leben und sterben. Damit wir deinen Sieg schauen."

Christian Möller

Literatur

Ernst-Georg Wendel, Studien zur Homiletik Bonhoeffers. Predigt, Hermeneutik, Sprache (Hermeneutische Untersuchungen zur Theologie Bd. 21), Tübingen 1985.

Peter Zimmerling, Bonhoeffer als Praktischer Theologe, Göttingen 2006.

Anmerkungen

[1] Eberhard Bethge, Dietrich Bonhoeffer. Eine Biographie, München 1970, 402.
[2] Otto Dudzus, Versuch einer Antwort durch 20 Jahre Verkündigung, in: D. Bonhoeffer, Predigten. Auslegungen. Meditationen 1, 1925–1935, hg. v. O. Dudzus, München 1984, 44.
[3] Vgl. Renate Wind, Dem Rad in die Speichen fallen. Die Lebensgeschichte des Dietrich Bonhoeffer, Gütersloh 2005, 3. Aufl.
[4] Dietrich Bonhoeffer Werke, hg. v. E. Bethge u. a. (DBW), München 1994, 13, 13 f.
[5] DBW 13, 76–78, ebd. 77.
[6] DBW 13, 347–351.
[7] Obwohl im biblischen Text von Jeremia die Rede ist, steht im Text von Bonhoeffers Predigt durchweg „Jeremias".
[8] Dudzus, a. a. O. 43.
[9] A. a. O. 43 f.
[10] Peter Zimmerling, Bonhoeffer als Praktischer Theologe, Göttingen 2006, 77–108.
[11] Albrecht Schönherr, Die Predigt Dietrich Bonhoeffers, in: ders., Horizont und Mitte, Aufsätze, Vorträge, Reden 1953–1977, München 1979, 164–187.
[12] Ernst-Georg Wendel, Studien zur Homiletik Bonhoeffers. Predigt, Hermeneutik, Sprache (Hermeneutische Untersuchungen zur Theologie, Bd. 21), Tübingen 1985, 18 f.
[13] Wendel, Studien, 20.
[14] Vgl. Wendel, „Das Unaussprechliche in der Sprache". Studien 211–213.
[15] Zit. Nach GS IV, 7 (Hervorhebung im Text!)
[16] Bethge, D. Bonhoeffer, a. a. O. 385.
[17] Wolf-Dieter Zimmermann, Wir nannten ihn Bruder Bonhoeffer. Einblicke in ein hoffnungsvolles Leben, Berlin 1995, 46 f.
[18] Vgl. Zimmerling, Bonhoeffer als Praktischer Theologe, a. a. O. 94 f., spricht im Blick auf die Londoner Predigt über Jer 20,7 vom „Jeremia-Motiv" als Deutung von Bonhoeffers Biographie.
[19] DBW 14, 399–421.
[20] A. a. O. 404.
[21] A. a. O. 410.
[22] DBW 14, 504.
[23] DBW 14, 496.

Martin Niemöller
Weihnachten im KZ Dachau

Die Situation

Weihnachten 1944. Zum ersten Mal seit seiner Inhaftierung, die mehr als sieben Jahre zurücklag, durfte Niemöller wieder predigen. Er schildert später die Situation so:

> „Ich blieb mit den anderen sechs zurück, unter denen ich der einzige Pastor war, so dass ich den Gottesdienst zu übernehmen hatte. Meine sechs Kameraden waren ein englischer Oberst, ein holländischer Minister, zwei norwegische Reedereibesitzer, ein serbischer Diplomat und ein mazedonischer Journalist. In dieser Gemeinde war ich also auch der einzige Deutsche. In den beiden folgenden Tagen rang ich also mit der Frage, wie ich diesen meinen Mitchristen die Weihnachtsbotschaft so würde verkündigen können, dass sie mein Wort nicht von vornherein und schon deswegen ablehnten, weil ich Deutscher war [...]. Da klopfte es an meine Tür, und herein trat, von einem SS-Posten begleitet, der holländische Kriegsminister, ein alter Herr von über 70 Jahren, und sagte mir: ‚Herr Pastor, ich habe mit den anderen fünf Herren gesprochen, die mit mir heute Abend an Ihrem Gottesdienst teilnehmen werden, und wir alle haben eine Bitte an Sie. Wir möchten Sie bitten, ob Sie heute nicht mit uns das Heilige Abendmahl feiern möchten?' Und so ist es geschehen: Ich, der Deutsche, habe am Heiligen Abend nach meiner Predigt über die Engelsbotschaft mit diesen sechs Angehörigen der feindlichen Länder das Heilige Abendmahl gehalten: ‚Friede auf Erden und allen Menschen sein Wohlgefallen!' Und es ist uns allen wohl bewusst geworden, dass der Friede Gottes den Frieden unter uns Menschen schafft."[1]

Wie müssen wir uns die Situation dieser Weihnachtspredigt im KZ von Dachau vorstellen, wenn Niemöller berichtet: „Ich blieb mit den anderen sechs zurück..."?

Ein Mitgefangener, der dabei war, der jugoslawische Journalist Dimitri Tomalewsky, hat darüber berichtet.[2] In der Prominentenbaracke waren die meisten Gefangenen katholisch. Sie bekamen die Erlaubnis, ihren Weihnachtsgottesdienst am frühen Abend in Zelle 34 zu feiern, einem Raum, den sie für sich als Kapelle hergerichtet hatten. Übrig blieben sechs Häftlinge, die nicht katholisch waren, sondern konfessionell bunt gemischt: ein reformierter Holländer, zwei lutherische Norweger, ein orthodoxer Serbe und ein wohl auch orthodoxer Mazedonier. Dieses bunte Häuflein scharte sich dann um 12 Uhr Mitternacht um einen evangelischen Pastor aus Berlin und feierte mit ihm auf schlichteste Weise den Weihnachtsgottesdienst. Die katholischen Priester hatten ihnen dafür die Kapelle zur Verfügung gestellt.[3] Auf einem kleinen Tisch lag ein schlichtes Holzkreuz, daneben die Bibel; auf beiden Seiten standen große brennende Kerzen, davor ein Teller mit Abendmahlsbrot und ein Glas Wein. Niemöller hatte seinen Mitgefangenen zuvor Zettel mit von ihm handgeschriebenen Noten und Texten verschiedener Weihnachtslieder gegeben, so dass die bunt gewürfelte Schar miteinander „Vom Himmel hoch", „Lobt Gott, ihr Christen alle gleich" singen konnte. Dann konzentrierte sich alles auf das gemeinsame Gebet, das gelesene Wort der Heiligen Schrift und das gehörte Wort der Predigt, auf das die Gemeinde wiederum singend mit „Stille Nacht, heilige Nacht" und „O du fröhliche" antwortete. Vor dem gemeinsam gefeierten Mahl knieten die Gefangenen nieder zum Beichtgebet, das Niemöller ihnen laut vorsprach.

Gerade Notsituationen haben es an sich, dass sie ein besonders konzentriertes Hören und besonders inniges Mitfeiern fördern. Man kann sich vorstellen, wie jedes Wort aus Niemöllers Weihnachtspredigt regelrecht wie Schwarzbrot gekaut und anschließend in der Einzelzelle weiter meditiert wurde, zumal allen die Worte aus der Weihnachtsgeschichte bekannt gewesen sein dürften. Wie legt nun der Prediger diese Worte aus?

Die Predigt

Gnade sei mit uns und Friede von dem, der da ist und der da war und der da kommt! Amen.

Wir hören die Freudenbotschaft aus der Weihnachtsgeschichte nach Lukas; Lukas 2,10-12:

„Fürchtet euch nicht! Siehe ich verkündige euch große Freude, die allem Volk widerfahren wird, denn euch ist heute der Heiland geboren, welcher ist Christus der Herr, in der Stadt Davids. Und das habt zum Zeichen: Ihr werdet finden das Kind in Windeln gewickelt und in einer Krippe liegen."

WAS UNS HINDERT, AUS DER WEIHNACHTSGESCHICHTE FREUDE UND TROST ZU SCHÖPFEN: LEBEN OHNE GOTT   Wenn man Weihnachten in der Gefangenschaft feiern muss, so ist das begreiflicherweise eine ziemlich trübselige Sache, und für gewöhnlich sind wir Menschen erst dann richtig zufrieden, wenn die Festtage – wie man so sagt – „mal wieder glücklich überstanden" sind; und zu verstehen ist das wohl: – es gibt ja kein Fest im Laufe des Jahres, das so stark gemütsbetont wäre, an dem so viele liebe und ganz persönliche Erinnerungen hängen, durch das so starke und tiefe Sehnsüchte in uns geweckt werden nach dem, was uns genommen ist! – So kommt's denn, dass wir uns in diesen Tagen unsrer selbst sehr wenig sicher fühlen und eigentlich beständig fürchten, dass wir vor uns selbst die Haltung verlieren könnten. Das Bitterwerden unter der uns aufgelegten Last und das Aufbegehren gegen unser Los sind uns da besonders nahe, und wir haben mit einer ganzen Fülle widerstreitender Gefühle in unsrer Brust zu ringen. – Und so kommt es am Ende dahin, dass wir geradezu froh sind, wenn das wiederkehrende Gleichmaß der Tage uns aufs neue umfängt und wenn die Sturmwogen der Empfindungen, die uns unruhig und friedlos machten, allmählich wieder verebben. – Unter solchen Umständen bleibt natürlich wenig Raum für die Freude des Herzens, wie wir sie früher in den Weihnachtstagen gekannt haben, und die uns die Seele weit und hell und dankbar zu machen pflegte; wir sind ja nun einmal ein „Volk, das im Finstern wandelt", wie es bei den Propheten heißt, Menschen, die zwischen Fürchten und Hoffen hin und her geworfen werden und die schließlich doch nichts Besseres zu tun wissen, als den Dingen ihren Lauf zu lassen. –

Nun aber klingt eine alte Kunde an unser Ohr, jenes Weihnachtsevangelium mit der Engelsbotschaft an die Hirten auf dem Felde; jene rührende Geschichte von einem Kinde in der Krippe, das allem Volk Freude und Heil bringen soll. – Jahrhunderte haben Trost, Freude und Hoffnung daraus geschöpft, aber heute sieht es beinahe so aus, als wäre die Zeit der Gnade dahin, als sei das alles nur noch ein verhallender Klang, den unsere Ohren eben noch auffangen, der aber nicht mehr stark und kräftig genug ist, Menschenherzen wirklich in Bewegung zu setzen. –

Fragen wir aber, woher das kommt, so ergibt sich die sehr einfache, aber schwerwiegende Antwort: der Mensch hat sich daran gewöhnt, sein Leben ohne Gott zu führen. Meine lieben Freunde, ich möchte nicht mißverstanden werden; ich meine hier nicht die Leute, die sich als „gottlos" bezeichnen, und die aus angeblich wissenschaftlichen, weltanschaulichen oder politischen Gründen behaupten: „Es gibt keinen Gott" und zu denen wir ja nicht gehören; ich meine durchaus uns selber, die wir hier versammelt sind, die wir es uns noch nicht abgewöhnt haben, unseren Tageslauf mit Gebet zu beginnen und zu beschließen, denen aber doch Gott oft so unendlich ferne zu sein scheint, dass wir meinen, er kümmere sich um unseren Planeten nicht. Es sieht ja auch in der Tat so aus, als hätte er diese Welt sich selbst überlassen, damit die Menschen sie vollends zu Grunde richten. Und von dieser Empfindung aus ist es nur noch ein winziger Schritt zu der Zweifelsfrage: Sollte Gott sich um mich kümmern, um ein kleines, armseliges Menschlein in einer Zeit, da Hunderttausende und Millionen elend zugrunde gehen? – Ist das nicht völlig unsinnig und paradox?! – Bei solchen Gedanken, die sich uns heute geradezu aufdrängen, geschieht es unversehens, dass wir den Gedanken an Gott aus dem, was uns Tag um Tag begegnet, ausschalten, dass wir nur noch die Menschen und die irdischen Verhältnisse sehen und auf sie – je nachdem – unsere Hoffnungen oder unsere Befürchtungen richten. Diesen Zustand meine ich mit dem „Leben ohne Gott", das uns daran hindern will, aus der Weihnachtsgeschichte Trost, Freude und Hoffnung zu schöpfen, so wie es unsere Väter getan haben. –

DIE WAHRHAFT FROHE BOTSCHAFT: GOTT GEHT EIN IN DIE ÄUSSERSTE MENSCHLICHE ARMSELIGKEIT   Gerade in dieser Not des Herzens will uns die frohe Botschaft der Weihnacht Hilfe bringen, wenn wir sie nur recht hören und ihr glauben als dem Wort, das der lebendige Gott mit uns redet, und dem wollen wir ein wenig nachdenken. –

Da liegt also das Kind in der Krippe. – Ungezählte Dichter haben von ihm gesungen; zahllose Maler haben es dargestellt; und seit den Tagen unserer eigenen Kindheit sehen wir es so vor unserm inneren Auge, umstrahlt von einem Heiligenschein und verklärt durch den romantischen Schimmer, den die Kunst und das dichtende menschliche Gemüt über die Szene im Stall vor Bethlehem ausgegossen haben. –

Die Wirklichkeit der evangelischen Botschaft weiß von all diesem märchenhaften Zauber nichts. In der Kunde, die den Hirten zuteil wird, ist ihnen und uns nur ein zweifaches Zeichen genannt, d. h. zwei Dinge, die für dieses Kind und seine Bestimmung bezeichnend sind: Dies Kind ist in Windeln gewickelt und es liegt in einer Krippe. Das ist alles. –

Und was soll uns damit gesagt werden? Einmal dies: Das Kind, das dort in Windeln gewickelt liegt, ist ebenso schwach und hilflos, wie nur irgend ein Kind, das in diese Welt hineingeboren wird: Die Mutter muss es versorgen, damit es nicht zugrunde geht, muss es in Windeln wickeln, dass es nicht erfriert, muss es nähren, dass es nicht Hungers stirbt. – So sind die Windeln ein charakteristisches Zeichen und Vorzeichen für das Leben des Mannes, von dem es einmal heißen wird: „Andern hat er geholfen und kann sich selber nicht helfen." Und zum andern: auch die Krippe ist kein malerisches Attribut, das die Poesie der Christnacht erhöhen soll; sie ist wiederum Zeichen, nämlich das Zeichen der Heimatlosigkeit dieses Kindes: „Sie haben sonst keinen Raum in der Herberge." – Und auch sie ist ein Vorzeichen: Denn aus dem Kinde wird der Mann werden, der von sich selber sagen muss: „Die Füchse haben Gruben und die Vögel unter dem Himmel haben Nester, aber des Menschen Sohn hat nicht, da er sein Haupt hinlege!" Das sind die beiden Zeichen, die den Hirten und auch uns gegeben werden. –

Wenn wir aber nun in die Tiefe schauen und fragen, was denn diese menschliche Hilflosigkeit und irdische Heimatlosigkeit des Jesuskindes uns zu sagen hat, dann fängt eben hier die wahrhaft frohe Botschaft an: Gott – der ewigreiche und allmächtige Gott – geht ein in die äußerste menschliche Armseligkeit, die man sich denken kann. Kein Mensch ist so schwach und hilflos, in Jesus Christus kommt Gott zu ihm her, mitten hinein in unsere Not; und kein Mensch ist so verlassen und heimatlos in dieser Welt, in Jesus Christus sucht Gott ihn auf, mitten in unserm Elend. –

Da ist es also nicht so wie sonst in den von Menschen geschaffenen Religionen, dass wir, die Menschen, uns auf den Weg machen müssen zu einer fernen Gottheit, die in ihrer Majestät über uns thront in unerreichbaren Höhen, zu denen wir uns mühsam hinaufarbeiten müssen, ohne doch je zum Ziel zu gelangen, weil einfach unsere Kraft dazu nicht reicht. Hier kommt Gott zu uns herab und nimmt sich unser an und er bevorzugt nicht die Starken und die Guten, um das Schwache und Kranke sich selbst und seinem Schicksal zu überlassen. – Hier klingt es uns aus der Krippe und aus den Windeln entgegen: „Kommet her zu mir alle, die ihr mühselig und beladen seid; ich will euch erquicken!" – Hier geschieht das, was uns der Apostel Paulus tröstend zuruft: „Ihr wisset die Gnade unseres Herrn Jesu Christi, dass, ob er wohl reich ist, ward er doch arm um euretwillen." –

Das ist das ganz Besondere der christlichen Heilsbotschaft; sie sagt uns: Du brauchst nicht auf die Suche zu gehen nach Gott, du darfst nicht meinen, er sei dir fern und kümmere sich nicht um das, was dich drückt! – Er ist da und ist dir nahe in dem Manne, der als ein Kind in Windeln gewickelt in der Krippe lag. All deine Not ist ihm so wenig fremd, dass er sich vielmehr aus freien Stücken selbst hineinbegeben hat, um sie mit dir zu tragen! – Wer das im Glauben fassen kann, der ist auch im Gefängnis und im Sterben nicht verlassen; denn in dem ärgsten Dunkel darf er sprechen: „Du bist bei mir; dein Stecken und Stab trösten mich."

CHRISTUS IST RETTER UND BEFREIER AUS TÖDLICHER NOT UND GEFAHR   Meine lieben Freunde, lasst uns an diesem Weihnachtsfest in dem Kinde von Bethlehem den suchen, der zu uns kam, um alles, was uns schwer bedrückt, mit uns zu tragen. Wir werden dann sicherlich etwas von der großen Freude merken, die uns verkündigt wird, und von dem Leuchten, das um die Hirten war, wird auch ein heller Schein in unsere Finsternis fallen: Dies Kind heißt: „Immanuel; das ist Gott mit uns." Ja, Gott selber hat die Brücke von ihm zu uns geschlagen, es hat uns besucht der Aufgang aus der Höhe! –

Damit haben wir eine Seite der Weihnachtsbotschaft betrachtet, und es könnte so scheinen, als sei damit bereits das Wesentliche gesagt. Aber da ist noch eine andere Seite und am Ende ist sie noch wichtiger für uns. – Gewiss, die Zeichen – Windeln und Krippe – bleiben auch dem Manne treu, nachdem das Kind herangewachsen ist; er wandelt seinen Weg weiter in der Tiefe der Menschheit. Er wird ein Wanderprediger, dem die einfachen Leute nachlaufen, während ihm die Großen und Gelehrten mit ausgesprochener Skepsis gegenüberstehen, sofern sie überhaupt von ihm Notiz nehmen; er wird jener sonderbare Heilige, der sich mit Zöllnern und Sündern, mit Dirnen und Aussätzigen abgibt; er wird endlich der Mann der Schmerzen, der von seinem eigenen Jünger verraten, von keinem seiner Freunde verstanden und selbst von Gottes Hand im Stich gelassen, sein irdisches Leben am Kreuz beschließt, und das heißt am Galgen: „Sehet, welch ein Mensch!" – Sein ganzes Leben ein Weg des Duldens und Leidens von der Krippe bis hin zum Grabe, das auch nicht mal ihm zu Eigen gehört. – Das ist das Leben dieses Kindes, wie es sich unsern Augen darstellt. –

Aber Gott hat eine eigene Überschrift über dieses Leben gesetzt; er lässt uns von diesem Kinde sagen: „Euch ist heute der Heiland geboren, welcher ist Christus der Herr!" – Da geht es noch um mehr als um den Trost, dass Gott sich zu uns neigt; da geht es um Rettung, um Befreiung aus tödlicher Not und Gefahr; denn das Wort, das unsere Bibel mit Heiland übersetzt, meint ursprünglich den Retter oder Erretter, der da Hilfe bringt, wo wir selbst uns nicht mehr zu helfen vermögen. –

Die Heilige Schrift lässt keinen Zweifel darüber, was für eine Not hier gemeint ist, aus der nur ein Heiland, ein Retter uns befreien kann: Sie spricht ungeschminkt von der Sünde und meint damit unseren Ungehorsam gegen Gottes heilige Gebote, die selbstherrliche Auflehnung des menschlichen Geschöpfs gegen seinen Schöpfer. Und sie führt diese Verderbtheit der menschlichen Grundhaltung gegenüber Gott bis auf die ersten Anfänge des Menschengeschlechts zurück und urteilt völlig pessimistisch über alles menschliche Bemühen, diesen Zustand zum Guten zu wenden: „Das Dichten und Trachten des menschlichen Herzens ist böse von Jugend auf", und das Ende sind der Tod und das Gericht, denn: „der Tod ist der Sünde Sold", und Gott will vergelten „einem jeglichen nach seinen Werken". Um die Wahrheit solchen Urteils zu erkennen, brauchen wir nicht der Menschheitsgeschichte Schritt um Schritt nachzugehen, ein Blick in unser eigenes Herz und Leben – wenn er ehrlich ist – zeigt uns deutlicher als alle Beispiele, dass wir keinen Augenblick vor dem heiligen Gott und seinen Geboten bestehen können, dass darum im Grunde alles Elend unseres Lebens wohl verdient ist, wenn – ja wenn ein Gott im Himmel ist, der Gehorsam gegen seinen heiligen Willen von uns fordert. – Deshalb ist dies schlechte Gewissen fast immer die geheime eigentliche Triebfeder aller groben und feinen Gottlosigkeit; denn wer hätte je einen andern Weg gefunden, sich selber von seinem schlechten Gewissen und damit von seinen Sünden zu erlösen, als den, dass er Gott leugnet oder vergisst oder doch zu vergessen sucht und sich an Gottes Statt zu seinem eigenen Gesetzgeber und Herren macht?!

Doch niemand kann sich dem Zugriff Gottes entziehen! – „Führe ich gen Himmel, so bist du da; bettete ich mich in die Hölle, so bist du auch da. Nähme ich Flügel der Morgenröte und bliebe am äußersten Meer, so würde mich doch deine Hand daselbst führen und Deine Rechte mich halten." Es gibt kein Entrinnen vor Gott und niemand vermag seinem Gericht zu entfliehen. – Darum ist es kein Wunder, dass diese Erde immer mehr zur Hölle wird; kein Wunder, dass hier ein Kampf aller gegen alle tobt, aber ein Wunder ist es, wenn in diese Menschenwelt hinein die Botschaft gesprochen wird: „Euch ist der Heiland geboren; Christ der Retter ist da!"

GOTT IST NAHE, DIR ZU HELFEN – GLAUBE NUR! Wie freilich das hier verheißene Heil zustande kommt, wie denn nun unsere Rettung geschieht, das wird uns im Weihnachtsevangelium noch nicht gesagt, aber es ist bereits angedeutet und eingeleitet. – Der Seher von Jesaja 53 hat es vorausgeschaut: „Fürwahr, er trug unsere Krankheit und lud auf sich unsere Schmerzen." Und ein frommer Mann hat das feine Wort geprägt: „Die Passion Christi fängt mit seinen Windeln an." – In Christus bringt Gott selber die Rettung, die wir uns nicht verschaffen können. Er neigt sich nicht nur zu uns herab, er hebt uns zu sich empor: „Ich, ich tilge deine Übertretungen und gedenke deiner Sünden nicht!" – Christus, der „Gott mit uns" ist auch der „Gott für uns", und wir dürfen jubeln: „Ist Gott für uns, wer mag wider uns sein!"

Das ist wahrlich eine Botschaft, die den Namen verdient: „Große Freude"; da darf unsere Furcht weichen: „Fürchtet euch nicht; siehe, ich verkündige euch große Freude, die allem Volk widerfahren wird!" Wohl ist diese Freude über alles Begreifen und Verstehen, es handelt sich ja um Gottes Wirken und Tun und wie wollten wir das begreifen?! – Diese Freude ist mehr, als wir Menschen je zu erwarten und zu hoffen wagen könnten. – Aber sie ist anzubeten, sie ist zu glauben. – Und wer glaubt, der hat![4] –

Es sind Hirten, denen die erste Kunde gebracht wird von dem Heiland, der als Kind in der Krippe liegt, es sind einfache, schlichte, arme Leute: „Den Armen wird das Evangelium gepredigt." – Sie haben gewiss keine uferlosen Wünsche und keine großartigen Hoffnungen für ihr irdisches Dasein, sie träumen sicherlich nicht von einem Paradies auf Erden, das nun kommen soll. – Und wer das tut, der – wird immer an der biblischen Christusbotschaft vorübergehen. – Aber wer mit Gott wieder ins Reine kommen möchte und wer den Frieden des Herzens sucht, dem kann und soll geholfen werden, dem will die weihnachtliche Frohbotschaft sagen: Gott ist nahe, dir zu helfen; Jesus Christus ist da, dein Bruder und dein Heiland, fürchte dich nicht, glaube nur! –

Und wir, liebe Freunde, die wir abgeschnitten sind von der Welt da draußen, untätige Zuschauer bei allen ihren Kämpfen und Krämpfen, wir, die wir jeden Tag viele Stunden Zeit haben, nach ihnen zu schauen und uns über uns selber klar zu werden, wir, die wir den Frieden des Herzens oft so schmerzlich entbehren, weil wir nicht auf Gott und sein Wort, sondern auf die Menschen und ihr Tun blicken –, sollte nicht uns das innere Gehör besonders aufgeschlossen sein für die Kunde, die uns das Weihnachtsevangelium bringt; sollte nicht uns, die wir die Furcht kennen – die Todesfurcht wie die Lebensfurcht –, das Wort von der großen Freude besonders angehen?! – So lasst uns denn heute am Heiligen Abend den Herrn Jesus Christus bitten, dass er, der als Kind in diese gottentfremdete Welt kam, sie zu retten, auch bei uns Einkehr halte, uns seine Rettung bringe und uns seine Freude schenke! Amen.[5]

Nachzeichnung der Predigt

Zuerst thematisiert Niemöller die Gemütslage der Menschen zum Weihnachtsfest, insbesondere die der gefangenen Menschen: wie persönliche Erinnerungen aufsteigen, Sehnsüchte geweckt werden. Davor fürchten sich die Menschen, sie könnten an so einem Abend ihre Haltung verlieren, wenn widerstreitende Gefühle in ihrer Brust ringen. Viele Menschen sind richtig froh, wenn die „Sturmwogen der Empfindungen" vorüber sind und das „Gleichmaß der Tage" wiederkehrt. Für eine Freude des Herzens, wie sie frühere Weihnachtstage prägte, sei in einer Gefangenenbaracke kaum mehr Platz, wo Menschen „zwischen Fürchten und Hoffen hin und her geworfen werden". Da könne auch „jene rührende Geschichte von einem Kinde in der Krippe" kaum mehr Menschenherzen bewegen. Das habe auch einen noch tieferen Grund, der weit über die Gefangenensituation hinaus viele Menschen heute bestimme: „Der Mensch hat sich daran gewöhnt, sein Leben ohne Gott zu führen." Damit meint der Prediger, wie er ausdrücklich betont, nicht bloß irgendwelche Atheisten außerhalb des KZ, sondern auch die kleine Schar der Versammelten, „denen Gott oft so unendlich ferne zu sein scheint, dass wir meinen, er kümmere sich um unseren Planeten nicht". Ein praktischer Atheismus ist gemeint, mit dem jeder Gedanke an Gott ausgeschaltet und Hoffnungen wie Befürchtungen nur noch auf irdische Verhältnisse gerichtet werden.

Das sei die „Not des Herzens" zu Weihnachten, weit über das KZ hinaus. Aber Gott begegne dieser Not aufs Neue mit dem Kind in der Krippe, für das im Grunde nur zwei Dinge bezeichnend seien: in Windeln gewickelt und in einer Krippe liegend. Damit werden die Vorzeichen des Menschen genannt, der anderen geholfen hat, aber sich selbst nicht helfen konnte, und der keinen Ort hatte, wo er sein Haupt hinlegen konnte. Doch gerade in diesem Menschen ging Gott in die äußerste Armseligkeit hinein. Er suchte den Menschen mitten im Elend auf, um ihm zuzurufen: „Kommt her zu mir alle, die ihr mühselig und beladen seid; ich will euch erquicken." Also muss sich der Mensch nicht zu Gott aufmachen, weil Gott selber in diesem Kind zum Menschen kommt, um sein Elend mit zu tragen. Wer das im Glauben fassen könne, sei auch „im Gefängnis und im Sterben nicht verlassen".

Es gehe freilich zu Weihnachten nicht nur um Gottes Trost, sondern auch um Gottes Rettung, denn: „Euch ist heute der Heiland geboren." Dieser Heiland rette von des Menschen Sünde, Ungehorsam, Auflehnung, vom Tod als der Sünde Sold und von Gottes Zorn als der notwendigen Antwort auf unsere Sünde. Deutlich werde diese Rettung erst richtig in der Passion Jesu, die schon mit seinen Windeln anfange. Hier nimmt Niemöller ein klassisches Motiv der Weihnachtspredigt seit Augustinus auf: Weihnachten als Beginn der Passion.[6] Gott erniedrigt sich, um uns emporzuheben. Deshalb werde den Hirten „große Freude" verkündigt und darin allen Armen das Evangelium gepredigt. Im Glauben sei diese Freude zu fassen, „und wer glaubt, der hat", betont Niemöller mit einer Wendung Luthers. Der Glaubende *hat* Christus als seinen Freund und seinen Heiland. Sicherlich sei damit nicht kurzfristig das Gefängnis aufgehoben, doch kehre Christus selbst in diese gottentfremdete Welt ein und wolle gerade solche Menschen mit dem Wort von der großen Freude bewegen, die Todesfurcht wie Lebensfurcht kennen.

Diese Predigt hat nichts Spektakuläres an sich und schon gar nichts Gekünsteltes. Gerade deshalb dürfte sie bei den Hörern um so größere Wirkung gehabt haben, zumal sie nicht von außen und nicht von oben, sondern von einem Mitgefangenen kam, der die Situation der Gefangenschaft von innen her kannte und deshalb umso glaubwürdiger wirken konnte. Tomalewsky berichtet jedenfalls, die Zuhörer seien erschüttert „von den gehörten Worten, gebannt durch den Mut ihres Sprechers und mit neuer Kraft gestärkt" worden.[7]

Im Grunde sind es nur zwei Aussagen, auf die Niemöller seine Predigt zuspitzt: Die tröstliche Nachricht, dass Gott sich auf den Menschen, selbst auf den trostlosesten Menschen einlässt; und die befreiende Nachricht, dass Gott rettend kommt und den Menschen aus der Gefangenschaft seiner Sünde erlöst. Aber diese beiden Aussagen werden ganz und gar in die Situation der Mitgefangenen hineingesprochen, freilich so, dass die Gefangenen nicht bei sich selbst gelassen werden, sondern zum Aufbruch im Glauben gefordert und in die Entscheidung gestellt werden, ob sie bei sich selbst verharren oder sich auf Gott vertrauend einlassen wollen, auf den Gott, der ins Fleisch von Windeln und Krippe gekommen ist und darin bereits anzeigt, wie sein Ende am Kreuz aussehen wird. „Krippe und Kreuz" – so könnte man Niemöllers Predigt thematisch überschreiben. Nichts Besonderes, aber gerade 1944 im KZ von Dachau packend, rettend und tröstend.

Der Prediger

Martin Niemöller wurde am 14. Januar 1892 in Lippstadt geboren, als Sohn eines kaisertreuen, nationalkonservativen Pfarrers. In diesem Elternhaus lag es nahe, dass der kleine Martin schon früh den Entschluss fasste, zur Marine zu gehen, die das Lieblingskind des Kaisers war. Mit den Eltern zog Martin Niemöller 1900 nach Wuppertal-Elberfeld, wo der Vater Pfarrer in einer Arbeitergemeinde wurde. Hier legte der Sohn 1910 als Jahrgangsbester das Abitur ab und erfüllte sich alsbald seinen Traum: Er wurde Seekadett, 1912 Leutnant zur See. 1915 meldete er sich freiwillig zur U-Boot-Flotte, 1918 bekam er sein erstes Kommando auf einem U-Boot. Seine militärischen Erfolge wurden vom Kaiser als „sehr gut" honoriert.

Nach dem Ersten Weltkrieg ist Niemöllers nationalkonservative Weltsicht tief erschüttert. Er überlegte, auszuwandern, weil er sich mit der neuen demokratischen Staatsform nicht abfinden konnte. Am liebsten wäre er nach Argentinien ausgewandert, was für enttäuschte Monarchisten jener Zeit nicht ungewöhnlich war. Die Inflation machte jedoch seine Pläne unmöglich, denn von seiner wertlos gewordenen Offizierspension konnte er nicht mehr ausreisen oder sich gar in Argentinien Land kaufen. Nun fasste er den Entschluss, das Theologiestudium in Münster aufzunehmen. Sein erstes Examen bestand er mit „vorzüglich" und wurde schon im Vikariat zum Geschäftsführenden Pfarrer der westfälischen Inneren Mission berufen. Die organisatorischen Fertigkeiten, die er als Geschäftsführer der Mission und als Stadtparlamentarier in Münster erwarb, wurden ihm für die spätere Zeit wichtig.

Als er 1931 in den Berliner Villenvorort Dahlem berufen wurde, war Niemöller noch ganz und gar nationalkonservativ und begrüßte mit zahllosen evangelischen Christen die politische Wende zum Dritten Reich im Jahre 1933, weil er der Überzeugung war, dass nun endlich die nationalen, konservativen und christlichen Überzeugungen in Deutschland wiederhergestellt würden. Aus dieser Einstellung heraus schrieb er auch seine Erinnerungen nieder, die 1934 unter dem Titel „Vom U-Boot zur Kanzel" erschienen und sich glänzend verkauften. Das Buch war während der gesamten Zeit des „Dritten Reiches" nie verboten!

Wie kam es dazu, dass ein derart nationalkonservativer Pfarrer, der seine patriotische Vergangenheit auch noch in einem Bestseller zum Besten gab, mehr und mehr zum Feind des Führers Adolf Hitler wurde, so dass dieser ihn verhaften und im Frühjahr 1938 als persönlichen Gefangenen ins Konzentrationslager Sachsenhausen bei Berlin bringen ließ?

Niemöllers Einstellung gegenüber dem nationalsozialistischen Staat wandelte sich in dem Maße, in dem er erleben musste, wie der öffentliche Einfluss der Kirchen und des Christentums insgesamt systematisch behindert und Schritt um Schritt zurückgedrängt wurde. Gleichzeitig wurde er selbst als national unzuverlässig, ja als Volksfeind attackiert. So gingen ihm allmählich die Augen dafür auf, dass Christentum und Nation, dass evangelische Kirche und Vaterland doch nicht so eng und selbstverständlich zusammengehören konnten, wie er das bis dahin erlebt und geglaubt hatte. Das löste in ihm einen schmerzhaften und langwierigen Lernprozess aus. Dabei hielt Niemöller an der Überzeugung fest, dass kein Volk auf Dauer bestehen könne, das sich Gott und seinen Geboten widersetze.

Aus dieser Überzeugung heraus trug er 1936 eine Denkschrift der Bekennenden Kirche an Hitler mit, worin sowohl gegen die nationalsozialistische Kirchenpolitik als auch gegen die innenpolitischen Missstände im Reich protestiert wurde.[8] Hitler und seiner ganzen Führung wurde vorgehalten, dass er nicht nur die Rechte der Kirche systematisch verletze, sondern die Ordnung zerstöre und alle öffentlichen und feierlichen Zusagen im Blick auf ihr Wirken im Volk gebrochen habe. Daraus müsse Unglück und Unheil für Deutschland folgen. Davon war auch Niemöller zutiefst überzeugt.

Freilich lehnte Niemöller jede Politisierung der Kirche im Stil der „Deutschen Christen" ab und trug auf der Seite der Bekennenden Kirche nur das mit, was die Kirche in ihrem Amt als Kirche zu sagen hat. Als solche ist sie nicht Opposition zum Staat, sondern hat das Amt der Fürbitte für die Obrigkeit wahrzunehmen. Das heißt allerdings auch, dass sie kein Blatt vor den Mund zu nehmen habe, wenn es gilt, die Obrigkeit zur Wahrheit und zum Recht zu rufen. Und das tat Niemöller in seinen Predigten und Gottesdiensten mit einer solchen Schärfe und einer solchen geistlichen Vollmacht, dass Hitler, der ständig zwei oder drei Gestapo-Beamte in die Gottesdienste von Niemöller schicken ließ (Niemöller nannte sie seine treuesten Kirchenbesucher), sich von der prophetischen Schärfe der Predigten Niemöllers persönlich angegriffen fühlte. Seit einem Empfang der „Kirchenführer" im Januar 1934, bei dem ihm dieser Dahlemer Pastor in einem Wortwechsel unerschrocken widersprochen hatte, betrachtete Hitler ihn als seinen Feind. Und der Prediger Niemöller hat ihn wohl auch deshalb so aufgebracht, weil Hitler ja selbst vergeblich danach strebte, ein bedeutender Redner zu werden und deshalb wirklich große Rednertalente wie Martin Niemöller beneidete und fürchtete.

Niemöllers Predigten breiteten sich wie im Fluge aus. Vor allem die letzten Dahlemer Predigten wurden tatsächlich wie Flugblätter verbreitet. In hektografierten Abschriften drangen sie in die Schweiz und über die Niederlande und Skandinavien sogar bis nach Amerika, wo sie unter dem plakativen Titel „God is my Fuehrer"[9] erschienen. In den USA musste das sofort als Kampfansage gegen Hitler verstanden werden. Hier bekam auch der im Exil gegen das Nazireich arbeitende Thomas Mann Niemöllers Dahlemer Predigten aus den Jahren 1936 und 1937 in die Hand. Und er, der ja nun wahrlich kein glühender Christ, sondern eher ein sehr distanzierter, in hanseatischer Unterkühltheit lesender Schriftsteller war, schreibt nach der Lektüre:

„Dies Buch bringt seine letzten Kanzelreden, die zum Teil schon unter Geheim-Polizei-Bewachung gehaltenen Predigten der Kampfzeit. Ich habe sie mit Gefühlen gelesen, für die Sympathie ein sehr schwacher

> Ausdruck ist –, mit Ergriffenheit, mit der gleichen Erschütterung, die
> die Hörer im überfüllten Kirchenschiff durchbebte, als sie gesprochen
> wurden und die zu vollständig ungemeinen Szenen führte, zu ganz
> unzeitgemäßen Vorgängen, wie dass die Menschen draußen auf dem
> Pflaster vor der Kirche auf ihre Knie fielen und den Luther-Sang
> anstimmten: ‚Ein feste Burg ist unser Gott.'
> In welchem modernen Lande hat sich je dergleichen ereignet, etwas so
> exzentrisches und aus aller bürgerlichen Mäßigkeit fallendes? Es kam
> aber daher, dass hier in einer Menschenbrust, unter unerträglichem
> Druck von Schimpf und Gewalt, vieles längst schablonenhaft und leer-
> geläufig Gewordene, vieles, bei dem Niemand sich mehr viel dachte, so
> zu neuem, erstmaligem, brennend wirklichem, brennend gegenwärti-
> gem Leben erwacht war, auf einmal neu und groß und wirklich mitten
> in der nüchternen modernen Welt stand und die Menschen zu Unge-
> wöhnlichem hinriss. Das Evangelium selbst hatte sich in der Brust
> dieses Mannes erneuert; er, der geglaubt hatte, es zu kennen, hatte es
> in tiefer Ergriffenheit neu entdeckt, und sein Erlebnis übertrug sich
> auf seine bürgerliche Gemeinde. Das Evangelium war nicht mehr
> Wort und Überlieferung und beschauliche Exegese, es war Erfahrung,
> Leben, unmittelbares Ereignis. Diese Predigten haben eine große
> Unmittelbarkeit allein schon durch die Gesprochenheit ihres Wortes,
> das, natürlich vorbereitet, natürlich überlegt und vorbedacht, doch
> mehr oder weniger improvisiert hervorquillt und nichts Geschriebe-
> nes, nichts Literarisches an sich hatte. [...] Ein außerordentlicher
> seelischer Radikalismus der Erneuerung und des Nun-erst-recht-
> Verstehens herrscht in diesen Predigten: Der ganze klägliche Misser-
> folg eines Lebens, das in völliger Verlassenheit am gekreuzten Schand-
> pfahl endet, – ein Ende, das für jeden Menschsinn noch keine
> Tragödie mehr, sondern nur noch jämmerlich ist, sich in römischen
> Soldatenwitzen verliert – und das dennoch den Triumph, die Besie-
> gung der Welt, die Apotheose bedeutet, all das ist hier mit erschüttern-
> der Vehemenz neu gesehen, neu erfühlt, neu erlebt."[10]

Also noch über tausende von Kilometern hinweg war das Beben, das diese Predigten ausgelöst haben, zu spüren, und das sogar nur beim Lesen, und dann auch noch bei einem, der in seinem hanseatischen Humanismus dem Christentum sehr distanziert gegenüberstand. Wie also muss das erst in Berlin und dann noch in Dahlem selbst gewesen sein? Freilich, Hitler und seine Schergen taten alles dafür, Niemöller in die Rolle eines Märtyrers zu drängen, dessen Predigten und Aussprüche erst recht sich wie Flüsterparolen verbreiteten, als dieser Pfarrer am 1. Juli 1937 verhaftet und unter Anklage des Hochverrats gestellt wurde. Und als es dann nach acht Monaten Untersuchungshaft zum Prozess gegen Niemöller kam, der sogar vor einem Volksgerichtshof des Dritten Reiches zu einem Freispruch führte, soll Hitler erwogen haben, die unbotmäßigen Richter, die doch samt und sonders Parteigenossen waren, sofort ins KZ werfen zu lassen, was der Justizminister nur mit Müh und Not verhindern konnte. Stattdessen wurde der gerade frei gelassene Martin Niemöller an der Hintertür des Gerichtshofes als „persönlicher Gefangener des Führers" neu in Haft genommen und sofort in ein Konzentrationslager geschafft – ein Vorgang, den Thomas Mann als himmelschreiende Untat und „Rechtsbesudelung" brandmarkte, nicht ohne im selben Atemzug die Feigheit der gesitteten Welt zu beklagen, die sich nicht dazu entschließen konnte, das NS-Regime zu ächten.

Seine Stimme aus Amerika trug dazu bei, dass Niemöller zumindest im westlichen Ausland zum Symbol des kirchlichen und politischen Widerstandes gegen den Nationalsozialismus wurde. In Deutschland selbst galt der Verhaftete als Volksverräter, während die Bekennende Kirche von Hand zu Hand, und wenn möglich, mit der Post eine Solidaritätspostkarte mit seinem Bild weitersandte, unter dem einer der typischen Sätze Niemöllers geschrieben stand: „Wir haben nicht zu fragen, wie viel wir uns zutrauen; sondern wir werden gefragt, ob wir Gottes Wort zutrauen, dass es Gottes Wort ist und tut, was es sagt!"

Nach mehr als sieben Jahren in den Konzentrationslagern von Sachsenhausen und Dachau als „persönlicher Gefangener" Adolf Hitlers konnte Niemöller am 24. Juni 1945 erstmals seine Frau wieder sehen, die von Berlin nach Oberbayern geflüchtet war, wie er auch kurz darauf in Frankfurt die führenden Mitglieder der Bekennenden Kirche wieder sehen konnte, die meist ebenso wie er aus den Gefängnissen oder Konzentrationslagern freigekommen waren.

Da Niemöller im Ausland der bekannteste evangelische Pfarrer Deutschlands war, wurde er mehr und mehr für die Außenbeziehungen der neu aufzubauenden evangelischen Kirche in Deutschland zuständig. Als solcher ist er maßgeblich beteiligt an der sogenannte „Stuttgarter Schulderklärung", deren Adressaten Gäste aus der Ökumene sind, die in Stuttgart im Oktober 1945 weilten und noch nicht recht wussten, wie sie mit den vom Nazi-Unrecht gezeichneten Deutschen umgehen sollten. Ihnen sagte die „Stuttgarter Schulderklärung":

> „Mit großem Schmerz sagen wir: durch uns ist unendliches Leid über viele Völker und Länder gebracht worden. Was wir unseren Gemeinden oft bezeugt haben, das sprechen wir jetzt im Namen der ganzen

Kirche aus: Wohl haben wir lange Jahre hindurch im Namen Jesu Christi gegen den Geist gekämpft, der im nationalsozialistischen Gewaltregiment seinen furchtbaren Ausdruck gefunden hat; aber wir klagen uns an, dass wir nicht mutiger bekannt, nicht treuer gebetet, nicht fröhlicher geglaubt und nicht brennender geliebt haben. Nun soll in unseren Kirchen ein neuer Anfang gemacht werden ..."[11]

Der Tonfall Niemöllers ist in dieser Erklärung unüberhörbar. Er führte dazu, dass z. B. der reformierte Franzose Pierre Maury als Sprecher der aus dem Ausland versammelten Gäste antwortete: „Es kann Ihnen nicht leicht gefallen sein, dieses Wort zu sprechen. Wir können dafür nur dankbar sein. Vor Gott ist es gedacht, geschrieben und vorgelesen. Nicht mit pharisäischem Stolz Ihnen gegenüber zu stehen, ist jetzt unsere Aufgabe."[12] In Deutschland aber ging jetzt eine der vielen Hetzkampagnen gegen Niemöller und seine Gesinnungsgenossen los, die diese „Stuttgarter Schulderklärung" als Eingeständnis einer deutschen Kollektivschuld diffamierten und Niemöller wieder einmal, nun aber von anderer Seite her, als „Vaterlandsverräter" brandmarkten. Dieser ließ sich aber nicht beirren und bekannte sich z. B. vor Erlanger, Göttinger und Marburger Studenten ganz offen dazu: „Ja, ich habe zu denen gehört, die das Schuldbekenntnis mitgesprochen haben. Wir konnten gar nicht anders, obgleich wir wussten, dass man uns Landesverräter und anderes schelten würde."[13] Als die Studenten gegen ihn mit Scharren und lautem Protest vorgehen, sollen sie von der Militärregierung und den Universitätsbehörden gemaßregelt werden. Sofort setzt sich Niemöller wiederum für die Studenten ein und schreibt dem Rektor von Erlangen ein Erlebnis aus der eigenen Studienzeit: „Als nach dem Ersten Weltkrieg in der Zionskirche in Bethel in einem Gottesdienst gesagt wurde, dass wir, die Christenheit in Deutschland, an diesem Krieg und seinem Ausgang unser gerüttelt und geschüttelt Maß an Schuld hätten, und das zu einem Zeitpunkt, da eben der Versailler Vertrag unterzeichnet war, da konnte ich nicht anders und ging hinaus."[14]

Die Amerikaner können seine versöhnliche Haltung überhaupt nicht verstehen, respektieren sie aber immerhin. Bei ihnen wirbt Niemöller für sein Volk, im deutschen Volk für die Versöhnung mit Amerikanern und Russen und allen anderen. Unermüdlich predigt er daher seinen Landsleuten die Buße als den „Weg ins Freie".[15] Wer mit der Schuld des eigenen Volkes nichts zu tun haben wolle, bleibe unfrei. Entschiedener als andere kehrt Niemöller sich von der nationalprotestantischen Haltung ab und bekennt öffentlich: „Ich bin schuldig, weil ich 1933 noch Hitler gewählt habe, weil ich geschwiegen habe, als man gleich in der ersten Zeit Scharen von aktiven Kommunisten ohne Prozess- und Gerichtsverfahren verhaftete und einsperrte; ja, auch im KZ noch bin ich schuldig geworden, denn wenn all diese Menschen ins Krematorium geschleift wurden, habe ich mich in die Ecke gedrückt und habe nichts dazu gesagt, habe nicht einmal dazu geschrien."[16] Eine Schweizer Zeitung beschreibt sein Wirken jener Zeit und die Wirkung seiner Bußpredigten so: „Wie ein moderner Jeremias ziehe Niemöller durch das Land. Die Ähnlichkeit der beiden Männer ist verblüffend. Wird auch Niemöller eines Tages unverstanden und von seinem Volk, das er retten wollte, verstoßen, sterben müssen?"[17]

Mir scheint das ein sehr treffender Vergleich zu sein, wie überhaupt Niemöller bis in seine Predigten hinein etwas Prophetisches an sich hat. Es ist vor allem die Einseitigkeit, mit der er eine Sache entschieden und leidenschaftlich vertritt, ohne darauf zu achten, welche Folgen er sich einhandelt. Was dieser prophetischen Gestalt im Dritten Reich zu schaffen machte, war die permanente Bespitzelung und Verfolgung durch die Gestapo, die aber immerhin Wert darauf legte, alles über Niemöller in Erfahrung zu bringen, umfassend seine Predigten zu stenographieren und seine Telefongespräche abzuhören.

Was Niemöller nach dem Krieg bis zu seinem Tod 1984 zu schaffen machte, war viel schwerer zu greifen als die Gestapo und doch von ähnlich verheerender Wirkung, dass er nämlich durch eine öffentliche oder besser veröffentlichte Meinung an den Pranger gestellt oder gar lächerlich gemacht wurde. Zum Wesen dieser veröffentlichten Meinung gehören die aus dem Zusammenhang gerissenen Zitate von Niemöllers Reden und Stellungnahmen.[18] Dazu gehören die journalistischen und politischen Etiketten, die ihm aufgeklebt wurden, wie z. B. Pazifist, Kommunist usw. Gegen diese Hydra mit ihren tausend Nachrichtenarmen war Niemöller noch viel machtloser als gegen die Gestapo. Dennoch hat er sich kaum darum geschert, sondern freimütig weiter das gesagt, was er sagen musste und wollte und was um der Menschen und um der Zeit willen zu sagen war, nämlich Frieden und Versöhnung mit Amerikanern und Russen. Das konnte freilich bedeuten, dass Niemöller ganz offen gegen die Weltbeglückungsideologie der Amerikaner anging und sie vor allem im Vietnam-Krieg angriff. Ja, er fuhr sogar zum

Erzfeind der Amerikaner, zu Ho-Tschi-Minh, um mit ihm über Chancen des Friedens zu sprechen.

Die Frage, die geradezu sein Markenzeichen wurde, lautete: „Was würde Jesus dazu sagen?"[19] Das klingt naiv und pietistisch, war aber bei Niemöller eine prophetische und politische Frage, mit der er die Sache Jesu mitten in den politischen Wirren aufblitzen ließ, so dass mancher nachdenklich seines Weges zog. Anscheinend konnten Ausländer, die mehr Abstand zu Niemöller hatten, deshalb genauer sehen, was für eine prophetische Gestalt er war. Der Holländer Frank de Jonge von der Royal Foundation of St. Katherine in London erklärte:

> „Walter Freitag sagte einmal zu mir: ‚Es gibt zwei Männer in Martin Niemöller, den großen Propheten und den U-Boot-Kapitän, der die Wahrheit hinausschießt wie ein Torpedo. Wir wünschen manchmal, der Letztere möchte schlafen gehen.' Aber er ist nicht schlafen gegangen, und die Wahrheit kommt immer noch zuerst mit Sprengstoff heraus. Wir seufzen; wir wünschen, er möchte es lassen, wir denken, diesmal sei er zu weit gegangen. Und sechs Monate darauf sagen wir alle dasselbe – nein, nicht alle, aber viele von uns haben es als offensichtlich allgemeine Auffassung angenommen. Man fragt sich, ob das auf die Propheten, besonders Amos und Jeremia, zutraf. Ein Prophet ist immer ein Extremist, wenn er zuerst seinen Mund öffnet."[20]

Eine Sternstunde

Was Niemöllers Weihnachtspredigt im KZ zu einer Sternstunde der Predigt macht, ist der Mut zum Elementaren, Einfachen, Ernsthaften, der seine Predigt auszeichnet. Das will ich im Kontrast zu einer Tendenz heutiger Weihnachtspredigten verdeutlichen, die Evelyn Finger im Dezember 2007 in der Wochenzeitung DIE ZEIT beschrieben hat.[21]

Die These ihres Artikels lautet: „Das Enttäuschendste an Weihnachten ist ja alle Jahre wieder eine Weihnachtspredigt, die nicht der Glaubenskontroverse, sondern bloß der feierlichen Selbstvergewisserung und der kollektiven Seelenwellness dient." Was dabei auf der Strecke bleibe, sei die „Vergegenwärtigung des Evangeliums", die „Vision eines modernen Lebens nach christlichem Vorbild" und „nicht zuletzt die Missionierung durch die Kraft des Intellekts". Dass so etwas in der Predigt möglich sei, hätten Prediger wie Dietrich Bonhoeffer, Martin Niemöller und Karl Barth in älterer Zeit sowie Eberhard Jüngel, Manfred Josuttis und Friedrich Schorlemmer in neuster Zeit bewiesen, aber auch manche junge Prediger in der Provinz.

Was machen denn jene „Seelenwellness-Prediger" falsch, ohne dass sie es merken? Sie biedern sich bei den Hörern an, sie wollen imponieren und halten das Gegenüber von Kanzel und Gemeinde, von Gottes Wort und menschlichem Leben nicht aus. Woran sie sich mit ihrer Rolle als Prediger und Predigerin orientieren, sind Entertainer wie Thomas Gottschalk, Günter Jauch oder Harald Schmidt, aber auch einfühlsame Therapeuten wie Damian u. a. Evelyn Finger führt diesen Predigttrend auf die gegenwärtig verbreitete homiletische Devise zurück, „man müsse von den Journalisten und vom Fernseher lernen, sich dem Unterhaltungsdogma unterwerfen und als Korrespondent Gottes in einer Mediengesellschaft agieren. Predigt als Event: als Happening! Als gigantische Konsensmaschine!"

Was unterscheidet Martin Niemöller von diesen Predigerinnen und Predigern, denen Evelyn Finger im Titel ihres Artikels zuruft: „SCHLUSS MIT DEM GESCHWÄTZ!"? Die Antwort könnte wohl kurz und knapp lauten: „Er predigte mit Vollmacht und nicht wie die Schriftgelehrten"(Mt 7,29). Mit diesem letzten Satz der Bergpredigt wird freilich sofort die nächste Frage geweckt: Was heißt es denn, mit Vollmacht zu predigen? Mit dieser Frage werden wir über die einzelne Weihnachtspredigt aus dem KZ in Dachau an den Prediger Niemöller insgesamt gewiesen, der ein prophetischer Prediger war. Der Mut zum Prophetischen machte Niemöllers Predigt zu einer Sternstunde der Predigt. Wodurch wird seine Predigt prophetisch?[22]

a) Sein Predigtamt hat er von Anfang an als prophetisches Amt verstanden, gemäß dem Wort des Paulus aus 2. Korinther 4,5: „Wir predigen nicht uns selbst, sondern Jesum Christ, dass Er sei der Herr, wir aber eure Knechte um Jesu willen." Von diesem Wort her hat Martin Niemöller 1931 bei seiner Einführung in Berlin-Dahlem die Aufgabe des Predigtamtes bestimmt: die „Gegenwart des lebendigen Herrn zu verkündigen und so zu bezeugen, dass sie ... unmittelbar auf die lebendige Gegenwart bezogen sein [soll]".[23]

b) „Was würde Jesus dazu sagen?" Diese immer wiederkehrende Frage Niemöllers ist Ausdruck der prophetischen Gestalt seiner Nachfolge im Dienst eines Herrn, der ihn zu unbedingtem Gehorsam verpflichtet, so dass er in jedem Moment seiner Existenz nach der Weisung seines Herrn fragt: „Was willst du, Herr, dass ich tun soll?"

c) In manchen Predigten aus der Zeit des Kirchenkampfes schleudert Niemöller die gute Nachricht von Jesus Christus so heraus, als hätte sie ihn gerade selbst getroffen und er müsse sie direkt so weitersagen, damit sie andere trifft. „Das Evangelium ist Angriff", lautet einer von seinen Kernsätzen. Seine Predigt ist gerade darin prophetisch, dass sie auf das Heute zielt und es als das Heute Gottes qualifiziert; eine Historisierung der Christusbotschaft in Gestalt eines abständigen Textes ist ihr fremd. So greift Niemöller in seinen Predigten nach 1945 scharf den bürgerlichen Umgang mit Religion und Christentum und den Missbrauch christlicher Religion als Mittel zum Zweck weltlicher Geschäfte an.[24] In solcher Religions- und Gesellschaftskritik erweist er sich als prophetischer Prediger: es ist ihm immer um den Gehorsam gegen Gott, um die Ehre des Gottes zu tun, der in Christus Fleisch geworden ist.

d) Prophetische Predigt ist ganz und gar vom Kairos her bestimmt. Sie sagt das, was jetzt an der Zeit ist. Die Weihnachtspredigt aus dem KZ Dachau bringt das Heute Gottes an einem lebensfeindlichen Ort zur Sprache. Darum wird das Evangelium hier weniger kämpferisch-angreifend als vielmehr seelsorglich tröstend gepredigt. Zuerst deckt Niemöller das „Leben ohne Gott" als Wurzel menschlicher Not auf, um dann seinen Mitgefangenen ganz persönlich das Besondere der christlichen Botschaft zuzusprechen: „Du brauchst nicht auf die Suche zu gehen nach Gott [...] Er ist da und ist dir nahe in dem Manne, der als ein Kind in Windeln gewickelt in der Krippe lag."

Michael Heymel

LITERATUR

Sebastian Kuhlmann, Martin Niemöller. Zur prophetischen Dimension der Predigt (APrTh 39), Leipzig 2008.

ANMERKUNGEN

[1] Zit. nach: James Bentley, Martin Niemöller. Eine Biographie, München 1985, 183 f.
[2] Vgl. Dimitri Tomalewsky, Mit Pfarrer Niemöller im Konzentrationslager Dachau, in: Wilhelm Niemöller (Hg.), Neuanfang 1945. Zur Biographie Martin Niemöllers nach seinen Tagebuchaufzeichnungen aus dem Jahr 1945, Frankfurt am Main 1967, 18-22.
[3] Nach Dietmar Schmidt, Martin Niemöller. Eine Biographie, Stuttgart 1983, 162; vgl. Bentley, 184. Nach Tomalewsky wurden die Gefangenen kurz vor Mitternacht einzeln zur Kapelle geführt (ebd. 20).
[4] Eine Formulierung Martin Luthers, die Niemöller öfter in seinen Predigten verwendet hat. Vgl. bei Luther: Von der Freiheit eines Christenmenschen

(1520), in: WA 7,20-38, hier: 24,13f.; Predigt zu Mt 9,1-8 für den 19. So. n. Trin., Hauspostille 1544, in: WA 52, 497-504, hier: 500, 38.
5   Predigt am 24.12.1944 im KZ Dachau. Zuerst gedruckt in: Zu verkündigen ein gnädiges Jahr des Herrn! 6 Dachauer Predigten, München 1946, 5-12; auch in: Sebastian Kuhlmann, Martin Niemöller. Zur prophetischen Dimension der Predigt (APrTh 39), Leipzig 2008, 161-166.
6   Vgl. Augustinus, Sermo 184,3 = MPL 38, 988ff.; 188,3 = MPL 38, 1003ff.; 189,4 = MA 1, 209ff. Dasselbe Motiv begegnet in Jochen Kleppers Lied „Du Kind zu dieser heilgen Zeit" (EG 50), Str. 1: „Du Kind, zu dieser heiligen Zeit/gedenken wir auch an dein Leid,/das wir zu dieser späten Nacht/durch unsere Schuld auf dich gebracht./Kyrie eleison!", noch ausgeprägter im Abendmahlslied zu Weihnachten: „Und über deiner Krippe schon zeig uns dein Kreuz, du Menschensohn" (Str. 3, in: Jochen Klepper, Kyrie. Geistliche Lieder, Bielefeld [17]1980, 35).
7   Tomalewsky a. a. O. 21.
8   Abgedruckt in: Kurt Dietrich Schmidt (Hg.), Dokumente des Kirchenkampfes II (Arbeiten zur Geschichte des Kirchenkampfes Bd. 13), Göttingen 1964, 695-703 (Nr. 253).
9   God is my Fuehrer. Being the last 28 Sermons by Pastor Martin Niemoeller. Transl. by Jane Lymburn. With a preface by Thomas Mann, New York 1941.
10 Zit. nach: Martin Niemöller, Dahlemer Predigten 1936/1937. Mit einem Vorwort von Thomas Mann, Neuausgabe München 1981, 185-191, hier: 188f.
11 Zit. nach Schmidt, a. a. O. 184.
12 Zit. ebd. 185.
13 Ebd.
14 Ebd. 185f.
15 Der Weg ins Freie. Vortrag in Stuttgart am 3. Juli 1946, Stuttgart 1946; auch abgedruckt in: Martin Niemöller, Reden 1945-1954, Darmstadt 1958, 23-42. Vgl. dazu Michael Heymel, Kirchenpräsident - Prediger - Zeuge. Zum 25. Todestag von Martin Niemöller, in: Hessisches Pfarrblatt Nr. 2, April 2009, 40-49, hier: 45 f.
16 Zit. nach: Hannes Karnick/Wolfgang Richter (Hgg.), Protestant. Das Jahrhundert des Pastors Martin Niemöller, Frankfurt/Main 1992, 190.
17 Zit. nach Schmidt, a. a. O. 187.
18 Die Predigten spielen für die öffentliche Wahrnehmung Niemöllers nach 1945 keine nennenswerte Rolle. Vgl. Michael Heymel, Der Prediger Martin Niemöller und die EKHN, in: Jahrbuch der Hessischen Kirchengeschichtlichen Vereinigung 60 (2009), 21-31.
19 Niemöller selbst fragt noch direkter: „Herr, was willst Du, dass ich tun soll?" (so im Brief vom 2. 8. 1937 an Pfarrer Ernst Koenigs in Weisel, in: Martin Niemöller, Briefe aus der Gefangenschaft Moabit. Hg. von Wilhelm Niemöller, Frankfurt am Main 1975, 27).
20 Zit. nach: Matthias Schreiber, Martin Niemöller, Reinbek [2]2008, 138.
21 DIE ZEIT Nr. 51 vom 13.12.2007, S. 49.
22 Vgl. dazu die Kriterien prophetischer Predigt bei Kuhlmann, a. a. O. 336ff.
23 Predigt am 28.6.1931, zit. nach Kuhlmann, 116.
24 Vgl. nur die Predigt am 21.2.1960 in Dahlem (in: 16 Predigten, Frankfurt am Main 1962, 37ff.) und die Weihnachtspredigt von 1955 (in: Herr, wohin sollen wir gehen? Ausgewählte Predigten, München 1956, 16ff.).

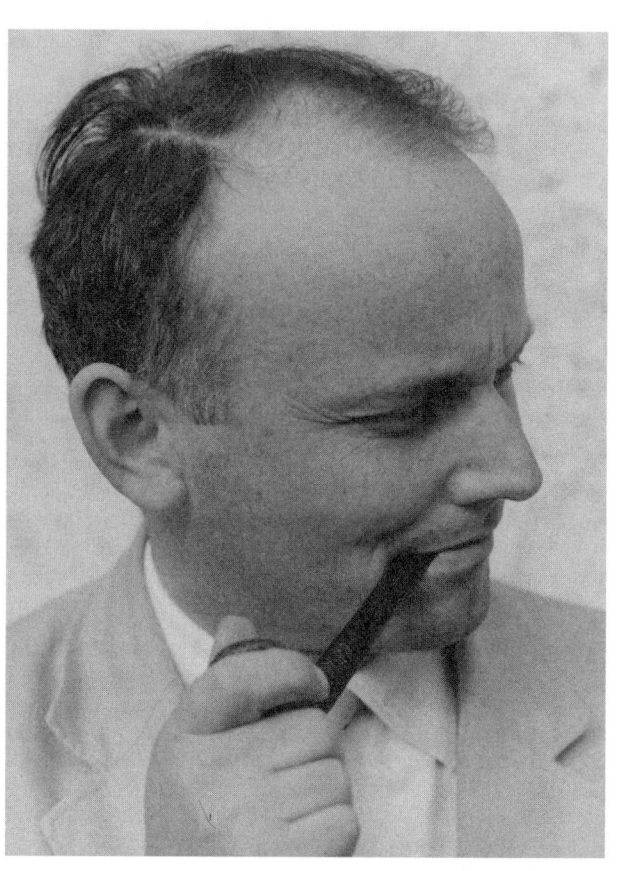

Rudolf Bohren
Eine Bußpredigt, die ins Licht der Wahrheit führt

Die Situation

Am eidgenössischen Dank-, Buß- und Bettag (5.9.1945) hielt ein gerade 25 Jahre junger „Predigtverweser" vor einer zahlreich versammelten Gemeinde in der Nydeggkirche von Bern, also in der Bundeshauptstadt der Schweiz, eine Bußpredigt, die erstaunlich mutig und freimütig war, weil sie allen in der Kirche die Köpfe wusch und zur Buße trieb. Eigentlich waren die Menschen ein Vierteljahr nach der deutschen Kapitulation auf Dank und Erleichterung gestimmt, weil die Angst vor den Deutschen endlich ein Ende hatte. Überdies drangen aus den befreiten Konzentrationslagern über die Grenzen herüber Schreckensnachrichten, die die Abscheu vor dem Hitler-Deutschland noch steigerten. Wer will es einem Schweizer verdenken, wenn ihn in dieser Nachkriegszeit am eidgenössischen Dank-, Buß- und Bettag vor allem das Dankgefühl überkam: „Gott, ich danke dir, dass wir nicht sind wie diese Deutschen"? Doch eben mit solchem latenten Pharisäismus legte sich der junge Predigtverweser an. Er hieß Rudolf Bohren, stammte aus Grindelwald im Berner Oberland und hielt eine Predigt, wie sie wohl keiner in der voll besetzten Kirche erwartet hatte und keiner so leicht vergessen konnte.

Die Predigt[1]

Liebe Gemeinde,

Zur Zeit Jesu gab es noch keine Zeitungen. Man gab die Nachrichten von Mund zu Mund weiter. Hier sind einige zu Jesus gekommen, die ihm eine Nachricht bringen. Eine Sensation: Die Soldaten des Pilatus haben Galiläer, die opfern wollten, hingemordet. Blut ist geflossen, Blut von geopferten Schafen, und zu diesem Blut flossen Ströme andern Blutes. Blutströme von getöteten Menschen.

Wenn ihr nicht Busse tut, werdet ihr alle auf gleiche Weise umkommen Nach jüdischer Anschauung war jedes Unglück eine Strafe Gottes. Wenn man nun mit der Meldung von dem Massaker in Galiläa zu Jesus kam, dann hatte man dabei die Idee: Was müssen das für entsetzlich große Sünder gewesen sein, dass sie dermaßen leiden mussten. Die Antwort Jesu mag auf die Anwesenden gewirkt haben wie eine kalte Dusche: Meint ihr, wenn ihr nicht Buße tut, werdet ihr alle auf gleiche Weise umkommen?

Heute haben wir die Zeitungen und das Radio. Es wurde gemeldet, dass jetzt Friede sei. Aber immer noch fließt ein Strom von Blut über die Erde. Nicht Blut von Opferschafen, sondern Blut wie dein Blut. Es ist nicht galiläisches Blut, das fließt; es ist deutsches Blut. Pilatus ist nicht tot. Pilatus ist heute ein Russe, Pole oder Tscheche. Pilatus verjagt heute Hunderttausende von Menschen aus ihren Heimstätten. Pilatus liquidiert die deutsche Bevölkerung ... Und nun irren sie auf den herbstlichen Straßen, ohne Nahrung, da und dort eine Rübe aus einem Acker reißend. Nun irren sie dorthin, wo fremde Menschen wohnen, wo nicht ihre Heimat ist.

Da sagt der biedere Schweizer: Es sind halt die Deutschen. „Man muss den Hass der Polen begreifen. Die Deutschen haben ja Auschwitz gegründet, sie haben den Hass gezüchtet. Das ist die Strafe Gottes."

Da tritt der Herr selber unter unsere biederen Schweizer: „Meinst du, diese Deutschen, die jetzt verhungern, seien größere Sünder gewesen als die anderen Deutschen, die nicht verhungern? Meint ihr, die deutschen Frauen, die jetzt voll Angst und Schrecken zum Himmel schreien, weil sie vergewaltigt werden, seien größere Sünderinnen als die anderen Frauen?

Nun sage ich euch: So ihr nicht Buße tut, werdet ihr alle auf gleiche Weise umkommen. Man wird euch aus euren Häusern vertreiben, man wird eure Frauen schänden. Wenn ihr nicht Buße tut, werdet auch ihr alle umkommen.

Blick einmal auf deine Hände. Du hast sie am Morgen gewaschen. Doch es klebt Blut an deinen Händen. Du hast Stacheldraht an deine Grenze gespannt; Tausende von Flüchtlingen hast du zurückgetrieben in den Tod; gleichzeitig hast du vielleicht bei einer Sammlung ein kleines Sümmchen gegeben. Du rühmst dich deiner Schweizerischen Gastfreundschaft. Du rühmst dich der Schweizerspende und des Roten Kreuzes. Wenn du (dich) rühmst, sehe ich nur das Blut, das an deinen

Händen klebt. Je mehr du dich rühmst, je mehr Blut sehe ich an deinen Händen. Auch deutsches Blut klebt an deinen Händen. Du hast begonnen, die Nationalsozialisten auszuweisen. Endlich, nachdem du fast sechs Jahre lang sie geduldet hast, nachdem du fast sechs Jahre lang vor ihnen Angst gehabt hattest, jetzt jagst du sie hinaus in den Hunger, in das Gefängnis. Viele jagtest du in den Selbstmord hinein. Weißt du nicht, dass ich mich des Rechtlosen erbarme, dass ich auf den höre, der zu mir schreit, auch wenn er Nazi gewesen ist?" So spricht der Herr heute zu uns Schweizern.

Wir sind ja nicht nur für unsere eigenen Sünden verantwortlich, die uns schwer genug anklagen. Wir sind auch für das verantwortlich, was wir als Volk getan haben. An unseren Schweizerhänden klebt Blut. Ich sage euch, wenn ihr nicht Buße tut, werdet ihr alle auf gleiche Weise umkommen. So gnädig ist Gott, dass er uns noch nicht richtet, sondern dass er uns noch eine Gelegenheit zur Buße gibt. Dank sei Ihm!

Busse – was ist das? Buße – was ist das? Wir kennen es alle, dieses Wort, und wissen alle nicht recht, was es heißt. Heute ist ja der eidgenössische Dank-, Bet- und Bußtag. Da tun wir gut, uns zu besinnen, was das heißt: Buße.

Als Student fuhr ich einmal nachts mit dem Velo von Bern nach Hause. Das Schweizerland lag damals verdunkelt. Um so heller schien der Vollmond. Ich hatte meinen Dynamo ausgeschaltet, weil ich fand, es fahre sich so bequemer. Auch gab der Mond mehr Licht als eine verdunkelte Velolampe. So fuhr ich fröhlich und guter Dinge dem Oberland zu, da begegnete mir unglücklicherweise ein Polizist. Dieser erkundigte sich haargenau nach meinem Namen. Dann konnte ich weiter. – Nach einigen Tagen stand sein Kollege vor unserer Tür und wies einen eigenartigen Zettel vor, auf dem geschrieben stand, dass ich eine Buße von 30 Franken zu bezahlen hätte. Ich schnitt ein saures Gesicht und suchte die 30 Franken zusammen. Damit war die Sache erledigt.

Seht, das ist nun nicht Buße im Sinne Christi. Christenbuße besteht nicht darin, dass man ein Gesicht schneidet und 30 Franken zusammensucht. Buße besteht auch nicht darin, dass man ein frommes Gesicht schneidet. Es kommt gar nicht so sehr auf das Gesicht an. Buße besteht aber darin, dass man nur seinen Dynamo einschaltet, dass man mit einem Licht durch die Dunkelheit dieser Welt fährt. Hier ist der Dynamo, den man einschalten muss: die Bibel!

Es gibt so viele Menschen, die bis jetzt nicht Zeit hatten, ihre Bibel zu lesen. Buße heißt, den Dynamo einschalten, Buße tun heißt, nur ganz schlicht Zeit haben, die Bibel zu lesen. Wenn ihr nicht Zeit habt, die Bibel zu lesen, werdet ihr alle auf die gleiche Weise umkommen. Nun wird es geschehen, dass viele von euch es nicht verstehen, was in diesem Buche steht; dann dürft ihr ruhig den Pfarrer besuchen. Buße tun, das heißt auch, am nächsten Sonntag wieder den Gottesdienst besuchen. Auch am nächsten Sonntag ist Bußtag. – Oder brennt es schon, euer Licht? Seid ihr so feine Christen, dass ihr nur einmal im Jahr eine Stunde lang Buße nötig habt? Wenn ihr Gottes Wort nicht hört, werdet ihr alle umkommen, wie die Juden umgekommen sind, und wie heute die Deutschen umkommen.

Nun hat es keinen Zweck, den Dynamo einzuschalten und die Lampe mit Verdunkelungspapier zu überkleben, so dass das Licht nicht leuchten kann. Es hat keinen Zweck, die Bibel zu lesen, die Predigt zu hören und dann doch alles beim Alten zu lassen, dann doch voll Verachtung auf den deutschen Sünder hinabzublicken. Es hat keinen Zweck, Gottes Wort zu hören und dann doch ohne Licht herumzufahren in den Dunkelheiten des Lebens. Es gilt, Gott zu bitten, dass er uns helfe; dass er sein Licht in unsere Lampe sende, dass er uns helfe, wahre Buße zu tun. Darum ist nicht nur Bußtag, heute ist Bettag. Ein Tag, da wir um Gottes Gnade bitten dürfen. Morgen ist Montag, übermorgen ist Dienstag. Auch am Montag ist Bettag, auch am Dienstag ist Bettag. Jeder Tag ist Bettag.

Wenn wir nicht Buße tun, wenn wir nicht um den rechten Gehorsam bitten, dann werden wir alle ebenso umkommen wie die Deutschen, die auf den Landstraßen verhungern und in den polnischen Gefängnissen zu Tode geschunden werden.

Nachzeichnung der Predigt

Mit dem ersten Satz verfremdet diese Predigt den biblischen Text aus Lukas 13 und baut schon eine Brücke zum ersten Hauptteil: „Zur Zeit Jesu gab es noch keine Zeitungen. [...] Heute haben wir Zeitungen und das Radio." Das ist die Brücke über die Zeiten hinweg von den Morden des Pilatus an den Galiläern damals zu den Morden und Vertreibungen des „Pilatus heute" an den Deutschen. Damit ist auch schon die zweite Brücke gebaut, auf die es dem Prediger ankommt: Von der üblichen Deutung solcher Morde damals als einer Strafe Gottes zur landläufigen und ziemlich nahe liegenden Deutung heute: „Es sind halt die Deutschen. ... Das ist ihre Strafe." Über diese Brücke lässt nun der Prediger den Herrn Jesus selber kommen, unter „die biederen Schweizer" treten und ihnen eine Bußrede halten, die sich gewaschen hat. Im Kern lautet die lange Rede: „Wenn ihr nicht Buße tut, werdet auch ihr alle umkommen." Der Hörer kann sich schwerlich gegen diese Bußrede zur Wehr setzen, denn es ist ja der Herr selbst, der hier die Schweizer zur Buße mahnt: „So spricht der Herr heute zu uns Schweizern." Der Prediger stellt sich also bewusst in die Reihen der Schweizer und ist „erster Hörer" seiner Bußrede: Tausende von Flüchtlingen zurückgetrieben; Nationalsozialisten wurden erst geduldet und jetzt durch Ausweisung in den Tod getrieben, zugleich aber Schweizerische Gastfreundschaft gepriesen, Stolz auf das Rote Kreuz und viel Spendenbereitschaft. Das summiert der Prediger abschließend noch einmal: „An unseren Schweizerhänden klebt Blut." Erst jetzt spricht er im Namen Jesu mit dem eigenen Ich: „Ich sage euch, wenn ihr nicht Buße tut, werdet ihr alle auf die gleiche Weise umkommen." Zugleich räumt er seinen Hörern und sich selbst noch eine Gnadenfrist ein, für die es dankbar zu sein gilt: „So gnädig ist Gott, dass er uns noch nicht richtet, sondern dass er uns noch eine Gelegenheit zur Buße gibt. Dank sei Ihm!" Damit ist der erste Hauptteil der Predigt zu seinem Ende gekommen, der seinen Höhepunkt in der Christusrede an die Schweizer heute hat. Erst dann spitzt der Prediger abschließend mit der Autorität des eigenen Ich zu: „Ich sage euch."

Jedem Hörer und jeder Hörerin dieser Predigt dürfte am Ende dieses ersten Hauptteils wohl die Frage auf der Zunge oder mindestens auf dem Herzen liegen: Buße tun – was heißt das konkret? Und was ist Buße überhaupt? Genau darauf geht nun auch der zweite Teil der Predigt ein, nun aber nicht mehr in jener hoch gespannten Art einer geradezu eschatologischen Christusbegegnung, die wohl so manchen Hörer den Atem stocken ließ. Es gehört zur Kunst dieser Predigt, dass sie den Hörer jetzt im zweiten Hauptteil ein wenig entspannen lässt, indem der Prediger mit Selbstironie ein Erlebnis mit der Buße im Straßenverkehr erzählt. Dort hat nämlich das Wort „Buße" für den Schweizer sprachlich seinen Sitz im Leben. Während wir im Hochdeutschen einen „Strafzettel" mit einem „Strafbescheid" bekommen, spricht der Schweizer schlicht von einer „Buße". Das Beispiel mit der Buße für das Fahrradfahren im Dunkeln ist also gar nicht so banal, wie es sich auf den ersten Blick anhört. Es holt vielmehr jeden Schweizer Hörer auf eine sehr volkstümliche Weise bei den Assoziationen ab, die das Wort „Buße" bei ihm wachruft und geht dann via negationis zu dem, was Christenbuße heißt: „nicht ein Gesicht schneiden, auch nicht ein frommes", sondern Licht in die Dunkelheit dieser Welt bringen.

Ob nun der Vergleich zwischen dem Dynamo und der Bibel wirklich trifft, lässt sich fragen. Vielleicht wäre es besser gewesen, jetzt den Vergleich zurückzulassen und zur erleuchtenden Kraft der Buße selbst zu kommen. Auch Vergleiche können überstrapaziert werden. Immerhin muss aber zugestanden werden, dass der Prediger nicht von einem Bild zu einem anderen springt, sondern wirklich in einem Bildfeld bleibt, das für jeden seiner Hörer griffig und anschaulich ist. Man kann die Rede von der Buße auch so sehr vergeistigen, dass nichts mehr Konkretes in den Blick kommt. Das ist in dieser Predigt ganz und gar nicht der Fall. Hier kommt die Bibel handfest in den Blick, indem sie hochgehalten wird. Dann kommt der Besuch beim Pfarrer und der Besuch im Gottesdienst in den Blick, die dem Hörer ans Herz gelegt werden. Doch auch diese konkreten Hinweise werden noch einmal überboten, um nicht als billige Handlungsanweisungen missverstanden zu werden, deren Erfüllung die Buße schon erledigt. Stattdessen heißt es: „Es hat keinen Zweck, die Bibel zu lesen, die Predigt zu hören und dann doch alles beim Alten zu lassen, dann doch voll Verachtung auf den deutschen Sünder zu blicken." Wahre Buße, die in die Tiefe geht, komme vielmehr von Gott und will von Ihm erbeten sein. Deshalb wird in die Rede von Buße und Bußtag zum Schluss das Gebet und der Bettag mit einbezogen: „Jeder Tag ist Bettag."

Mit dem letzten Satz kehrt die Predigt noch einmal zum ersten Hauptteil zurück und bindet beide Teile zusammen: „Wenn wir nicht Buße tun (1.Hauptteil), wenn wir nicht um den rechten Gehorsam bitten (2. Hauptteil), dann werden wir alle ebenso umkommen wie die Deutschen[...]."

Einen klaren Aufbau hat diese Predigt in zwei Hauptteilen, wobei Anfang und Schluss einander entsprechen, wie auch beide Teile sehr konsequent aufeinander aufbauen. Eine offene Frage aber bleibt, ob nicht das Bild vom Dynamo überstrapaziert worden ist. Inhaltlich bleibt diese Predigt eine Warnung vor jedem Pharisäismus und jeder noch so subtilen Überheblichkeit, übrigens auch und gerade eines Deutschen, der meint, sich mit Hilfe dieser Predigt über „biedere Schweizer" erheben oder gar insgeheim Schuld aufrechnen zu können. Ihm würde Bohrens Predigt selbst nach 65 Jahren nicht nur zu einer Buß-, sondern zu einer Gerichtspredigt.

Ich schließe diese Predigtnachzeichnung mit einem Kommentar ab, den ein Leser[2] heute zu dieser Predigt gab:

> „Eine sehr mutige Predigt, gleichsam mit dem Mut des Heiligen Geistes.
> Bußpredigten tragen nicht unbedingt Sympathien ein. Insofern ist die Bußpredigt das Parade-Beispiel der Predigt überhaupt. Diese soll ja zwar ‚dem Volk aufs Maul schauen', ihm aber nicht nach dem Munde reden.
> Ich könnte der Einrede des ‚biederen Schweizers' (‚es sind halt die Deutschen') nicht so ohne weiteres widersprechen. Und doch ist eine treffende Antwort, wenn sie schriftgemäß und damit biblisch ist, möglich und sub specie aeternitatis, also um unseres Seelenheiles willen auch notwendig.
> Das zeigt Rudolf Bohren mit Unabhängigkeit von falscher Rücksichtnahme und Freiheit zum notwendigen Wort –, beispiellos zu jener Zeit, im besten Sinn evangelisch und reformatorisch –, selbst also ein Beispiel, wie Christus sola scriptura, wenn er wirklich gepredigt und nicht nur solenn mit ihm herumgewedelt wird, dem Teufel ins Maul greift und uns die schärfsten Zähne zieht."

Der Prediger

Am 22. März 1920 in Grindelwald geboren, besuchte Rudolf Bohren zunächst das freie Gymnasium in Bern, studierte dann während der Zeit des Zweiten Weltkrieges in Bern und Basel Theologie, vor allem bei Karl Barth und Eduard Thurneysen, und wurde schließlich bei Oscar Cullmann in Basel mit einer neutestamentlichen Dissertation über „Das Problem der Kirchenzucht im Neuen Testament" promoviert, die 1952 in Zürich veröffentlicht wurde.

Am 16. Mai 1945 wurde Rudolf Bohren als Verbi Divini Minister (V. D. M.) durch den Kirchendirektor Dürrenmatt in den bernischen Kirchendienst aufgenommen.[3] Als „Pfarrverweser", d. h. als ein noch nicht von der Gemeinde gewählter Pfarrer, wurde er an der Nydeggkirche in Bern angestellt. Es ist die Kirche, an der später lange Zeit (1961–1983) sein Schulfreund Kurt Marti tätig sein wird. 1947 wurde Bohren als Pfarrer der aargauischen Gemeinden Holderbank und Möriken-Wildegg gewählt. Nach neun Jahren wechselte er in die Kirchengemeinde Arlesheim/Basel-Land und bekam hier 1958 einen Ruf auf den Lehrstuhl für Praktische Theologie an der Kirchlichen Hochschule Wuppertal. Diese vom Geist der Bekennenden Kirche geprägte Hochschule wurde der Entstehungsort für Bohrens Meisterwerk, das 1971 erschien und den schlichten Titel „Predigtlehre" trägt. Gewidmet ist diese Predigtlehre, die bis 1993 in sechs Auflagen erschien, „denen, die predigen werden". Was diese Predigtlehre so einzigartig macht, dass sie wie ein großer Solitär in der Predigtlandschaft noch heute dasteht, hat seinen Grund in dem sprachlichen Reichtum dieses Werkes. Bohren ist im Gespräch mit Dichtern und Schriftstellern seiner Zeit, vor allem mit den Schweizern, mit Dürrenmatt und Frisch, mit Ernst Eggimann, Peter Bichsel und Kurt Marti, aber auch mit den anderen wie z. B. Peter Handke und Johannes Bobrowski. Er zitiert sie nicht nur, sondern lässt sich von ihnen inspirieren und in Fahrt bringen. Am Beispiel von der „Erfindung des Hörers", die Bohren von Max Frisch und dessen „Erfindung des Lesers" lernt, werde ich das später verdeutlichen.

Es liegt aber auch an dem gedanklichen Reichtum, dass diese Predigtlehre, die vom dritten Glaubensartikel theologisch durchdrungen ist, einzigartig geblieben ist und sich mit den üblichen homiletischen Arbeitsbüchern oder Predigt-Monographien nicht vergleichen lässt. Durch Bohrens Predigtlehre zieht sich eine ganz andere Leidenschaft, die schon deutlich wird, wenn § 1 die Überschrift trägt: „Predigen als Leidenschaft". Vier Leidenschaften des Autors werden hier nebeneinander- gestellt: das Aquarellmalen, das Skilaufen, das Bäumefällen und das Predigen. Diesen ungewöhnlichen Einstieg wählt Bohren, um deutlich zu machen: „Predigtlehre ist Lehre zur Freude; Anleitung zur Predigt, Anleitung zur Freude; das Predigen soll in die Freude führen! In der Freude kommt die Rede von Gott zu ihrem Ziel."[4] Ehe ich exemplarische Einsichten dieser Predigtlehre darstelle, will ich Bohrens Werdegang in homiletischer Sicht weiterführen. Es ist ja keineswegs so, als ob er mit seiner Predigtlehre 1971 stehen geblieben wäre.

Das war äußerlich schon deshalb nicht möglich, weil er 1971 an die Kirchliche Hochschule nach Berlin gerufen wurde und hier eine „Praktische Theologie als theologische Ästhetik" unter dem Titel „Dass Gott schön werde" entwarf. Wieder steht die Pneumatologie im Mittelpunkt, nun aber so, dass sie trinitarisch weitergedacht wird im Blick auf die Schönheit Gottes. Es sind Anregungen, die Bohren hier der Praktischen Theologie zu denken gibt, und sie werden von Theologen wie Albrecht Grözinger und Martin Nicol aufgegriffen. Vielleicht liegt darin die Größe Bohrens begründet, dass er vor allem Anstöße zum Weiterdenken gibt. „Texte zum Weiterbeten" überschreibt er ein kleines Bändchen mit Gebeten. Typisch ist, dass ihm vor allem am Weiterbeten der anderen, an der Gemeinschaft der Geschwister liegt, die ihn aufgreift und weiterführt.

Noch mehr liegt ihm an den geistlichen und geistigen Vätern. Das wird deutlich, als Bohren, 1974 nach Heidelberg berufen, das literarische Gespräch mit seinem Lehrer Eduard Thurneysen beginnt und schließlich unter dem Titel „Prophetie und Seelsorge" herausgibt. Da sind sie alle versammelt, die er seine Väter nennt und deshalb der kritischen Prüfung aussetzt: Blumhardt, Vater und Sohn, Fjodor Dostojewski, Jeremias Gotthelf, Karl Barth und vor allem Eduard Thurneysen selbst, der der eigentliche theologische Ziehvater Bohrens wurde.

Natürlich blieb auch während der sechszehn Jahre aktiver Professur in Heidelberg die Arbeit an der Predigt nicht auf der Strecke. Sie wurde jetzt sogar institutionell, seit 1974 mit einer von Bohren eingerichteten Predigtforschungsstelle, in der Predigten begutachtet und Predigtnachlässe gesammelt wurden, z. B. von Eduard Thurneysen, Walter Lüthi, Martin Niemöller und seit 1995 auch die über fünfhundert Predigten von Bohren selbst, die noch nicht veröffentlicht wurden. Weiterhin wurde eine Heidelberger Predigtanalyse von Bohren und seinen Mitarbeitern entwickelt, die 1986 in einem internationalen Wissenschaftsforum vorgestellt wurde. Bei dieser Gelegenheit wurde auch ein ökumenischer Predigtverein gegründet, der sich zur Arbeit an der Predigt trifft und in regelmäßigen Abständen eine Zeitschrift „Predigt im Gespräch" herausgibt. Ebenso wurde von Bohren eine *societas homiletica* angeregt, die internationale Kongresse von Homiletikern zur Predigttheorie im Abstand von vier Jahren veranstaltet. Insgesamt wird deutlich, wie Bohrens Arbeit an der Predigt und der Predigttheorie nun Breitenwirkung gewinnt, auf Kollegen, theologische Schüler und auf Laien übergreift, die konfessionellen und nationalen Grenzen überschreitet und zu einer Sache der Universität ebenso wie der Gemeinde wird.

Die exemplarische Biografie des Predigers und Predigtlehrers Rudolf Bohren bedarf in dreifacher Hinsicht noch der Ergänzung:

a) Das Nachdenken und Forschen an der Predigttheorie blieb bei Bohren sowohl in Berlin wie auch in Heidelberg und im anschließenden Ruhestand von der Praxis des Predigens begleitet, mal über längere Zeit auf so prominenten Kanzeln wie der von Barmen-Gemarke oder der Universitätskirche in Heidelberg, mal auf schlichten Gemeindekanzeln der Schweiz oder Deutschlands. „Das Predigen will an der Predigt gelernt werden."[5] Daraus erwuchsen zehn Predigtbände und über fünfhundert Predigtmanuskripte, die noch nicht veröffentlicht, aber im Archiv der Predigtforschungsstelle Heidelberg geordnet und zugänglich gemacht sind. Die Predigtbände zeigen in ihren Titeln an, dass Bohren gern zu der reformierten Sitte der Reihenpredigten gegriffen hat wie z. B. über die Seligpreisungen, die Psalmen, die Sakramente usw. Er blieb aber auch der Bußpredigt treu, vor allem in seinen Predigten auf der Kanzel der Peterskirche in Heidelberg, die unter dem Titel erschienen: „Wider den Ungeist" (München 1989). Die andere Seite gibt es bei ihm aber auch: Predigten über den „Trost" und den Heiligen Geist als Tröster[6].

b) Bohren pflegte eine Leidenschaft für Fernost, seit Tsuneaki Kato, der große Prediger und Predigtlehrer Japans, in Wuppertal sein Assistent war und seitdem viele von Bohrens Büchern ins Japanische übersetzt hat. Die erste Japanreise schloss Bohren mit einem „kirchlich-kulinarischen Reisetagebuch" unter dem Titel „Liebeserklärung an Fernost" (1980) ab; die zweite Japanreise, schon im Ruhestand, führte Bohren zum Schreiben von japanischen Meditationen, die zwar in Japan weite Verbreitung fanden, in Deutschland aber leider immer noch nicht zur Veröffentlichung kamen. Was Bohren an Japan so fasziniert, sind der dort gepflegte sorgsame Umgang mit Sprache, die formvollendete Höflichkeit, der liebenswürdige, behutsame Umgang miteinander und der Mut christlicher Gemeinden, als ganz kleine Minderheit inmitten einer synkretistischen Mehrheit um ihre Identität theologisch zu ringen.

c) Der Schriftsteller Rudolf Bohren, der als langsam sprechender Berner Worte abzuwägen weiß, darf auf keinen Fall unerwähnt bleiben, zumal er gerade auf diesem Gebiet schon mit Preisen ausgezeichnet wurde, wie etwa dem vom Kanton Bern 1988 empfangenen Buchpreis für seine Schriften „texte zum weiterbeten" und „heimatkunst" (mit Essays über Johannes Bobrowski, Peter Handke, Nelly Sachs, Kurt Marti, Eugen Gomringer, Novalis, Jean Paul und Robert Walser). Weitere Titel seiner Dicht- und Schriftstellerkunst lauten „schnörkelschrift", „bohrungen", „ berge – weinberge". Vielleicht liegt in diesem Wechselverhältnis von Theologie und Poesie die eigentliche Kraft von Bohrens sprachmächtigem Predigen wie der Sprachkunst seiner Predigtlehre.

Eine Sternstunde

Was Bohrens Bußpredigt über Lukas 13 zu einer Sternstunde der Predigt macht, ist der Mut, genauer: die *parrhäsia* des jungen Predigers aus dem Berner Oberland, am eidgenössischen Dank-, Buß- und Bettag einer großen Gemeinde in der Schweizer Bundeshauptstadt Bern gegenüberzutreten und sie auf eine sehr konkrete und zugleich unbequeme Weise zur Buße zu rufen und d. h. zur Abkehr von jedem latenten Pharisäismus gegenüber den am Boden liegenden Deutschen einerseits und zur Hinkehr zu Bibel, Gottesdienst und Gebet andererseits. Der erst 25-jährige Prediger war in der Gemeinde der Nydeggkirche ja noch als Pfarrverweser eingesetzt und d. h. als ein von der Gemeinde noch nicht gewählter Pfarrer. Er hätte allen Grund gehabt, an einem so hohen und zahlreich besuchten Feiertag vorsichtig zu sein, um seine Wahl nicht zu gefährden. Vorsicht und Ängstlichkeit waren jedoch Rudolf Bohrens Sache von Anfang an nicht. Was ihm den Mut und die *parrhäsia* zum Predigen gab, ist die Gegenwart des Heiligen Geistes, von der er unbeirrbar ausging und noch ausgeht. In dieser Gegenwart muss der Gemeinde das angesagt und zugesagt werden, was auf Grund des biblischen Textes prophetisch zu sagen ist, koste es, was es wolle.

Schon drei Wochen zuvor, am 15. 8. 1945, hatte der junge Pfarrverweser der Gemeinde angesichts des Abwurfs der ersten Atombombe über Hiroshima am 6. 8. 1945 die Endzeit angesagt: „Die erste Atombombe ist eingeschlagen... Mit dieser Erfindung ist etwas ganz Unerhörtes geschehen. Dem Menschen ist es gelungen, Atome zu zertrümmern, von Gott geschaffene Materie aufzulösen ... Menschlicher Fortschritt hat in den letzten Jahrzehnten ein unvorstellbares Tempo eingeschlagen. Die Welt ist reif zum Ende, das zur Katastrophe führt... Darum ist es notwendig, dass wir uns von Gottes Wort her aufklären lassen über das Kommende, über die Katastrophen der Endzeit."⁷ So beginnt eine ganze Predigtreihe über die Offenbarung des Johannes. Die Zeichen der Zeit werden aufgegriffen und im Licht der Heiligen Schrift prophetisch gedeutet, eine nicht minder mutige Predigt wie die Bußpredigt drei Wochen später. Über Bohrens Predigten steht von Anfang an ungeschrieben das Wort, das am Ende jedes der sieben Sendschreiben in der Offenbarung des Johannes zu finden ist: „Wer Ohren hat, der höre, was der Geist den Gemeinden sagt!" (Offb 2,7 u. ö.) Bohren ist und bleibt ein Prediger und Theologe des Heiligen Geistes, der zu hören sucht, „was der Geist den Gemeinden sagt". Das macht ihn, im besten Sinn des Wortes, so geistreich, so unberechenbar, so überraschend, so provokativ, so mutig von Anfang an.

Wir sahen, wie der junge Pfarrverweser den Mut zur Bußpredigt gewann, weil er in der Gegenwart des Heiligen Geistes predigte. Wir sahen auch, wie der Predigtlehrer dann in Wuppertal, Berlin und Heidelberg grundsätzliche Einsichten für die Predigtlehre gewann, die es wiederum mit dem Predigen in der Gegenwart des Heiligen Geistes zu tun haben. Fragen wir abschließend noch einmal: Predigen in der Gegenwart des Heiligen Geistes – was heißt das?

MIT GOTT ALS „ERSTEM HÖRER" DER PREDIGT RECHNEN   Nur wer konkret mit der Gegenwart des Heiligen Geistes rechnet, kann auch in der Gegenwart des Heiligen Geistes predigen. „Ich glaube an den Heiligen Geist und habe seinen Trost erfahren: So will ich ihn als Tröster rühmen, will zeugen von ihm, das Zutrauen zu ihm stärken, das Verlangen nach ihm wecken und die Sehnsucht nach seinem Trost anfachen. – Das aber heißt: Über den Heiligen Geist als Tröster kann ich nicht reden als über einen Abwesenden. Über ihn kann ich nur reden als über einen Anwesenden. Und anwesend ist er schon als Tröster da, bezeugt er sich selbst, stärkt das Zutrauen zu ihm, weckt das Verlangen und zündet an die Sehnsucht nach ihm. Auf ihn selbst kommt es an."⁸ In Bohrens Predigtlehre führt dieser Glaube an die Gegenwart des Heiligen Geistes dazu, dass er auch mit Gott als „erstem Hörer" rechnet: „Ob die Leute kommen und ob die Leute, die kommen, zuhören oder sanft entschlummern, bleibt ungewiss. Aber einer hat sein Kommen angesagt, der nicht schläft noch schlummert. Der das Ohr gebildet, hört. Der da war und der kommt, ist da, der einzige Hörer, auf den Verlass ist, mit dem auf alle Fälle zu rechnen, der auf alle Fälle zu kennen und also zu respektieren ist. Bevor Predigt ein Wort für Menschen ist, ist sie ein Wort für den Schöpfer, Erlöser und Neuschöpfer des Menschen, ist sie ‚dieses Wort in Gottes Ohr'."[9]

Mit diesem ersten Hörer gewinnt der Prediger die Freiheit von seinen Hörern. In dieser Freiheit liegt seine Macht, aber auch sein „Furcht und Zittern", denn in Gottes Gegenwart zu reden, ja, mein Wort in Gottes Ohr zu legen, lässt mich fürchten, ob dieser Hörer sich mein Wort gefallen lässt.

In jedem Fall aber macht die Rede von Gott als dem ersten Hörer der Predigt frei von aller Publikumssucht, frei auch von dem Wahn, ich als Prediger hätte meine Hörer im Griff, habe ich doch schon meinen „ersten Hörer" ganz und gar nicht im Griff. Das ist auch die Intention der Rede von Gott als dem ersten Hörer der Predigt, den zweiten und die weiteren Hörer in ihrem Geheimnis zu wahren und den Prediger vor der Einbildung zu warnen, er könne seine Hörer beherrschen.

IN DER GEGENWART DES HEILIGEN GEISTES PREDIGEN HEISST, DEN HÖRER DER PREDIGT IM LICHT VON GOTTES GNADENWAHL ZU „ERFINDEN"

Mit der Rede von der „Erfindung des Hörers" lehnt Bohren sich an Max Frisch an, der in seinem Tagebuch schreibt:

> „Der erste schöpferische Akt, den der Schriftsteller zu leisten hat, ist die Erfindung seines Lesers. Viele Bücher missraten uns nur schon darum, weil sie ihren Leser nicht erfinden, sondern einen Allerweltsleser ansprechen, den es gibt, oder wir erfinden einen Leser, der uns gar nicht bekommt: Er macht uns böse oder rechthaberisch oder hochmütig von vornherein, jedenfalls unfreier, er zwingt uns, beispielsweise, zur Gescheitelei, weil er, obschon von uns erfunden, uns imponiert, so dass auch wir, statt uns auszudrücken, vor allem imponieren wollen."[10]

Bohren fragt, ob nicht nur ein Schriftsteller, sondern auch ein Prediger seine Hörer „erfinden" muss. Missraten vielleicht viele Predigten deshalb, weil sie bloß mit einem Allerweltshörer (einem *homo homileticus*) rechnen? Oder leiden nicht viele Prediger daran, dass sie einen Hörer erfinden, der ihnen gar nicht bekommt, sondern den Prediger nur böse und rechthaberisch oder hochmütig macht und ihn zur Gescheitelei zwingt? Was also wäre zu tun, um eine Predigt weder langweilig noch apologetisch, noch eitel werden zu lassen? Bohren antwortet: „Des Hörers Möglichkeit will entdeckt, er will nicht nur in seiner Gegenwart und in seinem Herkommen entdeckt werden. Er will in seiner Möglichkeit, im Potential seiner Zukunft erkannt, d. h. eben ‚erfunden' werden. [...] Den Hörer erfinden heißt, den Vorgefundenen als vor Gott befindlich finden, heißt, ihn in der Gnadenwahl sehen."[11]

In der Gegenwart des Geistes predigen heisst, in „theonomer Reziprozität" zu predigen

Manchmal haben es besonders schwierige Begriffe an sich, dass sie sich fest einprägen. Dazu gehört auch der Begriff der „theonomen Reziprozität", der für Bohrens Predigtlehre geradezu das Schibboleth, das Erkennungsmerkmal, geworden ist.

Dieser von dem holländischen Theologen van Ruler übernommene Begriff soll zeigen, dass und wie der pneumatologische Ansatz dem Prediger ermöglicht, auch den anthropologischen Aspekten der Predigt wie etwa der Rhetorik oder der Linguistik gerecht zu werden. Das Wunderbare sei machbar, und das Machbare sei wunderbar. Sie sind auf theonome Weise reziprok. Bohren: „Das Predigen, ganz und gar in Gottes Möglichkeit beschlossen, wird im Geist und durch den Geist ganz und gar Sache des Predigers und Sache des Hörers, wird im Geist und durch den Geist zur menschlichen Möglichkeit in Kunst und Technik."[12] Auf diese Weise will Bohren seine Predigtlehre für empirische Aspekte der Predigtkunst öffnen, und zugleich das Rechnen mit der Gegenwart des Heiligen Geistes gegen Irrationalität und Beliebigkeit abschirmen.

Zum Schluss noch eine Frage, die mir kam, als ich in der Predigtlehre von der „theonomen Reziprozität" als der „Vermengung" von Göttlichem und Menschlichen las: Wie lässt sich Bohrens Geist vom Heiligem Geist unterscheiden? Ich möchte bei der Lektüre von Bohrens Predigten ja in die Gegenwart des Heiligen Geistes gelangen und nicht nur einen mutigen Prediger und geistreichen Predigtlehrer bewundern. In dieser Frage steckt meine Bewunderung für einen sprachmächtigen, liebenswürdigen Prediger und großen Sprachkünstler, von dessen Geist sich zu lösen nicht einfach ist, um in die verheißene Freiheit des Heiligen Geistes zu gelangen.

Christian Möller

Literatur

Jantine Nierop, Die Gestalt der Predigt im Kraftfeld des Geistes. Eine Studie zu Form und Sprache der Predigt nach Rudolf Bohrens Predigtlehre, Homiletische Perspektiven Bd. 4, Münster 2008.

Anmerkungen

1 Das handschriftliche Original dieser Predigt befindet sich im Archiv der Predigtforschungsstelle Heidelberg.
2 Pfarrer Dr. Harald Weinacht, Bremen (Briefliche Mitteilung vom 20.6.2009).
3 R. Bohren fügt dieser Notiz, die sich in seiner „in schwarzem Saffianleder mit Goldschnitt" gebundenen Bibel findet, zu dem Namen des Kirchendirektors Dürrenmatt die Anmerkung hinzu: „m.W. ein Onkel des Dichters". Vgl. „Einrede", Japanische Andachten, (noch unveröffentlicht).
4 Predigtlehre, 17.
5 R. Bohren, Wider den Ungeist. Predigten, München 1989, 12.
6 R. Bohren, Trost. Predigten, Neukirchen 1981. Ebd. 144ff.
7 Aus einer Predigt über Offb 4–5 vom 16.8.1945, deren Manuskript sich im Archiv der Predigtforschungsstelle Heidelberg befindet.
8 R. Bohren, Der Heilige Geist als Tröster, in: Trost. Predigten, Neukirchen 1981, 144.
9 Predigtlehre, 455f.
10 Predigtlehre, München 1971, 465. (Nr. 10)
11 A.a.O. 467. (Nr. 11)
12 Predigtlehre, 74. (Nr. 12)

Karl Barth
Den Gefangenen Befreiung

Die Situation

Martin Schwarz, Pfarrer der Basler Strafanstalt, fragte den mit ihm befreundeten Professor für Dogmatik an der Theologischen Fakultät der Universität Basel, Karl Barth, an, ob er nicht einmal am 1. August 1954 in der Strafanstalt predigen wolle. Es ging zunächst nur um einen einmaligen Vertretungsdienst in der Urlaubszeit des Gefängnispfarrers, den Karl Barth für seinen Freund übernahm.[1] Aus diesem eher zufälligen Anfang wurden bis zum 29. März 1964 insgesamt 28 Gottesdienste, in denen Karl Barth „Den Gefangenen Befreiung"[2] predigte, mit ihnen auf eindrückliche Weise betete und, begleitet von einem Harmonium, Choräle sang und singen ließ. Es bekam der Schlichtheit wie dem Ernst des Gottesdienstes, dass die Basler Öffentlichkeit von der Mitfeier weithin ausgeschlossen blieb. „Mit augenzwinkerndem Bedauern konnte man damals in Basel sagen hören: Jetzt gebe es nur noch die eine Möglichkeit, ihn (sc. Karl Barth) predigen zu hören, dass man selber erheblich straffällig werde. Einer scherzte gar: ‚‚Karl Barth endet im Zuchthaus.'"[3]

Dass die Öffentlichkeit aber doch von diesen Gottesdiensten erfuhr, ist einmal der Tatsache zu verdanken, dass Karl Barths Predigten, in der Strafanstalt 1959 und 1965[4] gedruckt, veröffentlicht wurden, zum anderen der Übertragung zweier Gottesdienste von 1961 und 1963 im Rundfunk, woraus dann zwei Schallplatten entstanden, die vielfache Verbreitung fanden[5]. Am meisten breiteten sich die vor und nach der Predigt gehaltenen Gebete Karl Barths aus, die gesondert herausgegeben und von ihm mit einer sein reformiertes Gottesdienstverständnis beschreibenden Einleitung versehen wurden.[6]

Dass Karl Barths Tätigkeit in der Strafanstalt zu einer Sternstunde der Predigt wurde, ist einmal darauf zurückzuführen, dass ein berühmter Professor der Theologie ins Gefängnis ging, um Strafgefangenen zu predigen. Es ist noch mehr auf die seelsorgliche Art und Weise zurückzuführen, in der Karl Barth mit den Gefangenen sprach und ihnen das Evangelium von Gottes Menschenfreundlichkeit zueignete. Das lässt sich an fast jeder der 28 Predigten aufzeigen. Es wird vor allem an den beiden Rundfunkpredigten deutlich, weil hier am Tonfall von Barths Stimme hörbar wird, wie ein Prediger um seine Hörer ringt und sie in das gastliche Haus von Gottes Liebe einlädt.

Die Predigt

Bekehrung (Predigt über 1.Joh 4,17f.)[7]

Nach dem Singen von fünf Strophen des Liedes „Gott des Himmels und der Erden" *folgt ein Gebet:*

„Herr, du großer, heiliger und barmherziger Gott. Du hast die ganze Welt geschaffen, dir gehört sie, deinem guten Willen ist sie unterworfen. Und so sind alle Menschen, so sind auch wir, dein Eigentum, von dir dazu erwählt, dir Ehre zu machen, unsere Zeit und unsere Kräfte sinnvoll zu gebrauchen und als deine Kinder einträchtig beieinander zu sein. Um dessen zu gedenken, sind wir an diesem Sonntagmorgen hier zusammengekommen. Wir wissen und bedenken: in uns allen ist viel Widerspruch und Widerstand, viel Stumpfheit, Meisterlosigkeit und Besserwisserei. Vergib uns, lass es uns nicht entgelten, wie wir es wohl verdienen würden. Brich du selbst hindurch durch alle die Mauern, die uns von dir und voneinander trennen.

Tu das auch in dieser Stunde. Gib, dass jetzt nichts Falsches gesagt und nichts falsch verstanden werde. Nimm auch unser armes Beten und Singen geduldig an. Wir machen gewiss schlecht genug, was deine Engel recht machen. Sei uns dennoch gegenwärtig und gnädig. Und tu das auch an allen andern Orten, wo dein Volk sich an diesem Sonntag versammelt.Darum bitten wir dich, indem wir dich im Namen unseres Herrn Jesus, deines lieben Sohnes, und mit seinen Worten anrufen: Unser Vater ...

Das Wort der Heiligen Schrift, das wir jetzt zu uns reden lassen wollen, steht im 1. Johannesbrief im 4. Kapitel, Verse 17 und 18, und lautet daselbst folgendermaßen: ‚Furcht ist nicht in der Liebe, sondern die vollkommene Liebe treibt die Furcht aus.'"

Die Predigt 249

Meine lieben Brüder und Schwestern!

TÄGLICHE BEKEHRUNG HABEN WIR ALLE NÖTIG Ihr alle habt ganz gewiss irgendmal in eurem Leben das Wort „Bekehrung" gehört. Bekehrung, das heißt Umkehr, ein neuer Anfang, der Beginn eines anderen, besseren Weges im Leben eines Menschen. Bekehrung – darüber ist unter den Christen zu allen Zeiten viel nachgedacht und viel geredet worden. Es könnte ja wohl sein, dass vielleicht auch dem Einen oder Anderen von euch irgendeinmal von jemandem gesagt worden ist: Was du eigentlich nötig hast, das ist, dass du dich bekehren solltest! Ja, das ist's, was wir alle nötig haben, nötiger als alles sonst: dass wir uns bekehren. Nicht nur einmal, sondern eigentlich alle Tage wieder. Martin Luther hat's einmal so ausgesprochen: „Das Leben des Christen muss eine tägliche Buße sein." Und Buße, das heißt auch wieder Bekehrung.

Wenn wir es recht verstehen, so ist auch in dem Wort, das wir vorhin gehört haben, von der Bekehrung die Rede. Alles, was da steht, was wir da gehört haben von der Liebe und von der Furcht, läuft zuletzt darauf hinaus, dass wir uns bekehren dürften und dann auch müssten. Aber allerdings, das steht in diesem Wort nur verborgen da, so zwischen den Zeilen, wie man zu sagen pflegt. Und darum möchte ich erst am Schluss wieder darauf zurückkommen. Wir wollen uns jetzt zunächst an das halten, was offen dasteht.

„IN DER LIEBE" – WIE IN EINEM HAUS Da heißt es also: „Furcht ist nicht in der Liebe." In der Liebe! Ist das nicht merkwürdig? In der Liebe! Wie wenn die Liebe ein Ort wäre, ein Raum, ein Haus, in welchem man sein und wohnen und sitzen und stehen und gehen kann. Es gibt in der Bibel noch andere ähnliche Ausdrücke. Man kann da gelegentlich auch lesen, dass es heißt: im Glauben oder im Geist oder im Herrn oder in Christus. Und damit wird dann wohl jedesmal dasselbe Haus beschrieben werden, das jetzt also die Liebe heißt: „in der Liebe". Wir wollen's jetzt von der Seite mal ansehen heute: „in der Liebe".

Und nun hören wir: Es gibt in diesem Hause eine Hausordnung – ihr wisst ja, was das ist. Und in dieser Hausordnung gibt es einen ersten Satz, sozusagen den Paragraphen 1, und der lautet: „Furcht ist nicht in der Liebe." In anderen Worten: Furcht hat in diesem Hause nichts zu suchen, ist da ausgeschlossen. Man möchte fast denken an die Inschrift im Tramwagen: „Rauchen verboten!" oder an die Inschrift, wie man sie auf gewissen Bauplätzen begegnen kann: „Unbefugten ist der Zutritt verboten." Aber was wir hier hören, das ist nicht nur ein Verbot. Es heißt da: Furcht ist nicht in der Liebe, gar nicht vorhanden. Die Liebe treibt die Furcht aus, so wie schlechte Luft in einem Zimmer ausgetrieben wird, wenn man einen tüchtigen Durchzug macht, was manchmal nötig ist. Oder, um ein schöneres Bild zu brauchen: so wie im Theater das Geschwätz der Leute aufhört, wenn der Vorhang aufgeht, oder im Konzert, wenn die Musik zu spielen anfängt. Ein guter Satz, nicht wahr, ein guter Paragraph 1 in einer guten Hausordnung eines guten Hauses!

LIEBE – WAS IST DAS? Aber wenn wir jetzt verstehen wollen, was da gesagt ist, dann müssen wir uns einen Augenblick darüber besinnen: was meinen wir denn eigentlich, wenn wir von „Liebe" reden, also von dem, was wir als Liebe kennen, von menschlicher Liebe? Nun, darüber wäre viel, viel zu sagen. Ich will jetzt nur versuchen auszusprechen, was mit Liebe, mit menschlicher Liebe im besten Fall – ich betone: im besten Fall – gemeint sein könnte. Liebe, das möchte sein eine Beziehung zwischen Menschen, vielleicht zwischen zwei Menschen, vielleicht auch zwischen dreien, vielleicht zwischen vielen, vielleicht zwischen einer ganzen Gruppe von Menschen: eine Beziehung, in welcher diese Menschen sich nicht mehr fern sind und fremd sind und nicht mehr gleichgültig oder gar unangenehm, sondern sie haben sich kennen gelernt, sie haben sich verstehen gelernt, sie halten sich gegenseitig für vertrauenswürdig. Und so haben sie sich gern bekommen, so gern sogar, dass diese Menschen nicht mehr ohne einander sein möchten, so sehr, dass diese Menschen unwillkürlich nach einander begehren, es zieht sie hin, Einer zum Andern, sie möchten miteinander sein. Und nun stehen sie sich gegenüber oder leben sie miteinander, indem sie sich einander gegenseitig anbieten.

Ist das nicht schön? Ja, das ist schön, aber fast zu schön, um wahr zu sein. Nicht wahr, im wirklichen Leben, da begegnet wohl uns allen immer nur so teilweise, so ein wenig etwas von dieser Liebe, dann und wann, und im Grunde eigentlich ziemlich selten, und dann wohl auch in einer nur entfernten Ähnlichkeit mit dem, was Liebe sein könnte und sollte. So, wie eine schlechte Photographie das Bild von jemandem so wiedergibt, dass man sagt: ja, ich erkenn's grad von weitem, das sollte wohl mich oder dich wiedergeben, aber es ist weit, weit entfernt davon.

Und nun kann's ja wohl sein, dass es Menschen gibt – vielleicht ist sogar einer, ein solcher hier unter uns, der jetzt geneigt wäre zu sagen: In meinem Leben, da gibt's das überhaupt nicht, was du uns da als Liebe beschreibst. Mich liebt niemand. Und ich liebe auch niemanden. Geschweige denn so, wie das da eben beschrieben wurde. Ich fühle mich einsam, ganz einsam, steineinsam in einer Welt ohne Liebe, wo die Leute fern und fremd und ohne einander und gegeneinander leben.

Und eines ist ganz sicher: diese Liebe, also die Liebe, die wir meinen, wenn wir dieses Wort aussprechen, und die wir vielleicht kennen oder also vielleicht nicht zu kennen behaupten – diese menschliche Liebe treibt die Furcht nicht aus. Im Hause dieser Liebe gibt es auch im besten Falle – und wie selten ist der beste Fall! – gibt es auch im besten Fall viel Furcht: Furcht vor den Enttäuschungen, die man miteinander erleben könnte, Furcht davor, dass man einander verlieren könnte, Furcht vor der eigenen Vergangenheit, die wie ein großer Schatten von hinten her in unser Leben hineinfällt, und Furcht vor der Zukunft – ein anderer Schatten, der von vorne da hereinkommt zu uns –, Furcht vor den Leuten und Furcht vor sich selbst, Furcht vor dem Schicksal, Furcht vor dem Tode und dann wohl auch Furcht vor dem Teufel. Im Hause der menschlichen Liebe, da hausen auch im besten Fall die Gespenster der Furcht. Es kann deswegen immer noch ein recht schönes Haus sein oder doch so ein Schrebergartenhäuschen, wo sich's ganz gut leben lässt, aber nicht das Haus mit dem Paragraphen 1, der lautet: „Furcht ist nicht in der Liebe."

DIE VOLLKOMMENE LIEBE IN GOTTES BUND Und jetzt will ich euch etwas sagen von einem ganz anderen Haus und von einer ganz anderen Liebe, und die heißt in unserem Wort „die vollkommene Liebe". Also: die Liebe in Fülle, nicht bloß so in kleinen Teilchen – und die Liebe, die bleibt, die nicht so vorübergeht wie ein Hauch, und die Liebe, in der keine Furcht ist. Da sollen mir jetzt auch die ganz Traurigen unter euch ruhig zuhören, auch die, die eben vielleicht der Meinung sind: ich weiß überhaupt nicht, was Liebe ist.

Es gibt eine Liebe, die ist auch eine Beziehung. Aber Beziehung wäre ein viel zu schwaches Wort. Diese Liebe ist ein Bund, und ein Bund, das ist eine feste, eine geordnete, eine unauflösliche Sache. Auf einen

Bund, wenn man einmal darin steht, kann und darf man sich verlassen. Wer ist in diesem Bunde? Gott ist in diesem Bunde, Er, der Herr, Er, der Freie, der Hohe, Er, der niemandem etwas schuldig ist, Er, ohne den niemand und nichts ist. Er begründet und Er erhält diesen Bund. Und auf der anderen Seite – es braucht ja wohl Zwei zu einem Bunde – auf der anderen Seite wir. Ja, wir. Dieser Bund Gottes ist begründet zwischen ihm und dir und mir und uns allen.

Warum, wie kommt Gott dazu, einen Bund mit uns zu wollen und zu haben, zu begründen und aufzurichten? Etwa darum, weil wir so starke und feine und gute Leute sind? Nein. Sind wir alle nicht. Etwa darum, weil Gott uns nötig hätte, uns brauchte zu irgend einem Zwecke? Nein, er hat uns nicht nötig. Etwa darum, weil wir's nun vielleicht unbegreiflicherweise doch so gut gemacht hätten oder doch wenigstens meinten und es also verdienten, mit Gott im Bunde zu sein? Nein, nein, wir verdienen es nicht, wir meinen und machen es gar nicht gut. Sondern darum hat Gott diesen Bund begründet und erhält er ihn zwischen ihm und uns: ganz allein darum, weil es sein freier, guter, allmächtiger, barmherziger, heiliger Wille ist. Er tut's umsonst. „Das ist die Liebe, nicht dass wir Gott geliebt haben, sondern dass er uns geliebt hat" (1. Joh 4,10). Und „also hat Gott die Welt geliebt, daß er seinen eingeborenen Sohn gab" (Joh 3,16). Gottes Sohn, das ist nichts Anderes als Gott selbst, aber Gott, welcher nicht für sich allein in irgendwelcher Höhe und Ewigkeit Gott sein wollte, allein, und der also auch uns nicht allein lassen wollte, sondern Gott, der zu uns kam, Gott, der Unseresgleichen, der unser Nächster, der also selber ein Mensch wurde wie wir, das Kindlein in der Krippe von Bethlehem und der gekreuzigte Mann auf Golgatha. Das ist die vollkommene Liebe. So kennt uns Gott. So begehrt er nach uns. So sucht und findet er uns. So ist er der Unsrige, und so sind wir die Seinen.

GOTTES LIEBE TREIBT ALLE FURCHT AUS Das ist sein Bund, das ist das Haus der vollkommenen Liebe, der Liebe Gottes. In ihr ist keine Furcht. Sie treibt die Furcht aus. Eben dazu liebte und liebt uns ja Gott, eben dazu hat er seinen Sohn, hat er in seinem Sohn sich selbst dahingegeben, damit wir uns nicht mehr fürchten müssen, damit wir nämlich zum Fürchten keinen Grund mehr hätten. Indem Gott uns liebte und indem er uns liebt, jetzt, ist jeder Grund zum Fürchten beseitigt, weggenommen, ausgewischt, zerstört und vernichtet. Du fürchtest dich vor diesem und diesem Menschen, von dem du meinst: er denkt nicht gut von mir, der dir vielleicht auch schon böse Worte gegeben hat, von dem du erwartest, er könnte dir Böses tun? Aber warum denn diesen Menschen fürchten? Was kann denn dieser Mensch gegen Gott? Und wenn er nichts gegen Gott kann, was kann er dann gegen dich, da Gott ja für dich ist? Du hast wirklich keinen zu scheuen. Was können dir Menschen tun? (Vgl. Ps 56,5. 12). – Oder du fürchtest, es könnte dir ein Mensch, den du gern hast, der dir unentbehrlich ist, er könnte dir so oder so abhanden kommen? Ja, aber Gott kommt dieser Mensch sicher nicht abhanden. Und wenn er Gott nicht abhanden kommt, darin kann er auch dir in Wahrheit nicht abhanden kommen. Es ist auch mit diesem Grund zum Fürchten nichts. – Oder du fürchtest, wie ich vorhin andeutete, deine Vergangenheit und deine Zukunft und den Tod. Ja, aber schau, du bist mit deiner Vergangenheit und mit deiner Zukunft und in deinen Tod hinein und über deinen Tod hinaus der von Gott geliebte Mensch. Warum willst du dich dann fürchten vor diesen Gespenstern? Die vollkommene Liebe Gottes erstreckt sich über dein ganzes Leben von Anfang bis zu Ende und darüber hinaus. – Oder du fürchtest dich – und mir kommt's immer vor, das könnte der stärkste Grund zum Fürchten sein –, du fürchtest dich vor dir selber, vor deiner eigenen Schwachheit, und vielleicht nicht nur Schwachheit, sondern Bosheit, du fürchtest dich vor den Versuchungen, die dir zu stark werden könnten und oft genug zu stark werden, du fürchtest dich vor den Einfällen, die es da geben möchte in deinem Kopf, vor den Teufeleien, die einem Menschen wohl in den Sinn kommen könnten. Halt! Auch dieser Grund zählt nicht. Gott ist größer denn dein Herz (vgl. 1. Joh 3,20), und Gott ist stärker als alles das in dir, vor dem du dich wohl sonst fürchten könntest und müsstest. Gott ist stärker, und da dem so ist, warum sollst du denn nicht anfangen, ja, dieser ganzen bösen Welt, die da in dir selber drin steckt, der nun einmal Trotz zu bieten? Gott bietet ihr zuerst Trotz, dieser bösen Welt. Schließ dich ihm an! Tu's auch! Du kannst. Zu fürchten brauchst du auch dich selbst nicht. – Oder willst du dich vor dem Teufel fürchten? Es haben schon manche über den Teufel gelacht, und in Wirklichkeit fürchten viele, viele Menschen im Grunde den Teufel. Ich will dazu nur ganz kurz sagen: dazu ist der Sohn Gottes erschienen, dass er die Werke des Teufels zerstöre (1. Joh 3,8). Und er hat sie zerstört, und jetzt wollen wir sie zerstört sein lassen.

Ob es wohl noch andere Gründe geben möchte, sich zu fürchten? Sicher, noch viele. Es gibt aber gar keinen einzigen Grund, welcher Raum hätte, welcher Bestand hätte im Hause der vollkommenen Liebe. Und so gibt's keine Furcht, die wir vor irgendetwas oder vor irgendjemand haben könnten, die nicht durch die Liebe, die vollkommene Liebe ausgetrieben würde und wäre. Punktum. So ist's.

WIR SIND SCHON IM HAUS VON GOTTES LIEBE   Ja, aber jetzt denkt vielleicht der Eine oder Andere von euch: Das ist alles schön und recht, ich will das mal so anhören, weil's Sonntagmorgen ist, weil wir jetzt in der Kirche sind. Aber wie ist das mit diesem Haus, mit dieser vollkommenen Liebe? Bin ich denn drin? Ich fürchte mich eben trotzdem, trotz diesem Punktum, das du uns da vorhin zugerufen hast. Ich fürchte mich vor dem, vor jenem, bei Tag, bei Nacht; und daraus, dass ich mich fürchte, daraus schließe ich: ich bin wohl nicht drinnen in diesem Haus, ich bin wohl nicht in der vollkommenen Liebe, wo keine Furcht ist, sondern ich bin irgendwo da draußen, auf der Straße, mitten auf der Straße, wo es so gefährlich ist, wo ich ängstlich links schauen muss und rechts schauen muss, ob da nicht irgend etwas gesaust kommt und mich überfahren will. So denkt und so redet ein unbekehrter Mensch.

Und jetzt wird alles noch schlimmer, wenn der jetzt weiterdenken würde und reden: O, es wäre schön, da drinnen zu sein. Ich möchte auch in der Liebe sein und dann keine Furcht haben müssen. Wie könnte ich jetzt wohl da hineinkommen? So hineinsteigen über eine Mauer, vielleicht unter Zerbrechen von einigen Fenstern? Was für eine Kunst, was für ein Krampf, was für eine Anstrengung würde das wohl sein, um da hineinzukommen? Und dann würde ich mich wohl nicht mehr fürchten nachher.

Jetzt muss ich noch einmal sagen und ganz ernst sagen: So denkt und so redet ein unbekehrter Mensch. Denn, meine lieben Brüder und Schwestern, es geht nicht darum, dass wir in dieses Haus der vollkommenen Liebe von uns aus hineinkommen und dann wohl hineinsteigen, hineinklettern wollen, sondern es geht darum, dass diese vollkommene Liebe Gottes zu uns gekommen ist. Es geht um den Heiland, der für uns da ist – „nahm sich meiner herzlich an, eh ich seiner noch gedachte" –, es geht um das Haus, welches Gott im Himmel gebaut hat für alle Menschen, und dann ließ er es herabkommen auf unsere arme, dunkle Erde, und nun steht es da und steht so da, dass wir alle gar nicht anderswo sein können als in diesem Hause.

Ja, wo fehlt's denn, wenn wir uns jetzt immer noch fürchten? Es fehlt dann daran, ganz schlicht nur daran, dass wir noch immer nicht merken, wo wir eigentlich sind, und das ist das Tun und Treiben und Denken und Reden des unbekehrten Menschen, dass er nicht merkt, was los ist, dass er nicht merkt: er ist nicht draußen, sondern er ist drinnen. Und er merkt es nicht, weil er schläft. Und im Schlaf träumt er. Und er träumt und irrt sich, wie eben Träume ja Irrtümer zu sein pflegen. Er träumt nämlich, dass er sich noch immer fürchten müsse und auch fürchten könne, er träumt davon, dass es noch wirkliche Gründe zum Fürchten gebe. Das ist der unbekehrte Mensch.

BEKEHRUNG: AUGEN AUF FÜR GOTTES GEGENWART Und jetzt, was heißt Bekehrung? Was heißt Umkehr? Was heißt Buße? Wie ist's mit diesem neuen Weg, den wir antreten dürften und müssten? Meine lieben Freunde, Bekehrung heißt ganz einfach, dass wir aufwachen, dass wir den Traum und den Irrtum, als ob wir Grund hätten, uns zu fürchten, dass wir ihn hinter uns lassen, indem wir nämlich die Augen auftun, wie wir's als ganz kleine Kinder, als wir geboren waren, zum ersten Mal getan haben, die Augen geöffnet und gesehen, wo wir sind: nicht draußen, sondern ohne Kunst und Krampf drinnen in der vollkommenen Liebe, in der Gott uns zuerst geliebt hat und in der keine Furcht ist, weil kein Grund zur Furcht da ist, weil diese Liebe die Furcht austreibt.

Wenn der Heilige Geist zum Herzen eines Menschen redet, dann bekehrt sich dieser Mensch, und dann tut er eben die Augen auf, wie das kleine Kind nach seiner Geburt. Und darum nennt man die Bekehrung auch eine Wiedergeburt des Menschen. Dann merkt er, wo er ist; dann kann er sich nicht mehr fürchten. Denn das sagt ihm der Heilige Geist in sein Herz hinein, dort, wo er nicht ausweichen kann, dort, wo er es hören muss: „Wache auf, der du schläfst, und stehe auf von den Toten, so wird Christus dir leuchten!" Und weiter: „Fürchte dich nicht, ich erlöse dich, ich rufe dich bei deinem Namen, du bist mein."

Meine Brüder und Schwestern, das schenke uns Gott, er schenke es dir und dir und dir und schenke es auch mir und uns allen heute, jetzt und morgen auch wieder immer neu das. Amen.

Nach der Predigt singt die Gemeinde vier Strophen vom Lied „Ist Gott für mich, so trete". Dann folgt das Fürbittengebet:

„Lieber Vater im Himmel. Wir danken dir für das ewige, lebendige, rettende Wort, das du in Jesus zu uns Menschen gesagt hast und noch sagst. Erlaube es uns doch nicht, es flüchtig zu hören und zu faul zu sein, ihm zu gehorchen. Lass uns nicht fallen, sondern bleibe mit deinem Trost bei einem jeden von uns und mit deinem Frieden zwischen einem jeden von uns und seinen Mitmenschen. Lass es doch immer wieder ein wenig hell werden in unsern Herzen, in dieser Anstalt, daheim bei den Unsrigen, in dieser Stadt, in unserem Land, auf der ganzen Erde. Du kennst die Irrtümer und Bosheiten, die die heutige Lage wieder einmal von allen Seiten so dunkel und gefährlich machen. Lass doch einen frischen Wind hineinfahren, der wenigstens die dicksten Nebel in den Köpfen derer, die die Welt regieren, aber auch der Völker, die sich von ihnen regieren lassen und vor allem in den Köpfen der Leute, die die öffentliche Meinung machen, zu zerstreuen vermöchte. Und erbarme dich aller am Leib und in der Seele Kranken, der vielen, die am Leben leiden, die durch eigene und fremde Schuld verirrt und verwirrt sind und derer besonders, die dabei keine menschlichen Freunde und Helfer haben. Zeige auch unserer Jugend, was echte Freiheit und rechte Freude ist, und lass die Alten, die Sterbenden nicht ohne die Hoffnung der Auferstehung und des ewigen Lebens. Aber du bist ja der Erste, dem unsere Nöte am Herzen liegen, und bist der Einzige, der sie wenden kann. So können und wollen wir unsere Augen nur eben zu dir erheben: Unsere Hilfe kommt von dir, der Himmel und Erde geschaffen hat. Amen."

Nachzeichnung der Predigt

Anfang und Schluss der Predigt bildet die Rede von „Bekehrung". Erscheint diese Rede anfangs noch rätselhaft, weil sie keinen Bezug zum Predigttext hat, so erweist sie sich am Ende als Schlüssel für die ganze Predigt, um den Hörern das Haus der Liebe aufzuschließen, in dem sie ja schon drin sind – wenn sie es nur wüssten! Zunächst muss der Prediger jedoch zugestehen: „Aber allerdings, das (sc. mit der Bekehrung) steht in diesem Wort (aus: 1. Joh 4,18) nur verborgen da, so zwischen den Zeilen, wie man zu sagen pflegt." Am Ende der Predigt aber wird es sonnenklar, was „Bekehrung" heißt: dass die Hörer aufwachen, die Augen auftun und wahrnehmen, wie sie schon in der vollkommenen Liebe Gottes geborgen sind. Die ganze Predigt hinterlässt bei Hörern wie bei Lesern den Eindruck von etwas Rundem, Vollkommenen. Dazu trägt die Entsprechung von Anfang und Schluss entscheidend bei. Barths Predigt ist von der Metapher des Hauses bestimmt, die sich beim Hören (und auch beim Lesen) unvergesslich einprägt. Langsam tastet sich der Prediger über die Wendung „in der Liebe" an dieses Bild heran: „Ist das nicht merkwürdig [...]. Wie wenn die Liebe ein Ort wäre, ein Raum, ein Haus." Mit Verweis auf ähnliche biblische Wendungen wie „im Geist" oder „in Christus" oder „im Herrn" wird das Bild vom Haus im Hörer biblisch befestigt, so dass sich gleich das nächste Bild von der „Hausordnung" und ihrem Paragraphen 1 anschließen kann. Der Predigttext aus 1. Joh 4,17f. sei freilich mehr als ein Verbot, sei vielmehr Aussage über den Zustand eines Hauses, aus dem die Furcht durch die Liebe vertrieben sei, wie wenn schlechte Luft in einem Zimmer durch einen kräftigen Durchzug vertrieben sei.

Antithetisch wird nun die vollkommene Liebe Gottes der menschlichen Liebe gegenübergestellt. Das wird auch sprachlich an dem Neueinsatz der Predigt deutlich: „Und jetzt will ich euch etwas sagen von einem ganz anderen Haus und von einer ganz anderen Liebe [...]." Es geht Barth um eine Liebe, die ein Bund Gottes mit dem Menschen ist. Begründet sei diese Liebe in Gott, der in seinem Sohn auf Erden den Menschen gesucht und gefunden und im Bund mit dem Menschen ein Haus der vollkommenen Liebe errichtet habe. In diesem Haus sei alle Furcht ausgetrieben, die Furcht vor Menschen, vor der Zukunft und dem Tod, die Furcht des Menschen vor sich selbst und die Furcht vor dem Teufel, dessen Werke durch das Kommen Gottes in die Welt zerstört seien. Kurz, es gebe im Haus der vollkommenen Liebe keinen Grund mehr zur Furcht vor irgendjemand oder irgendetwas. „Punktum. So ist's!" So wird dieser Verkündigungsteil abgeschlossen, der im Grunde eine einzige Austreibung der Furcht darstellt, die in dem „Punktum. So ist's" ihren Höhepunkt findet.

Natürlich stellt sich die Frage, wer in diesem Haus sei und wer nicht. Etwa der, der noch Furcht hat? Und wenn er noch draußen sei, lege sich die weitere Frage nahe, wie er in dieses Haus der vollkommenen Liebe hineinkommen könne. In Wahrheit seien das aber Fragen des „unbekehrten Menschen", der schlafe und deshalb nicht merke, dass er gar nicht draußen, sondern drinnen sei. Bekehrung heiße „aufwachen [...] und die Augen auftun", wie es neugeborene Kinder tun. Also habe es Bekehrung mit Wiedergeburt zu tun.

Die Wiedergeburt des Menschen aus der Kraft des Heiligen Geistes wird am Ende der Predigt dem Hörer zugesprochen, indem der Prediger mit eindringlicher Stimme zwei Worte der Bibel im Namen Gottes ruft, als wollte er seine Hörer wachrütteln: „Wach auf, der du schläfst und steh auf von den Toten [...]." und „Fürchte dich nicht, ich erlöse dich ..." (nicht nur: „ich habe dich erlöst"). Auf diese Wiedergeburt des Menschen in der Kraft des Heiligen Geistes, auf diese Umkehr der Hörer in die Gegenwart von Gottes Liebe läuft die Predigt hinaus. Eine bloße Behauptung oder Bezeugung der Gegenwart Gottes reicht ihr nicht. Sie will und ist mehr: Weckruf in Gottes Gegenwart hinein, Ansage und Zuspruch der Wiedergeburt in der Kraft des Heiligen Geistes, Mitteilung und Austeilung von Gottes gegenwärtiger Liebe: „Das schenke Gott dir und dir und dir und schenke es auch mir."

Der Prediger

Karl Barth setzt im Vergleich zu seinen früheren Predigten in Safenwil und im Kirchenkampf mit seinen Gefängnispredigten neu ein, nachdem er sieben Jahre lang, von 1947 bis 1954, eine Predigtpause eingelegt hatte[8]. Dieser Neueinsatz lässt sich auch an der Predigt über 1. Joh 4,17f. aufzeigen. Die Predigt wird in der Klammer des Gebetes gehalten. Das Gebet wird jetzt zum Vorzeichen der Predigt. Ausdrücklich betont Barth im Vorwort zur ersten Sammlung der Gefängnispredigten „Den Gefangenen Befreiung", „dass mir die Gebete bei der Vorbereitung und beim Halten der mir dort anvertrauten Gottesdienste mindestens ebenso wichtig waren wie die Predigten selbst".[9] Diese Gebete sind von einer schlichten Schönheit und eindringlichen Kraft.

Wer betet, der rechnet mit Gottes Gegenwart. Wie eindringlich das in der Predigt über 1. Joh 4,17f. geschieht, wird beim Hören der Rundfunkaufnahme noch viel deutlicher als beim Lesen. Betend werden die Gefangenen in die Gegenwart Gottes versammelt. Betend wird in den anschließenden Fürbitten von dieser Gegenwart Gottes noch einmal Gebrauch gemacht. Besser als durch die Gebete kann gar nicht zum Ausdruck kommen, worauf es Barth in der Predigt nun ankommt: Umkehr und Wiedergeburt des in Vergangenheits- oder in Zukunftsgedanken oder auch in aktuellen Schlagworten verträumten Menschen – hinein in Gottes Gegenwart.

Auffällig ist die Kürze des Schriftwortes, das Barth wie in der Predigt über 1.Joh 4,17f. so in allen Predigten in der Strafanstalt zum Predigttext wählt. In einer Predigt über 2. Kor 12,9, in der der Predigttext gar nur vier Worte umfasst: „Meine Gnade genügt dir", begründet Barth seinen homiletischen Schriftgebrauch: „Es ist mir ja, beiläufig gesagt, jedes Mal, wenn ich hier sein darf, das wichtigste Anliegen, dass weniger meine Predigt als das biblische Wort, dem sie jeweils folgt, so richtig in euch hinein und nachher mit euch gehe."[10] Wie ein Samenkorn wird das biblische Wort in die Hörer eingepflanzt. Es soll Nahrung für die Seele werden und hier Frucht bringen. Deshalb wird es den Hörern Wort für Wort ausgeteilt und zugesprochen.

Das ist ein neuer, auf Mündlichkeit angelegter Zug in Barths Predigten. In der Zeit des Kirchenkampfes (1933–1945) wollte Barth nur „reine Auslegungspredigt"[11] anhand von langen Schriftabschnitten halten, um die Gemeinde mit Hilfe der Schrift vor Ideologie zu schützen. Die Tafeln der Heiligen Schrift sollten vor Prediger und Hörer aufgerichtet sein, damit keiner über das hinausgehe, was geschrieben steht. Nun aber, in der Strafanstalt, soll das biblische Wort dem Munde und Herzen der Hörer nahekommen (vgl. Röm 10,9), und nachher mit ihnen gehen, um als Samenkorn im Hörer seine Frucht zu bringen. Deshalb wird es jetzt machtvoll zugesprochen und zugerufen, Wort für Wort ausgelegt und den Hörern auf den Mund und ans Herz gelegt, damit sie es mit ihrer Seele kosten und so die Gegenwart des menschenfreundlichen Gottes schmecken können, in dessen Haus der Liebe sie aufgeweckt wurden.

Die Frage nach dem Hörer in der Predigt hatte Barth in den Anfängen seines Predigens nicht in dem Maß interessiert wie später in seinen Gefängnispredigten. Es war anfangs die Frage, mit welchem Recht überhaupt gepredigt werden könne, wenn Gottes Wort sich doch in Menschenmund so schnell in Lüge verdrehe. Ist 1935 dann doch einmal von der „Gemeindemäßigkeit der Predigt" die Rede, dann nur in äußerster Distanz zum Hörer und mit der Warnung: „Unter keinen Umständen darf der Betrachtung des Raumes des Menschen eine *selbstständige* Bedeutung zukommen, sondern immer nur so, dass man vom Berge des Wortes Gottes herunter nun auch ihn betritt."[12]

Um so überraschender ist, was Eberhard Busch von Barths Predigtpraxis in der Strafanstalt berichtet: Barth habe sich zu Beginn seines Predigtdienstes ausbedungen, er wolle in der Strafanstalt nur predigen, wenn er auch die Gefangenen einzeln besuchen und kennen lernen dürfe. „So kannte er bald jeden Häftling mit seinem Namen und mit seinem besonderen Schicksal. Darum fiel es ihm auch gleich auf, dass einer fehlte, als er einmal eben im Begriff war, mit einem Ostergottesdienst zu beginnen. Es handelte sich um einen zu langer Haftstrafe Verurteilten, der zuweilen von Schwermut heimgesucht wurde. Barth stieg wieder von der schon bestiegenen Kanzel hinunter und erkundigte sich nach dem Verbleib dieses Mannes. Er erfuhr, dass der Häftling verbittert in seiner Zelle geblieben sei, mit der Erklärung, er begehre heute nach keinem Gottesdienst. Da ließ Barth die Versammlung warten und sagte: ‚Jetzt muss ich erst diesen Mann besuchen.' Er trat in dessen Zelle und legte den Arm um seine Schultern – mit den Worten: ‚Du, Paule, hit isch d'Oschtere, do muesch nit truurig sy, chumm mit!' Und Paule kam mit."[13]

Es passt zu dieser Begebenheit, wenn Barth im Blick auf seine Predigttätigkeit in der Strafanstalt zu bedenken gibt, dass „dort alles irgendwie realer als in einer gewöhnlichen Kirche mit der da versammelten Christenheit" sei. Das Evangelium gewinne im Umgang mit Straffälligen „ganz von selbst eine merkwürdige Nähe und Selbstverständlichkeit". An einem Tag in der Strafanstalt, so berichtet Barth, „habe ich heute morgen drei Mördern, zwei Betrügern und einem Sittlichkeitsübertreter ausgiebig zugehört, kleine Anmerkungen dazwischen gestreut und jedem eine dicke Zigarre überreicht".[14]

Und wie reagierten die Hörer? Ist davon etwas bekannt? Martin Schwarz, der Basler Gefängnispfarrer, berichtet im Nachwort zum ersten Band von Barths Predigten aus der Strafanstalt: „Wie sehr gerade die der Kirche Entfremdeten durch diese Predigten vom Evangelium selber sich angeredet und in ihrer Schuld und Not verstanden, getröstet und gestärkt wussten und die Gebete als ihre eigenen mitbeteten, ist auf mancherlei, oft ganz unscheinbare und hier nicht zu beschreibende Weise deutlich geworden."[15]

Wie ist diese seelsorgliche Zuwendung zum Hörer in Barths Gefängnispredigten erklärbar? Hat vielleicht nicht nur der Prediger auf die Hörer, sondern haben umgekehrt auch die Hörer auf den Prediger eingewirkt? Zu dieser Frage gibt es eine kleine Schrift von der „Menschlichkeit Gottes"[16] aus dem Jahr 1956, in der Karl Barth auf 40 Jahre seiner theologischen Wirksamkeit zurückblickt und dabei eine Retraktation in Gestalt einer „theanthropologischen Wende" vollzieht: Von 1916 an sei es ihm in kritischer Abwendung von der Vergöttlichung des Menschen durch die liberale Theologie um die Göttlichkeit Gottes gegangen, so dass mit Kierkegaard der unendlich qualitative Unterschied von Gott und Mensch betont werden musste. Es konnte aber auf Dauer nicht bloß bei einer Diastase bleiben, weil Gottes Göttlichkeit auch seine Menschlichkeit einschließt, von der um so mehr die Rede sein muss, je mehr Jesus Christus in den Blick komme. Theologie sei dann eigentlich und wesentlich „Theanthropologie". Und die sei, wie in der Zeit der dialektischen Theologie, nicht mehr negativ durch die Abkehr vom Menschen, sondern positiv von der „Dienlichkeit für den Menschen" bestimmt. „Sinn und Ton" christlichen Redens sei dann ein „grundsätzlich positiver", und nicht mehr bloß die Kritik, wie in den Anfängen.

Die Konsequenzen dieser Wende von 1956 für eine menschenfreundliche Predigt liegen auf der Hand, und sie wurden in den Predigten aus der Strafanstalt deutlich: Ein um den Hörer werbender, seelsorglicher Ton, mit dem der biblische Text Wort für Wort, einem Stück Brot gleich, zu schmecken gegeben wird, bis hin zu der werbenden Frage in einer Predigt am Jahresende über „Meine Zeit steht in deinen Händen": „Wie wäre es, wenn wir heute Nacht, bevor wir einschlafen, laut oder leise das, was wir jetzt gehört haben, noch einmal zu Gott sagen würden: ‚Meine Zeit steht in deinen Händen?'"

Könnte es sein, dass auch die Hörer aus der Strafanstalt seit 1954 an Barths „theanthroplogischer Wende" mitgewirkt, sie vielleicht gar entscheidend mitgeprägt haben? Jedenfalls entschloss sich Barth im Zusammenhang mit seiner Predigt in der Strafanstalt an seinem 70. Geburtstag am 10.5.1956, dass er künftig nur noch in der Strafanstalt predigen wolle, also dort, wo „das Evangelium ganz von selbst eine merkwürdige Nähe und Selbstverständlichkeit gewinnt".

Eine Sternstunde

Die Predigt über 1. Joh 4,17f. ist gerade durch die Rundfunkübertragung zu einer Sternstunde geworden, weil an der Stimme eines 77-jährigen Predigers hörbar wird, wie sich ein seelsorgliches Unterreden mit dem Hörer vollzieht. Das sei an einigen Merkmalen der Predigt noch einmal aufgezeigt, um deutlich zu machen, dass es hier um eine Musterpredigt für seelsorgliche Predigt geht.

1. Es sind vor allem die Pausen, die es dem gepredigten Wort erlauben, beim Hörer anzukommen, auszuruhen und Wohnung in ihm zu neh-

men. Diese Pausen laden den Hörer ein, an dem Werden der Predigt mitzuschaffen und das Haus von Gottes Liebe wahrzunehmen. Aus der Not, dass der betagte Prediger zuweilen hörbar um seinen Atem ringen muss, wird eine Tugend: Die Predigt hetzt den Hörer nicht, sondern lässt ihm Zeit, ja räumt ihm Zeit ein.

2. Ob Karl Barth seine Predigt vom Manuskript abliest oder nicht, spielt in diesem Fall eigentlich keine Rolle, denn er trägt sie in jedem Fall so vor, als würde sie Wort für Wort jetzt entstehen, damit der Hörer daran mitschaffen und sich jedes Wort zu eigen machen kann. Die Langsamkeit ist dabei entscheidend, nicht nur im Sinne eines langsamen, behutsamen Redens, sondern auch, um den Hörer bei jedem neuen Schritt der Predigt verweilen und die Phänomene schauen zu lassen. Wenn etwa die Wendung des Predigttextes „in der Liebe" zur Sprache kommt, wird sie langsam umkreist: „Wie wenn die Liebe ein Ort wäre, ein Raum, ein Haus, in welchem man sein und wohnen und sitzen und stehen und gehen kann." Ähnliche Wendungen der Bibel werden aufgezählt, die auch räumliche Bedeutung haben. Es wird also nicht hurtig von einem Begriff zum nächsten geeilt, sondern langsam geschaut und verweilt, ehe der nächste Schritt gegangen wird.

3. Freilich, wenn es die Sache gebietet, kann die Stimme des Predigers auch einen erhöhten oder gar gebietenden Ton annehmen. Es kann plötzlich Tempo in die Predigt kommen. Man muss nur einmal mitverfolgen, wie sich die Sprache in rhetorischen Fragen immer weiter steigert und mit ihr die Stimme des Predigers, wenn es gilt, alle Gespenster der Furcht aus dem Haus der vollkommenen Liebe zu vertreiben, damit sie sich dort gar nicht erst einnisten können:
    a) „Du fürchtest dich vor diesem oder jenem Menschen [...]. Aber was kann denn dieser Mensch gegen Gott? [...]. Du hast wirklich keinen zu scheuen. Was können dir Menschen tun?"
    b) Es könnte dir ein lieber Mensch abhanden kommen [...]. Ja, aber Gott kommt dieser Mensch sicher nicht abhanden, also ist's auch mit diesem Grund zum Fürchten nichts.
    c) Du fürchtest dich vor deiner Vergangenheit, deiner Zukunft und vor dem Tod. Aber die vollkommene Liebe Gottes erstreckt sich über dein ganzes Leben und darüber hinaus.
    d) Du fürchtest dich vor dir selber? Halt! Auch dieser Grund zählt nicht. Gott ist größer als dein Herz.

e) Du fürchtest den Teufel? Aber der Sohn Gottes hat die Werke des Teufels zerstört, und wir wollen sie jetzt zerstört sein lassen. So geht die Predigt einen Grund zum Fürchten nach dem andern durch und treibt die Berechtigung der Furcht Zug um Zug aus, bis es am Ende vollmächtig und endgültig heißt: „Und so gibt's keine Furcht, [...] die nicht durch die vollkommene Liebe ausgetrieben würde und wäre. Punktum. So ists!" So werbend und überredend der Prediger zunächst bei den möglichen Gründen für die Furcht ist, so bestimmt und autoritativ ist er am Ende, wenn es gilt, nunmehr die Furcht endgültig aus dem Haus der vollkommenen Liebe zu verbannen.

4. Welche Funktion haben die sieben biblischen Worte, die über den Predigttext aus 1. Joh 4,17 f. hinaus in die Predigt einfließen, ohne dass der Unkundige erfährt, dass er es mit Worten der Bibel zu tun hat? Dennoch bekommt es der Hörer an dem leicht oder auch stark erhöhten Ton des Predigers zu spüren, dass es hier um Worte besonderer Vollmacht geht, die der Sprache einen neuen, reicheren Klang und eine inhaltliche Entschiedenheit geben. Spätestens an den letzten beiden mit Pathos zugesprochenen Bibelworten aus Eph 5,14 und Jes 43,1 wird hörbar, dass Barth der Bibel einen Vorsprung an Evidenz, Autorität und Geisteskraft einräumt. In diesen Worten spricht, wie es ausdrücklich am Schluss heißt, der Heilige Geist in das Herz des Menschen. Da geschieht tatsächlich so etwas wie geisterfüllte Zueignung des Evangeliums. Diese Zueignung gewinnt abschließend einen sehr direkten Ausdruck: „Das schenke uns Gott, er schenke es dir und dir und dir und schenke es auch mir und uns allen [...]." Das und vieles andere zeigt, wie Barth das Predigen als „Kunst der Unterredung" versteht und dabei vom Geheimnis der Zueignung an seine Hörer Gebrauch zu machen weiß.

5. Seelsorgliche Zueignung geschieht in Barths Predigt nicht bloß als Zueignung des Evangeliums an die Hörer, sondern auch als Übereignung der Hörer an das Evangelium. Deshalb steht von vornherein die Bekehrung im Mittelpunkt, nicht als pietistischer Willensakt, sondern, wie sich am Ende zeigt, als Wiedergeburt durch den Heiligen Geist. Es ist vor allem der im Hauptteil der Predigt aufgezeigte Unterschied zwischen menschlicher Liebe und der vollkommenen Liebe Gottes, der dazu führt, dass sich der Hörer neu orientieren muss, freilich nicht im Sinne einer Entscheidung, denn es ist

ja alles zwischen Vater, Sohn und Heiligem Geist zugunsten des Menschen entschieden. Orientierung heißt dann eher Wahrnehmung dessen, was schon für den Menschen geschehen und von ihm zu verdanken und zu gebrauchen ist. Der Hörer wird im Laufe der Predigt zuerst ontisch und dann mehr und mehr auch noetisch der Beziehung von Vater, Sohn und Heiligem Geist, dem Haus der vollkommenen Liebe, übereignet. Der Prediger ist bei dieser Übereignung nicht ein Vermittler, sondern eher der erste Hörer an der Seite der anderen Hörer. Deshalb heißt es auch zum Schluss: Gott „schenke es dir und dir und dir und schenke es auch mir und uns allen".

6. Damit es zur Übereignung an das Evangelium kommt, muss der Prediger den Hörern gegenübertreten, um sie mit einer Wahrheit zu konfrontieren, die nicht aus dem Menschen, sondern im „Gehör" der Predigt zum Menschen kommt. Wird aus diesem Gegenüber freilich ein „Oben-Drüber" des Predigers, kommt es weder zur Zueignung noch zur Aneignung der Hörer im Verhältnis zum Evangelium. Barth aber steht im Gegenüber der Kanzel zugleich innerlich an der Seite seiner Hörer, so dass man von einem Gegenüber des Predigers inmitten der Gemeinde sprechen muss. Ohne dass der Prediger „inmitten der Gemeinde" steht, käme es wohl kaum zu einer unterredenden Zueignung des Evangeliums an die Hörer; ohne ein Gegenüber des Predigers zur Gemeinde käme es aber auch nicht zu einer Übereignung der Hörer mitsamt des Predigers an das Evangelium, weil gar keine Spannung zwischen Prediger und Hörer da wäre, die einen Ortswechsel bzw. Perspektivenwechsel im Haus der vollkommenen Liebe bewirkt. Es bliebe dann nur bei einer Anpassung des Predigers an die Hörer, in der nichts von Zueignung des Evangeliums passierte.

7. Der Prediger als erster Hörer des Evangeliums ist an der Seite seiner Hörer: „Ich gestehe frei und offen: Ich von mir aus würde es nicht wagen, [...] so kühn zu euch und zu mir selbst zu reden."[17] Er kann sogar sagen: „Ich brauche euch nicht zu verhehlen, dass ich, solange ich denken kann, immer, und so auch gestern und heute, Angst gehabt habe, wenn ich predigen sollte."[18] Der Prediger aber, der inmitten der Gemeinde seinen Hörern gegenübertreten oder sogar den Gespenstern der Furcht entgegentreten muss, kann sagen: „Halt! Punktum. So ist's."

Christian Möller

Literatur

Axel Denecke, Gottes Wort als Menschenwort. Karl Barths Predigtpraxis – Quelle seiner Theologie, Hannover 1989.

Hartmut Genest, Karl Barth und die Predigt. Darstellung und Deutung von Predigtwort und Predigtlehre Karl Barths, Neukirchen 1995.

Anmerkungen

[1] Karl Barth: „Martin Schwarz, der dort (sc. in der Strafanstalt) als reformierter Prediger und Seelsorger arbeitet, hatte mich eines Tages gebeten, ihn zu vertreten. Von da an bin ich jedes Jahr ein paar Mal und immer gerne in dieser Hausgemeinde zu Gast gewesen", in: Eberhard Busch, Karl Barths Lebenslauf, Berlin 1979, 373.

[2] Karl Barth, Den Gefangenen Befreiung, Predigten aus den Jahren 1954–59, Zürich 1959.

[3] Karl Barth, Glaubensheiterkeit. Erfahrungen und Begegnungen, erzählt von Eberhard Busch, Neukirchen 1987 (5. Aufl.), 20.

[4] Karl Barth, Den Gefangenen Befreiung. Predigten, Zürich 1959; Rufe mich an! Neue Predigten aus der Strafanstalt Basel, Zürich 1965.

[5] Karl Barth, Mut in der Angst. Zwei Gottesdienste im Basler Gefängnis, TVZ Zürich, 2003.

[6] Karl Barth, Gebete, München 1963.

[7] Die Predigt wird zitiert nach der Tonbandaufnahme vom 6.8.1961 (vgl. Anm. 5).

[8] Vgl. Axel Denecke, Gottes Wort als Menschenwort. Karl Barths Predigtpraxis – Quelle seiner Theologie, Hannover 1989, 185 ff.; Hartmut Genest, Karl Barth und die Predigt. Darstellung und Deutung von Predigtwerk und Predigtlehre Karl Barths, Neukirchen 1995, 201 ff.

[9] Gebete, a.a.O. (Anm. 6), VII.

[10] Barth, Rufe mich an!, a.a.O. (Anm. 4), 79.

[11] Vgl. Karl Barth, Die Gemeindemäßigkeit der Predigt, in: Gert Hummel (Hg.), Aufgabe der Predigt, Darmstadt 1971, 165–178, ebd. 173.

[12] a.a.O. (Anm. 11), 170.

[13] Glaubensheiterkeit, a.a.O. (Anm. 3), 20 f.

[14] Busch, a.a.O. (Anm. 1), 373 f.

[15] a.a.O. (Anm. 2), 190.

[16] Theologische Studien, H. 48, Zürich 1956.

[17] Barth, Rufe mich an!, 192.

[18] A.a.O. 245.

Martin Luther King
Die verändernde Kraft
des Wortes

DIE SITUATION

Als charismatischer Sprecher der Bürgerrechtsbewegung in den USA, die gegen jede Form der Rassendiskriminierung kämpfte, war er weit über die Grenzen seines Landes hinaus berühmt geworden. Am 28. August 1963 hatte er vor dem Lincoln Memorial in Washington vor 250 000 Zuhörern seine visionäre Rede "I Have a Dream" gehalten. Darin forderte er für die schwarze Bevölkerung die Freiheit, die ihr in der von Abraham Lincoln unterzeichneten „Emanzipationserklärung" versprochen worden war. Er artikulierte seinen Traum einer brüderlichen Gesellschaft. Dafür war er immer wieder verhaftet und ins Gefängnis gebracht worden. Mehrfach versuchten Unbekannte, sein Haus in die Luft zu sprengen, einige Male entging er einem Mordanschlag. Er rief Liebe und Verehrung hervor, aber auch tiefen Hass, weil er gewaltlos für Gerechtigkeit kämpfte. Jedes Mal versuchte er, mit den Leuten zu sprechen, die gewalttätig wurden und ihn persönlich angriffen, denn es ging ihm stets auch darum, die Gegner zu gewinnen. Sein ganzes Engagement in der Bürgerrechtsbewegung hat er als Bestandteil seines geistlichen Amtes (*ministry*) verstanden.

Wer einen Eindruck von dem Prediger Martin Luther King gewinnen will, muss seine Geschichte kennen und ihn selbst hören. Wie von der berühmten Rede "I Have a Dream" sind auch von vielen seiner Predigten Tonaufnahmen gemacht worden.[1] So hat man auch die Predigt aufgezeichnet, die er wenige Monate vor seiner Ermordung am 27. August 1967 in der Mount Pisgah Missionary Baptist Church, Chicago, Illinois, gehalten hat. Sie vermittelt uns sehr lebendig, wie King gepredigt hat. Was die Mündlichkeit seiner Predigt auszeichnet, der Wechsel zwischen Ruf und Antwort (*call and response*), die Zurufe aus der Gemeinde, die nahezu jeden Satz des Predigers beantwortet und ihn damit motiviert, noch bewegter auf ihre Bewegtheit einzugehen: das lässt sich im Schriftlichen leider nicht wiedergeben. Gerade die Ansprechbarkeit (*responsiveness*) der Gemeinde ist aber ein Schlüssel zu Kings Predigtstil. „Ruf und Antwort (*call and response*) ist ein bildlicher Ausdruck für die organische Beziehung des Einzelnen zur Gruppe in der schwarzen Kirche."[2] Die deutsche Übersetzung gibt nur wieder, was King sagte. In der englischen Nachschrift der Predigt sind auch die Zwischenrufe kursiv eingefügt, so dass auf dieses Geschehen zwischen Prediger und Gemeinde wenigstens hingewiesen wird.

Die Predigt

Why Jesus called a man a fool   I want to share with you a dramatic little story from the gospel as recorded by Saint Luke. It is a story of a man who by all standards (*Yes. Speak, Doc, speak*) of measurement would be considered a highly successful man. (*Yes*) And yet Jesus called him a fool. (*Yes*) If you will read that parable, you will discover that the central character in the drama is a certain rich man. (*Yes*) This man was so rich that his farm yielded tremendous crops. (*Yes*) In fact, the crops were so great that he didn't know what to do. It occurred to him that he had only one alternative, and that was to build some new and bigger barns so he could store all of his crops. (*Yes*) And then as he thought about this, he said, "Then I'm going to do something after I build my new and bigger barns." He said, "I'm going to store my goods and my fruit there, and then I'm going to say to my soul, 'Soul, thou hast much goods, laid up for many years. Take thine ease, eat, drink, and be merry.'" (*Yes*) That brother thought that was the end of life. (*All right*)

But the parable doesn't end with that man making his statement. (*My Lord*) It ends by saying that God said to him, (*Yes*) "Thou fool. (*Yes*) Not next year, not next week, not tomorrow, but this night, (*Yes*) thy soul is required of thee." (*Yes*)

And so it was at the height of his prosperity he died. Look at that parable. (*Yes*) Think about it. (*Yes*) Think of this man: If he lived in Chicago today, he would be considered "a big shot". (*My Lord*) And he would abound with all of the social prestige and all of the community influence that could be afforded. (*Yes*) Most people would look up to him because he would have that something called money.

(*Yes*) And yet a Galilean peasant had the audacity to call that man a fool. (*Yes*)

I'd like for you to look at this parable with me and try to decipher the real reason that Jesus called this man a fool. Number one, Jesus called this man a fool because he allowed the means by which he lived to outdistance the ends for which he lived. (*Yes*) You see, each of us lives in two realms, the within and the without. (*Yeah*) Now, the within of our lives is that realm of spiritual ends expressed in art, literature, religion, and morality. The without of our lives is that complex of devices, of mechanisms and instrumentalities by means of which we live. The house we live in – that's part of the means by which we live. The car we drive, the clothes we wear, the money that we are able to accumulate – in short, the physical stuff that's necessary for us to exist. (*My Lord*)

Now, the problem is that we must always keep a line of demarcation between the two. (*My Lord*) This man was a fool because he didn't do that. (*Yes*) He didn't make contributions to civil rights. (*Yes*) He looked at suffering humanity and wasn't concerned about it. (*Yeah*)

He may have had great books in his library, but he never read them. He may have had recordings of great music of the ages, but he never listened to [them]. He probably gave his wife mink coats, a convertible automobile, but he didn't give her what she needed most: love and affection. (*Yes*) He probably provided bread for his children, but he didn't give them any attention; he didn't really love them. Somehow he looked up at the beauty of the stars, but he wasn't moved by them. He had heard the glad tidings of philosophy and poetry, but he really didn't read it or comprehend it, or want to comprehend it. And so this man justly deserved his title. He was an eternal fool. (*Yes*) He allowed the means by which he lived to outdistance the ends for which he lived. (*Yes*)

Now, number two, this man was a fool because he failed to realize his dependence on others. (*Yes*) Now, if you read that parable in the book of Luke, you will discover that this man utters about sixty words. And do you know in sixty words he said "I" and "my" more than fifteen times? (*My Lord*) This man was a fool because he said "I" and "my" so much until he lost the capacity to say "we" and "our." This man talked like he could build the barns by himself, like he could till the soil by himself. And he failed to realize that wealth is always a result of the commonwealth.

And oh my friends, I don't want you to forget it. No matter where you are today, somebody helped you to get there. (*Yes*)

In a larger sense we've got to see this in our world today. Our white brothers must see this; they haven't seen it up to now. The great problem facing our nation today in the area of race is that it is the black man who to a large extent produced the wealth of this nation. (*All right*) And the nation doesn't have sense enough to share its wealth and its power with the very people who made it so. (*All right*) And I know what I'm talking about this morning. (*Yes, sir*) The black man made America wealthy. (*Yes, sir*)

We've been here – that's why I tell you right now, I'm not going anywhere. They can talk, these groups; some people talking about a separate state, or go back to Africa. I love Africa, it's our ancestral home. But I don't know about you. My grandfather and my great-grandfather did too much to build this nation for me to be talking about getting away from it. (*Applause*) Before the Pilgrim fathers landed at Plymouth in 1620, we were here. (*Oh yeah*) Before Jefferson etched across the pages of history the majestic words of the Declaration of Independence, we were here. (*All right*) Before the beautiful words of "The Star-Spangled Banner" were written, we were here. (*Yeah*) For more than two centuries, our forebears labored here without wages. They made cotton king. With their hands and with their backs and with their labor, they built the sturdy docks, the stout factories, the impressive mansions of the South. (*My Lord*)

Now this nation is telling us that we can't build. Negroes are excluded almost absolutely from the building trades. It's lily white. Why? Because these jobs pay six, seven, eight, nine, and ten dollars an hour, and they don't want Negroes to have it. (*Applause*) And I feel that if something doesn't happen soon, and something massive, the same indictment will come to America: "Thou fool!"

That man said he didn't know what to do with his goods, he had so many. Oh, I wish I could have advised him. (*My Lord*) A lot of places to go, and there were a lot of things that could be done. There were hungry stomachs that needed to be filled; there were empty pockets that needed access to money. America today, my friends, is also rich in goods. (*My Lord*) We have our barns, and every day our rich nation is building new and larger and greater barns. You know, we spend millions of dollars a day to store surplus food. But I want to say to America, "I know where you can store that food free of charge: (*Yes*) in the wrinkled stomachs of the millions of God's children in Asia and Africa and South America and in our own nation who go to bed hungry tonight." (*Yes*)

There are a lot of fools around. (*Lord help him*) Because they fail to realize their dependence on others.

Finally, this man was a fool because he failed to realize his dependence on God. (*Yeah*) Do you know that man talked like he regulated the seasons? That man talked like he gave the rain to grapple with the fertility of the soil. (*Yes*) That man talked like he provided the dew. He was a fool because he ended up acting like he was the Creator, (*Yes*) instead of a creature. (*Amen*)

And this man-centered foolishness is still alive today. You know, a lot of people are forgetting God. But I tell you this morning, my friends, there's no way to get rid of him. One day you're going to need him. (*My Lord*) The problems of life will begin to overwhelm you, disappointments will begin to beat upon the door of your life like a tidal wave. (*Yes*) And if you don't have a deep and patient faith, (*Well*) you aren't going to be able to make it. (*My Lord*) I know this from my own experience. (*Yes*) I grew up in the church. I'm the son of a preacher, I'm the great-grandson of a preacher, and the great-great-grandson of a preacher. My father is a preacher, my grandfather was a preacher, my great-grandfather was a preacher, my only brother is a preacher, my daddy's brother is a preacher. So I didn't have much choice, I guess. (*Laughter*) But I had grown up in the church, and the church meant something very real to me, but it was a kind of inherited religion, and I had never felt (*My Lord*) an experience with God in the way that you must have it if you're going to walk the lonely paths of this life. (*Yeah*)

But one day after finishing school, I was called to a little church down in Montgomery, Alabama, and I started preaching there. But one day a year later, a lady by the name of Rosa Parks decided that she wasn't going to take it any longer. She stayed in a bus seat, and you may not remember it because (*I do*) it's way back now several years, but it was the beginning of a movement where fifty thousand black men and women refused absolutely to ride the city buses. And we walked together for 381 days. (*Yes, sir*) That's what we got to learn in the North: Negroes have to learn to stick together. We stuck together. (*Applause*) We sent out the call and no Negro rode the buses. It was one of the most amazing things I've ever seen in my life. And the people of Montgomery asked me to serve as the spokesman and as the president of the new organization – the Montgomery Improvement Association that came into being to lead the boycott; I couldn't say no. And then we started our struggle together. (*Yeah*)

Things were going well for the first few days, but then about ten or fifteen days later, after the white people in Montgomery knew that we meant business, they started doing some nasty things. (*Yes*) They started making nasty telephone calls, and it came to the point that some days more than forty telephone calls would come in, threatening my life, the life of my family, the lives of my children. I took it for a while in a strong manner.

But I never will forget one night very late. It was around midnight. And you can have some strange experiences at midnight. (*Yes, sir*) The telephone started ringing and I picked it up. On the other end was an ugly voice. That voice said to me, in substance, "Nigger, we are tired of you and your mess now. And if you aren't out of this town in three days, we're going to blow your brains out and blow up your house." (*Lord Jesus*)

I'd heard these things before, but for some reason that night it got to me. I turned over and I tried to go to sleep, but I couldn't sleep. (*Yes*) I was frustrated, bewildered. And then I got up and went back to the kitchen and I started warming some coffee, thinking that coffee would give me a little relief. And then I started thinking about many things. I pulled back on the theology and philosophy that I had just studied in the universities, trying to give philosophical and theological reasons for the existence and the reality of sin and evil, but the answer didn't quite come there. I sat there and thought about a beautiful little daughter who had just been born about a month earlier. We have four children now, but we only had one then. She was the darling of my life. I'd come in night after night and see that little gentle smile. And I sat at that table thinking about that little girl and thinking about the fact that she could be taken away from me any minute. (*Go ahead*) And I started thinking about a dedicated, devoted, and loyal wife who was over there asleep. (*Yes*) And she could be taken from me, or I could be taken from her. And I got to the point that I couldn't take it any longer; I was weak. (*Yes*)

Something said to me, you can't call on Daddy now; he's up in Atlanta a hundred and seventy-five miles away. (*Yes*) You can't even call on Mama now. (*My Lord*) You've got to call on that something in that person that your daddy used to tell you about. (*Yes*) That power that can make a way out of no way. (*Yes*) And I discovered then that religion had to become real to me and I had to know God for myself. (*Yes, sir*) And I bowed down over that cup of coffee – I never will forget it. (*Yes, sir*) And oh yes, I prayed a prayer and I prayed out loud that night. (*Yes*) I said, "Lord, I'm down here trying to do what's right. (*Yes*) I think I'm right; I think the cause that we represent is right. (*Yes*) But Lord, I must confess that I'm weak now; I'm faltering; I'm losing my courage. (*Yes*) And I can't let the people see me like this because if they see me weak and losing my courage, they will begin to get weak." (*Yes*)

And it seemed at that moment that I could hear an inner voice saying to me, (*Yes*) "Martin Luther, (*Yes*) stand up for righteousness, (*Yes*) stand up for justice, (*Yes*) stand up for truth. (*Yes*) And look, I will be with you, (*Yes*) even until the end of the world."

And I'll tell you, I've seen the lightning flash. I've heard the thunder roll. I felt sin-breakers dashing, trying to conquer my soul. But I heard the voice of Jesus saying still to fight on. He promised never to leave me, never to leave me alone. No, never alone. No, never alone. He promised never to leave me, (Never) never to leave me alone.

And I'm going on in believing in him. (*Yes*) You'd better know him, and know his name, and know how to call his name. Don't be a fool. Recognize your dependence on God. (*Yes, sir*)

Centuries ago Jeremiah raised a question, "Is there no balm in Gilead? Is there no physician there?" He raised it because he saw the good people suffering so often and the evil people prospering. (*Yes, sir*) Centuries later our slave foreparents came along. (*Yes, sir*) And they too saw the injustices of life, and had nothing to look forward to morning after morning but the rawhide whip of the overseer, long rows of cotton in the sizzling heat. But they did an amazing thing. They looked back across the centuries and they took Jeremiah's question mark and straightened it into an exclamation point. And they could sing, "There is a balm in Gilead to make the wounded whole. (*Yes*) There is a balm in Gilead to heal the sin-sick soul." And there is another stanza that I like so well: "Sometimes (*Yeah*) I feel discouraged." (*Yes*)

And I don't mind telling you this morning that sometimes I feel discouraged. (*All right*) I felt discouraged in Chicago. As I move through Mississippi and Georgia and Alabama, I feel discouraged. (*Yes, sir*) Living every day under the threat of death, I feel discouraged sometimes.

Living every day under extensive criticisms, even from Negroes, I feel discouraged sometimes. (*Applause*) Yes, sometimes I feel discouraged and feel my work's in vain. But then the Holy Spirit (*Yes*) revives my soul again. "There is a balm in Gilead to make the wounded whole. There is a balm in Gilead to heal the sin-sick soul." God bless you. (*Applause*)[3]

Wer die Tonaufnahme hört, spürt sofort: Diese Predigt ist ein Ereignis! Hier geschieht etwas zwischen dem Prediger und seinen Hörern! Die Predigt wirkt mitreißend. Sie beeindruckt durch die Dynamik der Rede. Man spürt sofort: Von diesem Prediger geht eine Kraft aus; er hat Power. Die Reaktionen der Gemeinde scheinen King geradezu anzuspornen. Seine Stimme bekommt bei manchen Worten am Satzende einen gezogenen, singenden Tonfall. Einzelne Worte im Satz werden sehr betont deklamiert und artikuliert. So klingt ekstatisches Sprechen. Man kann diesem Prediger kaum ruhig und unbeteiligt zuhören. Es ist eher so, als ob man durch seinen Vortrag – durch das, was die alten Rhetoriker präziser und umfassender *actio* nannten – mehr und mehr in ein Kraftfeld hineingezogen würde. Und das scheint vor allem dadurch bedingt zu sein, wie er agiert, wie er sprech-handelnd die Predigt „aufführt". Was King in seiner Predigt sagt, was er auf der Inhaltsebene mitteilt, erfassen wir also nicht als neutrale oder distanzierte Zuhörer und Zuhörerinnen, sondern als an seiner Sprech-Handlung Beteiligte.

WESHALB JESUS EINEN MANN EINEN NARREN NANNTE Ich möchte mit euch eine spannende kleine Geschichte aus dem Evangelium teilen, wie sie vom heiligen Lukas aufgezeichnet ist. Es ist die Geschichte eines Mannes, den man nach allen Maßstäben für einen höchst erfolgreichen Mann halten könnte. Und doch nannte Jesus ihn einen Narren. Wenn ihr dieses Gleichnis lest, werdet ihr entdecken, dass die Hauptfigur im Geschehen ein gewisser reicher Mann ist. Dieser Mann war so reich, dass seine Farm ungeheure Erträge lieferte. Tatsächlich waren die Erträge so groß, dass er nicht wusste, was er tun sollte. Es kam ihm der Gedanke, dass er nur eine Alternative hätte, und das war, ein paar neue und größere Scheunen zu bauen, so dass er seine ganzen Erträge speichern könnte. Und dann, als er darüber nachdachte, sagte er: „Dann werde ich etwas tun, nachdem ich meine neuen und größeren Scheunen gebaut habe." Er sagte: „Ich werde meine Güter und meine Früchte dort speichern, und dann werde ich zu meiner Seele sagen:

,Seele, du hast viele Güter, angelegt für viele Jahre. Mach's dir bequem, iss, trink und sei fröhlich.'" Dieser Bruder dachte, das sei das Ziel des Lebens.

Aber das Gleichnis endet nicht damit, dass dieser Mann seine Erklärung abgibt. Es endet, indem es erzählt, dass Gott zu ihm sagte: „Du Narr! Nicht nächstes Jahr, nicht nächste Woche, nicht morgen, sondern diese Nacht wird deine Seele von dir gefordert."

Und so geschah es auf der Höhe seines Wohlstands, dass er starb. Schaut euch dieses Gleichnis an! Denkt darüber nach! Denkt an diesen Mann: Wenn er heute in Chicago lebte, würde man ihn als „großes Tier" betrachten. Und er wäre gefüllt mit allem Sozialprestige, allem öffentlichen Einfluss, den man sich leisten kann. Die meisten Leute würden zu ihm aufsehen, weil er jenes Etwas haben würde, genannt Geld. Und doch hatte ein galiläischer Landbewohner die Kühnheit, jenen Mann einen Narren zu nennen.

Ich hätte gern, dass ihr mit mir dieses Gleichnis anschaut und den wirklichen Grund zu enträtseln versucht, aus dem Jesus diesen Mann einen Narren nennt. Erstens: Jesus nannte diesen Mann einen Narren, weil er den Mitteln, mit denen er lebte, erlaubte, die Ziele hinter sich zu lassen, für die er lebte. Ihr seht, jeder von uns lebt in zwei Bereichen, dem Inneren und dem Äußeren. Nun, das Innere unseres Lebens ist der Bereich der geistigen Ziele, ausgedrückt in Kunst, Literatur, Religion und Moral. Das Äußere unseres Lebens ist jener Komplex von Einrichtungen, von Mechanismen und Mitteln, mit deren Hilfe wir leben. Das Auto, das wir fahren, die Kleidung, die wir tragen, das Geld, das wir imstande sind anzusammeln – kurz: das körperliche „Zeug", das für uns notwendig ist, um zu existieren.

Nun, das Problem ist, dass wir immer eine Grenzlinie zwischen den beiden ziehen müssen. Dieser Mann war ein Narr, weil er das nicht tat. Er lieferte keine Beiträge zu Bürgerrechten. Er schaute auf die notleidende Menschheit und war nicht davon betroffen.

Er mag bedeutende Bücher in seiner Bibliothek gehabt haben, aber er las sie niemals. Er mag Aufnahmen von großer Musik der Jahrhunderte gehabt haben, aber er hörte sie niemals. Er schenkte seiner Frau vermutlich Nerzmäntel, ein Kabriolett, aber er gab ihr nicht, was sie am meisten brauchte: Liebe und Zuneigung. Er besorgte vermutlich Brot für seine Kinder, aber er schenkte ihnen keine Aufmerksamkeit; er liebte sie nicht wirklich. Irgendwie schaute er hinauf zur Schönheit der Sterne, aber er war nicht von ihnen bewegt. Er hatte von den erfreulichen Neuigkeiten der Poesie und der Philosophie gehört, aber er las oder verstand sie nicht wirklich oder wollte sie nicht verstehen. Und daher verdiente dieser Mann seinen Titel mit Recht. Er war ein ewiger Narr. Er erlaubte den Mitteln, mit denen er lebte, die Ziele, für die er lebte, hinter sich zu lassen.

Jetzt zweitens: dieser Mann war ein Narr, weil er versäumte, seine Abhängigkeit von anderen wahrzunehmen. Nun, wenn ihr dieses Gleichnis im Buch Lukas lest, werdet ihr entdecken, dass dieser Mann ungefähr sechzig Wörter ausspricht. Und wisst ihr, in sechzig Wörtern sagt er „ich" und „mein" mehr als fünfzehn mal? Dieser Mann war ein Narr, weil er „ich" und „mein" so oft sagte, bis er die Fähigkeit verlor, „wir" und „unser" zu sagen. Dieser Mann sprach, als könnte er die Scheunen von selbst bauen, als könnte er die Erde von selbst beackern. Und er versäumte wahrzunehmen, dass persönlicher Wohlstand immer das Ergebnis von allgemeinem Wohlstand ist.

Und, o meine Freunde, ich möchte nicht, dass ihr es vergesst. Gleichgültig, wo ihr heute seid, irgend jemand half euch, dorthin zu gelangen.

In einem weiteren Sinn müssen wir das in unserer Welt heute sehen. Unsere weißen Brüder müssen das sehen; sie haben es bis jetzt nicht gesehen. Das große Problem, das unserer Nation heute auf dem Gebiet der Rasse entgegentritt, besteht darin, dass es der schwarze Mann ist, der in weitem Umfang den Wohlstand dieser Nation produzierte. Und die Nation hat nicht genug Verstand, um ihren Wohlstand und ihre Macht mit eben den Leuten zu teilen, die sie so gemacht haben. Und ich weiß, wovon ich heute Morgen rede. Der schwarze Mann machte Amerika wohlhabend.

Wir sind hier gewesen – deshalb sage ich euch gerade jetzt, ich gehe nicht irgendwo anders hin. Sie können reden, diese Gruppen; einige Leute, die über einen selbstständigen Staat reden oder zurück nach Afrika gehen. Ich liebe Afrika, es ist die Heimat unserer Vorfahren. Aber ich weiß nicht, wie es bei euch ist. Mein Großvater und mein Urgroßvater taten zu viel, diese Nation für mich aufzubauen, um darüber zu sprechen, wie man von ihr loskommt. Bevor die Pilgerväter 1620 in Plymouth anlegten, waren *wir* da! Bevor Jefferson auf die Seiten der Geschichte die majestätischen Worte der Unabhängigkeitserklärung ätzte, waren *wir* da! Bevor die schönen Worte des „Sternenbanners" (der US-Nationalhymne von 1814, M. H.) geschrieben wurden, waren *wir* da! Für mehr als zwei Jahrhunderte arbeiteten unsere Vorfahren hier ohne Lohn. Sie machten Baumwolle zum König. Mit ihren Händen und mit ihren Rücken und mit ihrer Arbeit bauten sie die robusten Häfen, die stämmigen Fabriken, die beeindruckenden Villen des Südens.

Jetzt erzählt uns diese Nation, dass wir nicht aufbauen könnten. Neger sind fast völlig vom Baugeschäft ausgeschlossen. Es ist lilienweiß. Warum? Weil diese Jobs mit sechs, sieben, acht, neun und zehn Dollar die Stunde bezahlt werden, und sie wollen nicht, dass Neger sie haben. Und ich fühle, wenn nicht bald etwas passiert, und zwar etwas Massives, wird dieselbe Anklage nach Amerika kommen: „Du Narr!"

Jener Mann sagte, er wüsste nicht, was er mit seinen Gütern tun sollte, er hätte so viele. Oh, ich wünschte, ich hätte ihn beraten können! Es gibt eine Menge Plätze, wo man hingehen könnte, und da wären eine Menge Dinge, die getan werden könnten. Da wären hungrige Mägen, die gefüllt werden müssen; da wären leere Taschen, die Zugang zum Geld brauchen. Amerika heute, meine Freunde, ist auch reich an Gütern. Wir haben unsere Scheunen, und jeden Tag baut unsere reiche Nation neue und weiträumigere und größere Scheunen. Ihr wisst, wir geben Millionen von Dollars am Tag aus, um überflüssige Lebensmittel zu lagern. Aber ich möchte zu Amerika sagen: „Ich weiß, wo du diese Lebensmittel kostenlos lagern kannst: in den verrunzelten Mägen von Millionen Kindern Gottes in Asien und Afrika und Südamerika und in unserer eigenen Nation, die heute Nacht hungrig zu Bett gehen."

Es gibt eine Menge Narren im Umkreis. Denn sie versäumen, ihre Abhängigkeit von anderen wahrzunehmen.

Schließlich war dieser Mann ein Narr, weil er versäumte, seine Abhängigkeit von Gott wahrzunehmen. Wisst ihr, dass dieser Mann redete, als regulierte er die Jahreszeiten? Dieser Mann redete, als gäbe er den Regen, um die Fruchtbarkeit der Erde in Angriff zu nehmen. Dieser Mann redete, als könnte er für Feuchtigkeit sorgen. Er war ein Narr, weil er damit aufhörte, zu handeln, als wäre er der Schöpfer statt ein Geschöpf.

Und diese menschenzentrierte Narrheit ist noch heute lebendig. Ihr wisst, eine Menge Leute vergisst Gott. Aber ich sage euch heute Morgen, meine Freunde: es gibt keinen Weg, ihn loszuwerden. Eines Tages werdet ihr ihn brauchen. Die Probleme des Lebens werden anfangen, euch zu überwältigen, Enttäuschungen werden anfangen, wie eine Flutwelle an die Tür eures Lebens zu schlagen. Und wenn ihr keinen tiefen und beharrlichen Glauben habt, werdet ihr nicht fähig sein, es zu machen. Ich weiß das aus meiner eigenen Erfahrung. Ich wuchs auf in der Kirche. Ich bin der Sohn eines Predigers, ich bin der Urenkel eines Predigers und der Ur-Urenkel eines Predigers. Mein Vater ist ein Prediger, mein Großvater war ein Prediger, mein Urgroßvater war ein Prediger, mein einziger Bruder ist ein Prediger, der Bruder meines Daddy ist ein Prediger. So hatte ich nicht viel Auswahl, nehme ich an. Aber ich war in der Kirche aufgewachsen, und die Kirche bedeutete etwas sehr Wirkliches für mich, aber es war eine Art von ererbter Religion, und ich hatte niemals eine Erfahrung mit Gott gemacht in der Weise, wie du sie haben musst, wenn du im Begriff bist, die einsamen Wege dieses Lebens zu gehen.

Aber eines Tages, als ich die Schule beendet hatte, wurde ich in eine kleine Kirche unten in Montgomery, Alabama, gerufen, und ich begann dort zu predigen. Und eines Tages, ein Jahr später, beschloss eine Dame mit Namen Rosa Parks, dass sie nicht bereit wäre, es länger auszuhalten. Sie blieb in einem Bus sitzen, und ihr werdet euch womöglich nicht daran erinnern, weil es jetzt einige Jahre zurückliegt, aber es war der Anfang einer Bewegung, bei der 50 000 schwarze Männer und Frauen sich ganz und gar weigerten, mit den Stadtbussen zu fahren. Und wir gingen zusammen 381 Tage. Das ist es, was wir im Norden lernen mussten: Neger müssen lernen zusammenzuhalten. Wir hielten zusammen. Wir sandten den Aufruf hinaus, und kein Neger fuhr mit den Bussen. Es war eine der erstaunlichsten Sachen, die ich jemals in meinem Leben gesehen habe. Und die Leute von Montgomery baten mich, als Sprecher und als Präsident der neuen Organisation zu dienen – der *Montgomery Improvement Association*, die ins Dasein gerufen wurde, um den Boykott anzuführen; ich konnte nicht nein sagen. Und dann begannen wir gemeinsam unseren Kampf.

Für die ersten paar Tage gingen die Dinge gut, aber dann, etwa zehn oder fünfzehn Tage später, nachdem die Weißen in Montgomery wussten, dass wir es ernst meinten, fingen sie an, einige widerliche Dinge zu tun. Sie fingen an, widerliche Telefonanrufe zu machen, und es kam zu dem Punkt, dass an manchen Tagen mehr als vierzig Telefonanrufe eingingen, die mein Leben bedrohten, das Leben meiner Familie, das Leben meiner Kinder. Ich ertrug es eine Weile lang auf eine starke Art und Weise.

Aber ich werde niemals eine Nacht vergessen. Es war um Mitternacht. Und ihr könnt einige seltsame Erfahrungen machen um Mitternacht. Das Telefon begann zu klingeln, und ich nahm es ab. Am anderen Ende war eine hässliche Stimme. Jene Stimme sagte zu mir im Wesentlichen: „Nigger, wir haben dich und deine Messe jetzt satt. Und wenn du nicht in drei Tagen aus dieser Stadt bist, werden wir uns daran machen, dir eine Kugel durch den Kopf zu jagen und dein Haus in die Luft zu sprengen."

Ich hatte diese Dinge zuvor gehört, aber aus irgendeinem Grund erwischte es mich diese Nacht. Ich drehte mich um und ich versuchte schlafen zu gehen, aber ich konnte nicht schlafen. Ich war bedrückt, bestürzt. Und dann stand ich auf und ging zurück in die Küche und begann, etwas Kaffee zu kochen, während ich dachte, dass Kaffee mir ein wenig Trost geben würde. Und dann fing ich an, über viele Dinge nachzudenken. Ich besann mich auf die Theologie und die Philosophie, die ich gerade an den Universitäten studiert hatte, und versuchte philosophische und theologische Gründe für die Existenz und die Wirklichkeit der Sünde und des Bösen anzuführen, aber die Antwort fand ich nicht wirklich. Ich saß da und dachte an meine schöne kleine Tochter, die gerade vor einem Monat geboren worden war. Wir haben jetzt vier Kinder, aber damals hatten wir nur eins. Sie war der Schatz meines Lebens. Ich würde Nacht für Nacht in ihr Zimmer kommen und dieses zarte Lächeln sehen. Und ich saß an jenem Tisch, dachte über dieses kleine Mädchen und über die Tatsache nach, dass sie jede Minute von mir genommen werden könnte. Und ich fing an, über meine hingebungsvolle, anhängliche und treue Frau nachzudenken, die schlafend da drüben war. Und sie konnte von mir genommen werden, oder ich konnte von ihr genommen werden. Und ich kam zu dem Punkt, dass ich es nicht länger ertragen konnte; ich war zu schwach.

Etwas sagte zu mir: „Du kannst jetzt nicht nach Daddy rufen; er ist oben in Atlanta, 175 Meilen entfernt. Du kannst jetzt nicht einmal nach Mama rufen. Du musst jetzt nach diesem Etwas in dieser Person rufen, von der dein Daddy dir zu erzählen pflegte. Jene Macht, die einen Weg schaffen kann, wo kein Weg ist. Und ich entdeckte dann, dass Religion für mich wirklich werden musste und dass ich Gott für mich selbst erkennen musste. Und ich beugte mich nieder über dieser Tasse Kaffee – ich werde es nie vergessen. Und oh ja, ich sprach ein Gebet, und ich betete laut heraus in dieser Nacht. Ich sagte: „Herr, ich bin hier unten und versuche zu tun, was richtig ist. Ich denke, ich habe Recht; ich denke, die Sache, für die wir stehen, ist richtig. Aber Herr, ich muss bekennen, dass ich jetzt schwach bin; ich bin schwankend; ich verliere meinen Mut. Und ich kann nicht zulassen, dass die Leute mich so sehen, denn wenn sie mich schwach und den Mut verlieren sehen, werden sie anfangen, schwach zu werden."

Und es schien in diesem Augenblick, dass ich eine innere Stimme zu mir sagen hören konnte: „Martin Luther, steh auf für Rechtschaffenheit, steh auf für Gerechtigkeit, steh auf für Wahrheit! Und siehe, ich bin bei dir, sogar bis ans Ende der Welt."

Und ich werde euch sagen, ich habe den leuchtenden Blitz gesehen. Ich habe das Donnerrollen gehört. Ich fühlte Sturzwellen der Sünde aufprallen, die versuchten, meine Seele zu erobern. Aber ich hörte die Stimme von Jesus sagen, dass ich weiterkämpfen sollte. Er versprach, mich niemals zu lassen, mich niemals allein zu lassen. Nein, niemals allein! Nein, niemals allein! Er versprach, mich niemals zu lassen, mich niemals allein zu lassen.

Und ich glaube weiter an ihn. Du solltest ihn lieber kennen, und seinen Namen kennen, und wissen, wie man seinen Namen ruft. Sei kein Narr! Erkenne deine Abhängigkeit von Gott!

Vor Jahrhunderten warf Jeremia eine Frage auf: „Gibt es keinen Balsam in Gilead? Gibt es dort keinen Arzt?" Er stellte sie, weil er die guten Menschen so oft leiden sah und die bösen Menschen Erfolg hatten. Jahrhunderte später kamen unsere versklavten Vorfahren herbei. Und auch sie sahen die Ungerechtigkeiten des Lebens und hatten Morgen um Morgen nichts, dem sie entgegensehen konnten, außer der Lederpeitsche des Aufsehers, lange Reihen von Baumwolle in der glühenden Hitze. Aber sie taten etwas Erstaunliches. Sie blickten zurück über die Jahrhunderte und sie nahmen Jeremias Fragezeichen und richteten es auf zu einem Ausrufezeichen. Und sie konnten singen: „Es gibt einen Balsam in Gilead, die Verwundeten heil zu machen. Es gibt einen Balsam in Gilead, die sündenkranke Seele zu heilen." Und es gibt eine andere Strophe, die ich so gern habe: „Manchmal fühle ich mich mutlos."

Und ich vergesse nicht, euch an diesem Morgen zu sagen, dass ich mich manchmal mutlos fühle. Ich fühlte mich mutlos in Chicago. Als ich durch Mississippi und Georgia und Alabama fuhr, fühlte ich mich mutlos. Jeden Tag mit der Drohung des Todes lebend, fühle ich mich manchmal mutlos. Jeden Tag mit ausgedehnten Vorwürfen lebend, sogar von Negern, fühle ich mich manchmal mutlos. Ja, manchmal fühle ich mich mutlos und fühle, meine Arbeit ist vergeblich. Aber dann belebt der Heilige Geist wieder meine Seele. „Es gibt einen Balsam in Gilead, die Verwundeten heil zu machen. Es gibt einen Balsam in Gilead, die sündenkranke Seele zu heilen". Gott segne euch!⁴

Nachzeichnung der Predigt

King nennt zuerst das Thema seiner Predigt. Seine (hier nicht abgedruckte) Einleitung beginnt freilich mit einem geschichtlichen Rückblick: 104 Jahre nach Lincolns Emanzipationserklärung seien die Schwarzen noch immer unfrei. Dies stehe in Widerspruch zur Verfassung der USA, auf deren Grundsatz King anspielt: „All men are created equal." Dieser Teil ist rhetorisch stilisiert durch die Wiederholung der Satzanfänge: „One hundred and four years later [...]." Formal und inhaltlich ähnelt er der Einleitung zu der 1963 gehaltenen Rede "I Have a Dream".

Nun wird das Gleichnis vom reichen Kornbauer (Lk 12,16-21) kurz nacherzählt. Diesen höchst erfolgreichen Mann nennt Jesus einen Narren. Der Mann denkt, er könne lange glücklich leben. Aber er stirbt auf der Höhe seines Wohlstands. Dann werden die Hörer direkt aufgefordert: „Think of this man." Wenn er in Chicago lebte, wäre er ein großes Tier. Viele Leute würden zu ihm aufsehen, weil er Geld hat. Aber ein galiläischer Landbewohner nennt ihn einen Narren.

Im nächsten Teil schließt King bestimmte Ursachen aus, derentwegen Jesus den Mann einen Narren genannt haben könnte. Das geschah nicht (a), weil der Mann auf unehrenhafte Weise Geld verdient hätte. Es geschah auch nicht (b), weil der Mann reich war. King verweist auf die Geschichte vom reichen Jüngling und dem reichen Mann („Dives") und dem armen Lazarus, um zu zeigen, dass Jesus nicht Reichtum allgemein verurteilt. Nach dieser Klärung möchte King mit seinen Hörern den wirklichen Grund herausfinden, weshalb Jesus den reichen Mann einen Narren genannt hat. Drei Gründe werden genannt und erläutert:

1. Jesus nannte ihn so, weil der Mann den Mitteln, von denen er lebte, erlaubte, über die Ziele zu bestimmen, für die er lebte. Dies wird ausgeführt am inneren und äußeren Bereich des Lebens, an einer modernen Beispielgeschichte und an einer Beschreibung, wie sich ein solcher Mann gegenüber geistig-kulturellen Ansprüchen und seiner Familie verhält.
2. Der Mann war ein Narr, weil er seine Abhängigkeit von anderen nicht erkannte. Ein Indiz dafür ist: Er sagt fünfzehnmal „ich" und „mein",

bis er die Fähigkeit verliert, „wir" und „unser" zu sagen. Er erkannte nicht, dass persönliches Wohlergehen (*wealth*) immer das Ergebnis allgemeiner Wohlfahrt (*commonwealth*) ist. Für diese wechselseitige Abhängigkeit bringt King Beispiele aus dem Alltagsleben und fordert die Hörer auf: Vergesst nicht die, die euch geholfen haben! Dann wird die gesellschaftliche Realität in den Blick genommen: Die weißen Brüder müssen einsehen, dass der schwarze Mann Amerika wohlhabend gemacht hat. Schwarze haben sich in den USA verwurzelt. Und wenn sie nicht bald gerecht behandelt werden, wird das Urteil an Amerika ergehen: Du Narr! King gibt dem reichen Mann des Gleichnisses Ratschläge, was er mit seinen Gütern tun kann: hungrige Mägen füllen. Die Aktualisierung wird zugespitzt: Amerika ist reich an Gütern. Es soll den hungernden Kindern Gottes Lebensmittel geben, statt diese für teures Geld zu lagern. Schluss: Es gibt viele Narren im Umkreis.
3. Schließlich war der Mann ein Narr, weil er seine Abhängigkeit von Gott nicht erkannte. Er spricht so, als könnte er die Jahreszeiten regeln. Er tut so, als wäre er der Schöpfer, statt ein Geschöpf. Wieder aktualisiert der Prediger: Die menschenzentrierte Narrheit zeigt sich auch heute. King spricht von seiner eigenen Lebenserfahrung. Lange Jahre ging es ihm gut, Probleme konnten mit Hilfe von Daddy gelöst werden. Aber nach Beginn der Bürgerrechtsbewegung in Montgomery bekam er anonyme Drohanrufe. Einmal, um Mitternacht, wurde er schwach, als er über seine bedrohte Familie nachdachte. Er konnte seine Eltern nicht um Hilfe bitten. Da sagt eine innere Stimme zu ihm: Martin, steh auf für Gerechtigkeit! Der Prediger bekennt: Ich habe die Stimme Jesu gehört, die sagt, dass ich weiterkämpfen soll. Er versprach mir, mich nie allein zu lassen. Dann wird jeder Hörer direkt angesprochen: Du kennst seinen Namen. Du musst keine Philosophie kennen, nur glauben. Sei kein Narr, erkenne deine Abhängigkeit von Gott!

Zum Schluss wagt King einen Ausblick in die Zukunft: Ich bin nicht besorgt um das Morgen. Die Geschichte der Schwarzen in Amerika wird in den Zusammenhang der Frage Jeremias gestellt: „Gibt es keinen Balsam in Gilead? Ist kein Heiler da?" Später konnten die schwarzen Sklaven singen: „Es gibt einen Balsam in Gilead, der die Verwundeten gesund macht und die sündenkranke Seele heilt." King nimmt eine Wendung aus dem Spiritual auf: „Manchmal fühle ich mich mutlos." Er zählt auf, was ihn mutlos macht. Dann bekennt er: „Aber der Heilige Geist belebt meine Seele wieder. Es gibt einen Balsam in Gilead ..." (*Zitat aus dem Spiritual*).

Die Predigt ist in ihrem Aufbau klar und folgerichtig. Das liegt an einem einfachen Grundschema. Der Prediger greift aus einer bekannten Gleichniserzählung einen Satz, eine Wendung heraus und macht sie zum Gegenstand einer Frage. Dann geht er dieser Frage nach, indem er drei Aspekte hervorhebt. Dieses Schema hat King in vielen Predigten über dasselbe Thema variiert. Es erlaubt dem Hörer, die Predigt mitzuvollziehen, obwohl King zu jedem Aspekt Beispiele und Konkretionen anführt. Er erzählt, argumentiert, gebraucht direkte Rede und Anrede, wechselt zu bekenntnishaften Sätzen im Ich-Stil: ständig ist er im Gespräch mit seinen Hörern.

Man kann gegen Kings Predigtkonzept einwenden, dass der Predigttext nur eine relativ bescheidene Rolle als „Stichwortgeber" für die Predigt spielt. Eine schulmäßige Auslegung fehlt. Auch geht King nicht näher auf das Gleichnis – das in der englischen Bibel mit „The Parable of the Rich Fool" überschrieben ist – ein, sondern begnügt sich damit, es zu Beginn in pointierter Aktualisierung nachzuerzählen. Doch gerade so ist der „reiche Dummkopf" präsent! Er wird eine lebendige, wirkliche Gestalt, insofern der Prediger seine Hörer dazu bewegt, sich mit der Dummheit jenes Mannes, d. h. mit seiner törichten Lebenshaltung, auseinanderzusetzen. Darin liegt ein weisheitlicher Zug, der sich in Kings Predigten oft findet: der Prediger regt seine Hörer an, Lebensweisheit aus dem Glauben zu schöpfen und sich selber ein Urteil zu bilden, was für eine Weisheit die biblische Botschaft für das Leben anbietet.

Ganz selbstverständlich bezieht King sich auf Beispiele aus Geschichte und Gegenwart, Wirtschaft und Kultur, auf moderne Theologie und seine persönlichen Erfahrungen in der Bürgerrechtsbewegung, die Propheten Israels und die afroamerikanischen Spirituals. Die Predigt, das lässt sich aus diesen Bezügen erkennen, hat teil an einer bestimmten geschichtlichen, gesellschaftlichen Lebenswirklichkeit. Sie ist keine davon abgehobene Rede, sondern bezieht sich auf den wirklichen, den ganzen Menschen mit Seele und Körper, Himmel und Erde – entsprechend dem Grundsatz, den King in der (hier nicht abgedruckten) Einleitung formuliert.[5]

Dazu passt die Art und Weise, wie er predigt. King spricht frei, er benutzt kein Manuskript. Dennoch gibt es in dieser Predigt kein Stocken, kein mühsames Suchen nach dem rechten Wort. Alles wird präzise formuliert und mit hörbarem Sinn für Klang und Rhythmus der Sprache vorgetragen, ja stellenweise geradezu deklamiert. Vom ersten gesprochenen Wort an ist man elektrisiert von der unglaublichen Energie, die King ausstrahlt. Wodurch teilt sie sich mit? Es ist wesentlich die Sprechweise des Predigers. Man hört eine Baritonstimme von metallisch vibrierendem Klang, die über ein enormes Register dynamischer Ausdrucksmöglichkeiten verfügt. Bis zu prophetischer Leidenschaft und Ekstase kann sie sich steigern.

Machen wir uns sofort klar, weshalb – vor der Frage nach dem Gehalt der Predigt – so viel an der Wahrnehmung der Stimme des Predigers liegt! Die Stimme eines Menschen geht uns allemal körperlich an.[6] Wir hören nicht nur die Stimme, wir spüren sie. Sie ist dem Körper des Sprechenden „eingeleibt". Auf einmalige Weise spricht sie uns an, durch ihre Affektion berührt sie uns und bezieht uns ein. Wer seine Stimme erhebt, ist körperlich präsent. Er wendet sich mit ihr dem Anderen körperlich zu. So oder so fordert die Stimme zu einer Stellungnahme heraus. Sie appelliert an den Hörer, zu antworten und den Sprechenden anzuerkennen.

Durch seine Stimme ist King derart präsent, dass selbst wir, die wir sie nur durch das elektronische Medium vermittelt hören, uns herausgefordert fühlen, auf sie zu antworten. Sie bewegt sich während der Predigt in mindestens drei verschiedenen Äußerungsweisen, indem sie sich als Sprechstimme bis zum Übergang in die Gesangsstimme und als Rufstimme bis in die Nähe des Schreiens äußert.[7] Durch den Einsatz dieser Stimm-Nuancen gewinnt der Vortrag eine unwiderstehliche Dynamik. Zuerst ein langsames, tastendes Sprechen, dessen Tempo sich allmählich steigert, dann mehr und mehr ein emphatisches Rufen und die gefüllten, spannungsvollen Pausen sorgen dafür, dass man wie gebannt zuhört.

Es gibt Predigten, die King selbst für den Druck zusammengestellt hat. Doch diese Texte können kaum vermitteln, was ihn zu einem großen Prediger gemacht hat. Das erschließt sich erst, wenn man ihn predigen hört. Man braucht nur die gehörte Predigt mit einer vier Jahre zuvor veröffentlichten Predigt über denselben Text zu vergleichen.[8] Sie entspricht in ihrer gedanklichen Grundstruktur der Predigt von 1967. Auch sie sucht die Frage zu beantworten: Warum war der reiche Mann ein Narr? Dieselbe Grundstruktur wird allerdings mit anderen Beispielen und Konkretionen ausgefüllt. Es fehlen die Bezüge zur Geschichte der schwarzen Bürgerrechtsbewegung in den USA und zu Kings eigener Biographie. Der reiche Mann erscheint hier als (weißer) Repräsentant der westlichen Zivilisation und moderner Ideologien (Materialismus, gottloser Humanismus), reich an Gütern und materiellen

Erfolgen, dabei aber völlig befangen in der äußeren Welt und seinem eigennützigen Individualismus.

King hat also, wie der Vergleich zeigt, Predigten zu biblischen Texten nach einem bestimmten Muster erarbeitet. Die Grundstruktur der jeweiligen Predigt ließ sich von Fall zu Fall mit unterschiedlichen Konkretionen füllen; sie blieb aber im Ganzen gewahrt. Die Struktur ist logisch, mit innerer Folgerichtigkeit aus der Auseinandersetzung mit dem Bibeltext entwickelt. Soviel gibt die Druckfassung zu erkennen. Wie King die von ihm entwickelte Predigtstruktur jeweils benutzt, wie er sie variiert und konkretisiert (und dadurch überhaupt erst zur lebendigen Predigt macht), lässt sich jedoch aus den gedruckten, für den Druck bearbeiteten Predigten gerade nicht entnehmen.

DER PREDIGER

Martin Luther King war in erster Linie ein Prediger. So ist er von anderen gesehen worden, und so hat auch er selbst sich verstanden. Die New York Times traf insofern den entscheidenden Punkt. Ihr Nachruf vom 7. April 1968 beginnt mit dem Satz: „Martin Luther King was a preacher, a man from Georgia […]."[9] King selber wies in seiner Predigt darauf hin, er sei von Grund auf ein Geistlicher, ein Baptistenprediger. Seine religiöse Identität beruhte darauf, dass er aus einer Familie von Predigern kam. Schon als kleiner Junge nahm er am Leben der Gemeinde seines Vaters teil und sang Kirchenlieder, von seiner Mutter am Klavier begleitet. Sie brachte ihm Lieder bei wie „I want to be more like Jesus", das er schon als Fünfjähriger der versammelten Gemeinde vorsang.[10] Mit 17 Jahren predigt er zum ersten Mal in seiner Heimatkirche. Seine Predigt ist inhaltlich so überzeugend und in ihrer Form so packend, dass die Anwesenden tief ergriffen und überrascht auf ihren Plätzen sitzen.

Die Probepredigt, die King im Januar 1954 in der Dexter Avenue Baptist Church hält, geht den Zuhörern tief zu Herzen. Sie trägt den Titel: „The Three Dimensions of a Complete Life" (*Die drei Dimensionen des vollkommenen Lebens*): „Liebe dich selbst, wenn du darunter einen gesunden und vernünftigen Eigennutz verstehst. Es ist dir aufgetragen. Das ist die Länge des Lebens. Liebe deinen Nächsten wie dich selbst. Es ist dir aufgetragen. Das ist die Breite des Lebens. Aber vergiss nicht, dass es ein drittes und noch größeres Gebot gibt: Du sollst lieben deinen Gott, deinen Herrn, von ganzem Herzen, von ganzer Seele und von ganzem Gemüte. Das ist die Höhe des Lebens."[11]

In Montgomery nimmt King alle Berufsaufgaben eines Pfarrers wahr, bis sein öffentliches Engagement ihm dies zeitlich nicht mehr erlaubt. Für seine Predigten benötigt er nach eigener Auskunft mindestens fünfzehn Stunden Vorbereitungszeit. Aufschlussreich ist, wie er methodisch dabei vorgeht: „Am Dienstag machte er einen ersten Entwurf, am Mittwoch stellte er die erforderlichen Recherchen an und entschied, welche Beispiele aus dem Leben er zur Veranschaulichung benutzen wollte, und am Freitag und Samstag schrieb er den Text auf liniertem gelben Papier nieder."[12] Die aufgeschriebene Predigt lernt King auswendig und spricht am Sonntag frei, etwa 35 bis 40 Minuten. Die Gemeinde klatscht und bekundet ihre Zustimmung mit Zwischenrufen. Zu Beginn seiner Zeit als Pfarrer sind die Predigten noch sehr intellektuell und haben den Charakter einer Vorlesung, bis er einsieht, welche enorme Bedeutung die Emotionen in einer Gemeinde von Schwarzen haben. Sie brauchen Worte, die ihre Gefühle ansprechen, um ihre Frustrationen abzureagieren und sich gehen zu lassen. King wird ein Meister im Aufruf-Antwort-Dialog (*call and response*), jener Form des Singens und Sprechens, die auch die Negro Spirituals auszeichnet und auf afrikanische Traditionen zurückgeht. Er „zog rhetorische Energie aus lebhaften Hörern und spornte sie seinerseits auf einzigartige Weise an".[13] Die Antwortrufe der Gemeinde helfen ihm, den Rhythmus der Predigt herzustellen. Überdies zeigen sie, dass Predigt und Bibelauslegung Sache der ganzen Gemeinde sind: „Alle sind bis zu einem gewissen Grad Ausführende, und keiner ist Zuschauer [...]."[14] In ihrer Autobiographie bestätigt Coretta Scott King, dass ihr Mann seinen Predigtstil den Hörern entsprechend ändern konnte: „In der nüchternen intellektuellen Atmosphäre Neu Englands sprach er ruhig, mit wohldurchdachten Folgerungen und wenig Emotion. ... Später, als er im Süden vor leichter erregbaren Gemeinden predigte, ging er mehr aus sich heraus. Er entsprach ihren Erwartungen durch mitreißende Beredsamkeit [...]."[15]

Der Erlanger praktische Theologe Martin Nicol hat diesen Predigtstil als schwarzamerikanisches Predigen oder African American Preaching beschrieben.[16] Wir haben es hier mit einer Predigtkultur zu tun, die sich von der weißen Predigtkultur bei uns im alten Europa signifikant unterscheidet. Was ist für sie kennzeichnend? „Die Predigt informiert nicht über Ereignisse des Glaubens, sondern sie ist selbst ein Ereignis, in dem Gott durch sein Wort Menschen in seine heilende Wirklichkeit hineinzieht."[17]

Martin Luther King ist in dieser Predigtkultur seiner leiblichen und geistlichen Väter und Mütter – der Kultur der schwarzen Baptisten – aufgewachsen. Wie er selbst sagt, war er der Sohn eines Baptistenpredigers. Aber auch sein Großvater und sein Urgroßvater waren Baptistenprediger. „King erklärte damit, wie er, längst vor dem Theologiestudium an der Hochschule, seine Fähigkeit im Predigen und im Umgang mit der Bibel erworben hatte. Die Sprachwelt, in der das geschah, war eine Kultur des mündlichen Wortes, eine mündliche Kultur (orality) im Unterschied zu einer um das schriftliche Wort zentrierten Kultur (literacy). In Amerikas schwarzen Gemeinden konnte und kann das Phänomen der orality, der mündlichen Predigtkultur, unmittelbar erlebt und studiert werden. Eine ‚Predigt schreiben', wie wir zu sagen pflegen, ist im Kontext solcher orality im Grunde eine Unmöglichkeit."[18]

Beim Predigen entdeckte King, welche Wirkung er auf seine Zuhörer ausübte. Seine besondere Ausstrahlung – sein „Charisma" – teilte sich „in Worten und Gebärden, im Tonfall und in der ganzen Erscheinung"[19] mit und bewirkte bei anderen, dass sie Vertrauen und Kraft gewannen. Er gab seinen Zuhörern das Gefühl, etwas wert zu sein. Er verkörperte das, wonach sie sich sehnten, und fand überzeugende, mitreißende Worte dafür. Die Zuhörer glaubten ihm, und sie trauten ihm etwas zu. King wirkte glaubwürdig, weil er sich entschlossen zeigte, die Anliegen seiner Predigten zu verwirklichen. „Was er sagte, das tat er auch."[20] Prophetische Predigten und soziales Engagement, gewaltfreie Aktionen und ziviler Ungehorsam bilden bei ihm eine lebendige Einheit.

Äußerlich gesehen war King mit kaum 1,68 Meter Größe keine überwältigende Erscheinung. Doch wenn er öffentlich sprach, konnte man sich dem Eindruck seiner Stimme und der Macht seiner Rede nicht entziehen. Er stand mit weit auseinandergespreizten Beinen „und verlagerte sein Gewicht ständig von einem Fuß auf den anderen. Wenn er etwas besonders betonte, wippte er auf den Zehenspitzen und benützte seine Finger für ‚illustrative Gesten'."[21] Durch seine Sprechweise bewegte er die Menschen dazu, sich im selben Rhythmus zu bewegen, den seine Rednergabe vermittelte.

Am Beispiel seiner berühmten Rede "I Have a Dream"[22] lässt sich erkennen, dass die Predigten und Reden Kings von der Wiederholung

einzelner Phrasen leben und von einem für die schwarzen Gemeinden charakteristischen Singsang-Sprechrhythmus geprägt sind. Der Redner benutzt Stilmittel wie *Alliteration, Assonanz, Anapher* und *Epistrophe*:[23]
- *Alliteration*: Wiederholung des ersten Buchstabens bei verschiedenen Worten in einem Satz (not ... by the color of their skin but by the content of their character);
- *Assonanz*: Wiederholung von gleichen Vokalen, denen jeweils verschiedene Konsonanten folgen (that mag-ni-ficent tril-ogy of dura-bil-ity);
- *Anapher*: Wiederholung desselben Wortes oder derselben Wortgruppe am Anfang von aufeinander folgenden Sätzen;
- *Epistrophe*: Wiederholung desselben Wortes oder derselben Wortgruppe am Ende von aufeinander folgenden Sätzen.

Beim Gebrauch von Anapher und Epistrophe geht Kings Stimme jeweils am Ende der Reihe in die Ekstase der Gemeinde über.[24] Durch seine schmuckreiche religiöse Bildersprache wirkt er tief in die Seele seiner Zuhörer hinein. Dazu kommt die Dynamik seines Vortrags, das langsame Sprechen zu Beginn, dessen Tempo sich allmählich steigert, und die gefüllten, spannungsvollen Pausen. Eine Journalistin schrieb über ihn, nachdem sie ihn selbst gehört hatte: „‚Sein Vortrag ist so schön und so geschliffen, wie wenn Roland Hayes ein Spiritual singt.' Und seine Stimme strahlte eine so tiefe Zärtlichkeit und Aufrichtigkeit aus, dass sie einem ‚das Herz aus dem Körper zaubern konnte'."[25] Dieser Vergleich berührt eine wesentliche Qualität des Predigers und Redners. Sein Vortrag hat genau das, was beim Singen eines Spirituals entscheidend ist: soul, Beseeltheit. Deswegen liebte er die Stimme der Spiritual-Sängerin Mahalia Jackson,[26] jener Sängerin, die 1963 in Washington auftrat, bevor King seine Rede hielt. Er begann mit der geschriebenen Rede, ließ sich dann aber, als die Menge der Zuhörer in den rhythmischen Teil der Rede einstimmte, davon inspirieren. „Er vergaß seine geschriebene Rede ebenso wie die Zeit und sprach aus seinem Herzen [...]."[27]

Eine Sternstunde

Der Mann, der in seiner Predigt vom reichen Kornbauer das reiche weiße Amerika vor Gott zur Verantwortung rief, war ein Nonkonformist und ein prophetischer Prediger, der leidenschaftlich seine Stimme gegen den Vietnamkrieg erhob. King glaubte an die verändernde Kraft des gesprochenen Wortes. Mit den richtigen Worten, davon war er überzeugt, könne man die Welt bewegen.[28] Das macht sein Auftreten zu einer Sternstunde der Predigt. C. T. Vivian, ein Prediger, der mit ihm zusammengearbeitet hat, weist darauf hin, dass King seine Zuhörer gerade deshalb so tief berühren konnte, weil er Intellekt und Gefühl gleichermaßen stark ansprach: King habe den Menschen das Gefühl vermittelt, „sich wirklich zu kümmern. Er las nicht einfach schön gedrechselte Sätze herunter. Er glaubte fest daran, dass das richtige Wort, emotional und intellektuell aufgeladen, die Person als Ganzes erreichen und die zwischenmenschlichen Beziehungen verändern konnte."[29] Die Zuhörer verehren ihn, weil er so redet, dass man ihn auch ohne hohes Bildungsniveau verstehen kann und weil er selbst einfachen Leuten schwierige philosophische Gedanken nahezubringen vermag. In seinen Predigten und Reden, in denen er immer wieder zum gewaltlosen Widerstand gegen den Hass aufruft, stellt King historische Bezüge her von Plato, Aristoteles und Thomas von Aquin bis zu Freud und Gandhi. Er bringt Beispiele aus dem täglichen Leben und zitiert aus einem reichen Schatz auswendig gelernter Gedichte.[30]

King wurde der Prediger, der er war, durch die schwarzen Gemeinden, ihre Frömmigkeit und ihre Lieder, die aus einer Kultur der Mündlichkeit erwachsen und in ihr lebendig sind. Wir kommen nicht aus einer solchen Predigtkultur der *orality*, in der man frei zu predigen lernt. Uns fehlen die lebendigen Vorbilder für eine entsprechende Rhetorik, wie King sie besaß und souverän zu gebrauchen wusste. In dieser Hinsicht bin ich etwas skeptischer als Martin Nicol, inwieweit wir von der amerikanischen *New Homiletic* lernen können. Kings Predigtkunst und Rhetorik kann man bestaunen, aber schwerlich nachahmen.

Gerade weil seine Rhetorik als überwältigend erlebt wird, fordert sie auch zur Kritik heraus. Das wurde mir vor Jahren in einem homiletischen Seminar deutlich, dessen Teilnehmer die Predigt "Why Jesus called a man a fool?" gehört hatten. Danach bemerkte ein Student: Wenn man nicht wüsste, dass King zu „den Guten" gehörte, würde man seine Rhetorik für verführerisch und gefährlich halten! Das verrät ein feines Gespür für das Problem: Rhetorik ist immer ambivalent. Sie kann dem Guten dienen und aufbauen (nach 1. Korinther 14,26: Lasst alles geschehen zur Erbauung!) – und sie kann zum Zweck der Beeinflussung bis hin zur demagogischen Manipulation der Hörer benutzt werden. Wer das Evangelium predigt, kommt ohne rhetorische Bildung nicht aus, denn er hat mit Worten zu bezeugen, wer Jesus Christus für uns heute ist. Doch nur, wer das, was er predigt, auch in seiner Existenz ausdrückt, wird als Botschafter Jesu Christi überzeugen.

Martin Luther King war solch ein Prediger des Evangeliums, der seine Rhetorik ganz in den Dienst dieser Existenzaufgabe stellte. In vierfacher Hinsicht kann er uns heute mit seinen Predigten inspirieren:

1. Wer King predigen hört, begreift: Predigt ist zuerst Stimme eines Predigers, der seine Hörer anredet. Damit ist eine biblische Kategorie (hebr. *kol*, griech. *phone*) in Geltung gesetzt, die in unserer Predigtkultur und Homiletik meist sträflich vernachlässigt wird. „Eine Predigt", sagt King, „ist keine Abhandlung, die man liest, sondern das Wort, das man hört. Sie sollte ein überzeugender Aufruf an eine hörende Gemeinde sein."[31]
2. King wendet sich mit seiner Predigt an den ganzen Menschen, nimmt also die vielfältigen Beziehungen wahr, in denen seine Hörer ebenso wie er selbst mit Geist, Seele und Körper ihr Leben führen, und spricht sie sowohl intellektuell wie emotional an.
3. Er sagt, was er tut, und tut, was er sagt. Sein Leben und seine Predigt bilden eine stimmige, überzeugende Einheit. Wenn man Menschen immer nur von der Liebe predigt, lernen sie dadurch predigen, aber nicht lieben. Der Prediger King wollte seine Zuhörer nicht lehren, Feindesliebe zu predigen; er wollte ihnen zeigen, wie man seine Feinde liebt.
4. King wagt es, eine prophetische Rolle zu übernehmen. Er ist bewegt von dem prophetischen Bewusstsein, dass Gott sich um die Probleme der Welt kümmert, dass Er selbst von ihnen betroffen ist. Deswegen kann dieser Prediger unerhört eindringlich und direkt sagen, was an der Zeit ist und was Gott von seinem Land will.

Michael Heymel

Literatur

Richard Lischer, The Preacher King. Martin Luther King, Jr. and The Word That Moved America, New York – Oxford 1997.

Anmerkungen

[1] Vgl. Clayborne Carson/Peter Holloran (Ed.), A Knock at Midnight. Inspiration from The Great Sermons of Reverend Martin Luther King, Jr. Original Recordings of Reverend Martin Luther King, Jr., Time Warner Audio Books, New York 1998. Die Sammlung enthält Tonkassetten von 11 Predigten, die z. T. gekürzt wiedergegeben werden. Das Begleitbuch bietet die vollständigen Predigtnachschriften.

² Richard Lischer, The Preacher King. Martin Luther King, Jr. and The Word That Moved America, New York – Oxford 1997, 135.
³ Erheblich gekürzte Nachschrift. Der vollständige Text ist abgedruckt in: Clayborne Carson/Peter Holloran (Ed.), A Knock at Midnight. Inspiration from The Great Sermons of Reverend Martin Luther King, Jr., New York 1998, 145–164.
⁴ Eigene Übersetzung, M. H.
⁵ „… the preacher must be concerned about the whole man. Not merely his soul but his body. It's all right to talk about heaven. I talk about it because I believe firmly in immortality. But you've got to talk about the earth" (Carson/Holloran, 146).
⁶ Vgl. zum Folgenden: Dieter Mersch, Präsenz und Ethizität der Stimme, in: Doris Kolesch/Sybille Krämer (Hgg.), Stimme. Annäherung an ein Phänomen, Frankfurt/Main 2006, 211–236, hier: 212 ff.
⁷ Vgl. Bernhard Waldenfels, Das Lautwerden der Stimme, in: Kolesch/Krämer, 191–210, hier: 192 f.
⁸ Sie erschien in der Sammlung „Strength to Love" (New York 1963). Vgl. die deutsche Fassung: Der Mann, der ein Narr war, in: Martin Luther King jr., Kraft zum Lieben, Konstanz 1964, 87–97.
⁹ Zit. nach Lischer, 268.
¹⁰ Vgl. ebd. 26.
¹¹ Zit. nach Stephen B. Oates, Martin Luther King. Kämpfer für Gewaltlosigkeit, Hamburg 1984, 70.
¹² Oates, 76.
¹³ Lischer, 137.
¹⁴ Ebd. 138.
¹⁵ Coretta Scott King, Mein Leben mit Martin Luther King, Stuttgart 1970, 53.
¹⁶ Vgl. Martin Nicol, Preaching from Within. Homiletische Positionslichter aus Nordamerika, in: PTh 86 (1997), 295–309.
¹⁷ Nicol, 300.
¹⁸ Ebd. 302.
¹⁹ Gerd Presler, Martin Luther King (rororo Bildmonographie 50333), Reinbek 1984, ¹¹2000, 142.
²⁰ Einleitung zu: Martin Luther King, Ich habe einen Traum. Hg. von Hans-Eckehard Bahr und Heinrich W. Grosse, Zürich-Düsseldorf 1999, 8–24, hier: 24
²¹ Oates, 104.
²² In deutscher Übersetzung abgedruckt in: Bahr/Grosse, 88–93.
²³ Vgl. Lischer, 128 f.
²⁴ Vgl. ebd. 128.
²⁵ Oates, 106.
²⁶ Vgl. Scott King, 191.
²⁷ Ebd.
²⁸ Vgl. Lischer, 40.
²⁹ Zit. nach Oates, 346 f.
³⁰ Vgl. Lischer, 104 f.
³¹ King, Kraft zum Lieben, Vorwort, 10.

Dorothee Sölle
Eine moderne Mystikerin ermutigt zum Ringen mit Gott

DIE SITUATION

Dorothee Sölle nannte sich selbst eine „theologische Schriftstellerin".[1] Sie hatte nie ein kirchliches Amt und keine feste Anstellung an der Universität. „Dennoch", so schreibt Wolf Krötke, „gibt es kaum einen in Kirche und Theologie, den ihre Stimme nicht erreicht, nicht entweder mitgerissen oder geärgert, provoziert oder nachdenklich gemacht hätte. Sie war eine Theologin mit ganz ungewöhnlicher Sprachkraft, der man nicht ausweichen konnte, wenn man sie hörte und las."[2]

Umso mehr überrascht, dass ihr „Rang als Predigerin [...] bislang noch nicht richtig gewürdigt worden [ist]".[3] Dorothee Sölle war keine ordinierte Pfarrerin. Wenn sie predigte, dann geschah das aus besonderem Anlass und weil man sie dazu eingeladen hatte. Sie hielt politische, feministische und ausgesprochen religiöse Predigten im Rahmen von Kirchentagen, bei Universitätsgottesdiensten und Kundgebungen der Friedensbewegung. Als linke Theologin war sie wichtig für die Evangelische Studentinnen- und Studentengemeinde (ESG) und die Kirche in Hamburg, wo sie zuletzt lebte.

Am 15. Mai 1988 hat Dorothee Sölle im Universitätsgottesdienst in der Hauptkirche St. Katharinen in Hamburg eine Predigt über die Geschichte von Jakobs Kampf am Jabbok (1. Mose 32,23–32) gehalten. Vier Jahre später verwendete sie den Text in leicht veränderter Form, ohne das abschließende Gebet, in ihrem Buch „Es muss doch mehr als alles geben" (zuerst 1992) als viertes Kapitel. Wenn Sölle kam, um im Hamburger Universitätsgottesdienst zu predigen, wurde der Gottesdienst jedes Mal mit einer Gruppe von Studierenden vorbereitet. So war es auch diesmal. Peter Cornehl schreibt, dies sei „eine der schönsten, bewegendsten Predigten", die er kenne. Es sei eine „von tiefer Frömmigkeit getragene, existentielle [...] Predigt".[4] Ich füge noch hinzu: es ist die Predigt einer leidenschaftlichen, mutigen Kämpferin, eine Predigt, die

Mut macht, wirklich von Gott zu reden, und die das selber in einer Weise tut, die ihre Zuhörer in die eigene Gottesbegegnung hineinführt. Das macht diese Predigt für mich zu einer Sternstunde!

Die Predigt
Der Kampf mit dem Unbekannten[5]

> Jede von uns hat einen Engel
> lass uns ihn erkennen
> auch wenn er als blutgieriger Dämon kommt
> Jeder von uns hat einen Engel
> der auf uns wartet
> Lass uns nicht vorbeirasen am Jabbok
> und die Furt versäumen
> Auf uns wartet ein Engel

Liebe Gemeinde, wenn wir uns innerhalb der großen religionsgeschichtlichen Tradition verstehen, die mit Israel begonnen hat, wenn wir auch dazugehören und „Israel rechter Art, das aus dem Geist erzeuget ward" (EG 299,4) sind – und ich flehe euch an, auch den leisesten Schatten von Antijudaismus, der in dieser Formulierung liegen mag, auszureißen aus eurem Denken! Als hätten wir die Juden auch ihres geistigen Erbes beraubt und sie verdrängt und vertrieben aus dem, was ihre Geschichte, ihre Identität, eben: ihr Gott war und ist, da wir doch erst als später Hinzugekommene in den oft verratenen, nie gekündigten Bund einbezogen sind – wenn wir also Israel rechter Art sind und werden wollen, dann haben wir Anteil am Glauben Abrahams, Isaaks und Jakobs bis auf den heutigen Tag. „Wohl dem, der einzig schauet nach Jakobs Gott und Heil" (EG 302,2), so singen wir, oder: „Selig, ja selig ist der zu nennen, des Hilfe der Gott Jakobs ist (EG 303,2).

Wer also ist der Gott Jakobs? Wer überfällt Jakob, wer segnet ihn? Beim Lesen der Auslegungen ist mir aufgefallen, dass die meisten Ausleger eher an der Frage „Wer ist Jakob?" interessiert sind. Sie binden die rätselhafte Geschichte in seine Lebenserfahrungen ein, sie ergründen seine Licht- und seine Schattenseite, seine wechselnden Beziehungen zu anderen und zu sich selber, seinen Namen als Fersensteller, als Betrüger, als endlich dann: Gottesstreiter. Ich habe das, vor allem durch Elie Wiesel, gern aufgenommen, aber je mehr ich mit dem Text umging, desto mehr faszinierte mich die Frage: Wer ist Gott in dieser Geschichte? Nicht als sei die Frage „Wer ist Jakob?" von dieser anderen ablösbar, aber ich ertappte mich bei dem Gefühl, dass mich Jakob nicht so interessiert, weil ich Jakob ja schon bin. Ich kenne ja diese Lebensübergänge, bei denen wir in der Tat einen Fluss überschreiten müssen, ich erinnere mich an diese *rites de passage* in meinem Leben, zum Beispiel an den Tag, an dem ich aus der Kindheit herausgeworfen wurde, ich erinnere mich an die enormen Schwierigkeiten, die ich mit dem Erwachsenwerden hatte, auch das ein Überfall des trivialen, unser Tun und Träumen brutal verzweckenden Alltagsgeistes, und ich habe, ganz natürlich, heute tiefe Ängste vor dem dunklen Fluss vor mir: Altwerden, Verlassenwerden, diese langsam in mir hochkriechende Hinfälligkeit anzunehmen. Und so suche ich nicht Jakob auf in der Geschichte, ich bin ja schon Jakob, ich suche den anderen, der überfällt und töten will, ich suche den, der segnet. Ich möchte von Jakob etwas über Gott erfahren, aber das ist zu bescheiden ausgedrückt, was soll das überhaupt heißen: „über Gott" etwas zu erfahren, als sei Gott ein wissbares Objekt meiner Wissbegierde. Mich interessiert nicht Jakob, sondern sein Ziel, sein Abgrund. „Ich lasse dich nicht", ich will diesen Satz nicht zitieren, ich will ihn tun.

Wer ist der Gott Jakobs? Wer überfällt und wer segnet? Ich habe mir die Wörter aufgeschrieben, die in den Kommentaren vorkommen über den, der da die Nacht über mit Jakob ringt: der Fremde, der nächtliche Besucher, der lichtscheue Dämon, das Gespenst, der Geist, der raubt und mordet, der Angreifer, der Feind. In den rabbinischen Kommentaren erscheinen die Wörter: ein Hirte, ein Zauberer, ein Weiser oder ein Bandit. Die meisten Ausleger haben sich allerdings auf den Engel geeinigt, und unter dem Titel „Jakobs Kampf mit dem Engel" ist unsere Erzählung in die bildende Kunst eingegangen, zu Rembrandt und zu Chagall und Herbert Falken, und in die Literatur. Jakobs Kampf ist der Kampf mit dem Engel und hält darin eine mittlere Ebene zwischen dem Dämon und Gott, in der die Züge beider aufgenommen sind. Also noch einmal: Wer überfällt Jakob, wer segnet ihn?

> Jeder von uns kämpft mit Gott
> lasst uns dazu stehen
> auch wenn wir geschlagen werden
> und verrenkt

> Jede von uns kämpft um Gott
> der darauf wartet
> gebraucht zu werden
> Auf uns wartet ein Kampf

Beim Überfallenwerden denke ich an meine Freundin Lore, die in Düsseldorf lebt. Vielleicht ist die Rheinbrücke dort eine Furt über den Jabbok. Meine Freundin, ein überdurchschnittlich begabter Mensch, mit einer hellen, klaren, zupackenden Rationalität, war jahrelang Leiterin eines Studienseminars. Im Sommer vorigen Jahres hat sie etwas erleben müssen, das ich mit den Worten unserer Geschichte so nennen möchte: Da rang jemand mit ihr und überfiel die wehrlose Seele.

Lore ist seit Monaten in der geschlossenen Abteilung eines Psychiatrischen Krankenhauses. Sie hat viele Nächte hindurch geschrien. Sie hat den Putzfrauen ihre Wagen mit Putzmitteln umgeworfen, sie hat ihre Brille – also das Instrument, mit dem sie lesend die Welt wahrnimmt – zertrampelt. Sie hat mich angefleht: „Hol' mich hier raus!" Lore hat viele und verlässliche Freunde. Sie bezieht eine gute Pension – aber sie ist so allein wie Jakob, nachdem er Familie und Besitz, diese unsere Barrikaden gegen das Unglück, vorausgeschickt hat. Sie ist überfallen worden, als hätte der nächtliche Angreifer sich meine Freundin ausgesucht, um ihr seine Macht zu zeigen. Übrigens brach ihre Krankheit erneut aus, als ihr in den USA ihre Handtasche mit lebenswichtigen Antidepressiva gestohlen wurde.

Überfall, Angriff, Bedrohung und die namenlosen Ängste der psychisch Kranken – wann wird der Quäler von ihr ablassen? Wann bricht der Tag an? Und wird sie den Kampf, der sie zerstört, als Segen erfahren? Ist es denkbar, dass sie dem hereinstürzenden Unglück so standhält, ihm so viel Liebe zum Leben entgegensetzt, dass es sich verwandelt? „Denen, die Gott lieben", sagt Paulus im Römerbrief, „müssen alle Dinge zum Besten dienen" (Röm 8,28). Wirklich alles? Auch die Krankheit der Seele, des Geistes? Auch die Vernichtung?

Jakob muss so etwas geglaubt haben. Anders ist seine Stärke nicht zu erklären, sein Ringen und vor allem nicht die archaische Bedingung, die er dem Ringer, dem Überfalltäter stellt. „Ich lass dich nicht los, es sei denn, du gäbest mir Anteil an deiner Macht."

Einer der schönsten Züge der Geschichte liegt für mich darin, dass Jakob, nachdem er die ganze Nacht gekämpft hat, am Ende nicht froh ist, den unheimlichen Gast loszuwerden. Er lässt ihn nicht aufatmend ziehen. *Survivre n'est pas vivre.* Überleben reicht nicht aus. Jakob will mehr, will trotz und mit verrenkter Hüfte mehr als gerade noch davongekommen sein. Er will Gott anders haben, als Gott jetzt ist. Der Dämon, der Menschenersticker, der Heimzahler-Gott muss noch anders sein. Was soll mit Gott „ringen" eigentlich anders heißen als Gott so zu bedrängen, dass er Gott wird und nicht nur seine dunkle Seite auslebt?! Mit einem Wort gesagt: Jakob liebt Gott! Er will etwas von ihm. Er lässt ihn nicht wie er ist. Er lässt nicht los. Er gibt sich nicht mit der Ermäßigung Gottes zufrieden. Er sagt nicht: So ist es eben mit eurem Gott, den kannst du vergessen.

> Jede von uns wird gesegnet
> Lasst uns daran glauben
> auch wenn wir aufgeben wollen
> Gib uns die Dreistigkeit mehr zu verlangen
> Mach uns hungrig nach dir
> lehr uns beten: ich lass dich nicht
> das kann doch nicht alles sein
> Auf uns wartet ein Segen

Wir fragen manchmal nach dem Sinn des Gebets. Mit Gott ringen, damit Gott Gott sei, ist eine Antwort auf diese Frage. Beten heißt: Gott die schwarzen Kinder Südafrikas, die heute im Gefängnis sind, gedemütigt und gefoltert werden, immer wieder vorhalten. Beten heißt Gott nicht freisprechen. „Es sind doch deine Kinder, mein Gott!" Zur Freiheit geschaffen, wenig niedriger als die Engel, Töchter und Söhne des Lebens. Du kannst sie doch nicht einfach verrecken lassen! Fürbitte tun heißt Gott erinnern an die, die allen Grund haben, sich von Gott vergessen zu glauben. Ringen, Kämpfen, Beten ist ein Vorgang.

Ich will hier eine andere Variation zum Thema einbringen. Das Lied, das wir nach der Predigt singen wollen, stammt von Charles Wesley, dem Mitbegründer der methodistischen Kirche. Das Lied heißt "Wrestling Jacob"[6] und bezieht sich auf unsern Bibeltext, es verwandelt ihn sich an. Das Ich dieses Liedes ist allein in seiner Wohnung, die Gäste sind gegangen, es ist Nacht. Es ist eine Situation, die wir alle kennen. Innen, im Binnenraum, nicht draußen am Fluss, innen, im Raum der Seele.

"Come, o thou traveler unknown / Whom still I hold, but cannot see." Das Motiv des Überfalls, der fremden, bedrohenden Macht ist hier verwandelt. "With thee all night I mean to stay / And wrestle till the break of day." Die zweite Strophe greift dann das Fragespiel nach dem Namen auf, in einer für die individualisierte Frömmigkeit typischen Art. Auf die Frage des Engels an Jakob „Wie heißt du?" wird ganz verzichtet, der Beter nennt als Namen seinen inneren Zustand: Sünde und Elend, misery, hier: psychisches Elend. Gott kennt meinen Namen, er hat mich bei meinem Namen gerufen, er hat, wie es in Anspielung auf Jesaja 49,16 heißt, meinen Namen in seinen Handflächen aufgeschrieben: „Siehe, auf meine Hände habe ich dich gezeichnet." Der Beter dieses Liedes ist so von Gott umhüllt, dass er nicht wie Jakob nach seinem Namen gefragt und dann umbenannt werden muss. Alles Gewicht fällt hier auf die andere Frage, die Jakob an den nächtlichen Besucher, den Mann, den Dämon, den Engel gestellt hat und die Charles Wesley neu an Gott stellt: „Wer bist du?" Der Beter, "confident in selfdespair", bittet Gott, ihm seinen Namen zu nennen und ihn damit zu segnen. Die beiden Bitten Jakobs um den Segen und um den Namen werden hier nicht getrennt, sondern verschmolzen:

> Speak to my heart, in blessing speak;
> Be conquered by my instant prayer.
> Speak or thou neverhence shalt move
> And tell me if thy name be Love.

Die letzte Strophe übernimmt von der Jakobsgeschichte nur den anbrechenden Morgen und die fliehenden Schatten. Es fehlt die verrenkte Hüfte. Der Name Gottes, die Gewissheit, dass Gott Liebe heißt und ist, überstrahlt das Dunkel, der unbekannte Wanderer ist präsent. "Pure, universal love thou art."

> Jeder von uns hat einen geheimen Namen
> er ist in Gottes Hände geschrieben
> die uns lieben lesen ihn
> eines Tages wird man uns nennen
> Land der Versöhnung
> Bank die ihren Schuldnern vergibt
> Brunnenbauerin in der Wüste
> Auf uns wartet Gottes Name

Aus der Erzählung vom flüchtenden Jakob, der nun seinem betrogenen Bruder entgegengeht, aus dem Drama am Jabbok ist hier die Meditation eines Einsamen geworden. Aus dem Dämon wurde ein unbekannter Wanderer oder Gast, aus dem Ringkampf ein Gebetskampf. Das Gedicht erinnert an Rembrandts Auffassung in seinem Bild „Jakob worstelt met dem Angel". Der Engel ist dort eine schöne, ernste Jünglingsgestalt, die den Jakob mit ihren großen Flügeln eher beschützt als bedroht. Der Ringkampf erscheint wie eine Umarmung, beide Gestalten sind im Kampf zu einer verschlungen, als seien Jakob und der Engel in einer homoerotischen Beziehung eins geworden. Diese Deutung, in der aus dem Ringkampf ein Gebetskampf wird, ist für die ganze Neuzeit charakteristisch. Das Gebet ist der Ort, da Gott überwunden wird und sich überwinden lässt. "Be conquered by my instant prayer."

Ich habe Schwierigkeiten mit dem Wort „Gebetskampf", es klingt mir verkrampft, aber dass Beten und Kämpfen zusammengehören, das ist mir immer deutlicher geworden. Mit dem dunklen Gott um das Leben eines Menschen ringen, dass dieser geliebte Mensch nicht stirbt, dass er nicht mehr zur Flasche greift oder zur Nadel, dass er nicht in self-despair, in Selbstverzweiflung zugrunde geht – das kennen wir alle. Ist es nicht wahr, dass wir mehr beten, wenn wir mehr lieben? Dass wir uns Gott in den Weg werfen und ihn festhalten, dass er nicht fortkann, dass wir Gott „nötigen", wie die Juristen das ausdrücken, so dass Gott endlich Gott werde! „Beweis dein Macht, Herr Jesu Christ" (EG 193, 2), versteck dich nicht hinter Verkündigungen und Verheißungen und Versprechen, das kennen wir doch seit zweitausend Jahren, sprich jetzt, im Nu, sag, dass du Liebe heißt und nicht Terror, sag es im Psychiatrischen Krankenhaus und in Soweto und in Wackersdorf!

Beten und Kämpfen gehören zusammen. Wer ist der Gott Jakobs und unser Gott? Wer überfällt Jakob und wer segnet ihn? Wer kommt als Schicksal daher, als Dürrekatastrophe, als Sachzwang, als der Fremde, der Unbekannte, der uns heimsucht? Die Antwort liegt nicht in der Theologie, sondern in dem Ringen, das wir Gebet nennen mögen oder Kampf, es kommt auf das Gleiche hinaus. Gott überfällt uns ja nicht weniger, als er den Jakob überfällt. Im Gebet stellen wir uns dem, der uns überfällt. Wir sind nackt, wir haben das, was uns schützen könnte, weggeschickt. Lasst euch doch von Gott überfallen, Freunde, denkt doch nicht, der Jabbok liegt weit weg und in Soweto leben andere Kinder, nicht meine. Es spricht alles dafür, mit Gott für Gott zu kämpfen, dass Gott sichtbar werde, dass Gottes Sonne auch uns aufgehe und wir einen neuen Namen bekommen.

Lasst uns beten:

> Jede von uns hat einen Engel
> lass uns ihn erkennen
> auch wenn er als blutgieriger Dämon kommt
> Jeder von uns hat einen Engel
> der auf uns wartet
> Lass uns nicht vorbeirasen am Jabbok
> und die Furt versäumen
> Auf uns wartet ein Engel
>
> Jeder von uns kämpft mit Gott
> lass uns dazu stehen
> auch wenn wir geschlagen werden
> und verrenkt
> Jede von uns kämpft um Gott
> der darauf wartet
> gebraucht zu werden
> Auf uns wartet ein Kampf
>
> Jede von uns wird gesegnet
> Lass uns daran glauben
> auch wenn wir aufgeben wollen
> Gib uns die Dreistigkeit mehr zu verlangen
> Mach uns hungrig nach dir
> lehr uns beten: ich lass dich nicht
> das kann doch nicht alles sein
> Auf uns wartet ein Segen
>
> Jeder von uns hat einen geheimen Namen
> er ist in Gottes Hände geschrieben
> die uns lieben lesen ihn
> eines Tages wird man uns nennen
> Land der Versöhnung
> Bank die ihren Schuldnern vergibt
> Brunnenbauerin in der Wüste
> Auf uns wartet Gottes Name

Nachzeichnung der Predigt

Die Predigerin gibt das Musterbeispiel einer literarischen Predigt, mit der sie ihre Zuhörer emotional anzusprechen und existentiell zu berühren vermag. Um diese Predigt mit ihren Gedichtstrophen mitzuvollziehen, braucht man einen geistigen Horizont, eine Denk- und Sprachfähigkeit, die nicht in jeder Gemeinde vorausgesetzt werden kann.

Wichtiger ist jedoch, dass die Predigerin ihren Zuhörern ein *befremdliches, beunruhigendes Gottesbild* vermittelt und ihnen einen *ungewohnten Zugang zum Gebet* eröffnet. Die Kernbotschaft der Predigt lautet: „Jeder Mensch ist Jakob." Und sie scheint nahezulegen: „Es gibt Situationen, in denen es dir aufgegeben ist, mit Gott zu ringen."

Dabei wird die Frage „Wer ist Gott?" für den Zuhörer zu einer bedrängenden Herausforderung. Sölle vermittelt im Grunde kein fertiges Gottesbild; sie bringt das fixe Bild in Bewegung. Gott ist hier nicht einfach der gute, liebe Gott, sondern auch der Dunkle, Unbekannte, Geheimnisvolle. In unserem traditionell-kirchlichen Bild steht Gott immer *über* den Dingen, bei Sölle ist er als Beteiligter *mitten im Geschehen*. Das uns vertraute Gottesbild, das immer noch kommuniziert wird, stammt aus der Aufklärung. Es stellt Gott nur als Inbegriff des Guten dar. Für die dunkle Seite Gottes, für das Geheimnis, das Abgründige ist kein Raum. Dieses Bild wird irritiert, je mehr man sich in die Begegnung Jakobs mit dem Unbekannten hineinziehen lässt.

Heute wird oft gefragt: Was ist das für ein Gott, der Flutkatastrophen und Erdbeben zulässt? Wie kann Gott nur solches Leid zulassen? Dabei wird ein unbiblischer Begriff göttlicher Allmacht[7] vorausgesetzt und ganz selbstverständlich der Anspruch erhoben, Gott habe sich vor dem Forum menschlicher Vernunft zu verantworten. Leiden, Lebenskrisen und Katastrophen erscheinen als absurde Kränkungen des Menschen in seiner Autonomie und seines Rechtes auf Glück. Dieser weithin popularisierten und selbstverständlich gewordenen Denkweise begegnet Sölle, indem sie konkrete Lebenssituationen auf den Kampf am Jabbok bezieht. Sie zeigt: das Leben selbst fordert dazu heraus, mit Gott zu kämpfen. Das heißt nicht, man müsse den Kampf suchen. Aber Sölle nimmt die Gottesbegegnung Jakobs in ihrer Radikalität und Abgründigkeit ernst, wenn sie darauf insistiert, dass es Situationen gibt, in denen einem das Ringen mit Gott existentiell aufgegeben ist.

Die Erfahrung von Auschwitz hat Sölle veranlasst, von Gott anders zu denken als die klassische Theologie zuvor.[7] Hier stimmt ihre Kritik mit der des jüdischen Philosophen Hans Jonas (1903–1993) überein, der erklärte: Nach Auschwitz müsse der Begriff der Allmacht (*omnipotentia*) Gottes aufgegeben werden. Denn eine allmächtige Gottheit wäre entweder nicht allgütig oder in ihrem Weltregiment völlig unverständlich.[8] Daher fragt Sölle: Wer ist Gott? Sie hat sich also selber der Herausforderung gestellt, sich von einem Gottesbild zu verabschieden, das der Wirklichkeit nicht standhält. Die Theologie, die es entwarf, dachte von Gott und seiner Beziehung zum Menschen zu harmlos, zu „vernünftig" und vom Menschen zu hochgemut und optimistisch.

Sölle dagegen nimmt wahr, dass ein Mensch, der jäh vom Unbekannten „überfallen" wird, ein Leidender, dessen Lebenshoffnungen nicht aufgehen oder heftig durchkreuzt werden, zum *Ringen mit Gott* herausgefordert ist. Um dies zur Sprache zu bringen, greift sie auf drei Hilfsmittel zurück:

1. Sie nimmt auf, was sie von Kierkegaard über das Gebet gelernt hat: Beten heißt, radikal verstanden, mit Gott streiten, in der Begegnung *mit* IHM, *gegen* IHN darum ringen, dass Gott wirklich Gott ist.[9] Das ist ein Verständnis von Gebet, das aus dem Buch Hiob, den Klagepsalmen und Jesu Beten in Gethsemane schöpft, für das es aber (speziell in der Neuzeit, speziell im deutschsprachigen Raum) keine christliche Tradition gibt.
2. Rembrandts Bild „Jakobs Kampf mit dem Engel"[10] wird zu Hilfe genommen, damit die Zuhörer angeregt werden, sich ein *inneres* Bild von diesem Kampf zu machen, sich *einzubilden*, was da geschieht. Wer das Bild Rembrandts vor Augen hat, dem kann der Kampf mit dem Engel beinahe wie eine Umarmung erscheinen – auch dies ein überraschendes Moment.
3. In dem Teil über das Gebet nimmt Sölle Wesleys Lied „Wrestling Jacob" als poetische Sprachform auf, weil der Einzelne, der das Lied hört und singt, darin sein eigenes Ringen mit Gott wiederfinden kann. Das Lied bietet ihm diese Möglichkeit an, indem es von Jakobs Kampf mit dem Unbekannten in der Ich-Form spricht.

Die Predigerin

Der Zugang zu Sölles Verständnis von Predigt erschließt sich über ihr schriftstellerisches Werk, genauer über diejenigen Kapitel ihrer Bücher, in denen sie über die *neue Sprache* nachdenkt, in der sich „vollkommene Poesie" und „reines Gebet" miteinander verbinden.[11] Die Predigt über Jakobs Kampf am Jabbok wird gerahmt und gegliedert durch ein vierstrophiges Gedicht, das am Ende als Gebet wiederholt wird. Schon daran wird erkennbar, wie Sölle beim Predigen auf eine poetische, zum Beten hinführende Sprache ausgerichtet ist.

In ihren Erinnerungen schreibt sie: „Ich [...] wollte immer etwas mit der Sprache machen, also schreiben, öffentlich reden, lehren, predigen, Menschen überzeugen."[12] Als Mystikerin leidet sie unter der Hilflosigkeit und Unzulänglichkeit der Sprache, wenn es gilt, den mystischen Zustand auszudrücken. Wie könnte das, was uns unbedingt angeht, gesagt werden, ohne sogleich der Trivialisierung zu verfallen? Was kann man von der Gottheit sagen, was nicht unwahr ist? Andererseits kann die Seele „nicht darauf verzichten zu sprechen. Nichts reizt die Sprechenden so sehr zur Rede wie die Unsagbarkeit".[13]

Was Sölle sucht, ist „ein Sprechen, das uns mit dem Grund der Tiefe des Seins in Beziehung setzt".[14] Sie sucht eine neue Sprache, weil sie an der alten verzweifelt, weil sie sich davon angeekelt fühlt, wie die Sprache zerstört wird. Die Zerstörung der Sprache deutet für sie – darin ist sie Karl Kraus nahe – auf eine Zerstörung des Menschen hin; eine korrumpierte Sprache indiziert allemal, wie Menschen zerstört werden. Die Sprachlosigkeit, in der sie gar nicht mehr selber sagen können, was sie vom Leben erwarten, diese Herrschaft einer konventionellen Sprache des Alltags, die nur noch auf Information und bilderfreie Verständlichkeit aus ist, will Sölle aufbrechen. Sie ist überzeugt, dass wir „eine Sprache der Poesie und des Gebets [brauchen]".[15] Dass eine solche Sprache – deren Prototyp die „mythisch-narrative Sprache der Bibel"[16] ist – notwendig sei, setzt voraus, es gebe etwas, das die empirische Realität überschreitet, etwas für den Menschen Lebensnotwendiges, das nur in der Sprachform von Gebet und Poesie gesagt werden könne.

Da die Theologie in ihren Augen bereits der Tendenz zum instrumentellen und technokratischen Sprachspiel erlegen ist und sich durch zunehmende Verwissenschaftlichung gegen eine Erneuerung ihrer Sprache verhärtet hat, greift Dorothee Sölle immer wieder auf das Beispiel der Dichter zurück, um deutlich zu machen, was für eine Sprache das ist, die, zugleich Poesie und Gebet, das „Existentielle wirklicher Theologie"[17] zurückgewinnt. Gebet und Poesie „verbinden uns mit unseren Wünschen. Sie holen uns aus dem wunschlosen Unglück heraus. Sie verbinden uns mit dem, der wir jetzt nicht sind, und erinnern uns an die, als die wir gemeint waren."[18]

Was Sölle sucht, lässt sich am ehesten als *theo-poetische Sprache* bezeichnen. Diese Sprache will Sölle hören, verstehen und sprechen lernen.[19] Sie will „tun, was Poesie und Gebet immer wieder versuchten, Gott mitzuteilen, Gott zu verteilen [...]".[20] Dabei versteht sie sich solidarisch mit denen, deren Verhältnis zur Sprache durch den „Dienst der Zwecke, der Berechnung, der Herrschaft"[21] korrumpiert ist: „Unsere Sprache ist ein Teil unseres Lebens in der Welt der Zwecke und Absichten. Ich sage etwas, um etwas zu erreichen oder etwas zu bekommen. Ich stehe als Subjekt den Objekten gegenüber und benutze sie. [...] Ich benutze die Sprache im Geist der zweckhaften Verdinglichung."[22] Vor allem durch Meister Eckhart (1260-1328), den Prediger der Mystik, entdeckt Sölle den Weg zu einem Verständnis von Sprache, das sich durch eine andere „existentielle Qualität" auszeichnet als das konventionelle Sprachverständnis. Dabei hilft ihr der Begriff des „sunder warumbe", des „ohne Warum", den Eckhart in einer deutschen Predigt (zu 1. Joh 4,9) gebraucht.

Meister Eckhart beschreibt mit diesem Begriff das wesentliche Sein, das nicht Mittel für etwas anderes ist, sondern seinen Grund und seine Rechtfertigung in sich selbst hat. Er leitet seine Hörerinnen dazu an, die Wirklichkeit nicht zweckrational, sondern von ihrem „innersten Grund" her wahrzunehmen: „Wer das Leben fragte tausend Jahre lang: ‚Warum lebst du?' – könnte es antworten, es spräche nichts anderes als: ‚Ich lebe darum, dass ich lebe.' Das kommt daher, weil das Leben aus seinem eigenen Grunde lebt und aus seinem Eigenen quillt; darum lebt es ohne Warum eben darin, dass es [für] sich selbst lebt. Wer nun einen wahrhaftigen Menschen, der aus seinem eigenen Grunde wirkt, fragte: ‚Warum wirkst du deine Werke?' – sollte er recht antworten, er spräche nichts anderes als: ‚Ich wirke darum, dass ich wirke.' Wo die Kreatur endet, da beginnt Gott zu sein. Nun begehrt Gott nichts mehr von dir, als dass du aus dir selbst ausgehest deiner kreatürlichen Seinsweise nach und Gott in dir sein lässt."[23]

Sölle fragt nun: „Was bedeutet dieses ‚ohne Warum', in dem wir leben sollen und in dem das Leben selber lebt? Es ist die Abwesenheit von allem Zweck, aller Berechnung, allem *quid pro quo*, allem Etwas für etwas Anderes, aller Herrschaft, die sich das Leben zu Dienste macht. Wo immer wir zerrissen sind zwischen Sein und Handeln, Empfinden und Tun, da leben wir nicht 'sunder warumbe', sondern berechnen Aufwand und Erfolg, kalkulieren Wahrscheinlichkeit und Nutzen oder folgen unbegriffenen Ängsten".[24] Wer dagegen die mystische Erfahrung der Einheit ernstnimmt, drückt ein anderes Verhältnis zur Welt aus. Er hört auf, die Sprache als Mittel des Weltgewinns zu gebrauchen. Er spricht anders, eine Sprache ohne Warum und Wozu, die wie alle authentisch ursprünglichen Taten aus dem Leben und der Liebe hervorgeht, eine Sprache, die den Schöpfer selbst nachahmt, der uns ohne Warum und Wozu liebt.

Die hier skizzierte mystische Vorstellung von den Möglichkeiten einer ursprünglichen, am Ursprung des Lebens teilhabenden Sprache hat ein Modell. Sie „orientiert sich am reinen Loben. Das Lob mag zwar Anlässe kennen – und sich in der Sprache der Liturgie mit Dank vermischen –, in Wahrheit hat es aber immer den Charakter des 'sunder warumbe'. Im Loben – des aufgehenden Mondes, eines geliebten Menschen oder eben des Brunnquells aller Güter – ist das zweckbesessene, herrschsüchtige Ego vergangen. Es ist aus sich herausgegangen. Es hat sich ‚versenkt'."[25]

Anders ausgedrückt: im Loben wird das Leben als Geschenk gewürdigt. Der Sinn des Lebens wird zweck- und herrschaftsfrei ausgedrückt, in einer Sprache, die der Erfahrung entspricht, dass Gott in diesem Leben hier gegenwärtig ist.[26] In ihr bekundet sich das Wissen, dass Leben nicht von uns gemacht ist, sondern uns geschenkt wird. Die Sprache des Lobens ist die Sprache der Gottesliebe, die Schöpfer und Kreatur vereint. Sie beruht auf Ehrfurcht vor Gott als dem Ursprung.[27] An anderer Stelle bezeichnet Sölle die von ihr anvisierte mystische Sprache als „eine Sprache des ursprünglichen Staunens".[28] Ihre wesentlichen Sprachelemente sind Negation, Paradox und Schweigen.[29] Auf dasselbe Phänomen verweist Abraham J. Heschel: Um Eindrücke von der „letzten Wirklichkeit" oder dem „Mysterium des Lebens" „wiederzugeben, muss der Mensch eine Sprache benutzen, die dem Gefühl für das Unsagbare entspricht, eine Sprache, deren Worte nicht versuchen zu beschreiben, sondern nur andeuten, die zwar einen Hinweis geben, aber nicht versuchen, das Ereignis einzufangen. Diese Ausdrucksweise ist nicht immer einleuchtend, oft ist sie paradox, radikal oder negativ."[30]

Sowohl der Theologie wie der Poesie geht es Sölle zufolge um eine Sprache, die Menschen in der Tiefe zu berühren vermag. Für die Theologie bedeutet das zunächst: sie muss poetisch geübt werden, d. h. in den „Sprachformen der Religion":[31] erzählend, betend und argumentierend. Vorbildlich habe dies Sören Kierkegaard getan. In Sölles Augen ist er „ein wunderbarer Theologe, weil er alle drei Sprachen der Religion in der Leidenschaft des Absoluten spricht: Er erzählt, er betet und er argumentiert. Er lässt sich nicht auf eine Sprachebene [...] abdrängen."[32]

Statt von Theologie und Literatur spricht Sölle auch konkreter von Gebet und Poesie, um zu verdeutlichen, dass ihr an einer existentiellen Glaubenssprache, nicht an einer begrifflich präzisen Wissenschaftssprache liegt. Weshalb aber gebraucht sie stellvertretend für Theologie die Kategorie des Gebets? In einem Interview sagt sie: „Du kannst nur über Gott sprechen, wenn du zu ihm sprechen kannst."[33] Es gebe keinen Logos von Gott. Mit Martin Buber insistiert Sölle auf dem Vorrang der Du-Ich-Beziehung vor dem objektivierenden Logos. Eine diesem Grundsatz entsprechende Theologie kann nur die Form der Anrede haben. Die wirkliche Sprache des Glaubens ist das Gebet, nicht die Theologie.[34]

Eine Sternstunde

„Es ist ja oft so, dass ganz fromme Menschen ganz radikal sind", schrieb Robert Leicht in einem Nachruf auf Dorothee Sölle.[35] Das trifft auf sie in besonderer Weise zu. Dorothee Sölle war eine radikale Christin. Und so nennt sie auch der Untertitel der englischen Ausgabe ihrer Autobiographie: *Memoirs of a Radical Christian*. Was macht ihr Predigen, zumal die Predigt über Jakobs Kampf am Jabbok, zu einer Sternstunde der Predigt? Ich nenne *sieben Merkmale ihres Predigens*, die mir an verschiedenen Predigten von Sölle aufgefallen sind.

1. Der emphatische Gebrauch der Wörter *Ich* und *Wir*. Sölle spricht subjektiv, aus ihrer persönlichen Sicht, und erzählt Geschichten aus eigener Erfahrung. Sie macht ihre Position kenntlich, indem sie *Ich* sagt. Und sie verbindet dies mit dem *Wir*, das Solidarität mit den Zuhörern ausdrückt. Häufig wird dieses Wir in appellativen Sätzen gebraucht oder in Sätzen, die ethische Forderungen formulieren.

2. Das pointierte Erzählen von *Geschichten*. Zumeist sind es Geschichten von Ereignissen und Begegnungen, die sie selbst erlebt hat, von Personen, mit denen sie gesprochen hat (in der Predigt über Jakobs Kampf am Jabbok ist es die Freundin Lore, von der sie erzählt). Dadurch schafft sie eine vertrauliche, familiäre Erzählgemeinschaft mit ihren Hörern.
3. Der Gebrauch von Literatur, besonders von *Gedichten* anderer Autoren oder eigener Gedichte. Poesie ist bei ihr also eine homiletisch wichtige Sprachform. Die Predigerin nimmt Bezug auf Schriftsteller, Filmemacher, Philosophen. Neben dem Gedicht begegnet als weitere literarische Form der markante Ausspruch, die Sentenz.
4. Als aufklärerisch-pädagogisches Element begegnen *informierende Teile*: Es werden Fakten präsentiert, sei es in Form der historischen Anekdote, sei es in Form der Nachricht oder, wie in der vorliegenden Predigt, in Form von Namen aus dem Zeitgeschehen (Soweto und Wackersdorf). Hier wirkt Sölles Arbeit in den Politischen Nachtgebeten weiter. Die Informationen werden nicht diskutiert, sondern dienen dazu, eine kritisch-distanzierte Haltung z. B. gegenüber Militarismus, der Institution Kirche, der Marktwirtschaft der reichen Staaten zu bekunden und zu bestätigen.
5. Die Predigerin hat eine unverkennbare Neigung zu erklären, klarzumachen, zu verdeutlichen. Hier predigt eine *Religionslehrerin* und *Professorin*, die auch in der diskursiven Sprache der Wissenschaft geübt ist und ihre Hörer mit Argumenten zu überzeugen sucht. In Predigten, die im Kontext der Friedensbewegung oder des Kampfes für soziale Gerechtigkeit stehen, tritt diese Tendenz zur Belehrung besonders hervor.
6. Selbst formulierte, literarisch stilisierte *Gebete*, besonders eindrücklich in der Predigt über Jakobs Kampf mit dem Unbekannten. Es sind Gebete in poetischer Sprache, deutlich abgesetzt von Gebeten in traditioneller (deutscher) Kirchensprache.[36] Staunen und Loben kommen darin allerdings weniger zum Ausdruck, als Sölles Ausführungen über die neue Sprache vermuten lassen.
7. Sölle geht stets sehr eigenständig und kritisch mit dem jeweiligen *Bibeltext* um. Sie erweist sich in den Predigten als historisch-kritische Bibelauslegerin, die nach der richtigen Übersetzung fragt, Kommentare vergleicht, die Aussagen oder einzelnen Wörter des Textes auf ihre Bedeutung hin befragt. Auf diese Weise lässt sie die Hörer

am *Prozess der Interpretation* teilnehmen. Immer ist sie daran interessiert, was der Bibeltext für das heutige Leben bedeutet. Sie will seine Aktualität, seinen Gegenwartsbezug aufzeigen, indem sie ihn in Beziehung setzt zu den Erfahrungen und Lebenssituationen der Hörer.

Was also macht Sölles Predigt zu einer Sternstunde? Zuerst der persönliche Charakter der Predigt: hier vermag jemand *Ich* und *Wir* zu sagen und Geschichten aus eigenem Erleben zu erzählen. Sölle weiß unsere Sprache an Literatur, besonders Poesie, zu bilden; sie kann mit Informationen aufklären; sie kann erklären und mit Argumenten überzeugen; sie formuliert Gebete in poetischer Sprache und bezieht den Bibeltext auf das heutige Leben.

Verglichen mit anderen Texten ihres schriftstellerischen Werkes sind Dorothee Sölles Predigten ebenso stark von der Person der Predigerin wie von ihrer Subjektivität bestimmt. Es sind Predigten einer Frau, die zu einer kämpferischen Frömmigkeit oder einem „widerständigen Christentum" bewegen. Wer diese Predigten liest, bekommt den Eindruck, es mit ausgesprochen persönlichen Zeugnissen, ja Bekenntnissen einer „Religiosa" (Albert von Schirnding) zu tun zu haben. Hier äußert sich eine Frau, die hinter ihren Wörtern und Sätzen steht, erkennbar, angreifbar und berührbar. Tom Driver beschreibt, wie sie sich in Vorträgen am Union Theological Seminary mitteilte: „Kunstvoll angelegt mit poetischer Empfindsamkeit und theologischer Leidenschaft, wurden sie (die Vorträge, M. H.) mit einer leise sprechenden Konzentration gehalten, die jedes Ohr ins Hören rief. Mehr als Worte, mehr als Rhetorik war ihr Sprechen ein Beweis der Echtheit. Es stellte Annahmen in Frage".[37] *Her speaking was a demonstration of authenticity*.

Michael Heymel

Literatur

Dorothee Sölle, Mystik und Widerstand. „Du stilles Geschrei", Hamburg 1997.

Anmerkungen

1. Dorothee Sölle, Gegenwind. Erinnerungen, Hamburg 1995, hier zitiert nach der Taschenbuchausgabe (Serie Piper 2688), München ⁶2004, 67.
2. Wolf Krötke, Dorothee Sölle ist tot, in: Paternoster. Die Zeitschrift der Emmaus-Ölberg-Gemeinde 7 (2003), Heft 2, 27.
3. Peter Cornehl, „Ich glaube an Gott, der den Widerspruch des Lebendigen will" – Gott loben in der Zeit des Terrors. Dorothee Sölle und der Gottesdienst – ein dreifaches Vermächtnis, in: Helga Kuhlmann (Hg.), Eher eine Kunst als eine Wissenschaft. Resonanzen der Theologie Dorothee Sölles, Stuttgart 2007, 336–354, hier: 343.
4. Cornehl, 350.
5. Aus: Wolfgang Grünberg/Wolfram Weiße (Hgg.): Zum Gedenken an Dorothee Sölle (Hamburger Universitätsreden, Neue Folge 8), Hamburg 2004, 71 ff. Predigttext: 1. Mose 32, 23–32.
6. Das 14-strophige Lied erschien zuerst 1742 in John Wesleys Sammlung, Hymns and Sacred Poems. Es ist mit vierstimmigem Satz abgedruckt in: United Methodist Hymnal, Nashville Tennessee ⁷1998, Nr. 386 und 387. Diese Fassung wurde im Hamburger Universitätsgottesdienst gesungen. Eine gekürzte Version von 5 Strophen findet sich in: The New English Hymnal, Canterbury 1999, Nr. 350.
7. Unbiblisch ist der Allmachtsbegriff, weil die Bibel nicht vom allmächtigen Gott, sondern von *El schaddaj* (Gen 17,1; Ex 6,3) und von Christus als *Pantokrator* (Offb 1,8; 4,8 u. ö.) spricht. Der biblische Gott ist kein omnipotenter Despot. Er ist der Schöpfer allen Lebens, der in seiner Menschwerdung zu erkennen gibt, wie er seine Leben schaffende Macht gebraucht: „Er äußert sich all seiner G'walt, wird niedrig und gering" (EG 27,3).
8. Vgl. Hans Jonas, Der Gottesbegriff nach Auschwitz: eine jüdische Stimme, Frankfurt am Main 1987.
9. Vgl. Sören Kierkegaard: Der rechte Beter streitet im Gebet und siegt – damit, dass Gott siegt (1844), in: Erbauliche Reden 1844/45. Übersetzt von Emanuel Hirsch, Düsseldorf-Köln 1964, 86–110.
10. Rembrandt: Jakobs Kampf mit dem Engel. 1659, Öl auf Leinwand, 137 × 116 cm. Staatliche Museen Preußischer Kulturbesitz, Berlin.
11. Vgl. Dorothee Sölle, Das Eis der Seele spalten. Theologie und Literatur in sprachloser Zeit (Theologie und Literatur Bd. 5), Mainz 1996, 75 ff.; Mystik und Widerstand. „Du stilles Geschrei", Hamburg 1997, 81 ff.
12. Sölle, Gegenwind, 136.
13. Sölle, Mystik und Widerstand, 83.
14. Sölle, Das Eis der Seele spalten, 75.
15. Ebd. 81.
16. Ebd. 82.
17. Ebd. 76.
18. Ebd. 83.

[19] Vgl. Klaus Aschrich: Theologie schreiben: Dorothee Sölles Weg zu einer Mystik der Befreiung (Symbol-Mythos-Medien Bd. 14), Münster 2006, 160 ff.
[20] Sölle, Das Eis der Seele spalten, 84.
[21] Sölle, Mystik und Widerstand, 86.
[22] Ebd. 88.
[23] Zit. nach: Das Eis der Seele spalten, 277; vgl. Mystik und Widerstand, 87.
[24] Sölle, Mystik und Widerstand, 87. Eine ähnliche Ansicht vertritt der jüdische Religionsphilosoph Abraham J. Heschel, dessen Buch „God in Search of Man" (dt. Gott sucht den Menschen. Eine Philosophie des Judentums, Neukirchen ⁴1995) Sölle gekannt hat. Heschel schreibt: „Religion ist nicht Zweckmäßigkeit. [...] Von allem, was wir tun, ist Beten das am wenigsten Zweckmäßige ..." (Der Mensch fragt nach Gott. Untersuchungen zum Gebet und zur Symbolik, Neukirchen ²1989, X).
[25] Sölle, Mystik und Widerstand, 88 f.
[26] Vgl. Sölle, Das Eis der Seele spalten, 274.
[27] Vgl. ebd. 275.
[28] Sölle, Mystik und Widerstand, 93.
[29] Vgl. ebd. 93-107.
[30] Abraham J. Heschel, Tiefentheologie, in: Die ungesicherte Freiheit. Essays zur menschlichen Existenz, Neukirchen 1985, 97-105, hier: 100.
[31] Sölle, Das Eis der Seele spalten, 78.
[32] Ebd.
[33] Eine zärtliche Kämpferin. Dorothee Sölle ist 70 geworden. [Interview mit Erwin Koller], in: Kontrast. Mitteilungen der Evangelisch-Reformierten Diakonenschaft von Greifensee 1/2000, 1-7, hier: 3.
[34] Vgl. ebd. 4.
[35] Fromme Menschen sind radikal. Politik im Geist des Evangeliums: zum Tode der Theologin, Poetin und Friedensaktivistin Dorothee Sölle, in: Der Tagesspiegel vom 28. April 2003.
[36] Vgl. Sölle, Das Recht ein anderer zu werden. Theologische Texte, Neuwied-Berlin ²1972, 130.
[37] Tom F. Driver: In Memoriam. A Word From Union Theological Seminary in New York, in: Zum Gedenken an Dorothee Sölle, 95-100, hier: 98 f.

QUELLEN

TEXTNACHWEIS

Meister Eckhart (S. 43-48) aus: Meister Eckehart, Deutsche Predigten und Traktate. Herausgegeben und übersetzt von Josef Quint © 1977, Carl Hanser Verlag München;

Martin Luther (S. 65-68) aus: Kurt Aland (Hg.), Luther Deutsch. Die Werke Martin Luthers in neuer Auswahl für die Gegenwart (2. Auflage), Band 4. Göttingen 1964 © Vandenhoeck & Ruprecht GmbH & Co. KG;

Teresa von Avila (S. 79-85) aus: Teresa von Avila, Die innere Burg, Zürich 1979 © Diogenes Verlag, Zürich;

Johann Matthäus Meyfart (S. 100-109) aus: Johann Matthäus Meyfart, Tuba Novissima, hg. von E. Trunz, Tübingen 1980 © Niemeyer Verlag, Tübingen;

Nikolaus Ludwig Graf von Zinzendorf (S. 120-125) aus: Nikolaus Ludwig Graf von Zinzendorf, Ergänzungsbände zu den Hauptschriften, Hg. von E. Beyreuther und G. Meyer, Bd. 14, Berliner Reden, Hildesheim/Zürich/ New York 1985 © 1985, Georg Olms Verlag, Hildesheim;

Sören Kierkegaard (S. 158-164) aus: Sören Kierkegaard, Der Liebe Tun. Übersetzt von Hayo Gerdes, Düsseldorf/Köln 1966 © Elisabeth Gerdes, Kiel;

Dietrich Bonhoeffer (S. 195-199) aus: Bonhoeffer D., London 1933-1935 © 2001, Gütersloher Verlagshaus, Gütersloh, in der Verlagsgruppe Random House GmbH;

Martin Niemöller (S. 210-217) aus: S. Kuhlmann, Martin Niemöller (APrTh 39), Leipzig 2008 © Heinz Hermann Niemöller, Gauting;

Karl Barth (S. 248-256) aus: Karl Barth, Predigten 1954-1967 (Karl-Barth-Gesamtausgabe Bd. 12), 3. Aufl. Zürich 2003 © 1979 Theologischer Verlag Zürich;

Martin Luther King (S. 268-274) aus: C. Carson/P. Holloran (Ed.), A Knock at Midnight, New York 1998 © Warner Books, New York;

Dorothee Sölle (S. 294-300) aus: W. Grünberg/W. Weiße (Hgg.), Zum Gedenken an Dorothee Sölle (Hamburger Universitätsreden, Neue Folge 8), Hamburg 2004 © Fulbert Steffensky, Hamburg.

BILDNACHWEIS

Augustinus (S. 26): © Landesbibliothek Stuttgart; Teresa von Avila (S. 78): © Archiv für Kunst und Geschichte, Berlin; Nikolaus Ludwig Graf von Zinzendorf (S. 118): © Evangelische Brüder-Unität, Herrnhuter Brüdergemeine Bad Boll; Friedrich Daniel Ernst Schleiermacher (S. 138): © epd-Bild Frankfurt; Dietrich Bonhoeffer (S. 192): © epd-Bild Frankfurt; Martin Niemöller (S. 208): © Evangelische Kirchengemeinde Berlin-Dahlem; Karl Barth (S. 246): © epd-Bild Frankfurt; Dorothee Sölle (S. 292): © epd-Bild Frankfurt.

Verlag und Autoren danken für die erteilten Abdruckgenehmigungen. Trotz intensiver Recherche war es nicht immer möglich, die genauen Rechtsinhaber zu ermitteln. Für Hinweise sind wir dankbar.

Christian Möller
Der heilsame Riss
Impulse
reformatorischer Spiritualität

Gebunden, 296 Seiten,
mit einem Lesebändchen
ISBN 978-3-7668-3847-6

Wer kennt sie nicht, die Sehnsucht nach spirituellen Erfahrungen inmitten einer zerrissenen, entfremdeten und friedlosen Welt? Den Hunger nach authentischem, ganzheitlichem Leben und einer Kirche, die diese spirituellen Bedürfnisse wahrnimmt und stillt? Christian Möller eröffnet theologische Denkräume, die den Leser und die Leserin zu den Schätzen reformatorischer Frömmigkeit führen: Es geht darum, Sünde als den Riss in der menschlichen Existenz zu verstehen und zugleich diesen Riss als heilsam zu begreifen.

Christian Möller
Leidenschaft für den Alltag
Impulse
reformatorischer Spiritualität

Gebunden, 248 Seiten,
mit einem Lesebändchen
ISBN 978-3-7668-3933-6

Das Buch ist eine Quelle der Inspiration für alle, die spirituelle Impulse für sich selbst und ihr Engagement in der Gemeinde suchen. Christian Möller wirbt für eine Spiritualität, die sich gerade im Alltag bewährt. Vorbilder sieht er im Alltag Jesu am Tisch der Sünder und Zöllner. „Leidenschaft für den Alltag" findet er bei den Artisten und Arbeitern des Zirkus Hagenbeck, den Fußballern auf den Rheinwiesen, den Gesängen in den Fankurven, der Narrenrede am Faschingssonntag und vielem mehr.